Der malaiische Archipel (Band 1)

Das Land des Orang-Utans und des Paradiesvogels; Eine Reiseerzählung mit Studien über Mensch und Natur

Alfred Russel Wallace

Writat

Diese Ausgabe erschien im Jahr 2023

ISBN: 9789359258454

Herausgegeben von
Writat
E-Mail: info@writat.com

Inhalt

VORWORT.

Meine Leser werden sich natürlich fragen, warum ich das Schreiben dieses Buches nach meiner Rückkehr sechs Jahre lang hinausgezögert habe; und ich fühle mich verpflichtet, sie in diesem Punkt voll und ganz zufriedenzustellen.

Als ich im Frühjahr 1862 England erreichte, befand ich mich umgeben von einem Raum voller Kisten mit den Sammlungen, die ich von Zeit zu Zeit für meinen privaten Gebrauch nach Hause geschickt hatte. Dazu gehörten fast dreitausend Vogelhäute von etwa tausend Arten, mindestens zwanzigtausend Käfer und Schmetterlinge von etwa siebentausend Arten sowie einige Vierbeiner und Landmuscheln. Einen großen Teil davon hatte ich jahrelang nicht gesehen, und in meinem damals geschwächten Gesundheitszustand nahm das Auspacken, Sortieren und Ordnen einer solchen Masse an Exemplaren viel Zeit in Anspruch.

Ich kam sehr bald zu dem Schluss, dass ich, bis ich etwas zur Benennung und Beschreibung der wichtigsten Gruppen in meiner Sammlung beigetragen und einige der interessanteren Probleme der Variation und geografischen Verteilung gelöst hatte (auf die ich beim Sammeln einen flüchtigen Blick geworfen hatte), Ich würde nicht versuchen, meine Reisen zu veröffentlichen. Tatsächlich hätte ich meine Notizen und Tagebücher sofort drucken und alle Hinweise auf Fragen der Naturgeschichte einer späteren Arbeit überlassen können; aber ich hatte das Gefühl, dass dies für mich selbst ebenso unbefriedigend sein würde, wie es für meine Freunde enttäuschend und für die Öffentlichkeit unlehrreich sein würde.

Seit meiner Rückkehr habe ich bis heute achtzehn Artikel in den „Transactions" oder „Proceedings of the Linnean Zoological and Entomological Societies" veröffentlicht, in denen ich Teile meiner Sammlungen beschreibe oder katalogisiere, zusammen mit zwölf anderen in verschiedenen wissenschaftlichen Zeitschriften zu allgemeineren Themen damit verbundene Themen.

Fast zweitausend meiner Coleoptera und viele Hunderte meiner Schmetterlinge wurden bereits von verschiedenen bedeutenden britischen und ausländischen Naturforschern beschrieben; aber eine viel größere Zahl bleibt unbeschrieben. Unter denen, denen die Wissenschaft diese mühsame Arbeit am meisten zu verdanken hat, muss ich Herrn FP Pascoe nennen, den verstorbenen Präsidenten der Entomological Society of London, der die Klassifizierung und Beschreibung meiner großen Sammlung von Longicorn-Käfern (die sich jetzt in seinem Besitz befindet) fast abgeschlossen hatte), bestehend aus mehr als tausend Arten, von denen mindestens neunhundert bisher unbeschrieben und neu in europäischen Kabinetten waren.

Die übrigen Insektenordnungen, die wahrscheinlich mehr als zweitausend Arten umfassen, befinden sich in der Sammlung von Herrn William Wilson Saunders, der dafür gesorgt hat, dass der größte Teil von ihnen von guten Entomologen beschrieben wird. Allein die Hautflügler zählten mehr als neunhundert Arten, darunter zweihundertachtzig verschiedene Ameisenarten, von denen zweihundert neu waren.

Die sechsjährige Verzögerung bei der Veröffentlichung meiner Reisen ermöglicht es mir daher, einen hoffentlich interessanten und lehrreichen Überblick über die wichtigsten Ergebnisse zu geben, zu denen ich beim Studium meiner Sammlungen bisher gelangt bin. Und da die Länder, die ich beschreiben muss, nicht oft besucht oder beschrieben werden und ihre sozialen und physischen Bedingungen keinen schnellen Veränderungen unterliegen, glaube und hoffe ich, dass meine Leser viel mehr gewinnen als verlieren werden, wenn sie mein Buch nicht gelesen haben vor sechs Jahren und hatte es zu diesem Zeitpunkt vielleicht schon ganz vergessen.

Ich muss jetzt noch ein paar Worte zum Plan meiner Arbeit sagen.

Meine Reisen zu den verschiedenen Inseln richteten sich nach den Jahreszeiten und den Transportmitteln. Manche Inseln besuchte ich zwei- oder dreimal in großen Abständen, in manchen Fällen musste ich die gleiche Reise sogar viermal unternehmen. Eine chronologische Anordnung hätte meine Leser verwirrt. Sie hätten nie gewusst, wo sie sich befanden, und meine häufigen Hinweise auf die Inselgruppen, die nach den Besonderheiten ihrer tierischen Produktion und ihrer menschlichen Bewohner klassifiziert wurden, wären kaum verständlich gewesen. Ich habe daher eine geographische, zoologische und ethnologische Anordnung angenommen, indem ich von Insel zu Insel in einer scheinbar natürlichsten Abfolge wandere, während ich die Reihenfolge, in der ich sie selbst besuchte, so wenig wie möglich übertrete.

Ich unterteile den Archipel wie folgt in fünf Inselgruppen:

I. DIE INDO-MALAYISCHEN INSELN: bestehend aus der Malaiischen Halbinsel und Singapur, Borneo, Java und Sumatra.

II. DIE TIMOR-GRUPPE: bestehend aus den Inseln Timor, Flores, Sumbawa und Lombock sowie mehreren kleineren Inseln.

III. CELEBES: umfasst auch die Sula-Inseln und Bouton.

IV. DIE MOLUKKISCHE GRUPPE: bestehend aus Bouru , Ceram, Batchian , Gilolo und Morty; mit den kleineren Inseln Ternate, Tidore , Makian , Kaióa , Amboyna, Banda, Goram und Matabello .

V. DIE PAPUANISCHE GRUPPE: bestehend aus der großen Insel Neuguinea mit den Aru-Inseln, Mysol , Salwatty , Waigiou und mehreren anderen. Die Ke- Inseln werden aufgrund ihrer Ethnologie dieser Gruppe zugeordnet, gehören zoologisch und geographisch jedoch zu den Molukken.

Den Kapiteln, die sich auf die einzelnen Inseln jeder dieser Gruppen beziehen, folgt eines über die Naturgeschichte dieser Gruppe; und das Werk kann somit in fünf Teile unterteilt werden, von denen jeder eine der natürlichen Abteilungen des Archipels behandelt.

Das erste Kapitel ist eine Einführung in die Physische Geographie der gesamten Region. und das letzte ist eine allgemeine Skizze der Menschenrassen im Archipel und den umliegenden Ländern. Mit dieser Erklärung und einem Verweis auf die Karten, die das Werk veranschaulichen, vertraue ich darauf, dass meine Leser immer wissen, wo sie sich befinden und in welche Richtung sie gehen.

Mir ist durchaus bewusst, dass mein Buch für den Umfang der darin behandelten Themen viel zu klein ist. Es handelt sich lediglich um eine Skizze; aber soweit es geht, habe ich mich bemüht , es präzise zu formulieren. Fast alle erzählerischen und beschreibenden Teile wurden an Ort und Stelle geschrieben und es gab kaum mehr als verbale Änderungen. Die Kapitel zur Naturgeschichte sowie viele Passagen in anderen Teilen des Werks wurden in der Hoffnung geschrieben, das Interesse an den verschiedenen Fragen im Zusammenhang mit der Herkunft der Arten und ihrer geografischen Verbreitung zu wecken. In einigen Fällen konnte ich meine Ansichten ausführlich darlegen; während ich in anderen Fällen aufgrund der größeren Komplexität des Themas es für besser gehalten habe, mich auf die Darstellung der interessanteren Tatsachen des Problems zu beschränken, deren Lösung in den von Herrn Darwin in seinen verschiedenen Werken entwickelten Prinzipien zu finden ist funktioniert. Man geht davon aus, dass die zahlreichen Illustrationen das Buch interessanter und wertvoller machen werden. Sie wurden nach meinen eigenen Skizzen, nach Fotografien oder nach Mustern angefertigt – und es wurden nur Motive ausgewählt, die die Erzählung oder die Beschreibungen wirklich veranschaulichen würden.

Ich muss den Herren Walter und Henry Woodbury, deren Bekanntschaft ich auf Java machen durfte, für eine Reihe von Landschafts- und Einheimischenfotos danken, die mir eine große Hilfe waren. Mr. William Wilson Saunders hat mir freundlicherweise erlaubt, die neugierigen gehörnten Fliegen nachzubilden; und Herrn Pascoe verdanke ich die Leihgabe von zwei der sehr seltenen Longicorns , die auf der Liste der Borneo-Käfer erscheinen. Alle anderen abgebildeten Exemplare befinden sich in meiner eigenen Sammlung.

Da das Hauptziel aller meiner Reisen darin bestand, Exemplare der Naturgeschichte zu erhalten, sowohl für meine Privatsammlung als auch um Duplikate an Museen und Amateure zu liefern, werde ich eine allgemeine

Übersicht über die Anzahl der Exemplare geben, die ich gesammelt habe und die wohlbehalten nach Hause gelangten Zustand. Ich muss davon ausgehen, dass ich im Allgemeinen ein oder zwei und manchmal drei malaiische Diener beschäftigte, um mir zu helfen; und hatte fast die Hälfte der Zeit die Dienste eines englischen Jungen in Anspruch genommen, Charles Allen. Ich war nur acht Jahre von England entfernt, aber da ich etwa vierzehntausend Meilen innerhalb des Archipels zurückgelegt habe und sechzig oder siebzig verschiedene Reisen unternommen habe, die jeweils mit einiger Vorbereitung und Zeitverlust verbunden waren, glaube ich nicht, dass mehr als sechs Jahre wirklich beschäftigt waren beim Sammeln.

Ich habe festgestellt, dass sich meine Ostsammlungen auf Folgendes beliefen:

310 Exemplare von Mammalia.

100 Exemplare von Reptilien.

8.050 Vogelexemplare.

7.500 Muschelexemplare.

13.100 Lepidoptera-Exemplare.

83.200 Exemplare von Coleoptera.

13.400 Exemplare anderer Insekten.

Insgesamt 125.660 Exemplare der Naturgeschichte.

Jetzt bleibt mir nur noch, all jenen Freunden zu danken, denen ich für Hilfe oder Informationen zu Dank verpflichtet bin. Mein besonderer Dank gilt dem Rat der Royal Geographical Society, durch dessen wertvolle Empfehlungen ich wichtige Hilfe von unserer eigenen Regierung und der holländischen Regierung erhalten habe; und an Herrn William Wilson Saunders, dessen freundliche und großzügige Ermutigung zu Beginn meiner Reise für mich von großem Nutzen war. Ich bin auch Herrn Samuel Stevens (der als mein Agent fungierte) zu großem Dank verpflichtet, sowohl für die Sorgfalt, mit der er meine Sammlungen pflegte, als auch für die unermüdliche Sorgfalt, mit der er mich sowohl mit nützlichen Informationen als auch mit allem, was ich brauchte, versorgte .

Ich vertraue darauf, dass diese und alle anderen Freunde, die sich in irgendeiner Weise für meine Reisen und Sammlungen interessiert haben, aus der Lektüre meines Buches eine schwache Widerspiegelung der Freuden gewinnen können, die ich selbst inmitten der darin beschriebenen Szenen und Objekte genossen habe.

KAPITEL I.
PHYSIKALISCHE GEOGRAPHIE.

Wenn wir einen Blick auf einen Globus oder eine Karte der östlichen Hemisphäre werfen, werden wir zwischen Asien und Australien eine Reihe großer und kleiner Inseln erkennen, die eine zusammenhängende Gruppe bilden, die sich von diesen großen Landmassen unterscheidet und kaum mit einer von ihnen in Verbindung steht. Am Äquator gelegen und vom lauwarmen Wasser der großen tropischen Ozeane umspült, genießt diese Region ein gleichmäßig heißes und feuchtes Klima als fast jeder andere Teil der Welt und ist reich an Naturprodukten, die anderswo unbekannt sind. Die reichsten Früchte und die kostbarsten Gewürze sind hier heimisch. Es bringt die riesigen Blüten der Rafflesia hervor, die großen grünflügeligen Ornithoptera (Prinzen unter den Schmetterlingsstämmen), den menschenähnlichen Orang-Utan und die wunderschönen Paradiesvögel. Es wird von einer besonderen und interessanten Menschheitsrasse bewohnt — den Malaien, die nirgendwo außerhalb der Grenzen dieses Inselgebiets zu finden ist, das daher den Namen Malaiisches Archipel trägt.

Für den normalen Engländer ist dies vielleicht der am wenigsten bekannte Teil der Welt. Unser Besitz darin ist gering und dürftig; Kaum einer unserer Reisenden erkundet es; und in vielen Kartensammlungen wird es fast ignoriert, da es zwischen Asien und den Pazifikinseln aufgeteilt ist. Es kommt daher vor, dass sich nur wenige Menschen darüber im Klaren sind, dass es als Ganzes mit den primären Teilen der Welt vergleichbar ist und dass einige seiner einzelnen Inseln größer sind als Frankreich oder das österreichische Reich. Der Reisende gelangt jedoch bald zu anderen Vorstellungen. Er segelt tage- oder sogar wochenlang an den Küsten einer dieser großen Inseln entlang, die oft so groß sind, dass ihre Bewohner glauben, es handele sich um einen riesigen Kontinent. Er findet heraus, dass Reisen zwischen diesen Inseln üblicherweise in Wochen und Monaten gerechnet werden und dass ihre einzelnen Bewohner oft ebenso wenig untereinander bekannt sind wie die einheimischen Rassen des nördlichen und des südlichen amerikanischen Kontinents. Bald kommt er zu dem Schluss, dass diese Region vom Rest der Welt getrennt ist, mit ihren eigenen Menschenrassen und ihren eigenen Aspekten der Natur; mit seinen eigenen Ideen, Gefühlen, Bräuchen und Redeweisen und mit einem Klima, einer Vegetation und einem lebhaften Leben, die ganz ihm eigen sind.

In vielerlei Hinsicht bilden diese Inseln ein kompaktes geographisches Ganzes, und als solches wurden sie von Reisenden und Wissenschaftlern immer behandelt; doch eine sorgfältigere und detailliertere Untersuchung unter verschiedenen Aspekten offenbart die unerwartete Tatsache, dass sie

in zwei nahezu gleich große Teile teilbar sind, die sich in ihren
Naturprodukten stark unterscheiden und in Wirklichkeit zwei Teile der
primären Teilungen der Erde bilden. Ich konnte dies durch meine
Beobachtungen zur Naturgeschichte der verschiedenen Teile des Archipels
ausführlich beweisen; und da ich mich bei der Beschreibung meiner Reisen
und Aufenthalte auf den verschiedenen Inseln ständig auf diese Ansicht
beziehen und Fakten zu ihrer Untermauerung anführen muss , habe ich es
für ratsam gehalten, mit einer allgemeinen Skizze der Hauptmerkmale der
Inseln zu beginnen Die malaysische Region wird die im Folgenden
dargelegten Fakten interessanter und ihre Bedeutung für die allgemeine Frage
leichter verständlich machen. Ich skizziere daher zunächst die Grenzen und
Ausmaße des Archipels und zeige die auffälligeren Merkmale seiner
Geologie, physischen Geographie, Vegetation und Tierwelt auf.

Definition und Grenzen. – Aus Gründen, die hauptsächlich von der
Verbreitung des Tierlebens abhängen, betrachte ich den Malaiischen
Archipel als die Malaiische Halbinsel bis Tenasserim und die Nikobaren im
Westen, die Philippinen im Norden und die Salomonen. jenseits von
Neuguinea im Osten. Alle großen Inseln innerhalb dieser Grenzen sind
durch unzählige kleinere Inseln miteinander verbunden, so dass keine von
ihnen deutlich von den anderen getrennt zu sein scheint. Mit wenigen
Ausnahmen genießen alle ein einheitliches und sehr ähnliches Klima und sind
mit einer üppigen Waldvegetation bedeckt. Ob wir ihre Form und
Verbreitung auf Karten studieren oder tatsächlich von Insel zu Insel reisen,
unser erster Eindruck wird sein, dass sie ein zusammenhängendes Ganzes
bilden, dessen Teile alle eng miteinander verbunden sind.

Ausdehnung des Archipels und der Inseln : Der Malaiische Archipel
erstreckt sich von Ost nach West über eine Länge von mehr als 4.000 Meilen
und ist von Nord nach Süd etwa 1.300 Meilen breit. Es würde sich über eine
Fläche erstrecken, die der Fläche ganz Europas vom äußersten Westen bis
weit nach Zentralasien entspricht, oder die weitesten Teile Südamerikas
bedecken und sich weit über das Land hinaus in den Pazifik und den Atlantik
erstrecken. Es umfasst drei Inseln, die größer als Großbritannien sind; und
auf einer davon, Borneo, könnten die gesamten britischen Inseln niedergelegt
und von einem Meer aus Wäldern umgeben sein. Neuguinea ist zwar weniger
kompakt, aber wahrscheinlich größer als Borneo. Sumatra hat ungefähr die
gleiche Ausdehnung wie Großbritannien; Java, Luzon und Celebes sind
jeweils etwa so groß wie Irland. Achtzehn weitere Inseln sind im
Durchschnitt so groß wie Jamaika; mehr als hundert sind so groß wie die Isle
of Wight; während es unzählige kleinere Inseln und Inselchen gibt.

Die absolute Ausdehnung des Archipels ist nicht größer als die Fläche
Westeuropas von Ungarn bis Spanien; Aber aufgrund der Art und Weise, wie
das Land aufgeteilt und aufgeteilt ist, steht die Vielfalt seiner Produktion eher

im Verhältnis zu der riesigen Fläche, über die die Inseln verteilt sind, als zu der Menge an Land, die sie enthalten.

Geologische Kontraste. – Einer der wichtigsten Vulkangürtel auf dem Globus verläuft durch den Archipel und erzeugt einen auffälligen Kontrast in der Landschaft der vulkanischen und nicht vulkanischen Inseln. Eine geschwungene Linie, die durch Dutzende aktiver und Hunderte erloschener Vulkane markiert ist, kann über die gesamte Länge von Sumatra und Java und von dort durch die Inseln Bali, Lombock, Sumbawa, Flores, die Serwatty-Inseln, Banda und Amboyna verfolgt werden , Batchian , Makian , Tidore , Ternate und Gilolo nach Morty Island. Hier gibt es eine leichte, aber gut ausgeprägte Unterbrechung oder Verschiebung von etwa 200 Meilen nach Westen, wo der Vulkangürtel in Nord-Celebes erneut beginnt und an Siau und Sanguir vorbei zu den Philippinischen Inseln verläuft, an deren Ostseite er sich fortsetzt , in einer geschwungenen Linie, bis zu ihrem nördlichen Ende. Von der äußersten Ostbiegung dieses Gürtels bei Banda gehen wir 1.000 Meilen weiter über ein nicht vulkanisches Gebiet bis zu den von Dampier 1699 beobachteten Vulkanen an der Nordostküste Neuguineas und können dort einen weiteren Vulkangürtel verfolgen durch Neubritannien, Neuirland und die Salomonen bis zu den östlichen Grenzen des Archipels.

In der gesamten Region, die von dieser riesigen Vulkankette eingenommen wird, und über eine beträchtliche Breite auf beiden Seiten davon kommt es ständig zu Erdbeben, wobei alle paar Wochen oder Monate leichte Erschütterungen zu spüren sind, während heftigere Erschütterungen das Ganze erschüttern In dem einen oder anderen Teil dieses Bezirks kommt es fast jedes Jahr zu Schäden an Dörfern und zu mehr oder weniger schweren Schäden an Leben und Eigentum. Auf vielen Inseln bilden die Jahre der großen Erdbeben die chronologischen Epochen der Ureinwohner, mit deren Hilfe man sich an das Alter ihrer Kinder erinnert und die Daten vieler wichtiger Ereignisse bestimmt.

Ich kann nur kurz auf die vielen schrecklichen Ausbrüche hinweisen, die in dieser Region stattgefunden haben. In der Höhe der Verletzungen von Leben und Eigentum und in der Größenordnung ihrer Auswirkungen wurden sie bisher von keinem anderen übertroffen. Vierzig Dörfer wurden durch den Ausbruch des Papandayang auf Java im Jahr 1772 zerstört, als der gesamte Berg durch wiederholte Explosionen in die Luft gesprengt wurde und an seiner Stelle ein großer See zurückblieb. Beim großen Ausbruch des Tomboro in Sumbawa im Jahr 1815 wurden 12.000 Menschen getötet, und die Asche verdunkelte die Luft und fiel dicht auf die Erde und das Meer im Umkreis von 300 Meilen. Noch vor kurzem, nachdem ich das Land verlassen hatte, erwachte plötzlich Aktivität auf einem Berg, der mehr als 200 Jahre lang still gelegen hatte. Die Insel Makian , eine der Molukken, wurde 1646 durch einen heftigen Ausbruch aufgerissen, der auf einer Seite einen riesigen Abgrund hinterließ, der sich bis ins Herz des Berges erstreckte. Als ich es das letzte Mal im Jahr 1860 besuchte, war es bis zum Gipfel mit Vegetation bedeckt und enthielt zwölf bevölkerungsreiche malaiische Dörfer. Am 29. Dezember 1862, nach 215 Jahren vollkommener Untätigkeit, brach es plötzlich erneut aus, explodierte und veränderte das Aussehen des Berges völlig, vernichtete den größten Teil der Bewohner und schleuderte Aschemengen in die Tiefe, die ihn verdunkelten die Luft im vierzig Meilen entfernten Ternate zu zerstören und die dort und auf den umliegenden Inseln angebauten Feldfrüchte fast vollständig zu zerstören.

Auf der Insel Java gibt es mehr aktive und erloschene Vulkane als in jedem anderen bekannten Bezirk gleicher Ausdehnung. Ihre Zahl beträgt etwa fünfundvierzig, und viele von ihnen zeigen die schönsten Beispiele des Vulkankegels in großem Maßstab, einzeln oder doppelt, mit ganzen oder abgestumpften Gipfeln und einer durchschnittlichen Höhe von 10.000 Fuß.

Mittlerweile ist klar, dass fast alle Vulkane langsam durch die Ansammlung von Materie – Schlamm, Asche und Lava – entstanden sind, die sie selbst ausgeworfen haben. Die Öffnungen oder Krater verändern jedoch häufig ihre Lage, so dass ein Land mit einer mehr oder weniger unregelmäßigen Reihe von Hügeln in Ketten und Massen bedeckt sein kann, die sich nur hier und da zu hohen Kegeln erheben, und dennoch das Ganze dadurch entstehen kann echte vulkanische Aktion. Auf diese Weise ist der größte Teil von Java entstanden. Es gab einige Erhebungen, insbesondere an der Südküste, wo ausgedehnte Klippen aus Korallenkalkstein zu finden sind; und es kann einen Untergrund aus älteren geschichteten Gesteinen geben; Aber im Wesentlichen ist Java immer noch vulkanisch, und diese edle und fruchtbare Insel – der wahre Garten des Ostens und vielleicht im Großen und Ganzen die reichste, am besten kultivierte und am besten verwaltete tropische Insel der Welt – verdankt ihr ihre Existenz intensive vulkanische Aktivität, die immer noch gelegentlich ihre Oberfläche verwüstet.

Die große Insel Sumatra weist im Verhältnis zu ihrer Ausdehnung eine viel geringere Anzahl von Vulkanen auf, und ein beträchtlicher Teil davon ist wahrscheinlich nichtvulkanischen Ursprungs.

Im Osten ist die lange Inselkette von Java über den Norden Timors bis nach Banda wahrscheinlich allesamt auf vulkanische Aktivitäten zurückzuführen. Timor selbst besteht aus alten, geschichteten Gesteinen, soll aber in der Nähe seines Zentrums einen Vulkan haben .

Im Norden sind Amboyna, ein Teil von Bouru , und das westliche Ende von Ceram, der nördliche Teil von Gilolo und alle kleinen Inseln um ihn herum, das nördliche Ende von Celebes und die Inseln Siau und Sanguir vollständig vulkanisch. Der philippinische Archipel enthält viele aktive und erloschene Vulkane und wurde wahrscheinlich durch Senkungen infolge vulkanischer Aktivität auf seinen gegenwärtigen fragmentarischen Zustand reduziert.

Überall entlang dieser großen Vulkankette sind mehr oder weniger spürbare Anzeichen von Landerschütterungen und -senkungen zu finden. Die Inselgruppe südlich von Sumatra, ein Teil der Südküste von Java und der Inseln östlich davon, das westliche und östliche Ende von Timor, Teile aller Molukken, die Ke- und Aru-Inseln, Waigiou und der gesamte Süden und östlich von Gilolo bestehen zu einem großen Teil aus emporgehobenem Korallengestein, das genau dem entspricht, was sich jetzt in den angrenzenden Meeren bildet. An vielen Stellen habe ich die unveränderten Oberflächen der erhöhten Riffe beobachtet, mit großen Korallenmassen, die in ihrer natürlichen Position standen, und Hunderten von Muscheln, die so frisch aussahen, dass man kaum glauben konnte, dass sie mehr als ein paar Jahre entfernt waren vom Wasser; und tatsächlich ist es sehr wahrscheinlich, dass solche Veränderungen innerhalb weniger Jahrhunderte stattgefunden haben.

Die Gesamtlänge dieser Vulkangürtel beträgt etwa neunzig Grad oder ein Viertel des gesamten Erdumfangs. Ihre Breite beträgt etwa fünfzig Meilen; aber auf einer Fläche von zweihundert Meilen auf jeder Seite sind Hinweise auf unterirdische Wirkungen in kürzlich erhöhten Korallenfelsen oder in Barrierekorallenriffen zu finden, was auf ein kürzliches Untertauchen hindeutet. Genau in der Mitte oder im Mittelpunkt der großen Vulkankurve liegt die große Insel Borneo, auf der noch keine Anzeichen einer jüngsten vulkanischen Aktivität beobachtet wurden und auf der Erdbeben, die für die umliegenden Regionen so charakteristisch sind, völlig unbekannt sind. Die ebenso große Insel Neuguinea nimmt ein weiteres Ruhegebiet ein, auf dem bisher keine Anzeichen vulkanischer Aktivität entdeckt wurden. Mit Ausnahme des östlichen Endes ihrer nördlichen Halbinsel ist auch die große und seltsam geformte Insel Celebes völlig frei von Vulkanen; und es gibt Grund zu der Annahme, dass der vulkanische Teil einst eine separate Insel gebildet hat. Auch die malaiische Halbinsel ist nicht vulkanisch.

Die erste und offensichtlichste Unterteilung des Archipels würde daher in ruhende und vulkanische Regionen erfolgen, und man könnte vielleicht erwarten, dass eine solche Unterteilung mit einigen Unterschieden im Charakter der Vegetation und der Lebensformen korrespondieren würde. Dies ist allerdings nur in sehr begrenztem Umfang der Fall; und wir werden gleich sehen, dass, obwohl diese Entwicklung unterirdischer Brände ein so gewaltiges Ausmaß hat – zehn- oder zwölftausend Fuß hohe Bergketten aufgetürmt hat – Kontinente zertrümmert und Inseln aus dem Ozean emporgehoben hat – sie doch alles hat Charakter einer neueren Aktion, der es noch nicht gelungen ist, die Spuren einer älteren Verteilung von Land und Wasser zu verwischen.

Kontraste der Vegetation. – Da die verschiedenen Inseln des Archipels unmittelbar am Äquator liegen und von ausgedehnten Ozeanen umgeben sind, ist es nicht verwunderlich, dass sie vom Meeresspiegel bis zu den Gipfeln der höchsten Berge fast immer mit Waldvegetation bedeckt sind. Dies ist die allgemeine Regel. Sumatra, Neuguinea, Borneo, die Philippinen und die Molukken sowie die unbebauten Teile von Java und Celebes sind allesamt Waldländer, mit Ausnahme einiger kleinerer und unwichtiger Gebiete, die in einigen Fällen möglicherweise auf alte Bewirtschaftungen oder versehentliche Brände zurückzuführen sind. Hiervon gibt es jedoch eine wichtige Ausnahme auf der Insel Timor und allen kleineren Inseln um sie herum, wo es überhaupt keinen Wald gibt, wie er auf den anderen Inseln existiert, und dieser Charakter erstreckt sich in geringerem Maße auf Flores, Sumbawa , Lombock und Bali.

In Timor sind die häufigsten Eukalyptusbäume verschiedener Arten, die auch für Australien typisch sind, Sandelholz, Akazie und andere Arten in geringerer Häufigkeit. Diese sind mehr oder weniger dicht über das Land verstreut, jedoch niemals so, dass sie den Namen eines Waldes verdienen. Unter ihnen wachsen auf den kargeren Hügeln grobes und spärliches Gras und in den feuchteren Gegenden üppige Gräser. Auf den Inseln zwischen Timor und Java gibt es oft ein dichter bewaldetes Land mit vielen dornigen und stacheligen Bäumen. Diese erreichen selten eine große Höhe, und während der starken Trockenzeit verlieren sie fast vollständig ihre Blätter, wodurch der Boden unter ihnen austrocknet und ein starker Kontrast zu den feuchten, düsteren, immergrünen Wäldern der anderen Inseln entsteht. Dieser besondere Charakter, der sich in geringerem Maße auf die südliche Halbinsel Celebes und das östliche Ende von Java erstreckt, ist höchstwahrscheinlich auf die Nähe Australiens zurückzuführen. Der Südostmonsun, der etwa zwei Drittel des Jahres (von März bis November) anhält und über die nördlichen Teile des Landes weht, erzeugt ein Maß an Hitze und Trockenheit, das die Vegetation und den physischen Aspekt der angrenzenden Inseln anpasst zu sich selbst. Etwas weiter östlich auf Timor und den Ke- Inseln herrscht feuchteres Klima; Die Südostwinde wehen vom Pazifik durch die Torres-Straße und über die feuchten Wälder Neuguineas, und als Folge davon ist jede felsige Insel bis zu ihrem Gipfel mit Grün bedeckt. Weiter westlich haben dieselben trockenen Winde, die über eine immer größere Ausdehnung des Ozeans wehen, Zeit, frische Feuchtigkeit aufzunehmen, und dementsprechend finden wir auf der Insel Java ein immer weniger trockenes Klima, bis im äußersten Westen in der Nähe von Batavia Es regnet mehr oder weniger das ganze Jahr über und die Berge sind überall mit Wäldern von beispielloser Üppigkeit bedeckt.

Kontraste in der Tiefe des Meeres. – Darauf wurde erstmals von George Windsor Earl in einem Vortrag vor der Royal Geographical Society im Jahr 1845 und anschließend in einer Broschüre „On the Physical Geography of South-Eastern Asia and Australia" hingewiesen. aus dem Jahr 1855, dass ein flaches Meer die großen Inseln Sumatra, Java und Borneo mit dem asiatischen Kontinent verband, mit dem ihre natürlichen Produktionen im Allgemeinen übereinstimmten; während ein ähnlich flaches Meer Neuguinea und einige der angrenzenden Inseln mit Australien verband, die alle durch die Anwesenheit von Beuteltieren gekennzeichnet waren.

Wir haben hier einen Hinweis auf den radikalsten Kontrast im Archipel, und nachdem ich ihn im Detail verfolgt habe, bin ich zu dem Schluss gekommen, dass wir eine Linie zwischen den Inseln ziehen können, die sie so teilen wird, dass eine Hälfte wirklich zu ihnen gehört Asien, während das andere nicht weniger sicher mit Australien verbündet sein wird. Ich bezeichne sie als die indo-malaiischen bzw. österreichisch-malaiischen Teilgebiete des Archipels.

Wenn man sich die Seiten 12, 13 und 36 der Broschüre von Herrn Earl ansieht, sieht man, dass er die frühere Verbindung zwischen Asien und Australien als wichtigen Teil seiner Ansicht aufrechterhält; während ich mich hauptsächlich auf ihre lange andauernde Trennung beziehe. Ungeachtet dieser und anderer wichtiger Unterschiede zwischen uns gebührt ihm zweifellos das Verdienst, als Erster die Teilung des Archipels in eine australische und eine asiatische Region aufgezeigt zu haben, die ich durch detailliertere Beobachtungen feststellen konnte.

Kontraste in der Naturproduktion . – Um die Bedeutung dieser Klasse von Tatsachen und ihren Einfluss auf die frühere Verteilung von Land und Meer zu verstehen, ist es notwendig, die Ergebnisse zu berücksichtigen, zu denen Geologen und Naturforscher in anderen Teilen der Welt gelangt sind.

Mittlerweile wird allgemein anerkannt, dass die gegenwärtige Verteilung der Lebewesen auf der Erdoberfläche hauptsächlich das Ergebnis der letzten Reihe von Veränderungen ist, die sie erfahren hat. Die Geologie lehrt uns, dass sich die Landoberfläche und die Verteilung von Land und Wasser überall langsam verändern. Es lehrt uns außerdem, dass sich die Lebensformen, die diese Oberfläche bewohnen, in jedem Zeitraum, über den wir Aufzeichnungen haben, ebenfalls langsam verändert haben.

Es ist jetzt nicht notwendig, etwas darüber zu sagen, wie diese Änderungen stattgefunden haben; darüber können die Meinungen unterschiedlich sein; aber darüber, dass die Veränderungen selbst von den frühesten geologischen Zeitaltern bis zum heutigen Tag stattgefunden haben und immer noch andauern, gibt es keine Meinungsverschiedenheiten. Jede aufeinanderfolgende Schicht aus Sedimentgestein, Sand oder Kies ist ein

Beweis dafür, dass Niveauänderungen stattgefunden haben; und die verschiedenen Tier- und Pflanzenarten, deren Überreste in diesen Ablagerungen gefunden werden, beweisen, dass entsprechende Veränderungen in der organischen Welt stattgefunden haben.

Nimmt man daher diese beiden Reihen von Veränderungen als gegeben an, so lassen sich die meisten der gegenwärtigen Besonderheiten und Anomalien in der Artenverteilung direkt auf sie zurückführen. Auf unseren eigenen Inseln kommen, mit sehr wenigen unbedeutenden Ausnahmen, alle Vierbeiner, Vögel, Reptilien, Insekten und Pflanzen auch auf dem angrenzenden Kontinent vor. Auf den kleinen Inseln Sardinien und Korsika gibt es einige Vierbeiner und Insekten sowie viele ganz besondere Pflanzen. In Ceylon, das enger mit Indien verbunden ist als Großbritannien mit Europa, unterscheiden sich viele Tiere und Pflanzen von denen in Indien und sind der Insel eigen. Auf den Galapagos-Inseln ist fast jedes einheimische Lebewesen eigenartig, obwohl es anderen Arten, die in den nächstgelegenen Teilen des amerikanischen Kontinents vorkommen, sehr ähnlich ist.

Die meisten Naturforscher geben heute zu, dass diese Tatsachen nur durch die mehr oder weniger lange Zeitspanne erklärt werden können, seit die Inseln aus dem Ozean emporgehoben oder vom nächstgelegenen Land getrennt wurden; und dies wird im Allgemeinen (wenn auch nicht immer) durch die Tiefe des dazwischen liegenden Meeres angezeigt. Die enorme Mächtigkeit vieler Meeresablagerungen in weiten Gebieten zeigt, dass die Absenkung oft in Epochen von immenser Dauer anhielt (mit zwischenzeitlichen Ruhephasen). Die durch solche Senkungen erzeugte Meerestiefe wird daher im Allgemeinen ein Maß für die Zeit sein; und ebenso ist die Veränderung, die organische Formen erfahren haben, ein Maß für die Zeit. Wenn wir die fortgesetzte Einführung neuer Tiere und Pflanzen aus den umliegenden Ländern durch die von Sir Charles Lyell und Herrn Darwin so gut erklärten natürlichen Verbreitungswege gebührend berücksichtigen, ist es bemerkenswert, wie eng diese beiden Maße übereinstimmen . Großbritannien ist vom Kontinent durch ein sehr flaches Meer getrennt, und nur in sehr wenigen Fällen haben unsere Tiere oder Pflanzen begonnen, einen Unterschied zu den entsprechenden kontinentalen Arten zu zeigen. Korsika und Sardinien, die von Italien durch ein viel tieferes Meer getrennt sind, weisen in ihren organischen Formen einen viel größeren Unterschied auf. Kuba, das von Yucatan durch eine breitere und tiefere Meerenge getrennt ist, unterscheidet sich deutlicher, so dass die meisten seiner Produkte aus unterschiedlichen und eigentümlichen Arten bestehen; während Madagaskar, das durch einen tiefen, dreihundert Meilen breiten Kanal von Afrika getrennt ist, so viele eigentümliche Merkmale aufweist, dass sie auf eine Trennung in sehr ferner Antike hinweisen oder es sogar zweifelhaft machen, ob die beiden Länder jemals vollständig vereint waren.

Wenn wir nun zum malaiischen Archipel zurückkehren, stellen wir fest, dass die gesamte weite Meeresfläche, die Java, Sumatra und Borneo voneinander sowie von Malakka und Siam trennt, so flach ist, dass Schiffe in jedem Teil davon ankern können, da dies selten der Fall ist übersteigt die Tiefe vierzig Faden; und wenn wir bis zur Linie von hundert Klaftern gehen, schließen wir die Philippineninseln und Bali östlich von Java ein. Wenn daher diese Inseln durch die Absenkung der dazwischen liegenden Landstriche voneinander und vom Kontinent getrennt wurden, sollten wir schlussfolgern, dass die Trennung vergleichsweise neu ist, da die Tiefe, bis zu der das Land abgesunken ist, so gering ist. Es ist auch zu bemerken, dass die große Kette aktiver Vulkane auf Sumatra und Java uns einen ausreichenden Grund für ein solches Absinken liefert, da die enormen Massen der Materie, die sie ausgeworfen haben, die Fundamente des umgebenden Bezirks wegnehmen würden; und dies könnte die wahre Erklärung für die oft beobachtete Tatsache sein, dass Vulkane und Vulkanketten immer in der Nähe des Meeres liegen. Die Senkung, die sie um sich herum verursachen, wird mit der Zeit ein Meer bilden, falls noch keins existiert.

Aber wenn wir die Zoologie dieser Länder untersuchen, finden wir das, was wir am meisten brauchen — einen sehr eindrucksvollen Beweis dafür, dass diese großen Inseln einst Teil des Kontinents gewesen sein müssen und erst vor sehr kurzer Zeit getrennt werden konnten geologische Epoche. Der Elefant und der Tapir von Sumatra und Borneo, das Nashorn von Sumatra und die verwandten Arten von Java, das Wildvieh von Borneo und die Art, von der lange angenommen wurde, dass sie Java eigen ist, leben heute alle in irgendeinem Teil Südasiens. Keines dieser großen Tiere könnte möglicherweise über die Meeresarme geflogen sein, die heute diese Länder trennen, und ihre Anwesenheit weist eindeutig darauf hin, dass seit der Entstehung der Art eine Landverbindung bestanden haben muss. Von den kleineren Säugetieren kommt ein beträchtlicher Teil auf jeder Insel und auf dem Kontinent vor; aber die enormen physikalischen Veränderungen, die während des Zerfalls und Absinkens solch ausgedehnter Gebiete stattgefunden haben müssen, haben zum Aussterben einiger Arten auf einer oder mehreren Inseln geführt, und in einigen Fällen scheint es auch Zeit für einen Artenwechsel gegeben zu haben stattgefunden haben. Vögel und Insekten veranschaulichen die gleiche Ansicht, denn jede Familie und fast jede Gattung dieser Gruppen, die auf einer der Inseln vorkommt, kommt auch auf dem asiatischen Kontinent vor, und in einer großen Anzahl von Fällen sind die Arten genau identisch. Vögel bieten uns eines der besten Mittel zur Bestimmung des Verteilungsgesetzes; Denn obwohl es auf den ersten Blick scheint, dass die Wassergrenzen, die die Landvierbeiner fernhalten, von Vögeln leicht überquert werden könnten, ist dies in der Praxis doch nicht der Fall; denn wenn wir die Wasserstämme außer Acht lassen, die vorwiegend Wanderer sind, stellt sich heraus, dass die anderen (und insbesondere die Passeres oder echten Sitzvögel, die die überwiegende Mehrheit bilden) im Allgemeinen ebenso streng durch Meerengen und Arme der Vögel begrenzt sind Meer, wie auch die Vierbeiner selbst. Unter den Inseln, von denen ich jetzt spreche, ist es beispielsweise eine bemerkenswerte Tatsache, dass auf Java zahlreiche Vögel leben, die niemals nach Sumatra übergehen, obwohl sie durch eine nur fünfzehn Meilen breite Meerenge getrennt sind und sich in der Mitte des Kanals Inseln befinden . Java besitzt tatsächlich mehr eigene Vögel und Insekten als Sumatra oder Borneo, und dies würde darauf hindeuten, dass es am frühesten vom Kontinent getrennt wurde; An nächster Stelle in der organischen Individualität steht Borneo, während Sumatra in allen seinen Tierformen so nahezu identisch mit der Halbinsel Malakka ist, dass wir mit Sicherheit davon ausgehen können, dass es sich um die zuletzt zerstückelte Insel handelte.

Das allgemeine Ergebnis, zu dem wir gelangen, ist daher, dass die großen Inseln Java, Sumatra und Borneo in ihren natürlichen Produktionen den angrenzenden Teilen des Kontinents ähneln, fast so sehr, wie man es von solchen weit voneinander entfernten Bezirken erwarten könnte, selbst wenn sie bildeten immer noch einen Teil Asiens; und diese große Ähnlichkeit ist verbunden mit der Tatsache, dass das weite Meer, das sie trennt, so gleichmäßig und bemerkenswert flach ist, und schließlich mit der Existenz der ausgedehnten Vulkankette auf Sumatra und Java, die riesige Mengen unterirdischer Materie ausgegossen hat und ausgedehnte Hochebenen und hohe Gebirgszüge aufgebaut und so eine vera causa für eine parallele Senkungslinie geliefert haben – all das führt unwiderstehlich zu dem Schluss, dass sich der Kontinent Asien in einer sehr jungen geologischen Epoche weit über seine heutigen Grenzen hinaus im Süden erstreckte -östlicher Richtung, einschließlich der Inseln Java, Sumatra und Borneo, und reicht wahrscheinlich bis zur heutigen 100-Faden-Linie der Sondierungen.

Die Philippineninseln stimmen in vielerlei Hinsicht mit Asien und den anderen Inseln überein, weisen jedoch einige Anomalien auf, die darauf hinzudeuten scheinen, dass sie zu einem früheren Zeitpunkt getrennt waren und seitdem vielen Umwälzungen in ihrer physischen Geographie ausgesetzt waren.

Wenn wir unsere Aufmerksamkeit nun auf den übrigen Teil des Archipels richten, werden wir feststellen, dass alle Inseln von Celebes und Lombock nach Osten eine fast ebenso große Ähnlichkeit mit Australien und Neuguinea aufweisen wie die westlichen Inseln mit Asien. Es ist bekannt, dass sich die Naturprodukte Australiens von denen Asiens stärker unterscheiden als die der vier antiken Weltgegenden voneinander. Tatsächlich steht Australien allein da: Es gibt keine Affen oder Affen, keine Katzen oder Tiger, Wölfe, Bären oder Hyänen; keine Hirsche oder Antilopen, Schafe oder Ochsen; kein Elefant, Pferd, Eichhörnchen oder Kaninchen; Kurz gesagt, keiner der bekannten Vierbeinertypen, die man in jedem anderen Teil der Welt antrifft. Stattdessen gibt es nur Beuteltiere: Kängurus und Opossums; Wombats und das Schnabeltier. Bei Vögeln ist es fast genauso eigenartig. Es gibt keine Spechte und keine Fasane – Familien, die es in jedem anderen Teil der Welt gibt; aber statt ihnen gibt es die hügelbildenden Buschtruthähne, die Honigsauger, die Kakadus und die Buschzungenlori, die es nirgendwo sonst auf der Welt gibt. Alle diese auffallenden Besonderheiten finden sich auch auf den Inseln, die den österreichisch-malaiischen Teil des Archipels bilden.

Der große Kontrast zwischen den beiden Teilen des Archipels zeigt sich nirgends so plötzlich wie beim Übergang von der Insel Bali zur Insel Lombock , wo die beiden Regionen am nächsten beieinander liegen. Auf Bali gibt es Barbets, Fruchtdrosseln und Spechte; Beim Übergang nach Lombock sind diese nicht mehr zu sehen, aber wir haben eine Fülle von Kakadus, Honigsaugern und Buschtruthühnern, die auf Bali oder jeder weiter westlich gelegenen Insel gleichermaßen unbekannt sind. [Mir wurde jedoch mitgeteilt, dass es an einer Stelle westlich von Bali ein paar Kakadus gab, was zeigt, dass die Vermischung der Erzeugnisse dieser Inseln jetzt im Gange ist.] Die Meerenge ist hier fünfzehn Meilen breit, so dass wir es können Sie reisen in zwei Stunden von einem großen Teil der Erde zum nächsten und unterscheiden sich in ihrem Tierleben ebenso wesentlich wie Europa von Amerika. Wenn wir von Java oder Borneo nach Celebes oder auf die Molukken reisen, ist der Unterschied noch deutlicher. Im ersten Teil gibt es in den Wäldern viele Affenarten, Wildkatzen, Hirsche, Zibetkatzen und Otter, und man trifft ständig auf zahlreiche Arten von Eichhörnchen. Im letzteren kommt nichts davon vor; aber der Greifschwanz-Cuscus ist fast das einzige Landsäugetier, das man sieht, mit Ausnahme von Wildschweinen, die auf allen Inseln vorkommen, und Hirschen (die wahrscheinlich erst kürzlich eingeführt wurden) in Celebes und den Molukken. Die Vögel, die auf den westlichen Inseln am häufigsten vorkommen, sind Spechte, Barbets, Trogone, Fruchtdrosseln und Blattdrosseln; Sie werden täglich gesehen und bilden die großartigen ornithologischen Besonderheiten des Landes. Auf den östlichen Inseln sind diese völlig unbekannt, wobei Honigsauger und kleine Loris die häufigsten Vögel sind, so dass sich der Naturforscher in einer neuen Welt fühlt und kaum begreifen kann, dass er in wenigen Tagen von einer Region in die andere gelangt ist. ohne jemals außer Sichtweite des Landes zu sein.

Die Schlussfolgerung, die wir aus diesen Tatsachen ziehen müssen, ist zweifellos, dass die gesamten Inseln östlich jenseits von Java und Borneo im

Wesentlichen einen Teil eines ehemaligen australischen oder pazifischen Kontinents bilden, obwohl einige von ihnen möglicherweise nie wirklich mit diesem verbunden waren. Dieser Kontinent muss nicht nur zerbrochen worden sein, bevor die Westinseln von Asien getrennt wurden, sondern wahrscheinlich auch, bevor der äußerste südöstliche Teil Asiens über das Wasser des Ozeans gehoben wurde; denn ein großer Teil des Landes Borneo und Java ist bekanntermaßen geologisch gesehen von recht neuer Formation, während die sehr große Verschiedenheit der Arten und in vielen Fällen auch der Gattungen auch zwischen den Erzeugnissen der östlichen malaysischen Inseln und Australiens besteht sowie die große Meerestiefe, die sie jetzt trennt, deuten alle auf eine vergleichsweise lange Zeit der Isolation hin.

Es ist interessant, zwischen den Inseln selbst zu beobachten, wie ein flaches Meer immer auf eine kürzliche Landverbindung hindeutet. Die Aru-Inseln, Mysol und Waigiou sowie Jobie stimmen hinsichtlich ihrer Säugetier- und Vogelarten viel stärker mit Neuguinea überein als mit den Molukken, und wir stellen fest, dass sie alle durch ein flaches Meer mit Neuguinea verbunden sind. Tatsächlich markiert die 100-Faden-Linie um Neuguinea genau das Verbreitungsgebiet der echten Paradiesvögel.

Es ist außerdem anzumerken – und das ist ein sehr interessanter Punkt im Zusammenhang mit Theorien über die Abhängigkeit besonderer Lebensformen von äußeren Bedingungen –, dass diese Aufteilung des Archipels in zwei Regionen, die durch eine auffallende Vielfalt ihrer natürlichen Produktionen gekennzeichnet sind, nicht der Fall ist in irgendeiner Weise den physikalischen oder klimatischen Hauptgliederungen der Oberfläche entsprechen. Die große Vulkankette verläuft durch beide Teile und scheint bei der Assimilation ihrer Erzeugnisse keine Wirkung zu erzielen. Borneo ähnelt Neuguinea stark, nicht nur aufgrund seiner enormen Größe und seiner Vulkanfreiheit, sondern auch hinsichtlich seiner Vielfalt an geologischen Strukturen, seiner Gleichmäßigkeit des Klimas und dem allgemeinen Erscheinungsbild der Waldvegetation, die seine Oberfläche bedeckt. Die Molukken sind aufgrund ihrer vulkanischen Struktur, ihrer extremen Fruchtbarkeit, ihrer üppigen Wälder und ihrer häufigen Erdbeben das Gegenstück zu den Philippinen. und Bali mit dem östlichen Ende von Java hat ein fast so trockenes Klima und einen fast so trockenen Boden wie Timor. Doch zwischen diesen entsprechenden Inselgruppen, die gewissermaßen nach demselben Muster aufgebaut sind, demselben Klima ausgesetzt und von denselben Ozeanen umspült sind, besteht der größtmögliche Kontrast, wenn wir ihre tierische Produktion vergleichen. Nirgendwo stößt die alte Lehre, dass Unterschiede oder Ähnlichkeiten in den verschiedenen Lebensformen, die in verschiedenen Ländern leben, auf entsprechende physische Unterschiede oder Ähnlichkeiten in den Ländern selbst zurückzuführen sind, auf einen so direkten und greifbaren

Widerspruch. Borneo und Neuguinea sind sich physisch so ähnlich, wie zwei verschiedene Länder sein können, zoologisch sind sie so weit, wie die Pole auseinanderfallen. während Australien mit seinen trockenen Winden, seinen offenen Ebenen, seinen steinigen Wüsten und seinem gemäßigten Klima dennoch Vögel und Vierbeiner hervorbringt, die eng mit denen verwandt sind, die in den heißen, feuchten, üppigen Wäldern leben, die überall die Ebenen und Berge Neuguineas bedecken.

Um deutlicher zu veranschaulichen, durch welche Mittel dieser große Kontrast meiner Meinung nach zustande gekommen ist, wollen wir uns überlegen, was passieren würde, wenn zwei stark gegensätzliche Teile der Erde auf natürliche Weise einander nahe gebracht würden. Keine zwei Teile der Welt unterscheiden sich so radikal in ihren Produktionen wie Asien und Australien, aber auch der Unterschied zwischen Afrika und Südamerika ist sehr groß, und diese beiden Regionen werden gut zur Veranschaulichung der Frage dienen, mit der wir uns befassen. Auf der einen Seite haben wir Paviane, Löwen, Elefanten, Büffel und Giraffen; auf der anderen Seite Klammeraffen, Pumas, Tapire, Ameisenbären und Faultiere; Unter den Vögeln dagegen stehen die Nashornvögel, Turakos, Pirols und Honigsauger Afrikas in starkem Kontrast zu den Tukanen, Aras, Schwätzern und Kolibris Amerikas.

Versuchen wir uns nun vorzustellen (was sehr wahrscheinlich in künftigen Zeitaltern eintreten wird), dass eine langsame Umwälzung des Grundes des Atlantiks stattfinden würde, während gleichzeitig Erdbeben und vulkanische Einwirkungen auf dem Land zu größeren Volumina führen würden von Sedimenten, die von den Flüssen herabgeschüttet wurden, so dass sich die beiden Kontinente durch die Hinzufügung neu gebildeter Länder allmählich ausbreiteten und so den Atlantik, der sie jetzt trennt, auf einen Meeresarm von einigen hundert Meilen Breite reduzierten. Gleichzeitig können wir annehmen, dass Inseln in der Mitte des Kanals emporgehoben werden; und da die unterirdischen Kräfte in ihrer Intensität variierten und ihre Hauptangriffspunkte wechselten, wurden diese Inseln manchmal auf der einen oder anderen Seite der Meerenge mit dem Land verbunden und zu anderen Zeiten wieder von diesem getrennt. Mehrere Inseln würden zu einem Zeitpunkt zusammengefügt, zu einem anderen Zeitpunkt wieder aufgelöst, bis wir schließlich, nach vielen langen Zeitaltern solcher intermittierender Wirkung, einen unregelmäßigen Archipel von Inseln hätten, der den Meereskanal des Atlantiks ausfüllte Aussehen und Anordnung konnten wir nichts erkennen, was uns mit Afrika und was mit Amerika in Zusammenhang stand. Die Tiere und Pflanzen, die diese Inseln bewohnen, würden jedoch sicherlich diesen Teil ihrer früheren Geschichte verraten. Auf den Inseln, die jemals Teil des südamerikanischen Kontinents waren, würden wir mit Sicherheit so häufig vorkommende Vögel wie

Schwätzer, Tukane und Kolibris sowie einige der eigentümlichen amerikanischen Vierbeiner finden; während auf denen, die von Afrika abgetrennt worden waren, mit Sicherheit Nashornvögel, Pirole und Geißblattvögel zu finden wären. Ein Teil des erhobenen Landes könnte zu verschiedenen Zeiten eine vorübergehende Verbindung mit beiden Kontinenten gehabt haben und dann eine gewisse Mischung seiner lebenden Bewohner enthalten. Dies scheint bei den Inseln Celebes und den Philippinen der Fall gewesen zu sein. Auch andere Inseln, wenn auch in so unmittelbarer Nähe wie Bali und Lombock , könnten jeweils ein nahezu ungemischtes Muster der Produktionen der Kontinente aufweisen, zu denen sie einst direkt oder indirekt gehörten.

Ich glaube, dass wir im Malaiischen Archipel einen Fall haben, der genau dem entspricht, was ich hier vermutet habe. Wir haben Hinweise auf einen riesigen Kontinent mit einer eigentümlichen Fauna und Flora, die allmählich und unregelmäßig aufgelöst wurde; Die Insel Celebes markierte wahrscheinlich ihre westlichste Ausdehnung, hinter der sich ein weiter Ozean befand. Zur gleichen Zeit scheint Asien seine Grenzen in südöstlicher Richtung ausgeweitet zu haben, zunächst als ununterbrochene Masse, dann in Inseln aufgeteilt, wie wir es jetzt sehen, und fast in tatsächlichen Kontakt mit den verstreuten Fragmenten des großen südlichen Landes gekommen ist.

Aus diesem Überblick über das Thema wird deutlich, wie wichtig eine Ergänzung zur Naturgeschichte für die Geologie ist; nicht nur bei der Interpretation der Fragmente ausgestorbener Tiere, die in der Erdkruste gefunden wurden, sondern auch bei der Bestimmung vergangener Veränderungen an der Oberfläche, die keine geologischen Aufzeichnungen hinterlassen haben. Es ist sicherlich eine wunderbare und unerwartete Tatsache, dass eine genaue Kenntnis der Verbreitung von Vögeln und Insekten es uns ermöglichen sollte, Länder und Kontinente zu kartieren, die lange vor den frühesten Überlieferungen der Menschheit unter dem Ozean verschwanden. Wo immer der Geologe die Erdoberfläche erforschen kann, kann er einen Großteil ihrer Vergangenheit lesen und ungefähr ihre jüngsten Bewegungen über und unter dem Meeresspiegel bestimmen; Aber wo immer sich jetzt Ozeane und Meere erstrecken, kann er nichts anderes tun, als auf den sehr begrenzten Daten zu spekulieren, die die Tiefe der Gewässer bietet. Hier greift der Naturforscher ein und ermöglicht es ihm, diese große Lücke in der vergangenen Erdgeschichte zu schließen.

Eines der Hauptziele meiner Reisen war es, Beweise dieser Art zu erhalten; und meine Suche nach solchen Beweisen war mit großem Erfolg belohnt, so dass ich mit einiger Wahrscheinlichkeit in der Lage war, die vergangenen Veränderungen aufzuspüren, die einer der interessantesten Teile der Erde erfahren hat. Man könnte annehmen, dass die hier dargelegten Fakten und Verallgemeinerungen besser am Ende als am Anfang einer Erzählung über die Reisen, die die Fakten lieferten, platziert worden wären. In einigen Fällen mag dies der Fall sein, aber ich habe es für unmöglich gehalten, einen Bericht über die Naturgeschichte der zahlreichen Inseln und Inselgruppen im Archipel zu geben, wie ich es mir wünsche, ohne ständig auf diese Verallgemeinerungen Bezug zu nehmen, die so viel zu ihrer Geschichte beitragen Interesse. Nachdem ich diesen allgemeinen Überblick über das Thema gegeben habe, werde ich zeigen können, wie dieselben Prinzipien auf die einzelnen Inseln einer Gruppe wie auf den gesamten Archipel angewendet werden können; und dadurch wird mein Bericht über die vielen neuen und merkwürdigen Tiere, die beide bewohnen, interessanter und lehrreicher, als wenn er nur als isolierte Tatsachen behandelt würde.

Gegensätze der Rassen. – Bevor ich zu der Überzeugung gelangt war, dass die östliche und die westliche Hälfte des Archipels zu unterschiedlichen Primärregionen der Erde gehörten, musste ich die Eingeborenen des Archipels zwei völlig unterschiedlichen Rassen zuordnen. Darin unterschied ich mich von den meisten Ethnologen, die zuvor zu diesem Thema geschrieben hatten; denn es war der fast allgemeine Brauch gewesen, William von Humboldt und Pritchard zu folgen und alle ozeanischen Rassen als Modifikationen eines Typs zu klassifizieren. Die Beobachtung zeigte mir jedoch bald, dass Malaien und Papua sich in jedem körperlichen, geistigen und moralischen Charakter radikal unterschieden; und detailliertere Forschungen, die acht Jahre lang fortgesetzt wurden, überzeugten mich davon, dass in diese beiden Formen, als Typen, die Gesamtheit der Völker des Malaiischen Archipels und Polynesiens eingeordnet werden konnte. Zieht man die Linie, die diese Rassen trennt, so stellt man fest, dass sie der Linie nahe kommt, die die zoologischen Regionen trennt, aber etwas östlich davon; Ein Umstand, der mir sehr bedeutsam erscheint, da dieselben Ursachen die Verbreitung der Menschheit beeinflusst haben, die auch die Verbreitung anderer Tierformen bestimmt haben.

Der Grund, warum genau dieselbe Zeile beide nicht einschränkt, ist hinreichend verständlich. Der Mensch verfügt über Möglichkeiten, das Meer zu durchqueren, über die die Tiere nicht verfügen; und eine überlegene Rasse hat die Macht, eine minderwertige zu verdrängen oder zu assimilieren. Die maritime Unternehmung und die höhere Zivilisation der malaysischen Rassen haben es ihnen ermöglicht, einen Teil der angrenzenden Region zu überrennen, in der sie die einheimischen Bewohner, sofern sie jemals welche besaßen, vollständig verdrängt haben; und einen Großteil ihrer Sprache, ihrer Haustiere und ihrer Bräuche weit über den Pazifik hinaus auf Inseln zu verbreiten, wo sie die physischen oder moralischen Eigenschaften der Menschen nur geringfügig oder gar nicht verändert haben.

Ich glaube daher, dass alle Völker der verschiedenen Inseln entweder den Malaien oder den Papua zugeordnet werden können; und dass diese beiden keine nachweisbare Affinität zueinander haben. Ich glaube außerdem, dass alle Rassen östlich der von mir gezogenen Linie eine größere Affinität zueinander haben als zu irgendeiner der Rassen westlich dieser Linie; dass tatsächlich zu den asiatischen Rassen auch die Malaysier gehören und alle einen kontinentalen Ursprung haben, während die pazifischen Rassen, einschließlich aller östlich der ersteren (außer vielleicht einigen im Nordpazifik), nicht von einem existierenden Kontinent abgeleitet sind , sondern aus Ländern, die jetzt im Pazifischen Ozean existieren oder kürzlich existierten. Diese vorläufigen Beobachtungen werden es dem Leser ermöglichen, besser zu verstehen, welche Bedeutung ich den Einzelheiten der physischen Form oder des moralischen Charakters beimesse, die ich bei der Beschreibung der Bewohner vieler Inseln beimessen werde.

KAPITEL II.
SINGAPUR.

(EINE SKIZZE DER STADT UND DER INSEL, WIE SIE WÄHREND MEHRERER BESUCHE VON 1854 BIS 1862 GESEHEN WURDEN.)

Reisenden aus Europa interessanter als die Stadt und die Insel Singapur, da sie Beispiele für eine Vielzahl östlicher Rassen sowie für viele verschiedene Religionen und Lebensweisen bieten. Die Regierung, die Garnison und die wichtigsten Kaufleute sind Engländer; aber die große Masse der Bevölkerung sind Chinesen, darunter einige der reichsten Kaufleute, die Landwirte des Landesinneren und die meisten Mechaniker und Arbeiter . Die einheimischen Malaysier sind in der Regel Fischer und Bootsfahrer und bilden den Hauptteil der Polizei. Die Portugiesen von Malakka beliefern einen Großteil der Angestellten und kleineren Kaufleute. Die Klings Westindiens sind eine zahlreiche Gruppe Mohammedaner und neben vielen Arabern Kleinhändler und Ladenbesitzer. Die Pferdeknechte und Wäscher sind alle Bengalees , und es gibt eine kleine, aber sehr angesehene Klasse parsischer Kaufleute. Daneben gibt es zahlreiche javanische Seeleute und Hausangestellte sowie Händler aus Celebes, Bali und vielen anderen Inseln des Archipels. Der Hafen ist überfüllt mit Kriegs- und Handelsschiffen vieler europäischer Nationen und Hunderten von malaiischen Praus und chinesischen Dschunken, von Schiffen mit mehreren hundert Tonnen Last bis hin zu kleinen Fischerbooten und Passagier-Sampans; und die Stadt besteht aus hübschen öffentlichen Gebäuden und Kirchen, mohammedanischen Moscheen, Hindu-Tempeln, chinesischen Joss-Häusern, guten europäischen Häusern, riesigen Lagerhäusern, seltsamen alten Kling- und China-Basaren und langen Vororten mit chinesischen und malaiischen Cottages.

Von den verschiedenen Arten von Menschen in Singapur sind bei weitem die Chinesen am auffälligsten und diejenigen, die die Aufmerksamkeit des Fremden am meisten auf sich ziehen, deren Zahl und unaufhörliche Aktivität dem Ort das Aussehen einer Stadt in China verleihen. Der chinesische Kaufmann ist im Allgemeinen ein dicker Mann mit rundem Gesicht und einem wichtigen und geschäftsmäßigen Aussehen. Er trägt den gleichen Kleidungsstil (weite weiße Kittel und blaue oder schwarze Hosen) wie der gemeinste Kuli, aber aus feinerem Stoff, und ist immer sauber und ordentlich; und sein langer, mit roter Seide besetzter Schwanz hängt ihm bis zu den Fersen herab. Er hat ein hübsches Lagerhaus oder Geschäft in der Stadt und ein gutes Haus auf dem Land. Er hat ein schönes Pferd und einen tollen Wagen, und jeden Abend kann man ihn dabei beobachten, wie er barhäuptig eine Ausfahrt macht, um die kühle Brise zu genießen. Er ist reich – er besitzt mehrere Einzelhandelsgeschäfte und Handelsschoner, er verleiht Geld zu hohen Zinsen und guten Sicherheiten, er macht harte Geschäfte und wird jedes Jahr dicker und reicher.

Auf dem chinesischen Basar gibt es Hunderte kleiner Läden, in denen eine vielfältige Sammlung von Eisenwaren und Trockenwaren zu finden ist und in denen viele Dinge herrlich günstig verkauft werden. Sie können Bohrer für einen Penny pro Stück, weißen Baumwollfaden in vier Knäueln für einen halben Penny und Taschenmesser, Korkenzieher, Schießpulver, Schreibpapier und viele andere Artikel so billig oder billiger kaufen, als Sie sie in England kaufen können. Der Ladenbesitzer ist sehr gutmütig; Er wird Ihnen alles zeigen, was er hat, und es scheint ihm nichts auszumachen, wenn Sie nichts kaufen. Er beißt ein wenig, aber nicht so sehr wie die Klings , die fast immer zweimal fragen, was sie zu nehmen bereit sind. Wenn Sie ein paar Dinge bei ihm kaufen, wird er Sie hinterher jedes Mal, wenn Sie an seinem Laden vorbeikommen, ansprechen und Sie bitten, hereinzukommen und sich zu setzen oder eine Tasse Tee zu trinken; und man fragt sich, wie er seinen Lebensunterhalt verdienen kann, wo so viele die gleichen unbedeutenden Artikel verkaufen.

Die Schneider sitzen an einem Tisch, nicht an einem; und sowohl sie als auch die Schuhmacher arbeiten gut und billig. Die Friseure haben viel zu tun: Köpfe rasieren und Ohren putzen; Für letztere Operation gibt es eine große Auswahl an kleinen Pinzetten, Pickeln und Bürsten. Am Rande der Stadt gibt es zahlreiche Tischler und Schmiede. Erstere scheinen hauptsächlich Särge und reich bemalte und verzierte Kleiderkästen herzustellen. Letztere sind meist Waffenmacher und bohren die Gewehrläufe von Hand aus massiven Eisenstangen. Bei dieser mühsamen Operation kann man sie jeden Tag beobachten, und es gelingt ihnen, ein Gewehr mit einem Steinschloss auf sehr schöne Weise fertigzustellen. Überall auf den Straßen gibt es Verkäufer von Wasser, Gemüse, Obst, Suppe und Agar-Agar (ein Gelee aus Algen), deren Schreie so unverständlich sind wie die von London. Andere tragen ein tragbares Kochgerät auf einer Stange, die am anderen Ende auf einem Tisch steht, und servieren für zwei oder drei halbe Pence eine Mahlzeit mit Schalentieren, Reis und Gemüse – während Kulis und Bootsführer, die darauf warten, angeheuert zu werden, überall anzutreffen sind mit.

Im Inneren der Insel fällten die Chinesen Waldbäume im Dschungel und zersägten sie zu Brettern; sie bauen Gemüse an, das sie auf den Markt bringen; und sie bauen Pfeffer und Gambir an , die wichtige Exportartikel darstellen. Die französischen Jesuiten haben unter diesen Binnenchinesen Missionen eingerichtet, die sehr erfolgreich zu sein scheinen. Ich lebte jeweils mehrere Wochen mit dem Missionar in Bukitima , etwa in der Mitte der Insel, wo eine hübsche Kirche gebaut wurde und es etwa 300 Konvertiten gibt.

Dort traf ich einen Missionar, der gerade aus Tonquin angekommen war, wo er seit vielen Jahren lebte. Die Jesuiten verrichten ihre Arbeit noch immer gründlich wie früher. In Cochinchina, Tonquin und China, wo alle christlichen Lehrer gezwungen sind, im Verborgenen zu leben und Verfolgung, Vertreibung und manchmal dem Tod ausgesetzt sind, gibt es in jeder Provinz – auch in den am weitesten im Landesinneren gelegenen – eine permanente Einrichtung einer jesuitischen Mission Sie werden von neuen Aspiranten aufgenommen, denen in Penang oder Singapur die Sprachen der Länder beigebracht werden, in die sie reisen. In China soll es nahezu eine Million Konvertiten geben; in Tonquin und Cochin China mehr als eine halbe Million. Ein Erfolgsgeheimnis dieser Missionen ist die strenge Sparsamkeit bei der Verwendung der Mittel. Ein Missionar erhält etwa 30 £. ein Jahr, in dem er in dem Land lebt, in dem er sich befindet. Dadurch ist es möglich, mit sehr begrenzten Mitteln eine große Zahl von Missionaren zu unterstützen; und die Eingeborenen, die sehen, dass ihre Lehrer in Armut und ohne jeglichen Luxus des Lebens leben, sind überzeugt, dass sie in dem, was sie lehren, aufrichtig sind und dass sie zum Wohle anderer wirklich ihr Zuhause und ihre Freunde sowie Bequemlichkeit und Sicherheit aufgegeben haben. Kein Wunder, dass sie sich bekehren, denn für die armen Menschen, unter denen sie arbeiten, muss es ein großer Segen sein, einen Mann in ihrer Mitte zu haben, zu dem sie sich in jeder Not und Not wenden können, der sie tröstet und berät, der sie im Krankheitsfall besucht , der sie in ihrer Not lindert und den sie Tag für Tag in der Gefahr von Verfolgung und Tod leben sehen – ganz für sie.

Mein Freund in Bukittima war wirklich ein Vater für seine Herde. Er predigte ihnen jeden Sonntag auf Chinesisch und veranstaltete unter der Woche Abende für Diskussionen und Gespräche über Religion. Er hatte eine Schule, um ihre Kinder zu unterrichten. Sein Haus stand ihnen Tag und Nacht offen. Wenn ein Mann zu ihm käme und sagte: „Ich habe heute keinen Reis für meine Familie", würde er ihm die Hälfte von dem geben, was er im Haus hatte, egal wie wenig das auch sein mochte. Wenn ein anderer sagte: „Ich habe kein Geld, um meine Schulden zu bezahlen", würde er ihm die Hälfte des Inhalts seiner Handtasche geben, wenn es sein letzter Dollar wäre. Wenn er also selbst in Not war, sandte er zu einigen der Reichsten seiner Herde und ließ ihnen sagen: „Ich habe keinen Reis im Haus" oder „Ich habe mein Geld verschenkt und brauche diesen und diesen." solche Artikel." Das Ergebnis war, dass seine Herde ihm vertraute und ihn liebte, denn sie waren sich sicher, dass er ihr wahrer Freund war und keine Hintergedanken hegte, wenn es darum ging, unter ihnen zu leben.

Die Insel Singapur besteht aus einer Vielzahl kleiner, drei- bis vierhundert Fuß hoher Hügel, deren Gipfel bei vielen noch mit Urwald bedeckt sind. Das Missionshaus in Bukittima war von mehreren dieser bewaldeten Hügel umgeben, die von Holzfällern und Sägern häufig besucht wurden und mir einen hervorragenden Sammelplatz für Insekten boten. Hier und da gab es auch Tigergruben, die sorgfältig mit Stöcken und Blättern bedeckt und so gut verborgen waren, dass ich in einigen Fällen nur knapp einem Sturz in sie entkommen konnte. Sie haben die Form eines Eisenofens, sind unten breiter als oben und etwa fünfzehn bis zwanzig Fuß tief, so dass es für eine Person ohne Hilfe fast unmöglich wäre, aus ihnen herauszukommen. Früher steckte ein spitzer Pfahl aufrecht im Boden; Doch nachdem ein unglücklicher Reisender durch einen Sturz auf einen solchen getötet worden war, wurde seine Verwendung verboten. Es gibt immer ein paar Tiger, die in Singapur umherstreifen, und sie töten durchschnittlich jeden Tag einen Chinesen, vor allem diejenigen, die auf den Gambir- Plantagen arbeiten, die immer in neu gerodeten Dschungeln angelegt werden. Ein- oder zweimal am Abend hörten wir einen Tiger brüllen, und es war eine ziemlich nervöse Arbeit, zwischen den umgestürzten Stämmen und alten Sägegruben nach Insekten zu suchen, wenn vielleicht eines dieser wilden Tiere in der Nähe lauerte und auf eine Gelegenheit wartete, sich auf uns zu stürzen.

An jedem schönen Tag verbrachten wir mehrere Stunden in diesen Waldstücken, die im Gegensatz zu dem kahlen offenen Land, über das wir laufen mussten, um sie zu erreichen, herrlich kühl und schattig waren. Die Vegetation war äußerst üppig und bestand aus riesigen Waldbäumen sowie einer Vielzahl von Farnen, Kaladien und anderem Unterholz sowie einer Fülle kletternder Rattanpalmen. Insekten waren außerordentlich zahlreich und sehr interessant und lieferten jeden Tag Dutzende neuer und seltsamer Formen.

In etwa zwei Monaten erwarb ich nicht weniger als 700 Käferarten, von denen ein großer Teil recht neu war, und darunter 130 verschiedene Arten der eleganten Longicorns (Cerambycidae), die bei Sammlern so sehr geschätzt sind. Fast alle davon wurden in einem Dschungelstück gesammelt, das nicht größer als eine Quadratmeile war, und auf all meinen folgenden Reisen im Osten traf ich selten oder nie auf einen so ertragreichen Fleck. Diese außerordentliche Produktivität war zweifellos zum Teil auf einige günstige Boden-, Klima- und Vegetationsbedingungen zurückzuführen und darauf, dass die Jahreszeit sehr hell und sonnig war und genügend Regenschauer gab, um alles frisch zu halten. Aber ich bin mir sicher, dass es in hohem Maße auch von der Arbeit der chinesischen Holzfäller abhängig war. Sie waren hier seit mehreren Jahren am Werk und hatten während dieser Zeit kontinuierlich trockene, tote und verwesende Blätter und Rinde sowie reichlich Holz und Sägemehl für die Ernährung der Insekten und ihrer Larven bereitgestellt. Dies hatte zur Ansammlung einer großen Artenvielfalt auf begrenztem Raum geführt, und ich war der erste Naturforscher, der gekommen war, um die von ihnen vorbereitete Ernte einzufahren. An derselben Stelle und bei meinen Spaziergängen in andere Richtungen erhielt ich eine stattliche Sammlung von Schmetterlingen und anderen Insektenordnungen, so dass ich im Großen und Ganzen mit diesen – meinen ersten Versuchen, Kenntnisse über die Naturgeschichte zu erlangen – recht zufrieden war des Malaiischen Archipels.

KAPITEL III.
MALAKKA UND BERG OPHIR.

(JULI BIS SEPTEMBER
1854.)

Da Vögel und die meisten anderen Tierarten in Singapur rar waren, verließ ich Singapur im Juli nach Malakka, wo ich mehr als zwei Monate im Landesinneren verbrachte und einen Ausflug zum Mount Ophir machte. Die alte und malerische Stadt Malakka liegt dicht an den Ufern des kleinen Flusses und besteht aus engen Gassen mit Geschäften und Wohnhäusern, die von Nachkommen der Portugiesen und Chinesen bewohnt werden. In den Vororten liegen die Häuser der englischen Beamten und einiger portugiesischer Kaufleute, eingebettet in Palmen- und Obstbaumhaine, deren mannigfaltiges und schönes Blattwerk dem Auge eine angenehme Erleichterung und zugleich äußerst wohltuenden Schatten spendet.

Die alte Festung, das große Regierungsgebäude und die Ruinen einer Kathedrale zeugen vom einstigen Reichtum und der Bedeutung dieses Ortes, der einst ebenso das Zentrum des östlichen Handels war wie Singapur heute. Die folgende Beschreibung von Linschott , der vor zweihundertsiebzig Jahren schrieb, zeigt eindrucksvoll die Veränderung, die es erfahren hat:

„Malakka wird von Portugiesen und Einheimischen des Landes, sogenannten Malaien, bewohnt. Die Portugiesen haben hier eine Festung, wie in Mosambik, und in ganz Indien gibt es keine Festung nach denen von Mosambik und Ormuz, wo die Kapitäne ihre Dienste leisten." Pflicht besser als in diesem. Dieser Ort ist der Markt für ganz Indien, China, die Molukken und andere Inseln in der Umgebung – von allen Orten sowie von Banda, Java, Sumatra, Siam, Pegu und Bengalen , Coromandel und Indien – Schiffe kommen und gehen unaufhörlich, beladen mit unendlich vielen Waren. An diesem Ort würde es eine viel größere Zahl von Portugiesen geben, wenn da nicht die Unannehmlichkeiten und die ungesunde Luft wären, die schädlich ist nicht nur gegenüber Fremden, sondern auch gegenüber Einheimischen. Daher würdigen alle, die auf dem Land leben, ihre Gesundheit und leiden an einer bestimmten Krankheit, die dazu führt, dass sie entweder ihre Haut oder ihre Haare verlieren. Und diejenigen, die fliehen Betrachten Sie es als ein Wunder, das viele dazu veranlasst, das Land zu verlassen, während der glühende Wunsch nach Gewinn andere dazu bringt, ihre Gesundheit aufs Spiel zu setzen, und bemühen Sie sich , eine solche Atmosphäre zu ertragen. Der Ursprung dieser Stadt war, wie die Eingeborenen sagen, sehr klein, da sie anfangs aufgrund der schlechten Luft nur von sechs oder sieben Fischern bewohnt wurde. Aber die Zahl wurde durch das Treffen von Fischern aus Siam, Pegu und Bengalen erhöht, die kamen und eine Stadt bauten und eine besondere Sprache etablierten, die sich an den elegantesten Sprechweisen anderer Nationen orientierte, so dass tatsächlich die Sprache von Die Malaien sind derzeit die raffiniertesten, genauesten und berühmtesten des gesamten Ostens. Der Name Malakka wurde dieser Stadt gegeben, die aufgrund ihrer günstigen Lage in kurzer Zeit zu einem solchen Reichtum wuchs, dass sie den mächtigsten Städten und Regionen der Umgebung nicht nachgeben musste. Die Eingeborenen, sowohl Männer als auch Frauen, sind sehr höflich und gelten als die geschicktesten der Welt, wenn es um Komplimente geht, und sie lernen viel, um Verse und Liebeslieder zu komponieren und zu wiederholen. Ihre Sprache ist in Indien ebenso in Mode wie hier die Französische."

Gegenwärtig läuft kaum noch ein Schiff über hundert Tonnen in seinen Hafen ein, und der Handel beschränkt sich ausschließlich auf einige kleine Produkte der Wälder und auf die Früchte, die die von den alten Portugiesen gepflanzten Bäume jetzt zum Vergnügen hervorbringen der Einwohner Singapurs. Obwohl es eher zu Fieber neigt, gilt es derzeit nicht als sehr ungesund.

Die Bevölkerung Malakkas besteht aus mehreren Rassen. Die allgegenwärtigen Chinesen sind vielleicht am zahlreichsten und behalten ihre Manieren, Bräuche und Sprache bei; zahlenmäßig folgen die einheimischen Malaien, deren Sprache die Lingua franca des Ortes ist. Als nächstes kommen die Nachkommen der Portugiesen – eine gemischte, degradierte und degenerierte Rasse, die aber immer noch den Gebrauch ihrer Muttersprache beibehält, wenn auch bedauerlicherweise in der Grammatik verstümmelt; und dann sind da noch die englischen Herrscher und die Nachkommen der Niederländer, die alle Englisch sprechen. Das in Malakka gesprochene Portugiesisch ist ein nützliches philologisches Phänomen. Die Verben haben größtenteils ihre Flexion verloren, und eine Form gilt für alle Stimmungen, Zeiten, Numeri und Personen. Eu vai steht für „Ich gehe", „Ich bin gegangen" oder „Ich werde gehen". Auch Adjektive wurden ihrer femininen und pluralen Endungen beraubt, so dass die Sprache auf eine wunderbare Einfachheit reduziert wird und mit der Beimischung einiger malaiischer Wörter für jemanden, der nur das reine Lusitanisch gehört hat, ziemlich rätselhaft wird.

In der Tracht sind diese verschiedenen Völker ebenso unterschiedlich wie in ihrer Sprache. Die Engländer bewahren den enganliegenden Mantel, die Weste und die Hosen sowie den abscheulichen Hut und die abscheuliche Krawatte; die Portugiesen bevorzugen eine leichte Jacke oder, häufiger, nur Hemd und Hose; die Malaysier tragen ihre Nationaljacke und einen Sarong (eine Art Kilt) mit losen Unterhosen; während die Chinesen niemals im Geringsten von ihrer Nationaltracht abweichen, die in der Tat für ein tropisches Klima unmöglich verbessert werden kann, weder hinsichtlich des

Komforts noch des Aussehens. Die locker hängenden Hosen und die gepflegte weiße Jacke, halb Hemd, halb Jacke, sind genau das, was ein Kleid in diesen niedrigen Breitengraden sein sollte.

Ich beauftragte zwei Portugiesen, mich ins Landesinnere zu begleiten; Einer als Koch, der andere als Vogelschütze und Häuter, was in Malakka ein ziemlicher Beruf ist. Ich blieb zunächst zwei Wochen in einem Dorf namens Gading , wo ich im Haus einiger chinesischer Konvertiten untergebracht wurde, denen ich von den Jesuitenmissionaren empfohlen wurde. Das Haus war nur ein Schuppen, aber es wurde sauber gehalten und ich machte es mir ausreichend gemütlich. Meine Gastgeber legten eine Pfeffer- und Gambirplantage an , und in der unmittelbaren Nachbarschaft befanden sich ausgedehnte Zinnwäschereien, in denen über tausend Chinesen beschäftigt waren. Das Zinn wird in Form schwarzer Körner aus Quarzsandbetten gewonnen und in einfachen Lehmöfen zu Barren geschmolzen. Der Boden schien karg zu sein, und der Wald war sehr dicht mit Unterholz und überhaupt nicht produktiv für Insekten; Aber andererseits gab es viele Vögel, und ich wurde sofort mit den reichen ornithologischen Schätzen der malaysischen Region bekannt gemacht.

Als ich zum ersten Mal meine Waffe abfeuerte, erlegte ich einen der neugierigsten und schönsten Malakka-Vögel, den Blauschnabelgaper (Cymbirhynchus) . Macrorhynchus), von den Malaysiern „Regenvogel" genannt. Es ist etwa so groß wie ein Star, schwarz und kräftig bordeauxrot mit weißen Schulterstreifen und einem sehr großen und breiten Schnabel aus reinstem Kobaltblau oben und Orange unten, während die Iris smaragdgrün ist. Wenn die Häute trocknen, wird der Schnabel mattschwarz, aber selbst dann sieht der Vogel gut aus. Bei frischer Tötung ist der Kontrast des leuchtenden Blaus mit den satten Farben des Gefieders bemerkenswert auffällig und schön. Bald wurden auch die schönen östlichen Trogone mit ihrem tiefbraunen Rücken, den wunderschön gezeichneten Flügeln und den purpurroten Brüsten erworben, ebenso wie die großen grünen Barbets (Megalaema versicolor) – fruchtfressende Vögel, so etwas wie kleine Tukane, mit kurzem Schwanz , gerader, borstiger Schnabel, und dessen Kopf und Hals mit Flecken von leuchtendem Blau und Purpur bunt gesprenkelt sind. Ein oder zwei Tage später brachte mir mein Jäger ein Exemplar des Grünen Klaffens (Calyptomena) . viridis), der wie ein kleiner Felsenhahn aussieht, aber ganz von leuchtendem Grün ist und auf den Flügeln zart mit schwarzen Balken markiert ist. Hübsche Spechte und fröhliche Eisvögel, grüne und braune Kuckucke mit samtig roten Gesichtern und grünen Schnäbeln , rotbrüstige Tauben und metallische Honigsauger wurden Tag für Tag herbeigeholt und hielten mich in einem ständigen Zustand angenehmer Erregung. Nach vierzehn Tagen bekam einer meiner Diener Fieber, und als er nach Malakka zurückkehrte, befiel die gleiche Krankheit sowohl den anderen als auch mich. Durch eine großzügige Anwendung von Chinin erholte ich mich bald, und als ich andere Männer gewann, begab ich mich in Begleitung eines jungen Herrn, der aus diesem Ort stammte und eine Vorliebe für Naturgeschichte hatte, in den Regierungsbungalow von Ayerpanas .

In Ayerpanas hatten wir ein komfortables Haus zum Übernachten und viel Platz zum Trocknen und Konservieren unserer Exemplare; aber da es keine fleißigen Chinesen gab, die Holz fällen konnten, waren Insekten verhältnismäßig selten, mit Ausnahme der Schmetterlinge, von denen ich eine sehr schöne Sammlung zusammenstellte. Die Art und Weise, wie ich an ein schönes Insekt kam, war merkwürdig und zeigt, wie fragmentarisch und unvollkommen die Sammlung eines Reisenden zwangsläufig sein muss. Eines Nachmittags ging ich mit meiner Waffe eine Lieblingsstraße durch den Wald entlang, als ich einen Schmetterling auf dem Boden sah. Es war groß, hübsch und für mich ziemlich neu, und ich kam ihm nahe, bevor es wegflog. Dann bemerkte ich, dass es sich auf dem Mist eines fleischfressenden Tieres niedergelassen hatte. Da ich dachte, er könnte an die gleiche Stelle zurückkehren, nahm ich am nächsten Tag nach dem Frühstück mein Netz, und als ich mich der Stelle näherte, war ich erfreut, denselben Schmetterling auf demselben Stück Mist sitzen zu sehen, und es gelang mir, ihn zu fangen. Es war eine völlig neue Art von großer Schönheit und wurde von Herrn Hewitson Nymphalis genannt Calydona . Ich habe nie wieder ein Exemplar davon gesehen, und erst nach zwölf Jahren erreichte ein zweites Individuum dieses Land aus dem nordwestlichen Teil Borneos.

Nachdem wir beschlossen hatten, den Berg Ophir zu besuchen, der in der Mitte der Halbinsel etwa fünfzig Meilen östlich von Malakka liegt, engagierten wir sechs Malaysier, die uns begleiten und unser Gepäck tragen sollten. Da wir vorhatten, mindestens eine Woche am Berg zu bleiben, nahmen wir einen guten Vorrat an Reis, ein wenig Keks, Butter und Kaffee, etwas getrockneten Fisch und etwas Brandy sowie Decken, Kleidung zum Wechseln, Insekten und Vögel mit Kisten, Netze, Waffen und Munition. Die Entfernung von Ayerpanas sollte etwa dreißig Meilen betragen.

Unser erster Tagesmarsch führte durch Waldstücke, Lichtungen und malaiische Dörfer und war recht angenehm. Nachts schliefen wir im Haus eines malaiischen Häuptlings, der uns eine Veranda zur Verfügung stellte und uns Geflügel und einige Eier schenkte. Am nächsten Tag wurde das Land wilder und hügeliger . Wir fuhren durch ausgedehnte Wälder, auf Wegen, die oft bis zu den Knien im Schlamm standen, und waren von den Blutegeln, für die dieser Bezirk berühmt ist, sehr genervt. Diese kleinen Geschöpfe befallen die Blätter und Gräser am Wegesrand, und wenn ein Passagier vorbeikommt, strecken sie sich in voller Länge aus, und wenn sie irgendeinen Teil seiner Kleidung oder seines Körpers berühren, lassen sie ihr Blatt los und bleiben daran hängen. Sie kriechen dann auf seine Füße, Beine oder andere Körperteile und saugen sich satt, wobei der erste Einstich während der Aufregung beim Gehen selten zu spüren ist. Beim abendlichen Baden fanden wir meist ein halbes Dutzend oder ein Dutzend bei jedem von uns, am häufigsten an unseren Beinen, manchmal aber auch am Körper , und ich hatte einen, der sich seitlich am Hals aussaugte, aber glücklicherweise daneben ging die Halsvene. Es gibt viele Arten dieser Waldegel. Alle sind klein, aber einige sind wunderschön mit leuchtend gelben Streifen markiert. Sie heften sich wahrscheinlich an Hirsche oder andere Tiere, die sich auf den Waldwegen aufhalten, und haben sich so die einzigartige Angewohnheit angeeignet, sich beim Geräusch eines Schritts oder beim Rascheln von Laub auszustrecken. Am frühen Nachmittag erreichten wir den Fuß des Berges und schlugen unser Lager am Ufer eines schönen Baches auf, dessen felsige Ufer mit Farnen bewachsen waren. Unser ältester Malaie war es gewohnt, in dieser Gegend für die Malakka-Händler Vögel zu schießen, und war auf dem Gipfel des Berges gewesen, und während wir uns mit Schießen und Insektenjagen beschäftigten, ging er mit zwei anderen, um den Weg für unseren Aufstieg freizumachen nächster Tag.

Früh am nächsten Morgen brachen wir nach dem Frühstück mit Decken und Proviant auf, da wir auf dem Berg schlafen wollten. Nachdem wir einen kleinen verworrenen Dschungel und sumpfiges Dickicht passiert hatten, durch das unsere Männer einen Weg frei gemacht hatten, gelangten wir in einen schönen, hohen Wald, der ziemlich frei von Unterholz war und in dem wir frei gehen konnten. Wir stiegen mehrere Meilen lang stetig einen mäßigen Hang hinauf und hatten zu unserer Linken eine tiefe Schlucht. Dann mussten wir ein flaches Plateau oder einen Seitenstreifen überqueren, danach wurde der Aufstieg steiler und der Wald dichter, bis wir auf das „Padang-Batu" oder Steinfeld stießen, einen Ort, von dem wir viel gehört hatten, den wir aber nie erreichen konnten irgendjemand, den man verständlich beschreiben kann. Wir stellten fest, dass es sich um einen steilen Abhang aus ebenem Fels handelte, der sich weiter am Berghang entlang erstreckte, als wir sehen konnten. Teile davon waren ganz kahl, aber wo sie Risse und Risse aufwies, wuchs eine äußerst üppige Vegetation, unter denen die Kannenpflanzen am bemerkenswertesten waren. Diese wunderbaren Pflanzen scheinen in unseren Gewächshäusern nie gut zu gedeihen und werden dort nur von geringem Nutzen gesehen. Hier wuchsen sie zu halb kletternden Sträuchern heran, deren seltsame Kannen in verschiedenen Größen und Formen reichlich an ihren Blättern hingen und die durch ihre Größe und Schönheit immer wieder unsere Bewunderung erregten. Einige Koniferen der Gattung Dacrydium tauchten hier zum ersten Mal auf, und im Dickicht direkt über der felsigen Oberfläche wanderten wir durch Haine dieser prächtigen Farne Dipteris Horsfieldii und Matonia pectinata , die große, ausgebreitete handförmige Wedel an schlanken, sechs bis acht Fuß hohen Stielen tragen.

Die Matonia ist die höchste und eleganteste Art und ist nur von diesem Berg aus bekannt, und keines von beiden ist bisher in unsere Treibhäuser eingeführt worden.

Es war sehr beeindruckend, aus dem dunklen, kühlen und schattigen Wald herauszukommen, in dem wir seit unserem Start aufgestiegen waren, zu diesem heißen, offenen Felshang zu gelangen, wo es schien, als wären wir mit einem Schritt von einem Tiefland in eine alpine Vegetation gelangt . Die mit einem Sympiesometer gemessene Höhe betrug etwa 2.800 Fuß. Man hatte uns gesagt, wir sollten in Padang-Batu Wasser finden, da wir außerordentlich durstig seien; aber wir suchten vergebens danach. Schließlich wandten wir uns den Kannenpflanzen zu, aber das Wasser in den Kannen (jeweils etwa ein halber Pint) war voller Insekten und ansonsten wenig einladend . Als wir es probierten, empfanden wir es jedoch als sehr wohlschmeckend, wenn auch eher warm, und wir löschten alle unseren Durst aus diesen natürlichen Krügen. Weiter hinten kamen wir wieder in den Wald, der jedoch zwerghafter und verkümmerter war als unten; und abwechselnd entlang von Bergrücken und in Täler hinabsteigend, erreichten wir einen Gipfel, der vom eigentlichen Gipfel des Berges durch einen beträchtlichen Abgrund getrennt war. Hier gaben unsere Träger nach und erklärten, sie könnten ihre Lasten nicht weiter tragen; und sicherlich war der Aufstieg zum höchsten Gipfel sehr steil. Aber an der Stelle, wo wir waren, gab es kein Wasser, obwohl bekannt war, dass es in der Nähe des Gipfels eine Quelle gab, also beschlossen wir, ohne Wasser weiterzufahren und nur das Nötigste mitzunehmen. Wir nahmen daher jeder eine Decke, teilten unser Essen und andere Artikel unter uns auf und gingen nur mit dem alten Malaien und seinem Sohn weiter.

Nach dem Abstieg in den Sattel zwischen den beiden Gipfeln empfanden wir den Aufstieg als sehr mühsam, da der Hang so steil war, dass wir oft von Hand klettern mussten. Neben einer buschigen Vegetation war der Boden knietief mit Moosen bedeckt, die auf einem Fundament aus verwesenden Blättern und schroffen Felsen lagen, und es war ein harter, stundenlanger Aufstieg zum kleinen Felsvorsprung direkt unterhalb des Gipfels, wo ein überhängender Felsen einen bequemen Schutz bietet, und a Ein kleines Becken fängt das herabrieselnde Wasser auf. Hier legten wir unsere Lasten ab und standen wenige Minuten später auf dem Gipfel des Mount Ophir, 4.000 Fuß über dem Meer. Die Spitze ist eine kleine felsige Plattform, die mit Rhododendren und anderen Sträuchern bedeckt ist. Der Nachmittag war klar und die Aussicht auf ihre Art schön – Hügel- und Tälerketten überall bedeckt mit endlosem Wald, zwischen denen sich glitzernde Flüsse schlängelten.

Aus der Ferne wirkt ein Waldland sehr eintönig, und kein Berg, den ich jemals in den Tropen bestiegen habe, bietet ein Panorama, das mit dem von Snowdon vergleichbar ist, während die Aussicht in der Schweiz unermesslich besser ist. Beim Aufkochen unseres Kaffees machte ich Beobachtungen mit einem guten Siedepunktthermometer sowie mit dem Sympiesometer , und wir genossen dann unser Abendessen und die edle Aussicht, die vor uns lag. Die Nacht war ruhig und sehr mild, und nachdem wir ein Bett aus Zweigen und Ästen gemacht hatten, über das wir unsere Decken legten, verbrachten wir eine sehr angenehme Nacht. Unsere Träger waren uns nach einer Rast gefolgt und hatten nur ihren Reis zum Kochen mitgebracht, und zum Glück brauchten wir das Gepäck, das sie zurückgelassen hatten, nicht. Am Morgen habe ich ein paar Schmetterlinge und Käfer gefangen, und mein Freund hat ein paar Landmuscheln bekommen; und dann stiegen wir hinab und brachten einige Exemplare der Farne und Kannenpflanzen von Padang-Batu mit.

Da der Ort, an dem wir zuerst am Fuße des Berges unser Lager aufgeschlagen hatten, sehr düster war, wählten wir einen anderen in einer Art Sumpf in der Nähe eines mit Zingiberaceae -Pflanzen bewachsenen Baches, in dem sich leicht eine Lichtung machen ließ. Hier bauten unsere Männer zwei kleine Hütten ohne Seitenwände, die uns nur vor dem Regen schützen sollten; Wir lebten eine Woche lang darin, schossen und jagten Insekten und streiften durch die Wälder am Fuße des Berges. Dies war das Land des großen Argusfasan, und wir hörten ständig seinen Schrei. Als ich den alten Malaien bat, zu versuchen, einen für mich zu schießen, erzählte er mir, dass er, obwohl er zwanzig Jahre lang in diesen Wäldern Vögel geschossen hatte, noch nie einen geschossen und noch nie einen gesehen hatte, außer nachdem er gefangen worden war. Der Vogel ist so überaus scheu und vorsichtig und rennt in den dichtesten Teilen des Waldes so schnell über den Boden, dass es unmöglich ist, in seine Nähe zu kommen; und seine nüchternen Farben und reichen augenähnlichen Flecken, die im Museum so dekorativ sind, müssen gut mit den toten Blättern harmonieren, zwischen denen es lebt, und es sehr unauffällig machen. Alle in Malakka verkauften Exemplare sind in Schlingen gefangen, und mein Informant hatte zwar keines erschossen, aber viele Schlingen.

Tiger und Nashörner gibt es hier immer noch, und vor ein paar Jahren gab es noch viele Elefanten, doch in letzter Zeit sind sie alle verschwunden. Wir fanden einige Misthaufen, die von Elefanten zu stammen schienen, und einige Spuren von Nashörnern, sahen aber keines der Tiere. Wir ließen jedoch die ganze Nacht über ein Feuer brennen, für den Fall, dass eines dieser Tiere uns besuchen sollte, und zwei unserer Männer erklärten, dass sie eines Tages tatsächlich ein Nashorn gesehen hätten. Als unser Reis aufgegessen und unsere Kisten voller Proben waren, kehrten wir nach Ayer- Panas zurück und reisten einige Tage später weiter nach Malakka und von dort nach Singapur. Der Berg Ophir ist für sein Fieber bekannt, und alle unsere Freunde waren erstaunt über unsere Rücksichtslosigkeit, so lange an seinem Fuß zu bleiben; Aber keiner von uns hat im Geringsten gelitten, und ich

werde immer mit Freude auf meine Reise zurückblicken, die meine erste
Begegnung mit der Berglandschaft der östlichen Tropen war.

Die dürftige und knappe Beschreibung meines Besuchs in Singapur und
auf der Malaiischen Halbinsel ist darauf zurückzuführen, dass ich mich
hauptsächlich auf einige private Briefe und ein Notizbuch verlassen habe, die
verloren gegangen sind; und auf einen Aufsatz über Malakka und den Berg
Ophir, der an die Royal Geographical Society geschickt wurde, der jedoch
aufgrund von Druck am Ende einer Sitzung weder gelesen noch gedruckt
wurde, und auf das MSS. davon kann jetzt nicht gefunden werden. Ich
bedaure dies jedoch umso weniger, als über diese Teile so viele Werke
geschrieben wurden; und ich hatte immer vor, meine Reisen in die westlichen
und bekannteren Teile des Archipels beiläufig zu behandeln , um den
entlegeneren Gebieten, über die in englischer Sprache kaum etwas
geschrieben wurde, mehr Raum zu widmen.

KAPITEL IV.
BORNEO – DER ORANG-UTAN.

Ich kam am 1. November 1854 in Sarawak an und verließ es am 25. Januar 1856. In der Zwischenzeit hielt ich mich an vielen verschiedenen Orten auf und sah einen Großteil der Dyak- Stämme sowie der Borneo-Malaysier. Ich wurde von Sir James Brooke gastfreundlich bewirtet und wohnte in seinem Haus, wann immer ich während meiner Reisen in der Stadt Sarawak war. Aber seit ich dort war, wurden so viele Bücher über diesen Teil von Borneo geschrieben, dass ich es vermeiden werde, im Detail auf das einzugehen, was ich über Sarawak und seinen Herrscher gesehen, gehört und gedacht habe, und mich hauptsächlich auf meine Erfahrungen als Naturforscher auf der Suche beschränke Muscheln, Insekten, Vögel und der Orang-Utan sowie ein Bericht über eine Reise durch einen Teil des Landesinneren, der von Europäern selten besucht wird.

Die ersten vier Monate meines Besuchs verbrachte ich in verschiedenen Teilen des Sarawak-Flusses, von Santubong an seiner Mündung bis zu den malerischen Kalksteinbergen und chinesischen Goldfeldern von Bow und Bede. Dieser Teil des Landes wurde so oft beschrieben, dass ich ihn übergehen werde, insbesondere weil meine Sammlungen aufgrund der Hochsaison der Regenzeit verhältnismäßig dürftig und unbedeutend waren.

Im März 1865 beschloss ich, zu den Kohlenwerken zu gehen, die in der Nähe des Simunjon- Flusses, einem kleinen Seitenarm des Sadong , eines Flusses östlich von Sarawak und zwischen diesem und dem Batang-Lupar , eröffnet wurden . Der Simunjon mündet etwa zwanzig Meilen oberhalb in den Sadong -Fluss. Es ist sehr eng und sehr gewunden und wird stark von dem hohen Wald überschattet, der sich manchmal fast darüber erstreckt. Das ganze Land zwischen ihm und dem Meer ist ein vollkommen ebener, bewaldeter Sumpf, aus dem sich einige isolierte Hügel erheben, an deren Fuß sich die Werke befinden. Vom Landeplatz bis zum Hügel war eine Dyak-Straße angelegt worden, die ausschließlich aus aneinandergereihten Baumstämmen bestand. Auf diesen gehen die barfüßigen Eingeborenen mit größter Leichtigkeit schwere Lasten und tragen sie, aber für einen Europäer mit Stiefeln ist es eine sehr schlüpfrige Arbeit, und wenn die Aufmerksamkeit ständig auf die verschiedenen Sehenswürdigkeiten in der Umgebung gerichtet ist, sind ein paar Stürze ins Moor fast unvermeidlich . Bei meinem ersten Spaziergang entlang dieser Straße sah ich nur wenige Insekten oder Vögel, bemerkte aber einige sehr schöne blühende Orchideen der Gattung Coelogyne , einer Gruppe, die ich später als sehr häufig und charakteristisch für die Gegend empfand. Am Hang des Hügels in der Nähe seines Fußes war ein Stück Wald abgeholzt und mehrere einfache Häuser errichtet worden, in denen Mr. Coulson, der Ingenieur, und eine Reihe chinesischer Arbeiter wohnten. Anfangs wurde ich freundlicherweise in Mr. Coulsons Haus untergebracht, aber da ich fand, dass der Ort für mich sehr geeignet war und er großartige Möglichkeiten zum Sammeln bot, ließ ich mir ein kleines Haus mit zwei Zimmern und einer Veranda bauen. Hier blieb ich fast neun Monate und sammelte eine riesige Insektensammlung, der ich wegen der besonders günstigen Umstände meine Hauptaufmerksamkeit widmete .

In den Tropen ist ein großer Teil der Insekten aller Ordnungen und insbesondere der großen und beliebten Käfergruppe mehr oder weniger auf die Vegetation und insbesondere auf Holz, Rinde und Blätter in verschiedenen Stadien des Verfalls angewiesen. Im unberührten Urwald sind die Insekten, die häufig in solchen Situationen vorkommen, über weite Landstriche verstreut, an Stellen, wo Bäume durch Verfall und Alter gefallen sind oder der Gewalt des Sturms erlegen sind; und zwanzig Quadratmeilen Land enthalten möglicherweise nicht so viele umgestürzte und verfallene Bäume wie auf irgendeiner kleinen Lichtung. Die Menge und Vielfalt der Käfer und vieler anderer Insekten, die zu einem bestimmten Zeitpunkt an einem tropischen Ort gesammelt werden können, hängt erstens von der unmittelbaren Umgebung eines großen Gebietes Urwald ab, und zweitens von der Menge der Bäume, die dort gesammelt werden Einige Monate sind vergangen und sie werden immer noch abgeholzt und auf dem Boden trocknen und verrotten gelassen.

Nun, während meiner gesamten zwölfjährigen Sammeltätigkeit in den westlichen und östlichen Tropen habe ich in dieser Hinsicht nie solche Vorteile genossen wie am Simunjon Kohlewerk . Mehrere Monate lang waren zwanzig bis fünfzig Chinesen und Dyaks fast ausschließlich damit beschäftigt, ein großes Gebiet im Wald zu roden und eine breite Öffnung für eine Eisenbahnlinie zum zwei Meilen entfernten Sadong -Fluss zu schaffen. Darüber hinaus wurden an verschiedenen Stellen im Dschungel Sägegruben errichtet und große Bäume gefällt, um sie in Balken und Bretter zu zerteilen. Über Hunderte von Kilometern in alle Richtungen erstreckte sich ein herrlicher Wald über Ebenen und Berge, Felsen und Morast, und ich erreichte den Ort gerade, als die Regenfälle nachließen und die tägliche Sonne zunahm; eine Zeit, die ich immer als die günstigste Jahreszeit zum Sammeln empfunden habe. Die vielen Öffnungen, sonnigen Plätze und Wege lockten auch Wespen und Schmetterlinge an; und indem ich für alle mir gebrachten Insekten jeweils einen Cent bezahlte, erhielt ich von den Dyaks und Chinesen viele schöne Heuschrecken und Phasmidae sowie eine Menge hübscher Käfer.

Als ich am 14. März in den Minen ankam, hatte ich in den vier Monaten davor 320 verschiedene Käferarten gesammelt. In weniger als zwei Wochen hatte ich diese Zahl verdoppelt, durchschnittlich etwa 24 neue Arten pro Tag.

An einem Tag habe ich 76 verschiedene Arten gesammelt, von denen 34 für mich neu waren. Bis Ende April hatte ich mehr als tausend Arten, und sie vermehrten sich dann langsamer, so dass ich auf Borneo insgesamt etwa zweitausend verschiedene Arten erhielt, von denen alle bis auf etwa hundert an diesem Ort gesammelt wurden. und das auf kaum mehr als einer Quadratmeile Fläche. Die zahlreichsten und interessantesten Käfergruppen waren die Longicorns und Rhynchophora , beide hauptsächlich Holzfresser. Die ersteren, die sich durch ihre anmutigen Formen und langen Fühler auszeichneten , waren besonders zahlreich und umfassten fast dreihundert Arten, von denen neun Zehntel völlig neu waren und viele von ihnen durch ihre Größe, seltsamen Formen und schönen Farben bemerkenswert waren . Letztere entsprechen unseren Rüsselkäfern und verwandten Gruppen und sind in den Tropen außerordentlich zahlreich und mannigfaltig und wimmeln oft auf totem Holz, so dass ich manchmal an einem Tag fünfzig oder sechzig verschiedene Arten erhielt. Meine Borneo-Sammlungen dieser Gruppe überstiegen fünfhundert Arten.

Meine Schmetterlingssammlung war nicht groß; aber ich habe einige seltene und sehr schöne Insekten gefunden, von denen die Ornithoptera das bemerkenswerteste sind Brookeana , eine der elegantesten bekannten Arten. Dieses wunderschöne Geschöpf hat sehr lange und spitze Flügel, die in ihrer Form fast einer Sphinxmotte ähneln. Es ist tief samtig schwarz, mit einem geschwungenen Streifen von Flecken von leuchtend metallisch-grüner Farbe , die sich von Spitze zu Spitze über die Flügel erstrecken, wobei jeder Fleck genau wie eine kleine dreieckige Feder geformt ist und fast wie eine Reihe von Federn wirkt Flügeldecken des mexikanischen Trogons, auf schwarzem Samt gelegt. Die einzigen anderen Merkmale sind ein breiter, leuchtend purpurroter Halskragen und ein paar zarte weiße Flecken an den Außenrändern der Hinterflügel. Diese damals noch recht neue Art, die ich nach Sir James Brooke benannte, war sehr selten. Gelegentlich sah man ihn schnell über die Lichtungen fliegen und sich ab und zu für einen Moment an Pfützen und schlammigen Stellen niederlassen, so dass es mir nur gelang, zwei oder drei Exemplare zu fangen. In einigen anderen Teilen des Landes wurde mir versichert, dass es reichlich vorhanden sei, und viele Exemplare wurden nach England geschickt; aber bis jetzt waren alle Männchen, und wir sind aufgrund der extremen Isolation der Art und ihres Mangels an enger Verwandtschaft mit irgendeinem anderen bekannten Insekt überhaupt nicht in der Lage, zu vermuten, wie das Weibchen aussehen könnte.

Eines der merkwürdigsten und interessantesten Reptilien, die ich auf Borneo traf, war ein großer Laubfrosch, den mir einer der chinesischen Arbeiter gebracht hatte. Er versicherte mir, er habe gesehen, wie es schräg von einem hohen Baum herunterkam, als ob es fliegen würde. Als ich es untersuchte, stellte ich fest, dass die Zehen sehr lang und bis zum äußersten

Ende vollständig mit Schwimmhäuten versehen waren, so dass sie im ausgestreckten Zustand eine viel größere Oberfläche boten als der Körper. Auch die Vorderbeine waren von einer Membran begrenzt und der Körper konnte sich erheblich aufblähen. Der Rücken und die Gliedmaßen hatten eine sehr tief leuchtende grüne Farbe , die Unterseite und die Innenzehen waren gelb, während die Schwimmhäute schwarz und gelb durchstrahlt waren. Der Körper war etwa vier Zoll lang, während die Netze jedes Hinterfußes, wenn sie vollständig ausgebreitet waren, eine Fläche von vier Quadratzoll bedeckten , und die Netze aller Füße zusammen etwa zwölf Quadratzoll. Da die Enden der Zehen über erweiterte Haftscheiben verfügen, was zeigt, dass es sich bei dem Geschöpf um einen echten Laubfrosch handelt, ist es schwer vorstellbar, dass diese riesige Zehenmembran nur zum Schwimmen dienen kann, und der Bericht des Chinesen, dass es vom Baum heruntergeflogen ist, wird glaubwürdiger. Ich glaube, dass dies das erste bekannte Beispiel eines „fliegenden Frosches" ist, und es ist für Darwinisten sehr interessant, da es zeigt, dass die Variabilität der Zehen, die bereits zum Schwimmen und Klebeklettern verändert wurden, ausgenutzt wurde um es einer verwandten Art zu ermöglichen, wie die fliegende Eidechse durch die Luft zu fliegen. Es scheint sich um eine neue Art der Gattung Rhacophorus zu handeln, die aus mehreren Fröschen besteht, die viel kleiner sind und deren Zehennetze weniger entwickelt sind.

Während meines Aufenthalts auf Borneo hatte ich keinen Jäger, der regelmäßig für mich geschossen hätte, und da ich selbst voll und ganz mit Insekten beschäftigt war, gelang es mir nicht, eine sehr gute Sammlung der Vögel oder Säugetiere zu sammeln, von denen jedoch viele wohlbekannt sind. identisch mit den in Malakka vorkommenden Arten. Unter den Säugetieren befanden sich fünf Eichhörnchen und zwei Tigerkatzen – die Gymnurus Rafflesii , das wie eine Kreuzung zwischen einem Schwein und einem Iltis aussieht, und der Cynogale Bennetti – ein seltenes, otterähnliches Tier mit einer sehr breiten Schnauze, die mit langen Borsten besetzt ist.

Eines meiner Hauptziele bei meinem Aufenthalt in Simunjon war es, den Orang-Utan (oder großen menschenähnlichen Affen von Borneo) in seinen Heimatgebieten zu sehen, seine Gewohnheiten zu studieren und gute Exemplare der verschiedenen Sorten und Arten beider Geschlechter zu erhalten. und der erwachsenen und jungen Tiere. Bei all diesen Aufgaben gelang mir ein Erfolg, der meine Erwartungen übertraf, und ich werde nun einen Bericht über meine Erfahrungen bei der Jagd auf den Orang-Utan oder „ Mias ", wie er von den Eingeborenen genannt wird, geben; und da dieser Name kurz und leicht auszusprechen ist, werde ich ihn im Allgemeinen Simia satyrus oder Orang-Utan vorziehen .

Nur eine Woche nach meiner Ankunft in den Minen sah ich zum ersten Mal einen Mias . Ich war gerade unterwegs, um Insekten zu sammeln, nicht mehr als eine Viertelmeile vom Haus entfernt, als ich ein Rascheln in einem Baum in der Nähe hörte und als ich aufblickte, sah ich ein großes rothaariges Tier, das sich langsam entlang bewegte und an den Zweigen hing Waffen. Es wanderte von Baum zu Baum, bis es im Dschungel verloren ging, der so sumpfig war, dass ich ihm nicht folgen konnte. Diese Art des Fortschreitens war jedoch sehr ungewöhnlich und eher für die Hylobaten als für die Orangs charakteristisch. Ich nehme an, dass es bei diesem Tier eine individuelle Besonderheit gab oder dass die Beschaffenheit der Bäume gerade an diesem Ort es zu der einfachsten Möglichkeit machte, sich weiterzuentwickeln.

Ungefähr vierzehn Tage später hörte ich, dass jemand im Sumpf direkt unterhalb des Hauses einen Baum fraß, und als ich meine Waffe nahm, hatte ich das Glück, sie an derselben Stelle zu finden. Sobald ich mich näherte, versuchte es sich im Laub zu verstecken; Aber ich bekam einen Schuss darauf, und der zweite Lauf ließ ihn fast tot zu Boden fallen, da die beiden Kugeln in den Körper eingedrungen waren. Es handelte sich um ein Männchen, etwa zur Hälfte ausgewachsen und kaum einen Meter groß. Am 26. April war ich mit zwei Dyaks unterwegs, um zu fotografieren , als wir ein weiteres, etwa gleich großes Exemplar fanden. Es fiel beim ersten Schuss, schien aber nicht sehr verletzt zu sein, und kletterte sofort auf den nächsten Baum, als ich schoss, und fiel erneut, mit gebrochenem Arm und einer Wunde am Körper. Die beiden Dyaks rannten nun darauf zu, und jeder ergriff eine Hand und sagte mir, ich solle eine Stange abschneiden, damit sie sie sichern würden. Aber obwohl ein Arm gebrochen war und es sich nur um ein halb ausgewachsenes Tier handelte, war es zu stark für diese jungen Wilden und zog sie trotz aller Bemühungen zu seinem Maul hoch, so dass sie wieder gehen mussten, sonst hätten sie es getan wurde ernsthaft gebissen. Nun fing es wieder an, den Baum hinaufzuklettern; und um Ärger zu vermeiden, schoss ich es durchs Herz.

Am 2. Mai fand ich wieder eines auf einem sehr hohen Baum, als ich nur eine kleine 80-Kaliber-Kanone bei mir hatte. Ich schoss jedoch darauf, und als es mich sah, begann es mit einer seltsamen Stimme zu heulen, die einem Husten ähnelte, und schien in großer Wut zu sein, brach mit seinen Händen Zweige ab und warf sie nieder und flüchtete dann bald über die Baumwipfel . Ich hatte keine Lust, ihm zu folgen, da er sumpfig und stellenweise gefährlich war und ich mich leicht in dem Eifer der Verfolgung verlieren konnte.

Am 12. Mai fand ich einen anderen, der sich ganz ähnlich verhielt, vor Wut heulte und schrie und Zweige nach unten warf. Ich habe fünfmal darauf geschossen, und es blieb tot oben auf dem Baum liegen, auf eine Gabel gestützt, so dass es offensichtlich nicht fallen würde. Ich kehrte also nach Hause zurück und fand glücklicherweise einige Dyaks , die mit mir zurückkamen und für das Tier auf den Baum kletterten. Dies war das erste ausgewachsene Exemplar, das ich erhalten hatte; aber es war ein Weibchen und bei weitem nicht so groß oder bemerkenswert wie die ausgewachsenen Männchen. Es war jedoch 3 Fuß 6 Zoll hoch und seine Arme erstreckten sich über eine Breite von 6 Fuß 6 Zoll. Ich konservierte die Haut dieses Exemplars in einem Fass mit Arrak und bereitete ein perfektes Skelett vor, das später hergestellt wurde für das Derby Museum gekauft.

Nur vier Tage später sahen einige Dyaks einen anderen Mias in der Nähe desselben Ortes und kamen, um es mir zu sagen. Wir fanden es ziemlich groß, sehr hoch oben auf einem hohen Baum. Beim zweiten Schuss fiel es überschlagend zu Boden, stand aber fast sofort wieder auf und begann zu steigen. Beim dritten Schuss fiel es tot um. Dabei handelte es sich ebenfalls um ein ausgewachsenes Weibchen, und als wir uns darauf vorbereiteten, es nach Hause zu tragen, fanden wir ein Junges mit dem Gesicht nach unten im Moor. Dieses kleine Geschöpf war nur etwa einen Fuß lang und hing offensichtlich an seiner Mutter, als diese zum ersten Mal fiel. Zum Glück schien es nicht verwundet zu sein, und nachdem wir den Schlamm aus seinem Maul gereinigt hatten, begann es zu schreien und schien recht kräftig und aktiv zu sein. Während ich es nach Hause trug, vergrub es sich in meinen Bart und klammerte sich so fest fest, dass ich große Schwierigkeiten hatte, mich zu befreien, denn die Finger sind am letzten Gelenk gewöhnlich nach innen gebogen, so dass sie vollständige Haken bilden. Zu diesem Zeitpunkt hatte es keinen einzigen Zahn, aber einige Tage später schnitt es seine beiden unteren Vorderzähne ab. Leider hatte ich keine Milch, um es zu geben, da weder Malaysier, Chinesen noch Dyaken diesen Artikel jemals verwenden, und ich erkundigte mich vergeblich nach einem weiblichen Tier, das mein kleines Kind säugen könnte. Deshalb musste ich ihm Reiswasser aus einer Flasche mit Federkiel im Korken geben, und nach einigen Versuchen lernte es sehr gut zu saugen. Das war eine sehr magere Diät, und das kleine Geschöpf gedieh nicht gut damit, obwohl ich gelegentlich Zucker und Kokosmilch hinzufügte, um es nahrhafter zu machen. Als ich meinen Finger in sein Maul steckte , saugte es mit großer Kraft und zog mit aller Kraft seine Wangen ein, in dem vergeblichen Bemühen, etwas Milch herauszuholen, und erst nachdem es lange durchgehalten hatte, gab es angewidert auf und stieß einen Schrei aus sehr ähnlich dem eines Babys in ähnlichen Umständen.

Wenn man es anfasste oder säugte, war es sehr ruhig und zufrieden, aber wenn man es alleine hinlegte, weinte es unweigerlich; und in den ersten paar Nächten war es sehr unruhig und laut. Ich richtete eine kleine Kiste als Wiege ein und legte eine weiche Matte darauf, die jeden Tag gewechselt und gewaschen wurde; und ich fand es bald notwendig, auch die kleine Mias zu waschen. Nachdem ich das ein paar Mal gemacht hatte, gefiel ihm die Operation, und sobald es schmutzig war, fing es an zu weinen und hörte nicht auf, bis ich es herausnahm und zum Ausguss trug, als es sofort still wurde, obwohl es Beim ersten Schwall des kalten Wassers zuckte es ein wenig zusammen und machte lächerlich schiefe Gesichter, während der Bach über seinen Kopf floss. Das Wischen und Trockenrubbeln machte ihm unglaublich viel Spaß, und als ich sein Haar bürstete, schien es vollkommen glücklich zu sein, da es mit ausgestreckten Armen und Beinen ganz still dalag, während ich die langen Haare seines Rückens und seiner Arme gründlich bürstete. In den ersten paar Tagen klammerte es sich verzweifelt mit allen vier Händen an alles, was es fassen konnte, und ich musste aufpassen, dass mein Bart ihm nicht in die Quere kam, da seine Finger sich hartnäckiger als alles andere an den Haaren festklammerten, und es Es war unmöglich, mich ohne Hilfe zu befreien. Wenn es unruhig war, kämpfte es mit erhobenen Händen umher und versuchte, etwas zu finden, das es festhalten konnte, und wenn es ein Stück Stock oder einen Lappen in zwei oder drei seiner Hände hatte, schien es ganz glücklich zu sein. Aus Mangel an etwas anderem packte es oft seine eigenen Füße, und nach einer Weile verschränkte es ständig die Arme und ergriff mit jeder Hand das lange Haar, das direkt unter der gegenüberliegenden Schulter wuchs. Die große Zähigkeit seines Griffs ließ bald nach, und ich war gezwungen, ein Mittel zu erfinden, um ihm Übung zu geben und seine Gliedmaßen zu stärken. Zu diesem Zweck fertigte ich eine kurze Leiter aus drei oder vier Runden an, an der ich sie jeweils eine Viertelstunde lang hängen ließ. Zuerst schien es sehr erfreut zu sein, aber es gelang ihm nicht, alle vier Hände in eine bequeme Position zu bringen, und nach mehrmaligem Wechseln ließ es eine Hand nach der anderen los und ließ sich auf den Boden fallen. Manchmal, wenn es nur an zwei Händen hing, löste es eine Hand, legte sie auf die gegenüberliegende Schulter und packte sich dabei an den eigenen Haaren. und da dies viel angenehmer erschien als der Stock, löste es dann den anderen und stürzte hinab, kreuzte dann beide und legte sich völlig zufrieden auf den Rücken, ohne dass es schien, als würde ihm sein zahlreiches Hin- und Herstürzen wehtun. Da ich fand, dass es so haarig war, versuchte ich , eine künstliche Mutter zu machen, indem ich ein Stück Büffelhaut zu einem Bündel zusammenwickelte und es etwa einen Fuß über dem Boden aufhängte. Das schien ihm zunächst vortrefflich zu passen, denn er konnte seine Beine ausbreiten und immer ein paar Haare finden, die er mit größter Zähigkeit ergriff. Ich hoffte nun, dass ich das kleine Waisenkind recht glücklich gemacht hatte; und so schien es eine Zeit lang, bis es anfing, sich an sein verlorenes Elternteil zu erinnern und zu saugen versuchte. Es zog sich dicht an die Haut heran und suchte überall nach einer passenden Stelle; Da es ihm aber nur gelang, Haare und Wolle in Bissen zu erbeuten, war es sehr angewidert, schrie heftig und ließ nach zwei oder drei Versuchen ganz los. Eines Tages bekam es etwas Wolle in den Hals, und ich dachte, es wäre erstickt, aber nach langem Keuchen erholte es sich, und ich war gezwungen, die Nachahmung der Mutter erneut in Stücke zu reißen und diesen letzten Versuch, das kleine Geschöpf zu trainieren, aufzugeben.

Nach der ersten Woche stellte ich fest, dass ich es besser mit einem Löffel füttern und ihm etwas abwechslungsreicheres und festeres Futter geben konnte. Gut eingeweichter Keks, gemischt mit etwas Ei und Zucker, und manchmal auch Süßkartoffeln wurden gerne gegessen; und es war immer ein Vergnügen, die merkwürdigen Gesichtsveränderungen zu beobachten, mit denen es seine Zustimmung oder Abneigung gegenüber dem ausdrückte, was ihm gegeben wurde. Das arme kleine Ding leckte sich die Lippen, zog die Wangen ein und hob die Augen mit einem Ausdruck höchster Zufriedenheit, wenn es einen Bissen zu sich nahm, der ihm besonders schmeckte. Wenn das Essen andererseits nicht süß genug oder schmackhaft war, drehte es den Bissen einen Moment lang mit der Zunge hin und her, als wollte er den Geschmack herausholen, den es noch hatte, und drückte dann alles zwischen seinen Lippen heraus. Wenn man das gleiche Essen fortsetzte, schrie es und schlug heftig um sich, genau wie ein Baby in Leidenschaft.

Mias etwa drei Wochen lang zur Welt gebracht hatte , bekam ich glücklicherweise einen jungen Hasenlippenaffen (Macacus cynomolgus), der zwar klein, aber sehr aktiv war und sich selbst ernähren konnte. Ich legte es in die gleiche Kiste wie die Mias , und sie wurden sofort ausgezeichnete Freunde, ohne dass einer die geringste Angst vor dem anderen zeigte. Der kleine Affe saß auf dem Bauch des anderen oder sogar auf dessen Gesicht, ohne die geringste Rücksicht auf seine Gefühle zu nehmen. Während ich die Mias fütterte , saß der Affe daneben, sammelte alles auf, was verschüttet wurde, und streckte gelegentlich seine Hände aus, um den Löffel abzufangen; und sobald ich fertig war, entfernte ich die Reste, die noch an den Lippen des Mias klebten , und öffnete dann sein Maul, um zu sehen, ob noch etwas drin war; Danach legte man sich auf den Bauch des armen Geschöpfs wie auf ein bequemes Kissen. Die kleine hilflose Mias erduldete all diese Beleidigungen mit vorbildlicher Geduld, nur zu froh, etwas Warmes in ihrer Nähe zu haben, das sie liebevoll in ihre Arme schließen konnte. Manchmal hatte es jedoch seine Rache; Denn wenn der Affe weg wollte, hielt sich der Mias so lange er konnte an der losen Haut seines Rückens oder Kopfes oder an seinem Schwanz fest, und erst nach vielen kräftigen Sprüngen konnte der Affe entkommen.

Es war merkwürdig, die unterschiedlichen Handlungen dieser beiden Tiere zu beobachten, die sich im Alter kaum unterschieden haben konnten. Der Mias liegt wie ein ganz kleines Baby völlig hilflos auf dem Rücken, rollt sich träge von einer Seite zur anderen, streckt alle vier Hände in die Luft und möchte etwas greifen, schafft es aber kaum, seine Finger zu einem bestimmten Gegenstand zu führen; und wenn es unzufrieden ist, öffnet es seinen fast zahnlosen Mund weit und bringt seine Wünsche durch einen kindischen Schrei zum Ausdruck. Der kleine Affe hingegen ist in ständiger Bewegung, rennt und springt, wohin es ihm gefällt, untersucht alles um sich herum, ergreift mit größter Präzision den kleinsten Gegenstand, balanciert auf dem Rand der Kiste oder rennt einen Pfosten hinauf und bediente sich an allem Essbaren, was ihm in den Weg kam. Der Kontrast könnte kaum größer sein und das Baby Mias sah durch den Vergleich noch babyähnlicher aus.

Als ich es etwa einen Monat lang hatte, zeigte es erste Anzeichen dafür, dass ich lernte, alleine zu laufen. Wenn es auf den Boden gelegt wurde, schob es sich an seinen Beinen vorwärts oder rollte herum und machte so eine unhandliche Bewegung. Wenn es in der Kiste lag, richtete es sich bis zum Rand in eine fast aufrechte Position, und ein oder zwei Mal gelang es ihm, herauszufallen. Wenn es schmutzig, hungrig oder auf andere Weise vernachlässigt wurde, schrie es heftig, bis es sich darum kümmerte, begleitet von einer Art Husten- oder Pumpgeräusch, das dem des erwachsenen Tieres sehr ähnlich war. Wenn niemand im Haus war oder seine Schreie nicht erhört wurden, würde es nach einer Weile still sein, aber sobald es einen Schritt hörte, würde es wieder härter als je zuvor beginnen.

Nach fünf Wochen brachen ihm die beiden oberen Vorderzähne ab, aber in dieser ganzen Zeit war er nicht im Geringsten gewachsen und blieb sowohl in der Größe als auch im Gewicht gleich wie zu dem Zeitpunkt, als ich ihn zum ersten Mal kaufte. Dies war zweifellos auf den Mangel an Milch oder anderen ebenso nahrhaften Nahrungsmitteln zurückzuführen. Reiswasser, Reis und Kekse waren nur ein schlechter Ersatz, und die abgepumpte Milch der Kokosnüsse, die ich ihm manchmal gab, verträgte seinen Magen nicht ganz. Ich führte dies auf einen Durchfallanfall zurück, unter dem das arme kleine Geschöpf sehr litt, aber eine kleine Gabe Rizinusöl wirkte gut und heilte es. Ein oder zwei Wochen später erkrankte es erneut, und dieses Mal schwerwiegender. Die Symptome waren genau die eines Wechselfiebers, begleitet von wässrigen Schwellungen an Füßen und Kopf. Es verlor jeglichen Appetit auf seine Nahrung und starb, nachdem es eine Woche lang an einem äußerst bedauernswerten Gegenstand verweilt hatte, nachdem es fast drei Monate in meinem Besitz gewesen war. Ich bedauerte den Verlust meines kleinen Haustiers sehr, auf das ich mich einst gefreut hatte, es zu erwachsen zu machen und es mit nach England zu nehmen. Mehrere Monate lang hatte es mir durch seine seltsame Art und den unnachahmlich lächerlichen Ausdruck seines kleinen Gesichtes täglich Vergnügen bereitet. Sein Gewicht betrug drei Pfund und neun Unzen, seine Größe 14 Zoll und die Breite seiner Arme 23 Zoll. Ich habe seine Haut und sein Skelett konserviert und dabei herausgefunden, dass es sich beim Sturz vom Baum einen Arm und ein Bein gebrochen haben musste, die sich jedoch so schnell vereint hatten, dass ich nur die harten Schwellungen an den Gliedmaßen bemerkt hatte, wo die Es hatte eine unregelmäßige Verbindung der Knochen stattgefunden.

Genau eine Woche, nachdem ich dieses interessante kleine Tier gefangen hatte, gelang es mir, einen ausgewachsenen Orang-Utan-Männchen zu erschießen. Ich war gerade von einer entomologischen Exkursion nach Hause gekommen, als Charles [Charles Allen, ein sechzehnjähriger Engländer, der mich als Assistent begleitete] außer Atem vor Rennen und Aufregung hereinstürmte und, von Keuchen unterbrochen, rief: „Holen Sie die Waffe, Sir. " ‚- sei schnell,-so ein großer Mias !" "Wo ist es?" fragte ich und ergriff beim Sprechen meine Waffe, deren Lauf glücklicherweise mit einer Kugel geladen war. „In der Nähe, Sir – auf dem Weg zu den Minen – er kann nicht entkommen." Zufällig waren gerade zwei Dyaks im Haus, also rief ich sie, damit sie mich begleiteten, machte mich auf den Weg und sagte Charley, er solle so schnell wie möglich die gesamte Munition nach mir bringen. Der Weg von unserer Lichtung zu den Minen führte am Hang des Hügels entlang, ein wenig den Hang hinauf, und parallel dazu war am Fuß eine breite Öffnung für eine Straße gemacht worden, auf der mehrere Chinesen arbeiteten, damit das Tier Ich konnte nicht in den sumpfigen Wald darunter fliehen, ohne hinunterzusteigen, um die Straße zu überqueren, oder aufzusteigen, um die Lichtungen zu umgehen. Wir gingen vorsichtig weiter, machten nicht den geringsten Lärm und lauschten aufmerksam auf jedes Geräusch, das die Anwesenheit der Mias verraten könnte , und blieben in Abständen stehen, um nach oben zu blicken. Charley gesellte sich bald zu uns an der Stelle, wo er die Kreatur gesehen hatte, und nachdem er die Munition genommen und eine Kugel in den anderen Lauf gesteckt hatte, zerstreuten wir uns ein wenig, da wir sicher waren, dass es irgendwo in der Nähe sein musste, da es wahrscheinlich den Hügel hinuntergekommen war. und würde wahrscheinlich nicht wieder zurückkehren.

Nach kurzer Zeit hörte ich über mir ein ganz leises Rascheln, aber als ich nach oben blickte, konnte ich nichts sehen. Ich bewegte mich in alle Richtungen, um einen vollständigen Blick auf jeden Teil des Baumes zu werfen, unter dem ich gestanden hatte, als ich erneut das gleiche Geräusch hörte, aber lauter, und sah, wie die Blätter zitterten, als ob sie durch die Bewegung eines schweren Tieres verursacht würden ging zu einem angrenzenden Baum. Ich rief sofort allen zu, sie sollten heraufkommen und versuchen, einen Blick darauf zu werfen, damit ich eine Aufnahme machen konnte. Dies war keine leichte Angelegenheit, da die Mias ein Gespür dafür hatten, Orte mit dichtem Laub darunter auszuwählen. Sehr bald jedoch rief mich einer der Dyaks und zeigte nach oben, und als ich hinschaute, sah ich einen großen roten, behaarten Körper und ein riesiges schwarzes Gesicht, die aus großer Höhe herabblickten, als wollte ich wissen, was unten so eine Unruhe verursachte . Ich feuerte sofort, und er machte sich sofort auf den Weg, so dass ich nicht erkennen konnte, ob ich ihn getroffen hatte.

Für ein so großes Tier bewegte er sich jetzt sehr schnell und sehr lautlos, also sagte ich den Dyaks , sie sollten ihm folgen und ihn im Auge behalten, während ich belud. Der Dschungel war hier voller großer, eckiger Felsfragmente vom Berg oben und dicht mit hängenden und verdrehten Schlingpflanzen. Wir rannten, kletterten und krochen zwischen diesen hindurch und stießen auf das Geschöpf auf der Spitze eines hohen Baumes in der Nähe der Straße, wo die Chinesen es entdeckt hatten, und riefen mit offenem Mund ihr Erstaunen: „ Ya Ja , Tuan; Orang-Utan, Tuan." Als er merkte, dass er hier nicht vorbeikommen konnte, ohne abzusteigen, drehte er sich wieder zum Hügel, und ich bekam zwei Schüsse, und als er schnell folgte, hatte er noch zwei weitere, als er wieder den Weg erreichte, aber er war es immer mehr oder weniger von Laubwerk verdeckt und von dem großen Ast geschützt, auf dem er ging. Einmal beim Laden hatte ich einen herrlichen Anblick von ihm, wie er sich in halb aufrechter Haltung an einem großen Ast eines Baumes entlang bewegte und es zeigte, dass er da war ein Tier von der größten Größe. Auf dem Weg gelangte er zu einem der höchsten Bäume im Wald, und wir konnten sehen, wie ein Bein nutzlos herabhing, weil es von einer Kugel gebrochen worden war. Er befestigte sich nun in einer Gabel, wo er war von dichtem Laub verdeckt und schien nicht geneigt zu sein, sich zu bewegen. Ich fürchtete, er würde in dieser Position bleiben und sterben, und da es fast Abend war. Ich hätte den Baum an diesem Tag nicht fällen lassen können. Deshalb habe ich erneut geschossen, und er Dann machte er sich auf den Weg, und als er den Hügel hinaufging, musste er zu einigen niedrigeren Bäumen gelangen, auf deren Zweigen er sich in einer solchen Position festhielt, dass er nicht fallen konnte, und alles auf einen Haufen legen, als ob es tot wäre, oder sterben.

Ich wollte nun, dass die Dyaks hinaufgehen und den Ast abschneiden, auf dem er ruhte, aber sie hatten Angst und sagten, er sei nicht tot und würde kommen und sie angreifen. Dann schüttelten wir den angrenzenden Baum, zogen die hängenden Schlingpflanzen heraus und taten alles, was wir konnten, um ihn zu stören, doch ohne Wirkung, so hielt ich es für das Beste, zwei Chinesen mit Äxten holen zu lassen, um den Baum zu fällen. Während der Bote jedoch weg war, fasste einer der Dyaks seinen Mut und kletterte auf ihn zu, aber die Mias warteten nicht darauf, dass er sich näherte, sondern gingen zu einem anderen Baum, wo er auf eine dichte Masse aus Ästen und Schlingpflanzen gelangte, die verbarg ihn fast vollständig vor unseren Augen. Zum Glück war der Baum klein, und als die Äxte kamen , ließen wir ihn bald durchschneiden; aber es wurde durch Dschungelseile und Kletterer an angrenzenden Bäumen so festgehalten, dass es nur in eine schräge Position fiel. Der Mias rührte sich nicht, und ich begann zu befürchten, dass wir ihn doch nicht erwischen würden, da es schon fast Abend war und ein halbes Dutzend weiterer Bäume gefällt werden müssten, bevor der Baum, auf dem er stand, fallen würde. Als letzten Ausweg begannen wir alle, an den

Schlingpflanzen zu ziehen, was den Baum sehr erschütterte, und nach ein paar Minuten, als wir fast alle Hoffnung aufgegeben hatten, stürzte er mit einem Krachen und einem dumpfen Aufschlag zu Boden, als würde ein Riese fallen . Und er war ein Riese, dessen Kopf und Körper genau so groß waren wie der eines Mannes. Er gehörte zu der Art, die die Dyaks „ Mias" nannten Chappan " oder „ Mias" . Pappan ", bei dem sich die Haut des Gesichts auf jeder Seite zu einem Grat oder einer Falte verbreitert. Seine ausgestreckten Arme hatten einen Durchmesser von sieben Fuß drei Zoll und seine Größe, gemessen vom Scheitel bis zur Ferse, betrug ungefähr vier Fuß zwei Der Körper knapp unterhalb der Arme hatte einen Umfang von 90 cm und war fast so lang wie der eines Mannes, wobei die Beine im Verhältnis dazu außerordentlich kurz waren. Bei der Untersuchung stellten wir fest, dass er schrecklich verwundet war. Beide Beine waren gebrochen, ein Hüft- Das Gelenk und die Wurzel der Wirbelsäule waren völlig zerschmettert, und zwei abgeflachte Kugeln wurden in seinem Hals und Kiefer gefunden. Dennoch lebte er noch, als er fiel. Die beiden Chinesen trugen ihn an einer Stange festgebunden nach Hause, und ich war die ganze Zeit mit Charley beschäftigt Am nächsten Tag bereitete er die Haut vor und kochte die Knochen, um ein perfektes Skelett zu erhalten, das jetzt im Museum in Derby aufbewahrt wird.

Ungefähr zehn Tage später, am 4. Juni, kamen einige Dyaks und erzählten uns, dass am Tag zuvor ein Mias beinahe einen ihrer Gefährten getötet hätte. Ein paar Meilen flussabwärts steht ein Dyak- Haus, und die Bewohner sahen einen großen Orang, der sich an den jungen Trieben einer Palme am Flussufer fraß. Als er alarmiert wurde, zog er sich in den nahe gelegenen Dschungel zurück, und einige der Männer, bewaffnet mit Speeren und Hackmessern, rannten los, um ihn abzufangen. Der Mann, der vorne war, versuchte, seinen Speer durch den Körper des Tieres zu stechen, aber der Mias ergriff ihn mit seinen Händen und ergriff augenblicklich den Arm des Mannes, den er mit seinem Mund ergriff, sodass seine Zähne ins Fleisch trafen oberhalb des Ellenbogens, den er auf schreckliche Weise riss und verletzte. Wären die anderen nicht dicht dahinter gewesen, wäre der Mann schwerer verletzt, wenn nicht sogar getötet worden, da er völlig machtlos war; aber sie vernichteten die Kreatur bald mit ihren Speeren und Hackmessern. Der Mann blieb lange Zeit krank und konnte seinen Arm nie wieder vollständig gebrauchen.

Sie sagten mir, dass der tote Mias immer noch dort liege, wo er getötet worden sei, also bot ich ihnen eine Belohnung dafür an, ihn sofort zu unserem Landeplatz zu bringen, was sie auch versprachen. Sie kamen jedoch erst am nächsten Tag, und dann hatte die Verwesung begonnen, und große Haarbüschel fielen ab, so dass es sinnlos war, sie zu häuten. Dies bedauerte ich sehr, da es sich um einen sehr schönen, ausgewachsenen Rüden handelte. Ich schnitt den Kopf ab und nahm ihn mit nach Hause, um ihn zu säubern, während ich meine Männer dazu brachte, einen etwa fünf Fuß hohen geschlossenen Zaun um den Rest des Körpers zu errichten, der bald von Maden, kleinen Eidechsen und Ameisen gefressen werden würde, so dass mir der übrig blieb Skelett. In seinem Gesicht befand sich eine große Schnittwunde, die tief in den Knochen schnitt, aber der Schädel war sehr schön und die Zähne waren bemerkenswert groß und perfekt.

Am 18. Juni hatte ich einen weiteren großen Erfolg und bekam einen schönen erwachsenen Rüden. Ein Chinese erzählte mir, er habe ihn am Weg zum Fluss beim Fressen gesehen, und ich fand ihn an der gleichen Stelle wie das erste Individuum, das ich erschossen hatte. Er ernährte sich von einer ovalen grünen Frucht mit einer feinen roten Arillus, ähnlich der Muskatnuss, die die Muskatnuss umgibt, und die er allein zu essen schien, indem er die dicke Außenschale abbiss und sie in einem ständigen Regen fallen ließ. Ich hatte die gleiche Frucht im Magen einiger anderer gefunden, die ich getötet hatte. Zwei Schüsse führten dazu, dass dieses Tier seinen Halt verlor , aber es hing eine beträchtliche Zeit lang an einer Hand, fiel dann flach auf sein Gesicht und wurde halb im Sumpf begraben. Mehrere Minuten lang lag er stöhnend und keuchend da, während wir dicht beieinander standen und erwarteten, dass jeder Atemzug sein letzter sein würde. Plötzlich richtete er sich jedoch mit heftiger Anstrengung auf, was uns alle dazu veranlasste, einen oder zwei Meter zurückzutreten, als er, fast aufrecht stehend, einen kleinen Baum ergriff und begann, ihn zu erklimmen. Ein weiterer Schuss in den Rücken ließ ihn tot umfallen. In seiner Zunge wurde eine abgeflachte Kugel gefunden, die in den unteren Teil des Bauches eingedrungen war und den Körper vollständig durchdrungen hatte, wobei der erste Halswirbel gebrochen war. Doch erst nach dieser schrecklichen Wunde war er aufgestanden und begann mit beträchtlicher Leichtigkeit zu klettern. Auch dies war ein ausgewachsenes Männchen mit fast genau den gleichen Abmessungen wie die beiden anderen, die ich gemessen hatte.

Am 21. Juni erschoss ich ein weiteres erwachsenes Weibchen, das in einem niedrigen Baum Früchte aß, und war das einzige, das ich jemals mit einer einzigen Kugel tötete.

Am 24. Juni wurde ich von einem Chinesen gerufen, um einen Mias zu erschießen , der sich, wie er sagte, auf einem Baum in der Nähe seines Hauses bei den Kohlengruben befand. Als wir am Ort ankamen, hatten wir einige Schwierigkeiten, das Tier zu finden, da es sich in den Dschungel begeben hatte, der sehr steinig und schwer zu durchqueren war. Schließlich fanden wir ihn auf einem sehr hohen Baum und konnten sehen, dass es sich um ein Männchen der größten Größe handelte . Sobald ich geschossen hatte, stieg er den Baum hinauf, und während er das tat, feuerte ich erneut; und dann sahen wir, dass ein Arm gebrochen war. Er hatte nun den höchsten Punkt eines riesigen Baumes erreicht und begann sofort, ringsum Zweige abzubrechen und sie kreuz und quer zu legen, um ein Nest zu bauen. Es war sehr interessant zu sehen, wie gut er seinen Platz gewählt hatte und wie schnell er seinen unverwundeten Arm in alle Richtungen ausstreckte, wobei er mit größter Leichtigkeit große Äste abbrach und sie wieder übereinander legte, so dass in einem Innerhalb weniger Minuten hatte er eine kompakte Laubmasse gebildet, die ihn völlig unseren Blicken entzog. Offensichtlich würde er die Nacht hier verbringen und wahrscheinlich am nächsten Morgen früh davonkommen, wenn er nicht zu schwer verwundet würde. Deshalb feuerte ich noch einmal mehrmals, in der Hoffnung, ihn dazu zu bringen, sein Nest zu verlassen; aber obwohl ich sicher war, dass ich ihn getroffen hatte, wollte er nicht verschwinden, da er sich bei jedem Schuss ein wenig bewegte. Schließlich richtete er sich auf, so dass die Hälfte seines Körpers sichtbar war, und sank dann allmählich hinab, wobei sein Kopf allein am Rand des Nestes zurückblieb. Ich war mir nun sicher, dass er tot war, und versuchte den Chinesen und seinen Begleiter zu überreden, den Baum zu fällen; Aber es war ein sehr großes Exemplar, und sie waren den ganzen Tag bei der Arbeit gewesen, und nichts konnte sie dazu bewegen, es zu versuchen. Am nächsten Morgen, bei Tagesanbruch, kam ich an den Ort und stellte fest, dass der Mias offensichtlich tot war, da sein Kopf in genau derselben Position wie zuvor sichtbar war. Ich bot nun vier Chinesen jeweils einen Tageslohn an, um den Baum auf einmal zu fällen, da ein paar Stunden Sonnenschein zu Verwesung auf der Hautoberfläche führen würden; aber nachdem sie es angeschaut und ausprobiert hatten, kamen sie zu dem Schluss, dass es sehr groß und sehr hart sei, und wollten es nicht versuchen. Hätte ich mein Angebot verdoppelt, hätten sie es wahrscheinlich angenommen, da die Arbeit nicht mehr als zwei oder drei Stunden gedauert hätte; und wenn ich nur für einen kurzen Besuch dort gewesen wäre, hätte ich es getan; Aber da ich dort ansässig war und vorhatte, noch einige Monate länger zu bleiben, wäre es nicht sinnvoll gewesen, zu exorbitant zu zahlen, sonst hätte ich in Zukunft nichts mehr zu einem niedrigeren Satz erledigt bekommen.

Einige Wochen später war den ganzen Tag über eine Wolke von Fliegen zu sehen, die über dem Körper des toten Mias schwebte ; aber nach etwa einem Monat war alles ruhig, und der Körper trocknete offensichtlich unter dem Einfluss einer senkrechten Sonne, die sich mit tropischen Regenfällen abwechselte, aus. Zwei oder drei Monate später kletterten zwei Malaysier mit dem Angebot eines Dollars auf den Baum und ließen die getrockneten Überreste herunter. Die Haut umhüllte das Skelett fast vollständig, und im Inneren befanden sich Millionen Puppenkästen von Fliegen und anderen Insekten sowie Tausende von zwei oder drei Arten kleiner aasfressender Käfer. Der Schädel war durch Kugeln stark zerschmettert worden, aber das Skelett war perfekt, bis auf einen kleinen Handgelenksknochen , der wahrscheinlich herausgefallen war und von einer Eidechse weggetragen worden war.

Drei Tage, nachdem ich dieses Exemplar erschossen und verloren hatte, fand Charles drei kleine Orangs beim gemeinsamen Fressen. Wir hatten eine lange Jagd hinter ihnen und hatten eine gute Gelegenheit zu beobachten, wie sie von Baum zu Baum wandern, indem sie sich immer die Äste aussuchten, deren Äste mit denen eines anderen Baumes verflochten sind, und dann vorher mehrere der kleinen Zweige zusammenfassten sie wagen es, sich hinüberzuschwingen. Doch sie tun dies so schnell und sicher, dass sie mit einer Geschwindigkeit von fünf bis sechs Meilen pro Stunde zwischen den Bäumen hindurchschlüpfen, da wir ständig rennen mussten, um mit ihnen Schritt zu halten. Eines davon haben wir erschossen, aber es blieb hoch oben in der Astgabel eines Baumes; und da junge Tiere verhältnismäßig uninteressant sind, habe ich den Baum nicht fällen lassen, um sie zu bekommen.

Zu diesem Zeitpunkt hatte ich das Pech, zwischen einigen umgestürzten Bäumen auszurutschen und mir den Knöchel zu verletzen. Da ich anfangs nicht vorsichtig genug war, entwickelte sich daraus ein schweres, entzündetes Geschwür, das nicht abheilte und mich den ganzen Juli und einen Teil des Augusts im Haus gefangen hielt. Als ich wieder raus konnte, beschloss ich, einen Ausflug einen Arm des Simunjon -Flusses hinauf nach Semabang zu unternehmen , wo es angeblich ein großes Dyak- Haus, einen Berg mit reichlich Früchten und vielen Orangs und schönen Vögeln gab. Da der Fluss sehr schmal war und ich mit wenig Gepäck in einem sehr kleinen Boot fahren musste, nahm ich nur einen chinesischen Jungen als Diener mit. Ich trug ein Fass mit medizinischem Arrak, in das ich Mias- Häute stecken konnte, sowie Vorräte und Munition für zwei Wochen. Nach ein paar Meilen wurde der Bach sehr schmal und gewunden, und das ganze Land auf beiden Seiten wurde überschwemmt. An den Ufern gab es eine Fülle von Affen – den gewöhnlichen Macacus cynomolgus, einen schwarzen Semnopithecus und den außergewöhnlichen Langnasenaffen (Nasalis larvatus), der so groß ist wie ein dreijähriges Kind, einen sehr langen Schwanz hat und einen fleischige Nase länger als die des Mannes mit der größten Nase. Je weiter wir kamen, desto schmaler und gewundener wurde der Bach; Manchmal versperrten umgestürzte Bäume unseren Weg, und manchmal kreuzten sich verworrene Äste und Schlingpflanzen quer über dem Weg und mussten weggeschnitten werden, bevor wir weiterkommen konnten. Wir brauchten zwei Tage, um Semabang zu erreichen , und auf der gesamten Strecke sahen wir kaum ein Stück trockenes Land. Im letzten Teil der Reise konnte ich die Büsche auf beiden Seiten kilometerweit berühren; und wir wurden oft durch die im Wasser reichlich wachsenden Schraubenkiefern (Pandanus) aufgehalten, die über den Bach fielen. An anderen Stellen füllten dichte Flöße aus schwimmendem Gras den Kanal vollständig aus, was unsere Reise zu einer ständigen Abfolge von Schwierigkeiten machte.

In der Nähe des Landeplatzes fanden wir ein schönes Haus, 250 Fuß lang, hoch über dem Boden auf Pfosten errichtet, mit einer breiten Veranda und einer noch breiteren Plattform aus Bambus davor. Fast alle Leute waren jedoch auf einem Ausflug auf der Suche nach essbaren Vogelnestern oder Bienenwachs, und im Haus blieben nur zwei oder drei alte Männer und Frauen mit vielen Kindern. Der Berg oder Hügel war in der Nähe und war mit einem vollständigen Wald von Obstbäumen bedeckt, unter denen Durian und Mangostan sehr häufig vorkamen. aber die Frucht war noch nicht ganz reif, bis auf ein wenig hier und da. Ich verbrachte eine Woche an diesem Ort und machte mich jeden Tag auf den Weg in verschiedene Richtungen des Berges, begleitet von einem Malaien, der bei mir geblieben war, während die anderen Bootsleute zurückkamen. Drei Tage lang fanden wir keine Orangs, erlegten aber ein Reh und mehrere Affen. Am vierten Tag fanden wir jedoch einen Mias , der an einem sehr hohen Durianbaum fraß, und konnten ihn nach acht Schüssen töten. Leider blieb es an seinen Händen im Baum hängen, und wir mussten es verlassen und nach Hause zurückkehren, da es mehrere Meilen entfernt war. Da ich ziemlich sicher war, dass es in der Nacht fallen würde, kehrte ich am nächsten Morgen früh an den Ort zurück und fand es auf dem Boden unter dem Baum. Zu meinem Erstaunen und meiner Freude schien es eine andere Art zu sein als alles, was ich bisher gesehen hatte; Denn obwohl es sich um ein ausgewachsenes Männchen handelte, wies es aufgrund seiner voll entwickelten Zähne und sehr großen Eckzähne keine Anzeichen einer seitlichen Ausstülpung im Gesicht auf und war in allen seinen Abmessungen etwa ein Zehntel kleiner als die anderen erwachsenen Männchen. Die oberen Schneidezähne schienen jedoch breiter zu sein als bei den größeren Arten, ein Merkmal, das die Simia morio von Professor Owen auszeichnet, die er anhand des Schädels eines weiblichen Exemplars beschrieben hatte. Da es zu weit war, um das Tier nach Hause zu tragen, machte ich mich an die Arbeit und häutete den Körper an Ort und Stelle, wobei Kopf, Hände und Füße daran befestigt blieben, um ihn zu Hause fertigzustellen. Dieses Exemplar befindet sich jetzt im British Museum.

Als ich am Ende einer Woche keine Orangs mehr vorfand, kehrte ich nach Hause zurück; und nachdem er ein paar frische Vorräte eingenommen hatte, ging es diesmal in Begleitung von Charles einen anderen Flussarm mit sehr ähnlichem Charakter hinauf zu einem Ort namens Menyille , wo es mehrere kleine Dyak- Häuser und ein großes gab. Hier war der Landeplatz eine Brücke aus wackligen Stangen, die sich über eine beträchtliche Wasserstrecke erstreckte; und ich hielt es für sicherer, mein Fass Arrack sicher in der Astgabel eines Baumes stehen zu lassen. Um zu verhindern, dass die Eingeborenen es trinken, ließ ich mehrere von ihnen zusehen, wie ich eine Reihe von Schlangen und Eidechsen hineinlegte; aber ich denke eher, dass dies sie nicht davon abgehalten hat, es zu probieren. Wir wurden hier auf der Veranda des großen Hauses untergebracht, in der sich mehrere große Körbe mit getrockneten Menschenköpfen befanden, den Trophäen vergangener Generationen von Kopfjägern. Auch hier gab es einen kleinen Berg, der mit Obstbäumen bedeckt war, und in der Nähe des Hauses standen einige prächtige Durianbäume, deren Früchte reif waren; Und da die Dyaks mich als Wohltäter betrachteten, als sie die Mias töteten , was einen großen Teil ihrer Früchte zerstörte, ließen sie uns so viel essen, wie wir wollten; Wir genossen diesen Kaiser der Früchte in seiner größten Vollkommenheit.

Noch am Tag nach meiner Ankunft an diesem Ort hatte ich das Glück, ein weiteres erwachsenes Männchen des kleinen Orangs, den Mias-Kassir der Dyaks , zu erschießen . Als es tot war, fiel es herunter, blieb aber in einer Astgabel hängen und blieb dort stehen. Da ich sehr darauf bedacht war, es zu bekommen, versuchte ich zwei junge Dyaks , die bei mir waren, zu überreden , den Baum zu fällen, der hoch, vollkommen gerade und glattrindig war und fünfzig oder sechzig Fuß lang keinen Ast hatte. Zu meiner Überraschung sagten sie, dass sie lieber hinaufklettern würden, aber das wäre ziemlich mühsam, und nachdem sie ein wenig miteinander geredet hatten, sagten sie, sie würden es versuchen. Sie gingen zuerst zu einem Bambusbüschel, das in der Nähe stand, und schnitten einen der größten Stämme ab. Davon schnitten sie ein kurzes Stück ab, spalteten es und machten ein paar kräftige Pflöcke, etwa einen Fuß lang und an einem Ende scharf. Dann schnitten sie ein dickes Stück Holz für einen Hammer ab, schlugen einen der Pflöcke in den Baum und hängten ihr Gewicht daran. Es hielt, und das schien sie zu befriedigen, denn sie begannen sofort damit, eine Menge Pflöcke der gleichen Art herzustellen, während ich mit großem Interesse zusah und mich fragte, wie sie möglicherweise einen so hohen Baum erklimmen konnten, indem sie lediglich Pflöcke hineintrieben Ein Scheitern einer dieser Maßnahmen würde in einer guten Höhe mit Sicherheit ihren Tod zur Folge haben. Als etwa zwei Dutzend Pflöcke hergestellt waren, begann einer von ihnen, sehr langen und schlanken Bambus aus einem anderen Büschel abzuschneiden, und bereitete außerdem etwas Kordel aus der Rinde eines kleinen Baumes vor. Sie schlugen nun einen Pflock sehr fest in etwa drei Fuß Höhe über dem Boden ein, brachten einen der langen Bambusstämme, stellten ihn aufrecht nahe an den Baum und banden ihn mit der Rindenschnur und dem kleinen Seil fest an die beiden ersten Pflöcke Kerben in der Nähe des Kopfes jedes Stifts. Einer der Dyaks stand nun auf dem ersten Pflock und rammte einen dritten hinein, ungefähr auf Höhe seines Gesichts, an dem er den Bambus auf die gleiche Weise festband, und stieg dann eine weitere Stufe hinauf, auf einem Fuß stehend und den Bambus festhaltend den Pflock direkt über ihm, während er den nächsten einschlug. Auf diese Weise stieg er etwa zwanzig Fuß hoch; Als der aufrecht stehende Bambus dünner wurde, reichte sein Begleiter einen anderen herauf und band ihn zusammen, indem er beide Bambusstäbe an drei oder vier Pflöcke befestigte. Als auch dies fast beendet war, wurde ein dritter hinzugefügt, und kurz darauf wurden die untersten Äste des Baumes erreicht, an denen der junge Dyak entlang kletterte und die Mias bald kopfüber zu Boden stürzte. Ich war außerordentlich beeindruckt von der Genialität dieser Art des Kletterns und der bewundernswerten Art und Weise, wie die besonderen Eigenschaften des Bambus genutzt wurden. Die Leiter selbst war absolut sicher, denn wenn einer der Pflöcke locker oder defekt war und nachgab, würde sich die Belastung auf mehrere darüber und darunter befindliche Pflöcke übertragen. Jetzt verstand ich den Zweck der Reihe von Bambuspflöcken, die ich oft in Bäumen gesehen hatte, und fragte mich, zu welchem Zweck sie dort angebracht worden sein könnten. Dieses Tier war in Größe und Aussehen fast identisch mit dem, das ich in Semabang erhalten hatte , und war das einzige andere männliche Exemplar der Simia morio , das ich erhielt. Es befindet sich jetzt im Derby Museum.

Anschließend erschoss ich zwei erwachsene Weibchen und zwei Jungtiere unterschiedlichen Alters, die ich alle konservierte. Eines der Weibchen fraß mit mehreren Jungen an einem Durianbaum mit unreifen Früchten; Und sobald sie uns sah, begann sie mit jedem Anschein von Wut Äste und die großen stacheligen Früchte abzubrechen, was einen solchen Raketenregen verursachte, der uns wirksam davon abhielt, uns dem Baum zu nahe zu nähern. Diese Angewohnheit, Äste wegzuwerfen, wenn man gereizt ist, wurde bezweifelt, aber ich habe sie, wie hier berichtet, selbst bei mindestens drei verschiedenen Gelegenheiten beobachtet. Es waren jedoch immer die weiblichen Mias , die sich so verhielten, und es kann sein, dass das Männchen, das mehr auf seine große Kraft und seine kräftigen Eckzähne vertraut, vor keinem anderen Tier Angst hat und es auch nicht vertreiben will. während der elterliche Instinkt das Weibchen dazu bringt, diese Art der Verteidigung für sich und ihre Jungen zu übernehmen.

Bei der Herstellung der Häute und Skelette dieser Tiere bereiteten mir die Dyak- Hunde große Sorgen, da sie, da sie immer halb verhungert gehalten werden, gierig nach Tierfutter sind. Ich hatte eine große eiserne Pfanne, in der ich die Knochen zu Skeletten kochte, und nachts deckte ich diese mit Brettern zu und legte schwere Steine darauf; aber den Hunden gelang es, diese zu entfernen und den größten Teil eines meiner Exemplare wegzutragen. Bei einer anderen Gelegenheit fraßen sie einen großen Teil des Oberleders meiner robusten Stiefel ab und fraßen sogar ein Stück meines Moskitovorhangs auf, auf dem vor einigen Wochen etwas Lampenöl verschüttet worden war.

Als wir flussabwärts zurückkehrten, hatten wir das Glück, einem sehr alten männlichen Mias zu begegnen , der sich von einigen niedrigen Bäumen ernährte, die im Wasser wuchsen. Das Land war über eine weite Strecke hinweg überschwemmt, aber so voller Bäume und Baumstümpfe, dass das beladene Boot nicht dazwischen gelangen konnte, und wenn das möglich gewesen wäre, hätten wir die Mias nur verscheucht . Ich stieg also ins Wasser, das mir fast bis zur Hüfte reichte, und watete weiter, bis ich nahe genug für einen Schuss war. Die Schwierigkeit bestand dann darin, meine Waffe erneut zu laden, da ich so tief im Wasser war, dass ich die Waffe nicht schräg genug halten konnte, um das Pulver hineinzuschütten. Ich musste daher nach einer flachen Stelle suchen und es nach mehreren Schüssen darunter versuchen Unter diesen Umständen war ich erfreut zu sehen, wie das monströse Tier ins Wasser rollte. Ich schleppte ihn nun hinter mir zum Bach her, aber die Malaien waren dagegen, das Tier ins Boot zu setzen, und es war so schwer, dass ich es ohne ihre Hilfe nicht schaffen konnte. Ich suchte nach einer Stelle, an der ich ihn häuten konnte, aber es war kein bisschen trockener Boden zu sehen, bis ich schließlich eine Ansammlung von zwei oder drei alten Bäumen und Baumstümpfen fand, zwischen denen sich knapp über dem Baum ein paar Fuß Erde angesammelt hatten Wasser, das gerade groß genug war, dass wir das Tier darauf ziehen konnten. Ich habe ihn zuerst gemessen und festgestellt, dass er bei weitem der Größte war, den ich je gesehen hatte, denn obwohl die Stehhöhe die gleiche war wie die der anderen (4 Fuß 2 Zoll), betrugen die ausgestreckten Arme 7 Fuß 9 Zoll, also sechs Zoll mehr als das vorherige, und die riesige breite Fläche war 13 1/2 Zoll breit, während die breiteste, die ich bisher gesehen hatte, nur 11 1/2 Zoll betrug. Der Körperumfang betrug 3 Fuß 7 1/2 Zoll. Ich neige daher zu der Annahme, dass die Länge und Kraft der Arme sowie die Breite des Gesichts bis ins hohe Alter weiter zunimmt, während die Stehhöhe von der Fußsohle bis zum Scheitel des Kopfes selten vorkommt wenn jemals 4 Fuß 2 Zoll überschritten wird.

Da dies der letzte Mias war, den ich geschossen habe, und das letzte Mal, dass ich ein erwachsenes lebendes Tier gesehen habe, werde ich seine allgemeinen Gewohnheiten und alle anderen damit verbundenen Fakten skizzieren . Es ist bekannt, dass der Orang-Utan auf Sumatra und Borneo lebt, und es gibt allen Grund zu der Annahme, dass er nur auf diesen beiden großen Inseln vorkommt, auf denen er jedoch viel seltener zu sein scheint . Auf Borneo hat es ein weites Verbreitungsgebiet und bewohnt viele Bezirke an der Südwest-, Südost-, Nordost- und Nordwestküste, scheint aber hauptsächlich auf niedrige und sumpfige Wälder beschränkt zu sein. Auf den ersten Blick scheint es völlig unerklärlich, dass die Mias im Sarawak-Tal völlig unbekannt sind, während sie in Sambas im Westen und Sadong im Osten reichlich vorhanden sind. Aber wenn wir die Gewohnheiten und die Lebensweise des Tieres kennen, sehen wir einen ausreichenden Grund für diese offensichtliche Anomalie in den physischen Merkmalen des Sarawak-Distrikts. Im Sadong , wo ich ihn beobachtet habe, kommt der Mias nur dann vor, wenn das Land niedrig und sumpfig ist und gleichzeitig mit einem hohen Urwald bedeckt ist. Aus diesen Sümpfen erheben sich viele isolierte Berge, auf denen sich teilweise die Dyaks niedergelassen und mit

Obstbaumplantagen bedeckt haben. Diese sind eine große Attraktion für die Mias , die kommen, um sich von den unreifen Früchten zu ernähren, sich aber nachts immer in den Sumpf zurückziehen. Wo das Land leicht erhöht und der Boden trocken ist, ist der Mias nicht mehr zu finden. Zum Beispiel ist es im gesamten unteren Teil des Sadong- Tals reichlich vorhanden, aber sobald wir die Grenzen der Gezeiten überschreiten, wo das Land zwar noch flach, aber hoch genug ist, um trocken zu sein, verschwindet es. Nun hat das Sarawak-Tal diese Besonderheit: Der untere Teil ist zwar sumpfig, aber nicht mit einem durchgehenden hohen Wald bedeckt, sondern wird hauptsächlich von der Nipa-Palme bewohnt; und in der Nähe der Stadt Sarawak, wo das Land trocken wird, ist es in vielen Teilen stark gewellt und mit kleinen Flecken Urwald und viel Zweitwuchs-Dschungel auf dem Boden bedeckt, der einst von den Malaien oder Dyaks kultiviert wurde .

Nun scheint es mir wahrscheinlich, dass für das angenehme Leben dieser Tiere ein ausgedehntes, ununterbrochenes und ebenso hohes Urwaldgebiet notwendig ist. Solche Wälder bilden ihr offenes Land, in dem sie sich mit derselben Leichtigkeit in alle Richtungen bewegen können wie die Indianer in der Prärie oder die Araber in der Wüste, indem sie von Baumwipfel zu Baumwipfel wandern, ohne jemals auf die Erde herabsteigen zu müssen . Die höher gelegenen und trockeneren Gebiete werden häufiger vom Menschen aufgesucht, sind stärker von Lichtungen und niedrigem Zweitwuchs-Dschungel zerschnitten, der nicht an seine besondere Art des Fortschreitens angepasst ist und in denen er daher stärker der Gefahr ausgesetzt und häufiger zum Abstieg gezwungen wäre auf der Erde. Wahrscheinlich gibt es auch eine größere Vielfalt an Früchten im Mias- Distrikt, da die kleinen Berge, die sich wie Inseln daraus erheben, als Gärten oder Plantagen dienen, während die Bäume der Hochebenen mitten im Sumpf zu finden sind Ebenen.

Mias dabei zuzusehen, wie er gemächlich durch den Wald wandert. Er geht absichtlich in der halb aufrechten Haltung entlang einiger der größeren Äste, die er aufgrund der großen Länge seiner Arme und der Kürze seiner Beine natürlicherweise einnimmt. und das Missverhältnis zwischen diesen Gliedmaßen wird dadurch verstärkt, dass er auf den Knöcheln geht und nicht auf der Handfläche, wie wir es tun sollten. Er scheint sich immer für die Äste zu entscheiden, die mit einem angrenzenden Baum verwachsen sind, und wenn er sich dem Baum nähert, streckt er seine langen Arme aus, ergreift die gegenüberliegenden Zweige, ergreift sie mit beiden Händen, scheint ihre Kraft zu versuchen und schwingt sich dann absichtlich hinüber der nächste Ast, auf dem er wie zuvor weitergeht. Er springt oder springt nie und scheint sich auch nur zu beeilen, und schafft es dennoch, fast so schnell voranzukommen, wie ein Mensch durch den Wald darunter rennen kann. Die langen und kräftigen Arme sind für das Tier von größtem Nutzen, da sie es ihm ermöglichen, problemlos auf die höchsten Bäume zu klettern, Früchte und junge Blätter von dünnen Zweigen zu reißen, die sein Gewicht nicht tragen können, und Blätter und Zweige zu sammeln, um sie zu formen sein Nest. Ich habe bereits beschrieben, wie es ein Nest baut, wenn es verwundet wird, aber es nutzt fast jede Nacht ein ähnliches Nest zum Schlafen. Dieser wird jedoch tief unten auf einem kleinen Baum platziert, der nicht mehr als 20 bis 50 Fuß über dem Boden liegt, wahrscheinlich weil es dort wärmer und dem Wind weniger ausgesetzt ist als weiter oben. Jeder Mias soll sich jeden Abend ein neues zubereiten; aber ich würde denken, dass das kaum wahrscheinlich ist, sonst wären ihre Überreste viel zahlreicher; denn obwohl ich mehrere in der Nähe der Kohlengruben gesehen habe, müssen jeden Tag viele Orangs dort gewesen sein, und in einem Jahr würden ihre verlassenen Nester sehr zahlreich werden. Die Dyaks sagen, dass sich der Mias , wenn es sehr nass ist, mit Blättern von Pandanus oder großen Farnen bedeckt, was vielleicht zu der Geschichte geführt hat, dass er in den Bäumen eine Hütte gebaut hat.

Der Orang verlässt sein Bett erst, wenn die Sonne gut aufgegangen ist und der Tau auf den Blättern getrocknet ist. Er frisst den ganzen Tag über, kehrt aber selten zwei Tage hintereinander zum selben Baum zurück. Sie scheinen den Menschen nicht besonders zu beunruhigen, da sie oft mehrere Minuten lang auf mich herabstarrten und sich dann nur langsam zu einem benachbarten Baum bewegten. Nachdem ich eines gesehen hatte, musste ich oft eine halbe Meile oder mehr zurücklegen, um meine Waffe zu holen, und in fast allen Fällen fand ich sie bei meiner Rückkehr am selben Baum oder im Umkreis von hundert Metern. Ich habe nie zwei ausgewachsene Tiere zusammen gesehen, aber sowohl Männchen als auch Weibchen werden manchmal von halb ausgewachsenen Jungen begleitet, während man manchmal drei oder vier Junge in Gesellschaft sieht. Ihre Nahrung besteht fast ausschließlich aus Früchten, gelegentlich auch aus Blättern, Knospen und jungen Trieben. Sie scheinen unreife Früchte zu bevorzugen, von denen einige sehr sauer, andere intensiv bitter waren, insbesondere die großen roten, fleischigen Fruchtkerne, die besonders beliebt zu sein schienen . In anderen Fällen fressen sie nur den kleinen Kern einer großen Frucht und verschwenden und zerstören fast immer mehr, als sie fressen, so dass es unter dem Baum, von dem sie sich ernähren, ständig einen Regen von verworfenen Teilen gibt. Besonders beliebt ist die Durian , und überall dort, wo sie inmitten von Wäldern wächst, werden große Mengen dieser köstlichen Frucht vernichtet, aber sie überqueren keine Lichtungen, um an sie heranzukommen. Es scheint wunderbar, wie das Tier diese Frucht aufreißen kann, deren äußere Hülle so dick und zäh ist und dicht mit starken kegelförmigen Stacheln bedeckt ist. Wahrscheinlich beißt er zuerst ein paar davon ab, reißt dann mit seinen kräftigen Fingern ein kleines Loch in die Frucht und reißt sie auf.

Die Mias sinkt selten auf den Boden, außer wenn sie vom Hunger gedrängt wird, sucht sie am Flussufer nach saftigen Trieben; oder muss bei sehr trockenem Wetter nach Wasser suchen, wovon es in der Regel in den Blatthöhlen ausreichend findet. Nur einmal sah ich zwei halb ausgewachsene Orangs auf dem Boden in einer trockenen Mulde am Fuße des Simunjon-Hügels. Sie spielten zusammen, standen aufrecht und packten einander an den Armen. Man kann jedoch mit Sicherheit sagen, dass der Orang niemals aufrecht geht, es sei denn, er stützt sich mit seinen Händen an Ästen über ihm ab oder wird angegriffen. Darstellungen, wie er mit einem Stock geht, sind völlig imaginär.

Die Dyaks erklären alle, dass die Mias mit zwei seltenen Ausnahmen niemals von irgendeinem Tier im Wald angegriffen werden; und die Berichte, die ich darüber erhielt, sind so merkwürdig, dass ich sie fast mit den Worten meiner Informanten wiedergebe, alten Dyak- Häuptlingen, die ihr ganzes Leben an den Orten verbracht hatten, an denen das Tier am häufigsten vorkommt. Der erste, den ich befragte, sagte: „Kein Tier ist stark genug, um die Mias zu verletzen, und das einzige Lebewesen, mit dem er jemals kämpft, ist das Krokodil. Wenn es im Dschungel keine Früchte gibt, geht er an die Ufer des Flusses, um nach Nahrung zu suchen." Fluss, wo es viele junge Triebe gibt, die ihm gefallen, und Früchte, die in der Nähe des Wassers wachsen. Dann versucht das Krokodil manchmal, ihn zu ergreifen, aber der Mias packt ihn und schlägt ihn mit Händen und Füßen und zerreißt ihn und tötet ihn." Er fügte hinzu, dass er schon einmal einen solchen Kampf gesehen habe und dass er glaube, dass der Mias immer der Sieger sei.

Mein nächster Informant war der Orang Kaya oder Häuptling der Balow Dyaks , am Simunjon- Fluss. Er sagte: „Der Mias hat keine Feinde; kein Tier wagt es, ihn anzugreifen außer dem Krokodil und der Python. Er tötet das Krokodil immer mit größter Kraft, indem er sich darauf stellt, seine Kiefer aufreißt und ihm die Kehle aufreißt. Wenn eine Python angreift." a Mias , er ergreift es mit seinen Händen, beißt es dann und tötet es bald. Der Mias ist sehr stark; es gibt kein Tier im Dschungel, das so stark ist wie er.

Es ist sehr merkwürdig, dass ein so großes, so eigenartiges und von so hohem Körpertyp wie der Orang-Utan lebendes Tier auf einen so begrenzten Bezirk beschränkt sein kann – auf zwei Inseln, und diese sind fast die letzten, die von höheren Säugetieren bewohnt werden; denn östlich von Borneo und Java nehmen die Quadrumanien , Wiederkäuer, Fleischfresser und viele andere Gruppen von Säugetieren rasch ab und verschwinden bald vollständig. Wenn wir außerdem bedenken, dass fast alle anderen Tiere in früheren Zeitaltern durch verwandte, aber unterschiedliche Formen dargestellt wurden – dass Europa in der zweiten Hälfte des Tertiärs von Bären, Hirschen, Wölfen und Katzen bewohnt war; Australien durch Kängurus und andere Beuteltiere; Südamerika durch riesige Faultiere und

Ameisenfresser; alle anders als alle heute existierenden, obwohl sie eng mit ihnen verbunden sind – wir haben allen Grund zu der Annahme, dass auch der Orang-Utan, der Schimpanse und der Gorilla ihre Vorläufer hatten. Mit welchem Interesse muss jeder Naturforscher der Zeit entgegensehen, in der die Höhlen und tertiären Ablagerungen der Tropen gründlich untersucht und die Vergangenheit und das früheste Auftreten der großen Menschenaffen ausführlich bekannt gemacht werden können.

Ich möchte jetzt ein paar Worte zur angeblichen Existenz eines Borneo-Orangen sagen, der so groß ist wie der Gorilla. Ich habe selbst die Körper von siebzehn frisch getöteten Orangs untersucht, die alle sorgfältig vermessen wurden; und von sieben davon habe ich das Skelett konserviert. Ich habe auch zwei Skelette erhalten, die von anderen Personen getötet wurden. Von dieser umfangreichen Serie waren 16 voll ausgewachsene Tiere, neun davon waren Männchen und sieben Weibchen. Die erwachsenen Männchen der großen Orangs variierten nur zwischen 4 Fuß 1 Zoll und 4 Fuß 2 Zoll in der Höhe, gemessen bis zur Ferse, um die Größe des Tieres zu ermitteln, wenn es vollkommen aufrecht stand; die Ausdehnung der ausgestreckten Arme: von 7 Fuß 2 Zoll bis 7 Fuß 8 Zoll; und die Breite des Gesichts, von 10 Zoll bis 13 1/2 Zoll. Die von anderen Naturforschern angegebenen Maße stimmen weitgehend mit meinen überein. Der größte von Temminck gemessene Orang war 4 Fuß hoch. Von den fünfundzwanzig von Schlegel und Müller gesammelten Exemplaren war das größte alte Männchen 4 Fuß 1 Zoll groß; und das größte Skelett im Kalkutta-Museum war laut Herrn Blyth 4 Fuß 1 1/2 Zoll groß. Meine Exemplare stammten alle von der Nordwestküste Borneos; die der Holländer von der West- und Südküste; und noch ist kein Exemplar in Europa nach Europa gelangt, das diese Ausmaße übersteigt, obwohl die Gesamtzahl der Häute und Skelette sich auf über hundert belaufen dürfte.

Seltsamerweise geben jedoch mehrere Personen an, dass sie viel größere Orangs gemessen haben. Temminck sagt in seiner Monographie über den Orang, dass er gerade die Nachricht vom Fang eines 5 Fuß 3 Zoll hohen Exemplars erhalten habe. Leider scheint es Holland nie erreicht zu haben, denn seitdem hat man nichts mehr von einem solchen Tier gehört. Mr. St. John schreibt in seinem Buch „Life in the Forests of the Far East", Bd. ii. P. 237, erzählt uns von einem von einem Freund erschossenen Orang, der von der Ferse bis zur Oberseite des Kopfes 1,70 m lang war, der Arm einen Umfang von 17 Zoll und das Handgelenk einen Umfang von 12 Zoll hatte! Nur der Kopf wurde nach Sarawak gebracht, und Herr St. John erzählt uns, dass er dabei geholfen hat, ihn zu vermessen, und dass er 15 Zoll breit und 14 Zoll lang war. Leider scheint selbst dieser Schädel nicht erhalten geblieben zu sein, da noch kein Exemplar dieser Größe nach England gelangt ist.

In einem Brief von Sir James Brooke vom Oktober 1857, in dem er den Erhalt meiner in den „Annals and Magazine of Natural History" veröffentlichten Aufsätze über den Orang bestätigt, schickt er mir die Maße eines von seinem Neffen getöteten Exemplars Ich werde genau so wiedergeben, wie ich es erhalten habe: „3. September 1867, getötetes Orang-Utan-Weibchen. Größe von Kopf bis Ferse: 4 Fuß 6 Zoll. Ausdehnung von Finger zu Finger über den Körper: 6 Fuß 1 Zoll. Breite des Gesichts, einschließlich Schwielen." , 11 Zoll." Nun gibt es in diesen Dimensionen offensichtlich einen Fehler; denn bei jedem Orang, der bisher von irgendeinem Naturforscher gemessen wurde, entspricht eine Armausdehnung von 6 Fuß 1 Zoll einer Höhe von etwa 3 Fuß 6 Zoll, während die größten Exemplare von 4 Fuß bis 4 Fuß 2 Zoll Höhe immer die ausgestreckten Arme haben etwa 7 Fuß 3 Zoll bis 7 Fuß 8 Zoll. Es ist tatsächlich eines der Merkmale der Gattung, dass die Arme so lang sind, dass ein fast aufrecht stehendes Tier seine Finger auf den Boden legen kann. Eine Körpergröße von 4 Fuß 6 Zoll würde also eine Armausdehnung von mindestens 8 Fuß erfordern! Wäre die Höhe, wie sie in den angegebenen Maßen angegeben ist, nur 1,80 m groß, wäre das Tier überhaupt kein Orang, sondern eine neue Affengattung, die sich in ihren Gewohnheiten und der Art der Entwicklung wesentlich unterscheidet. Aber Mr. Johnson, der dieses Tier erschoss und Orangs gut kennt, hielt es offensichtlich für eines; und wir müssen daher beurteilen, ob es wahrscheinlicher ist, dass er einen Fehler von zwei Fuß in der Armausdehnung oder von einem Fuß in der Höhe gemacht hat. Der letztere Fehler ist sicherlich der einfachste und wird sein Tier in Bezug auf Proportionen und Größe mit allen in Europa existierenden Tieren in Einklang bringen. Wie leicht man sich über die Größe dieser Tiere täuschen kann, zeigt sich gut am Fall des Sumatra-Orangs, dessen Haut von Dr. Clarke Abel beschrieben wurde. Der Kapitän und die Besatzung, die dieses Tier töteten, erklärten, dass es zu Lebzeiten den größten Mann übertraf und so riesig aussah, dass sie dachten, es sei 7 Fuß groß; aber als er getötet wurde und auf dem Boden lag, stellten sie fest, dass er nur etwa 6 Fuß groß war. Nun kann man kaum glauben, dass die Haut dieses identischen Tieres im Kalkutta-Museum existiert, und Herr Blyth, der verstorbene Kurator, stellt fest, „dass es keineswegs eines der größten Tiere ist " ; was bedeutet, dass es etwa 4 Fuß hoch ist!

Angesichts dieser zweifelsfreien Beispiele für Fehler in den Dimensionen von Orangs ist es nicht übertrieben, zu dem Schluss zu kommen, dass Mr. St. Johns Freund einen ähnlichen Fehler in der Messung oder vielleicht besser im Gedächtnis begangen hat; denn uns wird nicht gesagt, dass die Maße zum Zeitpunkt ihrer Herstellung notiert wurden. Die einzigen Zahlen, die Mr. St. John aus eigener Quelle nennt, lauten: „Der Kopf war 15 Zoll breit und 14 Zoll lang." Da mein größtes Männchen eine Gesichtsbreite von 13 1/2 hatte, gemessen, als das Tier getötet wurde, kann ich gut verstehen, dass der Kopf, als er nach zwei oder drei Tagen Reise von der Batang-Lupar in Sarawak ankam , so groß war durch Verwesung so stark angeschwollen, dass es einen Zoll mehr misst als im frischen Zustand. Im Großen und Ganzen denke ich daher, dass wir bis zu diesem Zeitpunkt nicht den geringsten zuverlässigen Beweis für die Existenz von Orangs in Borneo haben, die mehr als 4 Fuß 2 Zoll groß sind.

KAPITEL V.
BORNEO – REISE IN DAS INNERE.

(NOVEMBER 1855 BIS
JANUAR 1856.)

Sadong -Flusses hinaufzufahren und durch das Sarawak-Tal hinabzusteigen . Da die Route etwas schwierig war, nahm ich die geringste Menge Gepäck und nur einen Diener mit, einen malaiischen Jungen namens Bujon , der die Sprache der Sadong beherrschte Dyaks , mit denen er Handel getrieben hatte. Wir verließen die Minen am 27. November und erreichten am nächsten Tag das malaiische Dorf Gúdong , wo ich eine kurze Zeit blieb, um Obst und Eier zu kaufen, und den Datu Bandar, den malaiischen Gouverneur des Ortes, aufsuchte . Er lebte in einem großen und gut gebauten Haus, das außen und innen sehr schmutzig war, und war sehr neugierig, was mein Geschäft und insbesondere die Kohlengruben betraf. Diese stellen für die Eingeborenen ein großes Rätsel dar, da sie die umfangreichen und kostspieligen Vorbereitungen für die Kohleförderung nicht verstehen und nicht glauben können, dass Kohle nur als Brennstoff verwendet werden soll, wenn Holz so reichlich vorhanden und so leicht zu gewinnen ist. Es war offensichtlich, dass Europäer selten hierher kamen, denn als ich durch das Dorf spazierte, schlenderten zahlreiche Frauen davon, und ein etwa zehn oder zwölf Jahre altes Mädchen, das gerade einen Bambus voller Wasser aus dem Fluss geholt hatte, warf ihn schreiend hin Als sie mich erblickte, war sie voller Entsetzen und Schrecken, drehte sich um und sprang in den Bach. Sie schwamm wunderbar und schaute immer wieder zurück, als erwartete sie, dass ich ihr folgen würde, wobei sie die ganze Zeit heftig schrie; während eine Reihe von Männern und Jungen über ihren unwissenden Schrecken lachten.

In Jahi , dem nächsten Dorf, wurde der Strom infolge einer Überschwemmung so schnell, dass mein schweres Boot nicht mehr weiterkam und ich gezwungen war, es zurückzuschicken und in einem sehr kleinen offenen Boot weiterzufahren. Bisher war der Fluss sehr eintönig gewesen, die Ufer waren als Reisfelder kultiviert worden, und nur kleine strohgedeckte Hütten durchbrachen die unmalerische Linie des schlammigen Ufers, das mit hohen Gräsern gekrönt war und von der Spitze des Waldes hinter dem bewirtschafteten Boden gestützt wurde. Ein paar Stunden hinter Jahi passierten wir die Grenzen des Anbaus und sahen den wunderschönen Urwald mit seinen Palmen und Schlingpflanzen, seinen edlen Bäumen, seinen Farnen und Epiphyten bis zum Ufer reichen. Allerdings waren die Ufer des Flusses immer noch allgemein überschwemmt, und wir hatten einige Schwierigkeiten, einen trockenen Platz zum Schlafen zu finden. Früh am Morgen erreichten wir Empugnan , ein kleines malaiisches Dorf am Fuße eines isolierten Berges, der von der Mündung des Simunjon -Flusses aus sichtbar war. Dahinter waren die Gezeiten nicht zu spüren, und wir gelangten nun in ein höher gelegenes Waldgebiet mit einer feineren Vegetation. Große Bäume strecken ihre Arme über den Bach und die steilen, erdigen Ufer sind mit Farnen und Schilfpflanzen bewachsen .

Am frühen Nachmittag erreichten wir Tabókan , das erste Dorf der Bergdyaken . Auf einer offenen Fläche in der Nähe des Flusses spielten etwa zwanzig Jungen bei einem Spiel, das etwa dem ähnelte, was wir „Gefangenenbasis" nennen. Ihre Verzierungen aus Perlen und Messingdraht und ihre farbenfrohen Tücher und Hüfttücher kommen sehr gut zur Geltung und bilden einen sehr angenehmen Anblick. Als sie von Bujon gerufen wurden , verließen sie sofort ihr Spiel, um meine Sachen zum „Haupthaus" zu tragen – einem runden Gebäude, das an die meisten Dyak- Dörfer angeschlossen ist und als Unterkunft für Fremde, als Ort für den Handel und als Schlafraum von diente die unverheirateten Jugendlichen und die allgemeine Ratskammer. Es steht auf hohen Pfosten, hat einen großen Kamin in der Mitte und Fenster im Dach rundherum und bietet einen sehr angenehmen und komfortablen Aufenthaltsort. Am Abend war es voller junger Männer und Jungen, die kamen, um mich anzusehen. Es waren größtenteils nette junge Leute, und ich konnte nicht umhin, die Einfachheit und Eleganz ihrer Tracht zu bewundern. Ihr einziges Kleid ist das lange „ chawat ", oder Hüfttuch, das vorne und hinten herabhängt. Es besteht im Allgemeinen aus blauer Baumwolle und endet in drei breiten Streifen in Rot, Blau und Weiß. Wer es sich leisten kann, trägt auf dem Kopf ein Taschentuch, das entweder rot ist, mit einem schmalen Rand aus goldener Spitze, oder dreifarbig , wie der „ Chawat ". Die großen, flachen, mondförmigen Messingohrringe, die schwere Halskette aus weißen oder schwarzen Perlen, Reihen von Messingringen an Armen und Beinen und Armreifen aus weißen Muscheln dienen dazu, die reine rötlich-braune Haut und die pechschwarze Farbe zu betonen und hervorzuheben Haar. Fügen Sie dazu noch den kleinen Beutel mit Materialien zum Betel-Kauen und ein langes, schlankes Messer hinzu, die beide immer an der Seite getragen werden, und Sie haben die Alltagskleidung des jungen Dyak- Herren .

Der „Orang Kaya", oder reicher Mann, wie der Häuptling des Stammes genannt wird, kam nun mit mehreren der älteren Männer herein; und das „ bitchara " oder Gespräch begann, darüber, ein Boot und Männer zu besorgen, die mich am nächsten Morgen mitnehmen sollten. Da ich kein Wort ihrer Sprache verstand, die sich stark vom Malaiischen unterscheidet, beteiligte ich mich nicht an der Verhandlung, sondern wurde von meinem Jungen Bujon vertreten , der mir den Großteil des Gesagten übersetzte. Ein chinesischer Händler war im Haus, und auch er wollte am nächsten Tag

Männer; Aber als er dies dem Orang Kaya anspielte, wurde ihm streng mitgeteilt, dass jetzt über das Geschäft eines Weißen gesprochen werde und er noch einen Tag warten müsse, bevor über sein Geschäft nachgedacht werde.

Nachdem die „ Bitchara " vorbei war und die alten Häuptlinge gegangen waren, forderte ich die jungen Männer auf, auf ihre gewohnte Art zu spielen oder zu tanzen oder sich zu amüsieren; und nach einigem Zögern stimmten sie dem zu. Sie führten zunächst eine Kraftprobe durch, wobei zwei Jungen einander gegenübersaßen, Fuß an Fuß gestellt und mit beiden Händen einen starken Stock umklammert. Jeder versuchte dann, sich zurückzuwerfen, um seinen Gegner entweder mit voller Kraft oder durch eine plötzliche Anstrengung vom Boden aufzurichten. Dann versuchte einer der Männer seine Stärke gegen zwei oder drei der Jungen; und danach packte jeder seinen eigenen Knöchel mit einer Hand, und während der eine so fest stand, wie er konnte, schwang sich der andere auf einem Bein herum, um das freie Bein des anderen zu treffen und ihn zu stürzen. Als diese Spiele überall mit wechselndem Erfolg gespielt wurden, hatten wir ein Konzert neuartiger Art. Einige legten ein Bein über das Knie und schlugen mit den Fingern kräftig auf den Knöchel, andere schlugen mit den Armen gegen die Seiten wie ein Hahn, wenn er krähen will, und gaben dabei eine große Vielfalt an klatschenden Geräuschen von sich, während ein anderer seine Hand unter der seinen hielt Achselhöhle erzeugte einen tiefen Trompetenton; und da sie alle sehr gut den Takt hielten, war die Wirkung keineswegs unerfreulich. Das schien bei ihnen ein beliebtes Vergnügen zu sein, und sie machten mit viel Elan weiter.

Am nächsten Morgen starteten wir in einem Boot, das etwa zehn Meter lang und nur achtundzwanzig Zentimeter breit war. Der Bach ändert hier plötzlich seinen Charakter. Bisher war er zwar schnell, aber tief und glatt und von steilen Ufern begrenzt. Jetzt rauschte und kräuselte es sich über einen kiesigen, sandigen oder felsigen Grund, bildete gelegentlich kleine Kaskaden und Stromschnellen und warf auf der einen oder anderen Seite breite Bänke fein gefärbter Kieselsteine auf . Hier konnte kein Paddeln Platz machen, aber die Dyaks mit Bambusstangen trieben uns mit großer Geschicklichkeit und Schnelligkeit voran und verloren in einem so engen und unsicheren Schiff nie das Gleichgewicht, obwohl sie aufstanden und ihre ganze Kraft aufwendeten. Es war ein strahlender Tag, und die fröhlichen Anstrengungen der Männer, das Rauschen des glitzernden Wassers mit dem hellen und vielfältigen Laubwerk, das sich von beiden Ufern über unsere Köpfe erstreckte, erzeugten ein berauschendes Gefühl, das an meine Kanufahrten auf den größeren Gewässern erinnerte von Südamerika.

Am frühen Nachmittag erreichten wir das Dorf Borotói , und obwohl es leicht gewesen wäre, das nächste Dorf vor Einbruch der Dunkelheit zu erreichen, musste ich bleiben, da meine Männer zurückkehren wollten und andere ohne das Dorf unmöglich mit mir weitermachen konnten Vorgespräch. Außerdem war ein weißer Mann eine zu große Seltenheit, um ihnen entkommen zu dürfen, und ihre Frauen hätten es ihnen nie verziehen, wenn sie bei ihrer Rückkehr von den Feldern festgestellt hätten, dass eine solche Kuriosität nicht für sie sichtbar gemacht worden war. Als ich das Haus betrat, in das ich eingeladen war, versammelte sich eine Menge von sechzig oder siebzig Männern, Frauen und Kindern um mich, und ich saß eine halbe Stunde lang da wie ein seltsames Tier, das sich zum ersten Mal den Blicken eines neugierigen Publikums unterwarf. Messingringe gab es hier in größter Fülle, viele der Frauen hatten ihre Arme vollständig damit bedeckt, ebenso ihre Beine vom Knöchel bis zum Knie. Um die Taille tragen sie ein Dutzend oder mehr Windungen aus feinem rot gebeiztem Rattan, an denen der Unterrock befestigt ist. Darunter befinden sich im Allgemeinen mehrere Spulen aus Messingdraht, ein Gürtel aus kleinen Silbermünzen und manchmal ein breiter Gürtel aus Messingringrüstung . Auf dem Kopf tragen sie einen kegelförmigen Hut ohne Krone, der aus verschiedenfarbigen Perlen besteht , die durch Rattanringe in Form gehalten werden und einen fantastischen, aber nicht unmalerischen Kopfschmuck bilden.

Als ich zu einem kleinen Hügel in der Nähe des Dorfes ging, der als Reisfeld genutzt wurde, hatte ich eine schöne Aussicht auf das Land, das ziemlich hügelig und im Süden bergig wurde. Ich nahm Peilungen und machte Skizzen von allem, was sichtbar war, ein Vorgang, der bei den Dyaks , die mich begleiteten, großes Erstaunen hervorrief und bei meiner Rückkehr die Bitte vorlegte, den Kompass vorzuzeigen. Dann war ich von einer größeren Menschenmenge umgeben als zuvor, und als ich mein Abendessen inmitten eines Kreises von etwa hundert Zuschauern einnahm, die ängstlich jede Bewegung beobachteten und jeden Bissen kritisierten, kehrten meine Gedanken unwillkürlich zum Löwen bei der Fütterung zurück. Wie diese edlen Tiere war auch ich daran gewöhnt und es beeinträchtigte meinen Appetit nicht. Die Kinder hier waren schüchterner als in Tabókan und ich konnte sie nicht zum Spielen überreden. Deshalb wurde ich selbst Schausteller und stellte den Schatten eines fressenden Hundekopfes zur Schau, was ihnen so gut gefiel, dass nacheinander das ganze Dorf herauskam, um es zu sehen. Das „Kaninchen an der Wand" gibt es auf Borneo nicht, da es dort kein Tier gibt, dem es ähnelt. Die Jungen trugen Oberteile, die etwa wie Schlagkreisel geformt waren, aber an einer Schnur befestigt waren.

Am nächsten Morgen machten wir weiter wie zuvor, aber der Fluss war so schnell und flach geworden und die Boote waren alle so klein, dass ich zwar nichts außer Wechselkleidung, einer Waffe und ein paar Kochutensilien bei mir hatte, aber zwei brauchte mich anzunehmen. Der Felsen, der hier und da am Flussufer auftauchte, war ein verhärteter Tonschiefer, manchmal kristallin, und fast senkrecht aufgeworfen. Rechts und links von uns erhoben sich isolierte Kalksteinberge, deren weiße Abgründe in der Sonne glitzerten und einen wunderschönen Kontrast zu der üppigen Vegetation bildeten, die sie anderswo bekleidete. Das Flussbett bestand aus einer Masse von Kieselsteinen, größtenteils aus reinem weißem Quarz, aber mit reichlich Jaspis und Achat, die ein wunderschön buntes Aussehen boten. Es war erst zehn Uhr morgens, als wir in Budw ankamen , und obwohl viele Leute unterwegs waren, konnte ich sie nicht dazu bewegen, mir zu erlauben, in das nächste Dorf weiterzugehen. Der Orang Kaya sagte, wenn ich darauf bestehe, Männer zu haben, würde er sie natürlich bekommen, aber als ich ihn beim Wort nahm und sagte, ich müsse sie haben, kam ein neuer Protest; und der Gedanke, dass ich an diesem Tag weitermachen könnte, schien mir so schmerzhaft, dass ich gezwungen war, mich zu fügen. Ich ging daher über die Reisfelder hinaus, die hier sehr ausgedehnt sind und eine Reihe kleiner Hügel und Täler bedecken, in die das ganze Land zerbrochen zu sein scheint, und hatte einen schönen Blick auf Hügel und Berge in allen Richtungen.

Am Abend kam der Orang Kaya in voller Kleidung (eine mit Pailletten besetzte Samtjacke, aber keine Hosen) und lud mich in sein Haus ein, wo er mir einen Ehrenplatz unter einem Baldachin aus weißem Kattun und bunten Taschentüchern gewährte. Die große Veranda war voller Menschen, und als Geschenke für mich wurden große Reisteller mit gekochten und frischen Eiern auf den Boden gestellt. Dann kleidete sich ein sehr alter Mann in farbenfrohe Tücher und viele Verzierungen, saß an der Tür und murmelte ein langes Gebet oder eine Anrufung, wobei er Reis aus einem Becken, das er in der Hand hielt, streute, während mehrere große Gongs laut geschlagen und gegrüßt wurden von abgefeuerten Musketen. Dann wurde ein großes Glas Reiswein, sehr sauer, aber mit einem angenehmen Geschmack , herumgereicht und ich bat darum, einige ihrer Tänze sehen zu dürfen. Dies waren, wie die meisten grausamen Darbietungen, sehr langweilige und unanmutige Angelegenheiten; Die Männer kleiden sich absurderweise wie Frauen und die Mädchen machen sich so steif und lächerlich wie möglich. Die ganze Zeit über wurden sechs oder acht große chinesische Gongs von den kräftigen Armen ebenso vieler junger Männer geschlagen, was einen so ohrenbetäubenden Missklang erzeugte, dass ich froh war, in das runde Haus zu fliehen, wo ich mit einem halben Dutzend rauchgetrockneter Gongs sehr bequem schlief Menschliche Schädel hingen über meinem Kopf.

Der Fluss war jetzt so flach, dass Boote kaum noch weiterkommen konnten. Ich zog es daher vor, zum nächsten Dorf zu laufen, in der Erwartung, etwas vom Land zu sehen, wurde aber sehr enttäuscht, da der Weg fast ausschließlich durch dichtes Bambusdickicht führte. Die Dyaks ernten nacheinander zwei Ernten; einer aus Reis und der andere aus Zuckerrohr, Mais und Gemüse. Der Boden liegt dann acht bis zehn Jahre lang brach und ist mit Bambus und Sträuchern bedeckt, die den Weg oft vollständig überwölben und alles aus der Sicht versperren. Nach drei Stunden Fußmarsch erreichten wir das Dorf Senankan , wo ich wiederum den ganzen Tag bleiben musste, wozu ich mich bereit erklärte, nachdem mir der Orang Kaya versprochen hatte, dass seine Männer mich am nächsten Tag durch zwei andere Dörfer hinüber nach Senna führen würden , an der Spitze des Sarawak-Flusses. Ich unterhielt mich bis zum Abend, so gut ich konnte, indem ich auf der nahegelegenen Anhöhe umherwanderte, um mir einen Blick auf das Land und die Aussicht auf die Hauptberge zu verschaffen. Anschließend gab es eine weitere öffentliche Audienz mit Reis- und Eiergeschenken und dem Trinken von Reiswein. Diese Dyaks bewirtschaften große Flächen und liefern reichlich Reis nach Sarawak. Sie sind reich an Gongs, Messingtabletts, Draht, Silbermünzen und anderen Gegenständen, aus denen der Reichtum eines Dyak besteht; und ihre Frauen und Kinder sind alle reich verziert mit Perlenketten, Muscheln und Messingdraht.

Am Morgen wartete ich einige Zeit, aber die Männer, die mich begleiten sollten, erschienen nicht. Als ich zum Orang Kaya schickte, erfuhr ich, dass sowohl er als auch ein anderer Häuptling für diesen Tag ausgegangen waren, und als ich mich nach dem Grund erkundigte, wurde mir mitgeteilt, dass sie keinen ihrer Männer überreden könnten, mit mir zu gehen, weil die Reise lang und lang sei ermüdend. Da ich fest entschlossen war, weiterzumachen, sagte ich den wenigen verbliebenen Männern, dass sich die Häuptlinge sehr schlecht benommen hätten und dass ich den Rajah über ihr Verhalten informieren sollte, und wollte sofort beginnen. Jeder der anwesenden Männer entschuldigte sich, aber es wurden auch andere herbeigerufen, und durch Drohungen und Versprechungen und die ganze Beredsamkeit Bujons gelang es uns, nach zwei Stunden Verspätung auszusteigen.

Auf den ersten paar Meilen führte unser Weg über ein für Reisfelder gerodetes Land, das ausschließlich aus kleinen, aber tiefen und scharf eingeschnittenen Bergrücken und Tälern ohne einen Meter ebenen Bodens bestand. Nachdem wir den Kayan- Fluss, einen Hauptarm des Sadong , überquert hatten, gelangten wir zu den unteren Hängen des Seboran-Gebirges. Der Weg führte entlang eines scharfen und mäßig steilen Bergrückens und bot eine hervorragende Aussicht auf das Land. Seine Merkmale entsprachen genau denen des Himalaya im Miniaturformat, wie sie von Dr. Hooker und anderen Reisenden beschrieben werden, und wirkten wie ein natürliches Modell einiger Teile dieser riesigen Berge im Maßstab von etwa einem Zehntel – hier sind Tausende von Fuß dargestellt um Hunderte. Jetzt entdeckte ich die Quelle der wunderschönen Kieselsteine, die mir im Flussbett so gut gefallen hatten. Die Schieferfelsen hatten aufgehört, und diese Berge schienen aus einem Sandsteinkonglomerat zu bestehen, das an manchen Stellen lediglich aus einer Masse zusammengeklebter Kieselsteine bestand. Ich hätte wissen können, dass so kleine Bäche nicht so große Mengen rundlicher Kieselsteine aus den härtesten Materialien produzieren können. Offensichtlich waren sie in früheren Zeiten durch die Wirkung eines kontinentalen Stroms oder Meeresstrandes entstanden, bevor die große Insel Borneo aus dem Ozean emporstieg. Die Existenz eines solchen Systems von Hügeln und Tälern, das alle Merkmale einer großen Bergregion im Miniaturformat wiedergibt, hat einen wichtigen Einfluss auf die moderne Theorie, dass die Form des Bodens hauptsächlich auf atmosphärische und nicht auf unterirdische Einwirkungen zurückzuführen ist. Wenn wir innerhalb einer Quadratmeile eine Anzahl verzweigter Täler und Schluchten haben, die in viele verschiedene Richtungen verlaufen, scheint es kaum möglich, ihre Entstehung oder auch nur ihren Ursprung den durch Erdbeben verursachten Rissen und Rissen zuzuschreiben. Andererseits sind die Beschaffenheit des Gesteins, das durch Wasser so leicht zersetzt und entfernt wird, und die bekannte Wirkung der reichlichen tropischen Regenfälle in diesem Fall zumindest völlig ausreichende Ursachen für die Entstehung solcher Täler. Aber die Ähnlichkeit zwischen ihren Formen und Umrissen, ihrer Art der Divergenz und den Hängen und Graten, die sie trennen, und denen der großartigen Berglandschaft des Himalaya ist so bemerkenswert, dass wir zwangsweise zu der Schlussfolgerung geführt werden, dass die Kräfte an Die Arbeit in beiden Fällen war die gleiche und unterschied sich nur in der Zeit, in der sie im Einsatz waren, und in der Art des Materials, an dem sie arbeiten mussten.

Gegen Mittag erreichten wir das Dorf Menyerry , das wunderschön auf einem Bergsporn etwa 600 Fuß über dem Tal liegt und einen herrlichen Blick auf die Berge dieses Teils von Borneo bietet. Hier erblickte ich den Berg Penrissen , der an der Quelle des Sarawak-Flusses liegt und einer der höchsten im Bezirk ist und sich bis zu 6.000 Fuß über dem Meer erhebt. Im Süden schienen die Rowan-Berge und weiter entfernt die Untowan- Berge auf niederländischem Gebiet ebenso hoch zu sein. Beim Abstieg von Menyerry überquerten wir erneut den Kayan , der sich um den Ausläufer windet, und stiegen zum Pass auf, der die Täler Sadong und Sarawak trennt und etwa 2.000 Fuß hoch ist. Der Abstieg von diesem Punkt aus war sehr gut. Ein Bach, tief in einer felsigen Schlucht, rauschte auf jeder Seite von uns, zu einem davon stiegen wir allmählich hinab, wobei wir über viele seitliche Schluchten und entlang der Wände einiger Abgründe über einheimische Bambusbrücken zogen. Einige davon waren mehrere hundert Fuß lang und fünfzig oder sechzig hoch, ein einzelner glatter Bambushandlauf mit einem Durchmesser von zehn Zentimetern bildete den einzigen Weg, während ein schlanker Handlauf aus dem gleichen Material oft so wackelig war, dass er nur als Führung und nicht als Orientierung dienen konnte Unterstützung.

Am späten Nachmittag erreichten wir Sodos , das auf einem Ausläufer zwischen zwei Bächen liegt, aber so von Obstbäumen umgeben ist, dass man vom Land kaum etwas sehen kann. Das Haus war geräumig, sauber und komfortabel und die Leute waren sehr zuvorkommend. Viele der Frauen und Kinder hatten noch nie zuvor einen weißen Mann gesehen und waren sehr skeptisch , ob ich überall dieselbe Farbe hätte wie mein Gesicht. Sie baten mich, ihnen meine Arme und meinen Körper zu zeigen, und sie waren so freundlich und gutmütig, dass ich das Gefühl hatte, ihnen etwas Genugtuung zu geben, also schlug ich meine Hose hoch und ließ sie die Farbe meines Beins sehen, mit dem sie untersuchten Großes Interesse.

Am frühen Morgen setzten wir unseren Abstieg durch ein schönes Tal fort, mit Bergen, die in alle Richtungen 2.000 bis 3.000 Fuß hoch waren. Der kleine Fluss nahm rasch an Größe zu, bis wir Senna erreichten, wo er zu einem feinen, kieseligen Bach geworden war, der für kleine Kanus befahrbar war. Auch hier tauchte der emporgehobene Schieferfelsen auf, mit der gleichen Neigung und Richtung wie im Sadong -Fluss. Als ich mich nach einem Boot erkundigte, das mich flussabwärts bringen sollte, wurde mir gesagt, dass die Senna Dyaks , obwohl sie an den Flussufern lebten, niemals Boote bauten oder benutzten. Es handelte sich um Bergsteiger, die erst vor etwa zwanzig Jahren ins Tal gekommen waren und sich noch keine neuen Gewohnheiten angewöhnt hatten. Sie gehören demselben Stamm an wie die Menschen in Menyerry und Sodos . Sie bauen gute Wege und Brücken und bebauen viel Bergland und verleihen dem Land so ein angenehmeres und zivilisierteres Aussehen, als wenn die Menschen sich nur in Booten bewegen und ihre Bewirtschaftung auf die Ufer der Bäche beschränken.

Nach einiger Mühe mietete ich ein Boot von einem malaysischen Händler und traf auf drei Dyaks , die mehrere Male mit Malaysiern in Sarawak gewesen waren und dachten, dass sie es sehr gut schaffen würden. Sie erwiesen sich als sehr unbeholfen, liefen ständig auf Grund, schlugen gegen Felsen und verloren das Gleichgewicht, so dass sie sich und das Boot fast umkippten – ein auffälliger Kontrast zum Können der Sea Dyaks . Schließlich kamen wir an eine wirklich gefährliche Stromschnelle, wo die Boote oft überfüllt waren und meine Männer Angst hatten, sie zu passieren. Einige Malaysier mit einer Bootsladung Reis überholten uns und schickten, nachdem sie sicher durchgekommen waren, freundlicherweise einen ihrer Männer zurück, um mir zu helfen. So aber verloren meine Dyaks im kritischen Teil der Passage das Gleichgewicht, und wenn sie allein gewesen wären, wäre das Boot mit Sicherheit durcheinander geraten. Der Fluss wirkte jetzt außerordentlich malerisch, da das Gelände auf beiden Seiten teilweise für Reisfelder gerodet war und eine gute Aussicht auf das Land bot. Zahlreiche kleine Getreidespeicher wurden hoch oben in Bäumen gebaut, die über den Fluss hinausragten und über eine Bambusbrücke verfügten, die vom

Ufer aus zu ihnen hinaufführte. und hier und da überquerte eine Bambus-Hängebrücke den Bach, wo überhängende Bäume ihren Bau begünstigten .

Ich habe diese Nacht im Dorf Sebungow geschlafen Dyaks und erreichten am nächsten Tag Sarawak und durchquerten ein wunderschönes Land, in dem auf allen Seiten Kalksteinberge mit ihren fantastischen Formen und weißen Abgründen aufragten, die mit üppiger Vegetation bedeckt und geschmückt waren. Die Ufer des Sarawak-Flusses sind überall mit Obstbäumen bedeckt, die den Dyaks einen Großteil ihrer Nahrung liefern. Mangosteen, Lansat , Rambutan, Jack, Jambou und Blimbing sind alle reichlich vorhanden; Am häufigsten und am meisten geschätzt wird jedoch die Durian-Frucht, eine Frucht, über die in England nur sehr wenig bekannt ist, die aber sowohl von den Eingeborenen als auch von den Europäern des Malaiischen Archipels als allen anderen überlegen angesehen wird. Der alte Reisende Linschott schreibt im Jahr 1599: „Es ist von so ausgezeichnetem Geschmack, dass es nach Ansicht derjenigen, die es probiert haben, alle anderen Früchte der Welt im Geschmack übertrifft." Und Doktor Paludanus fügt hinzu: „Diese Frucht ist von heißer und feuchter Natur. Für diejenigen, die nicht daran gewöhnt sind, scheint sie zunächst nach faulen Zwiebeln zu riechen, aber sobald sie sie probiert haben, ziehen sie sie allen anderen Nahrungsmitteln vor." Die Eingeborenen verleihen ihm ehrenvolle Titel, preisen es und verfassen Verse darüber. Wenn der Geruch in ein Haus gebracht wird, ist er oft so unangenehm, dass manche Menschen es nicht ertragen können, ihn zu schmecken. Dies war auch bei mir der Fall, als ich es zum ersten Mal in Malakka probierte, aber in Borneo fand ich eine reife Frucht auf dem Boden und als ich sie im Freien aß, wurde ich sofort zu einem überzeugten Durian-Esser.

Der Durian wächst auf einem großen und hohen Waldbaum, der in seinem allgemeinen Charakter ein wenig einer Ulme ähnelt, aber eine glattere und schuppigere Rinde aufweist. Die Frucht ist rund oder leicht oval, etwa so groß wie eine große Kokosnuss, von grüner Farbe und überall mit kurzen, kräftigen Stacheln bedeckt, deren Basen einander berühren und daher etwas sechseckig sind, während die Spitzen sehr stark und kräftig sind scharf. Es ist so vollständig bewaffnet, dass es schwierig ist, es vom Boden zu heben, wenn der Stiel abgebrochen ist. Die äußere Schale ist so dick und zäh, dass sie aus jeder Fallhöhe niemals bricht. Von der Basis bis zur Spitze sind fünf sehr schwache Linien zu erkennen, über die sich die Stacheln ein wenig wölben; Dies sind die Nähte der Fruchtblätter und zeigen, wo die Frucht mit einem schweren Messer und einer starken Hand geteilt werden kann. Die fünf Zellen sind innen seidig weiß und jeweils mit einer ovalen Masse aus cremefarbenem Fruchtfleisch gefüllt , in die zwei oder drei etwa kastaniengroße Samen eingebettet sind. Dieses Fruchtfleisch ist der essbare Teil und seine Konsistenz und sein Geschmack sind unbeschreiblich. Ein reichhaltiger, butterartiger, mit Mandeln aromatisierter Vanillepudding vermittelt den besten Gesamteindruck davon, vermischt sich aber mit Geschmacksnuancen, die an Frischkäse, Zwiebelsauce, braunen Sherry und andere Ungereimtheiten erinnern. Dann gibt es eine reichhaltige, klebrige Geschmeidigkeit im Fruchtfleisch, die nichts anderes besitzt, die aber zu seiner Zartheit beiträgt. Es ist weder sauer, noch süß, noch saftig; Dennoch spürt man, dass es an keiner dieser Eigenschaften mangelt, denn es ist perfekt, so wie es ist. Es verursacht keine Übelkeit oder andere negative Auswirkungen, und je mehr man davon isst, desto weniger verspürt man die Neigung, damit aufzuhören. Tatsächlich ist der Verzehr von Durians eine neue Sensation, die eine Reise in den Osten wert ist .

Wenn die Frucht reif ist, fällt sie von selbst, und die einzige Möglichkeit, Durians in Perfektion zu essen, besteht darin, sie so zu essen, wie sie fallen; und der Geruch ist dann weniger aufdringlich. Wenn es unreif ist, ist es gekocht ein sehr gutes Gemüse und wird von den Dyaks auch roh gegessen. In einer guten Obstsaison werden große Mengen gesalzen in Gläsern und Bambusgefäßen konserviert und das ganze Jahr über aufbewahrt. Dann entwickelt es für die Europäer einen äußerst widerlichen Geruch , aber die Dyaks schätzen es als Beilage zu ihrem Reis sehr. Im Wald gibt es zwei Sorten wilder Durian mit viel kleineren Früchten, eine davon innen orangefarben ; und diese sind wahrscheinlich der Ursprung der großen und feinen Durian, die nie wild vorkommen. Es wäre vielleicht nicht richtig zu sagen, dass Durian die beste aller Früchte ist, denn sie kann die milden, saftigen Sorten wie Orange, Traube, Mango und Mangostan nicht ersetzen, deren erfrischende und kühlende Eigenschaften sehr ausgeprägt sind so gesund und dankbar; Aber da es ein Lebensmittel mit dem erlesensten Geschmack hervorbringt , ist es unübertroffen. Wenn ich mich nur auf zwei konzentrieren müsste, um die Perfektion der beiden Klassen darzustellen, würde ich auf jeden Fall Durian und Orange als König und Königin der Früchte wählen.

Der Durian ist jedoch manchmal gefährlich. Wenn die Früchte zu reifen beginnen, fallen sie täglich und fast stündlich, und es kommt nicht selten vor, dass Personen, die unter den Bäumen gehen oder arbeiten, Unfälle erleiden. Wenn ein Durian beim Fallen einen Mann trifft, verursacht er eine schreckliche Wunde, wobei die starken Stacheln das Fleisch aufreißen, während der Schlag selbst sehr schwer ist; aber gerade dieser Umstand führt selten zum Tod, da der reichliche Bluterguss die sonst auftretende Entzündung verhindert. Ein Dyak- Häuptling teilte mir mit, dass er von einem Durian getroffen worden sei, der auf seinen Kopf gefallen sei, was seiner Meinung nach sicherlich zu seinem Tod geführt hätte, doch er erholte sich innerhalb kürzester Zeit.

Dichter und Moralisten glaubten, nach unseren englischen Bäumen und Früchten zu urteilen, dass kleine Früchte immer auf hohen Bäumen wuchsen, so dass ihr Fall für den Menschen ungefährlich sei, während die großen Früchte auf dem Boden schleiften. Zwei der größten und schwersten bekannten Früchte jedoch, die Paranussfrucht (Berholletia) und Durian, wachsen auf hohen Waldbäumen, von denen sie fallen, sobald sie reif sind, und oft die einheimischen Bewohner verletzen oder töten. Daraus können wir zwei Dinge lernen: erstens, keine allgemeinen Schlussfolgerungen aus einer sehr einseitigen Sicht auf die Natur zu ziehen; und zweitens, dass Bäume und Früchte, ebenso wie die vielfältigen Produkte des Tierreichs, nicht ausschließlich mit Bezug auf den Nutzen und die Bequemlichkeit des Menschen organisiert zu sein scheinen.

Während meiner vielen Reisen in Borneo und insbesondere während meiner verschiedenen Aufenthalte bei den Dyaks lernte ich zum ersten Mal die bewundernswerten Eigenschaften des Bambus zu schätzen. In den Teilen Südamerikas, die ich zuvor besucht hatte, waren diese riesigen Gräser verhältnismäßig selten; und wo sie nur wenig verwendet wurden, wurde ihr Platz in einer Klasse von Verwendungszwecken durch die große Vielfalt an Palmen und in einer anderen durch Kalebassen und Kürbisse eingenommen. Fast alle tropischen Länder produzieren Bambus, und wo immer er in Hülle und Fülle vorkommt, nutzen die Einheimischen ihn für vielfältige Zwecke. Ihre Stärke, Leichtigkeit, Glätte, Geradheit, Rundheit und Hohlheit, die Leichtigkeit und Regelmäßigkeit, mit der sie gespalten werden können, ihre vielen verschiedenen Größen, die unterschiedliche Länge ihrer Verbindungen, die Leichtigkeit, mit der sie geschnitten werden können und mit der Löcher gebohrt werden können Durch sie hergestellt, ihre äußere Härte, ihre Freiheit von jedem ausgeprägten Geschmack oder Geruch, ihre große Fülle und die Schnelligkeit ihres Wachstums und ihrer Vermehrung sind alles Eigenschaften, die sie für hundert verschiedene Zwecke nützlich machen, für die andere Materialien erforderlich wären viel mehr Arbeit und Vorbereitung. Der Bambus ist eine der wunderbarsten und schönsten Erzeugnisse der Tropen und eines der wertvollsten Geschenke der Natur an den unzivilisierten Menschen.

Die Dyak- Häuser stehen alle auf Pfosten und sind oft 200 bis 300 Fuß lang und 40 bis 50 Fuß breit . Der Boden besteht immer aus Streifen, die aus großen Bambusstämmen gespalten sind, so dass jeder fast flach und etwa drei Zoll breit ist, und diese sind mit Rattan fest an den darunter liegenden Balken befestigt. Bei guter Verarbeitung ist dieser Boden wunderbar zum Barfußgehen geeignet, da die abgerundeten Oberflächen des Bambus sehr glatt und angenehm für die Füße sind und gleichzeitig einen festen Halt bieten. Aber was noch wichtiger ist: Sie bilden mit einer Matte darüber ein hervorragendes Bett, da die Elastizität des Bambus und seine abgerundete

Oberfläche einem steiferen und flacheren Boden weit überlegen sind. Hier finden wir sofort eine Verwendung für Bambus, die von einem anderen Material ohne großen Arbeitsaufwand nicht so gut erfüllt werden kann — Palmen und andere Ersatzstoffe, die viel Schneiden und Glätten erfordern und im fertigen Zustand nicht gleich gut sind. Wenn jedoch ein flacher, geschlossener Boden erforderlich ist, werden hervorragende Bretter hergestellt, indem man große Bambusstämme nur auf einer Seite aufspaltet und sie flach drückt, sodass Platten von 18 Zoll Breite und 6 Fuß Länge entstehen, mit denen einige Dyaks ihre Häuser belegen . Diese werden durch ständiges Reiben der Füße und den Rauch der Jahre dunkel und poliert, wie Walnuss oder alte Eiche, so dass ihr wahres Material kaum noch zu erkennen ist . Welche Arbeit wird hier einem Wilden erspart, dessen einzige Werkzeuge eine Axt und ein Messer sind und der, wenn er Bretter will, diese aus dem massiven Stamm eines Baumes hauen und Tage und Wochen an Arbeit aufwenden muss, um eine Oberfläche zu erhalten ? so glatt und schön, wie ihm der so behandelte Bambus verleiht. Wenn ein Eingeborener auf seiner Plantage oder ein Reisender im Wald ein vorübergehendes Haus wünscht , ist nichts so praktisch wie der Bambus, mit dem ein Haus mit einem Viertel der Arbeit und Zeit gebaut werden kann als mit einem anderen Materialien verwendet werden.

Wie ich bereits erwähnt habe, legen die Hill Dyaks im Landesinneren von Sarawak weite Strecken von Dorf zu Dorf und zu ihren Anbauflächen zurück, auf denen sie viele Schluchten und Schluchten und sogar Flüsse überqueren müssen; oder manchmal, um einen langen Umweg zu vermeiden, den Weg entlang eines Abgrunds zu führen. In all diesen Fällen bestehen die Brücken, die sie bauen, aus Bambus, und das Material ist für diesen Zweck so hervorragend geeignet, dass es zweifelhaft erscheint, ob sie jemals solche Arbeiten versucht hätten, wenn sie es nicht besessen hätten. Die Dyak-Brücke ist einfach, aber gut gestaltet. Es besteht lediglich aus kräftigen Bambusbäumen, die sich wie der Buchstabe X am Straßenweg kreuzen und einige Fuß darüber hinausragen. An der Kreuzung sind sie fest miteinander verbunden und an einen großen Bambus gebunden, der auf ihnen liegt und den einzigen Weg bildet, mit einem dünnen und oft sehr wackeligen Bambus, der als Handlauf dient. Wenn ein Fluss überquert werden soll, wird ein überhängender Baum gewählt, an dem die Brücke teilweise aufgehängt ist und teilweise durch diagonale Streben am Ufer gestützt wird, um zu vermeiden, dass Pfosten im Bach selbst angebracht werden, die leicht mitgerissen werden könnten Überschwemmungen. Beim Tragen eines Weges entlang eines Abgrunds werden Bäume und Wurzeln zur Aufhängung genutzt; Streben entstehen aus geeigneten Kerben oder Spalten in den Felsen, und wenn diese nicht ausreichen, werden riesige Bambusbäume mit einer Länge von fünfzig oder sechzig Fuß an den Ufern oder am Ast eines darunter liegenden Baums befestigt. Diese Brücken werden täglich von

Männern und Frauen mit schweren Lasten überquert, so dass etwaige Unsicherheiten schnell entdeckt und, da das Material zur Hand ist, sofort repariert werden können. Wenn ein Weg über sehr steiles Gelände führt und bei sehr nassem oder sehr trockenem Wetter rutschig wird, wird der Bambus auf andere Weise verwendet. Stücke werden etwa einen Meter lang geschnitten, und an jedem Ende werden gegenüberliegende Kerben angebracht, Löcher gebildet, durch die Stifte getrieben werden, und so werden mit größter Leichtigkeit und Schnelligkeit feste und bequeme Stufen gebildet. Es stimmt, dass ein Großteil davon in ein oder zwei Saisons verrottet, aber es kann so schnell ersetzt werden, dass es wirtschaftlicher ist als die Verwendung eines härteren und haltbareren Holzes.

Einer der auffälligsten Verwendungszwecke von Bambus durch die Dyaks besteht darin, ihnen beim Klettern auf hohe Bäume zu helfen, indem sie Pflöcke einschlagen, wie ich bereits auf Seite 85 beschrieben habe. Diese Methode wird ständig verwendet, um Wachs zu erhalten, das ist eines der wertvollsten Produkte des Landes. Die Honigbiene von Borneo hängt ihre Waben im Allgemeinen unter den Zweigen des Tappan, eines Baumes, der alle anderen im Wald überragt und dessen glatter, zylindrischer Stamm ohne Ast oft hundert Fuß in die Höhe ragt. Die Dyaks klettern nachts auf diese hohen Bäume, bauen dabei ihre Bambusleiter auf und bringen riesige Bienenwaben herunter. Diese bescheren ihnen neben dem Wachs, das sie an Händler verkaufen, ein köstliches Festmahl aus Honig und jungen Bienen, und mit dem Erlös kaufen sie den begehrten Messingdraht, Ohrringe und auffällige Taschentücher, mit denen sie sich gerne schmücken. Bei aufsteigenden Durian- und anderen Obstbäumen, die sich in einer Höhe von 30 bis 50 Fuß über dem Boden verzweigen, habe ich gesehen, dass sie nur die Bambuspflöcke verwendeten, ohne den aufrechten Bambus, der sie so viel sicherer macht.

Die äußere Rinde des Bambus, gespalten und dünn geschoren, ist das stärkste Material für Körbe; Hühnerställe, Vogelkäfige und konische Fischreusen werden sehr schnell aus einem einzigen Stück hergestellt, indem die Haut in schmalen Streifen abgespalten wird, die an einem Ende befestigt bleiben, während Ringe aus dem gleichen Material oder aus Rattan regelmäßig eingedreht werden Entfernungen. Das Wasser wird durch kleine Aquädukte zu den Häusern geleitet, die aus großen, in zwei Hälften gespaltenen Bambusstäben bestehen und auf gekreuzten Stöcken unterschiedlicher Höhe gestützt werden, um einen regelmäßigen Fall zu ermöglichen. Dünne, langgliedrige Bambusbäume bilden die einzigen Wassergefäße der Dyaks , und ein Dutzend davon steht in der Ecke jedes Hauses. Sie sind sauber, leicht und leicht zu tragen und sind den irdenen Gefäßen für den gleichen Zweck in vielerlei Hinsicht überlegen. Sie eignen sich auch hervorragend als Kochutensilien; Gemüse und Reis lassen sich darin perfekt kochen und werden gerne auf Reisen verwendet. Gesalzenes Obst oder Fisch, Zucker, Essig und Honig werden darin statt in Gläsern oder Flaschen konserviert. In einem kleinen, hübsch geschnitzten und verzierten Bambuskästchen trägt der Dyak sein Sirih und seine Limette zum Betel-Kauen bei sich, und sein kleines Messer mit langer Klinge hat eine Bambusscheide. Seine Lieblingspfeife ist eine riesige Hubble-Bubble, die er in wenigen Minuten herstellen kann, indem er ein kleines Stück Bambus als Kopf schräg in einen großen Zylinder einführt, der etwa fünfzehn Zentimeter vom Boden entfernt ist und Wasser enthält, durch das der Rauch zu einer langen Pfeife strömt schlankes Bambusrohr. Es gibt viele andere kleine Dinge, für die Bambus täglich verwendet wird, aber es wurde inzwischen genug erwähnt, um seinen Wert zu zeigen. In anderen Teilen des Archipels habe ich selbst gesehen, wie es für viele neue Zwecke eingesetzt wurde, und es ist wahrscheinlich, dass ich aufgrund meiner begrenzten Beobachtungsmöglichkeiten nicht die Hälfte der Art und Weise kennengelernt habe, in der es für die Dyaks von Sarawak nützlich ist .

Apropos Pflanzen: Ich möchte hier einige der auffälligsten Gemüseproduktionen Borneos erwähnen. Die wunderbaren Kannenpflanzen, die unter Botanikern die Gattung Nepenthes bilden, erreichen hier ihre größte Entwicklung. Auf jedem Berggipfel wimmelt es von ihnen, sie laufen über den Boden oder klettern über Büsche und verkrüppelte Bäume; Ihre eleganten Krüge hängen in alle Richtungen. Einige davon sind lang und schlank und ähneln in ihrer Form dem schönen philippinischen Spitzenschwamm (Euplectella), der mittlerweile so häufig vorkommt; andere sind breit und kurz. Ihre Farben sind grün, unterschiedlich getönt und rot oder violett gesprenkelt. Die besten bisher bekannten Exemplare wurden auf dem Gipfel des Kini-balou im Nordwesten Borneos gewonnen. Einer der breiten Arten , Nepenthes rajah, fasst zwei Liter Wasser in seinem Krug. Eine andere, Nepenthes Edwardsiania , hat einen schmalen Krug von zwanzig Zoll Länge; während die Pflanze selbst eine Länge von zwanzig Fuß erreicht.

Farne gibt es reichlich, aber nicht so vielfältig wie auf den Vulkanbergen Javas; und Baumfarne sind weder so zahlreich noch so groß wie auf dieser Insel. Sie wachsen jedoch ziemlich weit bis zum Meeresspiegel und sind im Allgemeinen schlanke und anmutige Pflanzen mit einer Höhe von acht bis fünfzehn Fuß. Ohne viel Zeit für die Suche aufzuwenden , habe ich auf Borneo fünfzig Farnarten gesammelt, und ich habe keinen Zweifel daran, dass ein guter Botaniker die doppelte Zahl gefunden hätte. Die interessante Gruppe der Orchideen ist sehr zahlreich, aber wie üblich haben neun Zehntel der Arten kleine und unauffällige Blüten. Zu den Ausnahmen gehören die schönen Coelogynes , deren große Büschel gelber Blüten die düstersten Wälder schmücken, und die außergewöhnlichste Pflanze, Vanda Lowii , die zuletzt besonders häufig in der Nähe einiger heißer Quellen am Fuße des Penin-jauh- Berges vorkommt. Sie wächst auf den unteren Ästen von Bäumen und ihre seltsam hängenden Blütenstiele hängen oft so herunter, dass sie fast den Boden erreichen. Diese sind im Allgemeinen sechs bis acht Fuß lang, tragen große und hübsche Blüten mit einem Durchmesser von drei Zoll und variieren in der Farbe von Orange bis Rot, mit tief purpurroten Flecken. Ich maß eine Ähre ab, die die außergewöhnliche Länge von 2,70 Meter erreichte und sechsunddreißig Blüten trug, die spiralförmig auf einem dünnen, fadenförmigen Stiel angeordnet waren. In unseren englischen Treibhäusern gezüchtete Exemplare haben gleich lange Blütenstiele und eine viel größere Anzahl von Blüten hervorgebracht.

Blumen waren rar, wie es in Äquatorwäldern üblich ist, und nur in seltenen Abständen begegnete ich etwas Auffälligem. Manchmal wurden ein paar schöne Kletterpflanzen gesichtet, insbesondere ein hübscher purpurroter und gelber Aeschynanthus und eine schöne Hülsenfruchtpflanze mit Büscheln großer Cassia-ähnlicher Blüten von kräftiger violetter Farbe . Einmal fand ich eine Reihe kleiner Anonaceenbäume der Gattung Polyalthea , die in den düsteren Waldtönen einen äußerst auffälligen Effekt erzeugten. Sie waren etwa zehn Meter hoch und ihre schlanken Stämme waren mit großen, sternförmigen purpurroten Blumen bedeckt, die sich wie Girlanden über sie drängten und eher einer künstlichen Dekoration als einem Naturprodukt ähnelten.

In den Wäldern wimmelt es von gigantischen Bäumen mit zylindrischen, gestützten oder gefurchten Stämmen, und gelegentlich trifft der Reisende auf einen wunderbaren Feigenbaum, dessen Stamm selbst ein Wald aus Stämmen und Luftwurzeln ist. Noch seltener findet man Bäume, die anscheinend mitten in der Luft zu wachsen begonnen haben und von derselben Stelle aus weit ausladende Zweige nach oben und eine komplizierte Pyramide von Wurzeln aussenden, die 20 bis 25 Meter tief in den Boden absinken und sich so weiter ausbreiten auf jeder Seite, so dass man genau in der Mitte stehen kann, mit dem Stamm des Baumes direkt über dem Kopf. Bäume dieser Art gibt es überall auf dem Archipel, und die beigefügte Abbildung (von einem Baum, den ich oft auf den Aru-Inseln besuchte) wird eine Vorstellung von ihrem allgemeinen Charakter vermitteln. Ich glaube, dass sie als Parasiten aus Samen stammen, die von Vögeln getragen und in die Astgabel eines hohen Baumes geworfen werden. Daher steigen Luftwurzeln herab, umklammern und zerstören schließlich den tragenden Baum, der mit der Zeit vollständig durch die bescheidene Pflanze ersetzt wird, die zunächst von ihm abhängig war. Wir haben es also im Pflanzenreich mit einem tatsächlichen Kampf ums Leben zu tun, der für die Besiegten nicht weniger verhängnisvoll ist als die Kämpfe unter den Tieren, die wir so viel leichter beobachten und verstehen können. Der Vorteil des schnelleren Zugangs zu Licht, Wärme und Luft, der in gewisser Weise durch Kletterpflanzen erreicht wird, wird hier durch einen Waldbaum erreicht, der die Möglichkeit hat, sein Leben auf einer Höhe zu beginnen, die andere erst nach vielen Jahren erreichen können Wachstum, und auch dann nur, wenn der Fall eines anderen Baumes dafür Platz gemacht hat. So kommt es, dass im warmen, feuchten und ausgeglichenen Klima der Tropen jede verfügbare Station genutzt wird und zum Mittel zur Entwicklung neuer Lebensformen wird, die speziell für ihre Besetzung geeignet sind.

Als ich Sarawak Anfang Dezember erreichte, stellte ich fest, dass es erst Ende Januar eine Möglichkeit geben würde, nach Singapur zurückzukehren. Deshalb nahm ich die Einladung von Sir James Brooke an, eine Woche mit ihm und Mr. St. John in seinem Cottage auf Peninjauh zu verbringen . Dies ist ein sehr steiler Pyramidenberg aus kristallinem Basaltgestein, etwa tausend Fuß hoch und mit üppigem Wald bedeckt. Darauf befinden sich drei Dyak-Dörfer, und auf einer kleinen Plattform in der Nähe des Gipfels befindet sich die einfache Holzhütte, in die sich der englische Rajah einst aufhielt, um sich zu entspannen und kühle frische Luft zu schnappen. Es sind nur zwanzig Meilen flussaufwärts, aber die Straße den Berg hinauf besteht aus einer Abfolge von Leitern an Abgründen, Bambusbrücken über Schluchten und Schluchten und rutschigen Pfaden über Felsen und Baumstämmen und riesigen Felsbrocken, so groß wie Häuser. Eine kühle Quelle unter einem überhängenden Felsen direkt unterhalb der Hütte versorgte uns mit erfrischenden Bädern und köstlichem Trinkwasser, und die Dyaks brachten uns täglich gehäufte Körbe mit Mangostanen und Lansats , zwei der köstlichsten säurehaltigen tropischen Früchte. Wir kehrten zu Weihnachten nach Sarawak zurück (das zweite, das ich mit Sir James Brooke verbracht hatte), als alle Europäer sowohl in der Stadt als auch von den Außenstationen die Gastfreundschaft des Rajah genossen, der in herausragendem Maße die Kunst besaß dafür zu sorgen, dass sich alle um ihn herum wohl und glücklich fühlen.

Ein paar Tage später kehrte ich mit Charles und einem malaiischen Jungen namens Ali zum Berg zurück und blieb dort drei Wochen, um eine Sammlung von Landmuscheln, Schmetterlingen und Motten, Farnen und Orchideen anzulegen. Auf dem Hügel selbst gab es ziemlich viele Farne, und ich habe eine Sammlung von etwa vierzig Arten angelegt. Was mich aber am meisten beschäftigte, war die große Fülle an Motten, die ich bei bestimmten Gelegenheiten einfangen konnte. Da ich während meiner gesamten achtjährigen Wanderung im Osten nie einen anderen Ort gefunden habe, an dem diese Insekten überhaupt reichlich vorhanden waren, wird es interessant sein, die genauen Bedingungen anzugeben, unter denen ich sie hier erhalten habe.

Auf einer Seite der Hütte befand sich eine Veranda, von der aus man auf die gesamte Bergseite und auf den Gipfel auf der rechten Seite blickte, alles dicht mit Wald bedeckt. Die mit Brettern verkleideten Seiten der Hütte waren weiß getüncht, und das Dach der Veranda war niedrig, ebenfalls mit Brettern verbrettert und weiß getüncht. Sobald es dunkel wurde, stellte ich meine Lampe auf einen Tisch an der Wand und setzte mich mit Stecknadeln, Insektenzange, Netz und Sammelbox an meiner Seite mit einem Buch hin. Manchmal besuchte mich den ganzen Abend über nur ein einzelner Nachtfalter, während sie in anderen Nächten in einem ununterbrochenen Strom hereinströmten und mich bis nach Mitternacht mit dem Fangen und Stecken beschäftigt hielten. Sie kamen buchstäblich zu Tausenden. Diese guten Nächte gab es nur sehr wenige. In den insgesamt vier Wochen, die ich auf dem Hügel verbrachte, hatte ich nur vier wirklich schöne Nächte, und diese waren immer regnerisch und die besten davon klatschnass. Aber nasse Nächte waren nicht immer gut, denn eine regnerische Mondnacht brachte so gut wie nichts hervor. Alle Hauptstämme der Motten waren vertreten, und die Schönheit und Vielfalt der Arten war sehr groß. In guten Nächten gelang es mir, einhundert bis zweihundertfünfzig Falter zu fangen, und diese umfassten jedes Mal die Hälfte bis zwei Drittel dieser Anzahl verschiedener Arten. Einige von ihnen ließen sich an der Wand nieder, andere auf dem Tisch, während viele auf das Dach flogen und mich über die ganze Veranda jagten, bevor ich sie sichern konnte. Um den merkwürdigen Zusammenhang zwischen dem Wetterzustand und dem Grad, in dem Motten vom Licht angezogen werden, aufzuzeigen, füge ich jede Nacht meines Aufenthalts auf dem Hügel eine Liste meiner Aufnahmen hinzu:

Datum (1855) Anzahl der Motten Bemerkungen

13. Dez. 1 Fein; Sternenlicht.

14. 75 Nieselregen und Nebel.

15. 41 Regenschauer; wolkig.

16. 158 (120 Arten) Dauerregen.

17. 82 Nass; eher Mondlicht.

18. 9 Gut; Mondlicht.

19. 2 Fein; klares Mondlicht.

31. 200 (130 Arten) Dunkel und windig;

Starkregen.

Datum (1856)

1. Januar 185 Sehr nass.

2T 68 Bewölkt und Schauer.

3d 50 Bewölkt.

4. 12 Gut.

5. 10 Gut.

6. 8 Sehr gut.

7. 8 Sehr gut.

8. 10 Gut.

9. 36 Regenschauer.

10.30 Regenschauer.

11. 260 Uhr Starker Regen die ganze Nacht und dunkel.

12. 56 Regenschauer.

13. 44 Regenschauer; etwas Mondlicht.

14. 4 Fein; Mondlicht.

15. 24 Regen; Mondlicht.

16. 6 Schauer; Mondlicht.

17. 6 Schauer; Mondlicht.

18. 1. Schauer; Mondlicht.

Insgesamt 1.386

Es scheint also, dass ich in 26 Nächten 1.386 Falter gesammelt habe, aber dass mehr als 800 davon in vier sehr nassen und dunklen Nächten gesammelt wurden. Mein Erfolg hier ließ mich hoffen, dass ich durch ähnliche Vorkehrungen auf jeder Insel in der Lage sein könnte, eine Fülle dieser Insekten zu erhalten; aber seltsamerweise war ich in den sechs darauffolgenden Jahren kein einziges Mal in der Lage, auch nur annähernd Sammlungen zu machen, die denen in Sarawak nahekamen. Ich kann den Grund dafür ziemlich gut verstehen, weil die eine oder andere wesentliche Bedingung fehlte, die hier alle zusammen galten. Manchmal war die Trockenzeit das Hindernis; häufiger Wohnsitz in einer Stadt oder einem Dorf nicht in der Nähe eines Urwaldes und umgeben von anderen Häusern, deren Lichter eine Gegenattraktion darstellten; noch häufiger wohnten sie in einem dunklen, mit Palmen gedeckten Haus mit einem hohen Dach, in dessen

Nischen jede Motte in dem Augenblick verloren ging, in den sie eindrang. Letzteres war der größte Nachteil und der wahre Grund, warum ich nie wieder in der Lage war, eine Sammlung von Motten anzulegen; denn ich lebte später nie in einem einsamen Dschungelhaus mit einer niedrigen, mit Brettern verbretterten und weiß getünchten Veranda, die so gebaut war, dass Insekten nicht sofort in den oberen Teil des Hauses flüchten konnten, der völlig außer Reichweite war.

Nach meiner langen Erfahrung, meinen zahlreichen Misserfolgen und meinem einzigen Erfolg bin ich mir sicher, dass, wenn jemals eine Gruppe von Naturforschern eine Jachtreise unternimmt, um den malaiischen Archipel oder eine andere tropische Region zu erkunden und die Entomologie zu einer ihrer Hauptbeschäftigungen zu machen, dies der Fall sein wird Sie würden es ihnen gerne zurückzahlen, wenn sie eine kleine gerahmte Veranda oder ein verandaförmiges Zelt aus weißem Segeltuch mit sich führten, das sie in jeder günstigen Lage aufstellen konnten, um so eine Sammlung nachtaktiver Schmetterlinge anzulegen und auch seltene Exemplare von Coleoptera und anderen Exemplaren zu erhalten Insekten. Ich mache den Vorschlag hier, weil niemand ahnen würde, welch enorme Ergebnisunterschiede ein solches Gerät hervorbringen würde; und weil ich es für eine der Kuriositäten der Sammlererfahrung halte, herausgefunden zu haben, dass ein solcher Apparat erforderlich ist.

Als ich nach Singapur zurückkehrte , nahm ich den Malaienjungen namens Ali mit, der mich anschließend durch den ganzen Archipel begleitete. Charles Allen zog es vor, im Missionshaus zu bleiben und erhielt anschließend eine Anstellung in Sarawak und Singapur, bis er vier Jahre später wieder zu mir nach Amboyna auf den Molukken kam.

KAPITEL VI.
BORNEO – DIE DYAKS.

Die Sitten und Gebräuche der Ureinwohner von Borneo wurden in den Schriften von Sir James Brooke, den Herren Low, St. John, Johnson Brooke und vielen anderen ausführlich und mit viel umfassenderen Informationen beschrieben, als ich besitze. Ich beabsichtige nicht, noch einmal auf den Grund einzugehen, sondern werde mich auf eine Skizze des allgemeinen Charakters der Dyaks und der weniger häufig beobachteten physischen, moralischen und sozialen Merkmale beschränken, die aus persönlicher Beobachtung stammen.

Die Dyak sind eng mit den Malaien verwandt, in geringerem Maße mit den Siamesen, Chinesen und anderen mongolischen Rassen. Sie alle zeichnen sich durch eine rötlich-braune oder gelblich-braune Haut in verschiedenen Schattierungen, tiefschwarzes, glattes Haar, einen spärlichen oder mangelhaften Bart, eine eher kleine und breite Nase und hohe Wangenknochen aus; aber keine der malaiischen Rassen hat die schrägen Augen, die für die typischeren Mongolen charakteristisch sind. Die durchschnittliche Statur der Dyaks ist etwas größer als die der Malaien, während sie deutlich unter der der meisten Europäer liegt. Ihre Formen sind gut proportioniert, ihre Füße und Hände klein, und sie erreichen selten oder nie die Masse des Körpers, die man bei Malaysiern und Chinesen oft sieht.

Dyaks hinsichtlich ihrer geistigen Fähigkeiten über den Malaysiern einzustufen , während sie ihnen hinsichtlich ihres moralischen Charakters zweifellos überlegen sind. Sie sind einfach und ehrlich und werden zur Beute malaiischer und chinesischer Händler , die sie ständig betrügen und plündern. Sie sind lebhafter, gesprächiger, weniger geheimnisvoll und weniger misstrauisch als die Malaien und daher angenehmere Gesellschafter. Die malaiischen Jungen haben wenig Neigung zu aktiven Sportarten und Spielen, die im Leben der Dyak- Jugendlichen, die außer Geschicklichkeits- und Kraftspielen im Freien über eine Vielzahl von Indoor-Vergnügungen verfügen, eine große Rolle spielen. Eines nassen Tages, in einem Dyak- Haus, als eine Reihe von Jungen und jungen Männern um mich herum waren, wollte ich sie mit etwas Neuem unterhalten und zeigte ihnen, wie man aus einem Stück Schnur eine „Katzenwiege" bastelt. Zu meiner großen Überraschung wussten sie alles darüber und mehr als ich; Denn nachdem Charles und ich alle Änderungen durchgegangen waren, die wir vornehmen konnten, nahm einer der Jungen es mir aus der Hand und machte mehrere neue Figuren, die mich ziemlich verwirrten. Dann zeigten sie mir noch eine Reihe anderer Tricks mit Schnurstücken, die für sie eine ihrer Lieblingsbeschäftigungen zu sein schienen.

Dyaks besser einzuschätzen . Daraus erfahren wir, dass diese Menschen über die erste Stufe des wilden Lebens hinausgegangen sind, in der der Kampf ums Dasein alle Fähigkeiten in Anspruch nimmt und in der jeder Gedanke und jede Idee mit Krieg oder Jagd oder der Versorgung ihrer unmittelbaren Bedürfnisse verbunden ist . Diese Vergnügungen weisen auf die Fähigkeit zur Zivilisation hin, auf die Fähigkeit, andere als nur sinnliche Freuden zu genießen, die zur Verbesserung ihres gesamten intellektuellen und sozialen Lebens genutzt werden könnten.

Der moralische Charakter der Dyaks ist zweifellos hoch – eine Aussage, die denjenigen seltsam vorkommen wird, die von ihnen nur als Kopfjäger und Piraten gehört haben. Die Hill Dyaks , von denen ich spreche, waren jedoch nie Piraten, da sie sich nie dem Meer näherten; und die Kopfjagd ist ein Brauch, der seinen Ursprung in den kleinen Kriegen zwischen Dörfern und Stämmen hat und der genauso wenig einen schlechten moralischen Charakter impliziert, wie der Brauch des Sklavenhandels vor hundert Jahren einen Mangel an allgemeiner Moral implizierte wer daran teilgenommen hat. Gegen diesen einen Makel in ihrem Charakter (der im Fall der Sarawak Dyaks nicht mehr existiert) müssen wir viele gute Argumente vorbringen. Sie sind in einem bemerkenswerten Maße wahrheitsgemäß und ehrlich. Aus diesem Grund ist es sehr oft unmöglich, von ihnen eindeutige Informationen oder gar eine Meinung zu erhalten. Sie sagen: „Wenn ich dir sagen würde, was ich nicht weiß, würde ich vielleicht lügen." Und wann immer sie freiwillig eine Tatsache erzählen, können Sie sicher sein, dass sie die Wahrheit sagen. In einem Dyak- Dorf hat jeder Obstbaum seinen Besitzer, und es ist mir oft passiert, dass ich, als ich einen Bewohner bat, etwas Obst für mich zu pflücken, antwortete: „Das kann ich nicht, denn der Besitzer des Baumes ist es nicht." Hier;" Er scheint nie über die Möglichkeit nachzudenken, anders zu handeln. Sie werden auch nicht die kleinste Sache nehmen, die einem Europäer gehört . Als sie in Simunjon lebten, kamen sie ständig zu mir nach Hause, sammelten zerrissene Zeitungspapierfetzen oder krumme Nadeln auf, die ich weggeworfen hatte, und fragten sie als großen Gefallen , ob sie sie haben könnten. Gewaltverbrechen (außer Kopfjagd) sind nahezu unbekannt; Denn in den zwölf Jahren unter der Herrschaft von Sir James Brooke hatte es in einem Dyak- Stamm nur einen einzigen Mordfall gegeben , und dieser wurde von einem Fremden begangen, der in den Stamm adoptiert worden war. In mehreren anderen Fragen der Moral stehen sie über den meisten unzivilisierten und sogar über vielen zivilisierten Nationen. Sie sind gemäßigt in Essen und Trinken, und die grobe Sinnlichkeit der Chinesen und Malaysier ist unter ihnen unbekannt. Sie haben die übliche Schuld aller Menschen in einem halbwilden Zustand – Apathie und Zögerlichkeit, aber so ärgerlich dies für die Europäer, die mit ihnen in Kontakt kommen, auch sein mag, es kann nicht als sehr schweres Vergehen angesehen werden oder als schwerwiegender angesehen werden viele hervorragende Eigenschaften.

Während meines Aufenthaltes bei den Hill Dyaks war ich sehr beeindruckt von dem offensichtlichen Fehlen jener Ursachen, die im Allgemeinen das Bevölkerungswachstum aufhalten sollen, obwohl es deutliche Anzeichen für eine stationäre oder nur langsam steigende Zahl gab. Die günstigsten Bedingungen für ein schnelles Bevölkerungswachstum sind: reichlich Nahrung, ein gesundes Klima und frühe Ehen. Hier liegen alle diese Bedingungen vor. Die Menschen produzieren weit mehr Nahrung, als sie verbrauchen, und tauschen den Überschuss gegen Gongs und Messingkanonen, alte Krüge sowie Gold- und Silberschmuck, die ihren Reichtum ausmachen. Im Großen und Ganzen scheinen sie sehr frei von Krankheiten zu sein, Ehen finden früh (aber nicht zu früh) statt und alte Junggesellen und alte Jungfern sind gleichermaßen unbekannt. Warum ist dann, so müssen wir fragen, nicht eine größere Bevölkerung entstanden? Warum sind die Dyak- Dörfer so klein und so weit verstreut, während neun Zehntel des Landes immer noch mit Wald bedeckt sind?

Von allen von Malthus erwähnten Hemmnissen für die Bevölkerung wilder Nationen – Hunger, Krankheit, Krieg, Kindermord, Unmoral und Unfruchtbarkeit der Frauen – ist die letzte diejenige, die er für am wenigsten wichtig und von zweifelhafter Wirksamkeit hält; und doch ist es meiner Meinung nach das einzige, das den Zustand der Bevölkerung unter den Sarawak- Dyaks erklären kann . Die Bevölkerung Großbritanniens wächst und verdoppelt sich in etwa fünfzig Jahren. Um dies zu erreichen, ist es offensichtlich, dass jedes Ehepaar im Durchschnitt drei Kinder haben muss, die im Alter von etwa 25 Jahren heiraten. Wenn man dazu diejenigen hinzufügt, die im Säuglingsalter sterben, diejenigen, die nie heiraten, oder diejenigen, die spät im Leben heiraten und keine Nachkommen haben, muss die Zahl der Kinder, die in jeder Ehe geboren werden, durchschnittlich vier oder fünf sein, und wir wissen, dass dies in Familien mit sieben oder acht Personen der Fall ist sehr häufig und von zehn und zwölf keineswegs selten. Aber durch Nachforschungen bei fast jedem Dyak- Stamm, den ich besuchte, stellte ich fest, dass die Frauen selten mehr als drei oder vier Kinder hatten, und ein alter Häuptling versicherte mir, dass er noch nie eine Frau mit mehr als sieben Kindern gekannt hatte.

In einem Dorf, das aus 150 Familien bestand, lebten nur sechs Kinder in einer und von fünf Kindern nur sechs, wobei die Mehrheit der Familien offenbar aus zwei, drei oder vier Kindern bestand. Vergleicht man dies mit den bekannten Verhältnissen in europäischen Ländern, so wird deutlich, dass die Zahl der Kinder pro Ehe im Durchschnitt kaum mehr als drei oder vier betragen kann; Und da selbst in zivilisierten Ländern die Hälfte der Bevölkerung vor dem 25. Lebensjahr stirbt, müssten uns nur noch zwei übrig bleiben, die ihre Eltern ersetzen könnten; und solange dieser Zustand anhält, muss die Bevölkerung stationär bleiben. Natürlich ist dies nur eine

Illustration; aber die Tatsachen, die ich dargelegt habe, scheinen darauf hinzudeuten, dass so etwas tatsächlich geschieht; und wenn ja, ist es kein Problem, die Kleinheit und die nahezu stationäre Bevölkerung der Dyak-Stämme zu verstehen.

Als nächstes müssen wir untersuchen, was die Ursache für die geringe Zahl von Geburten und lebenden Kindern in einer Familie ist. Klima und Rasse mögen damit etwas zu tun haben, aber eine realere und wirksamere Ursache scheint mir die harte Arbeit der Frauen und die schweren Gewichte zu sein, die sie ständig tragen. Eine Dyak- Frau verbringt im Allgemeinen den ganzen Tag auf dem Feld und trägt jede Nacht eine schwere Ladung Gemüse und Brennholz oft mehrere Meilen über holprige und hügelige Wege nach Hause. und nicht selten muss er über Leitern und über rutschige Trittsteine einen felsigen Berg hinauf bis zu einer Höhe von tausend Fuß erklimmen. Außerdem hat sie jeden Abend eine Stunde Arbeit, um den Reis mit einem schweren Holzstampfer zu zerstampfen, was jeden Teil ihres Körpers heftig beansprucht. Sie beginnt diese Art von Wehen im Alter von neun oder zehn Jahren und hört nie auf, außer mit der extremen Altersschwäche. Sicherlich brauchen wir uns nicht über die begrenzte Zahl ihrer Nachkommen zu wundern, sondern vielmehr über die erfolgreichen Bemühungen der Natur, die Ausrottung der Rasse zu verhindern, überrascht zu sein.

Eine der sichersten und wohltuendsten Auswirkungen der fortschreitenden Zivilisation wird die Verbesserung des Zustands dieser Frauen sein. Die Gebote und das Beispiel höherer Rassen werden den Dyak für sein vergleichsweise müßiges Leben schämen, während sein schwächerer Partner wie ein Lasttier arbeitet . Wenn seine Bedürfnisse zunehmen und sein Geschmack verfeinert wird, müssen sich die Frauen um mehr Haushaltspflichten kümmern und werden dann aufhören, auf dem Feld zu arbeiten – eine Veränderung, die in den alliierten malaysischen, javanischen und javanischen Ländern bereits weitgehend stattgefunden hat Bugis-Stämme. Die Bevölkerung wird dann sicherlich schneller wachsen, verbesserte Systeme der Landwirtschaft und eine gewisse Arbeitsteilung werden notwendig sein, um die Lebensgrundlagen zu sichern, und ein komplizierterer sozialer Zustand wird an die Stelle der einfachen gesellschaftlichen Verhältnisse treten, die jetzt unter ihnen herrschen . Aber wird das Glück des Volkes als Ganzes mit dem schärferen Kampf ums Dasein, der dann entstehen wird, größer oder kleiner? Werden nicht durch den Geist des Wettbewerbs böse Leidenschaften geweckt und Verbrechen und Laster, die jetzt unbekannt oder schlummern, zum aktiven Leben erweckt? Das sind Probleme, die allein mit der Zeit gelöst werden können; aber es ist zu hoffen, dass Bildung und ein hochklassiges europäisches Beispiel einen Großteil des Übels, das allzu oft in vergleichbaren Fällen auftritt, verhindern können und dass wir endlich auf ein Beispiel eines unzivilisierten Volkes hinweisen können, das es nicht geworden ist durch den Kontakt mit der europäischen Zivilisation demoralisiert und schließlich ausgerottet.

Abschließend noch ein paar Worte zur Regierung von Sarawak. Sir James Brooke fand die Dyaks durch die grausamste Tyrannei unterdrückt und niedergedrückt . Sie wurden von den malaiischen Händlern betrogen und von den malaiischen Häuptlingen ausgeraubt. Ihre Frauen und Kinder wurden oft gefangen genommen und in die Sklaverei verkauft, und feindliche Stämme erkauften von ihren grausamen Herrschern die Erlaubnis, sie auszuplündern, zu versklaven und zu ermorden. Etwas Gerechtigkeit oder Wiedergutmachung für diese Verletzungen war völlig unerreichbar. Von der Zeit an, als Sir James das Land in Besitz nahm, wurde all dies gestoppt. Gleiches Recht wurde Malaien, Chinesen und Dyak zugesprochen . Die unbarmherzigen Piraten aus den weiter östlich gelegenen Flüssen wurden bestraft und schließlich in ihren eigenen Territorien eingesperrt, und die Dyak konnten zum ersten Mal in Frieden schlafen. Seine Frau und seine Kinder waren nun vor der Sklaverei sicher; sein Haus brannte nicht mehr über seinem Kopf nieder; Seine Ernte und seine Früchte gehörten nun ihm und er konnte ihn nach Belieben verkaufen oder konsumieren. Und der unbekannte Fremde, der das alles für sie getan hatte und keine Gegenleistung verlangte, was könnte er sein? Wie war es ihnen möglich, seine Motive zu erkennen? War es nicht natürlich, dass sie sich weigerten zu glauben, dass er ein Mann war? Denn sie hatten keine Erfahrung mit reiner Güte, gepaart mit großer Macht, unter Menschen. Sie kamen natürlich zu dem Schluss, dass er ein überlegenes Wesen sei, das auf die Erde gekommen sei, um den Leidenden Segen zu spenden. In vielen Dörfern, in denen man ihn nicht gesehen hatte , wurden mir seltsame Fragen über ihn gestellt. War er nicht so alt wie die Berge? Konnte er die Toten nicht zum Leben erwecken? Und sie glauben fest daran, dass er ihnen gute Ernten bescheren und ihre Obstbäume eine reiche Ernte bringen kann.

Bei der richtigen Einschätzung der Regierung von Sir James Brooke muss stets berücksichtigt werden, dass er Sarawak ausschließlich aufgrund des guten Willens der einheimischen Einwohner hielt. Er hatte es mit zwei Rassen zu tun, von denen die eine, die mahometanischen Malaien, die andere Rasse, die Dyaks , als Wilde und Sklaven ansah , die nur dazu geeignet waren, ausgeraubt und ausgeplündert zu werden. Er hat die Dyaks wirksam beschützt und sie in seinen Augen ausnahmslos so behandelt, als seien sie den Malaysiern gleichgestellt. und doch hat er sich die Zuneigung und das Wohlwollen beider gesichert. Ungeachtet der religiösen Vorurteile der Mohammedaner hat er sie dazu veranlasst, viele ihrer schlimmsten Gesetze und Bräuche zu ändern und ihr Strafgesetzbuch dem der zivilisierten Welt anzugleichen. Dass seine Regierung nach 27 Jahren immer noch besteht –

ungeachtet seiner häufigen Abwesenheit wegen Krankheit, ungeachtet der Verschwörungen malaiischer Häuptlinge und der Aufstände chinesischer Goldgräber, die alle durch die Unterstützung der einheimischen Bevölkerung überwunden wurden, und Trotz finanzieller, politischer und häuslicher Probleme ist dies meines Erachtens allein auf die vielen bewundernswerten Eigenschaften zurückzuführen, die Sir James Brooke besaß, und insbesondere darauf, dass er die einheimische Bevölkerung durch jede Tat seines Lebens davon überzeugt hatte, dass er sie nicht umsonst regierte zu seinem eigenen Vorteil, aber zu ihrem Wohl.

Seitdem diese Zeilen geschrieben wurden, ist sein edler Geist verstorben. Aber obwohl er von denen, die ihn nicht kannten, möglicherweise als begeisterter Abenteurer verspottet und als hartherziger Despot missbraucht wird, ist er das universelle Zeugnis aller, die in seiner Wahlheimat mit ihm in Kontakt kamen, ob Europäer, Malaien oder ... Dyak wird sein, dass Rajah Brooke ein großer, weiser und guter Herrscher war; ein wahrer und treuer Freund – ein Mann, der für seine Talente bewundert, für seine Ehrlichkeit und seinen Mut respektiert und für seine aufrichtige Gastfreundschaft, sein freundliches Wesen und seine Zärtlichkeit geliebt wird.

Kapitel VII.
JAVA.

Ich habe vom 18. Juli bis zum 31. Oktober 1861 dreieinhalb Monate auf Java verbracht und werde kurz meine eigenen Bewegungen und meine Beobachtungen der Menschen und der Naturgeschichte des Landes beschreiben. All jenen, die verstehen wollen, wie die Holländer jetzt Java regieren und wie es ihnen gelingt, große jährliche Einnahmen daraus zu erzielen, während die Bevölkerung wächst und die Einwohner zufrieden sind, empfehle ich das Studium von Mr. Money ausgezeichnetes und interessantes Werk, „How to Manage a Colony". Den wichtigsten Fakten und Schlussfolgerungen dieser Arbeit stimme ich voll und ganz zu, und ich glaube, dass das niederländische System das Allerbeste ist, das übernommen werden kann, wenn eine europäische Nation ein Land erobert oder auf andere Weise in Besitz nimmt, in dem ein fleißiger, aber halbbarbarischer Mensch lebt Menschen. In meinem Bericht über Nord-Celebes werde ich zeigen, wie erfolgreich das gleiche System auf ein Volk angewendet wurde, das sich in einem ganz anderen Zivilisationszustand als die Javaner befand; und in der Zwischenzeit werde ich in möglichst wenigen Worten darlegen, was dieses System ist.

Die heute in Java angewandte Regierungsform besteht darin, die ganze Reihe einheimischer Herrscher beizubehalten, vom Dorfhäuptling bis zu den Fürsten, die unter dem Namen Regenten die Oberhäupter von Bezirken von der Größe einer kleinen englischen Grafschaft sind. Jedem Regenten wird ein niederländischer Resident oder Assistant Resident zugewiesen, der als sein „älterer Bruder" gilt und dessen „Befehle" die Form von „Empfehlungen" annehmen, denen jedoch unbedingt Folge geleistet wird. Zusammen mit jedem Assistenzbewohner gibt es einen Controller, eine Art Inspektor aller niederen einheimischen Herrscher, der regelmäßig jedes Dorf im Bezirk besucht, die Verfahren der einheimischen Gerichte prüft, Beschwerden gegen die Häuptlinge oder andere einheimische Häuptlinge anhört und beaufsichtigt die Plantagen der Regierung. Dies bringt uns zum „Kultursystem", das die Quelle allen Reichtums ist, den die Niederländer aus Java ziehen, und das in diesem Land häufig missbraucht wird, weil es das Gegenteil von „Freihandel" ist. Um seinen Nutzen und seine positiven Auswirkungen zu verstehen, ist es zunächst notwendig, die gemeinsamen Ergebnisse des freien europäischen Handels mit unzivilisierten Völkern zu skizzieren.

Die Bewohner tropischer Klimazonen haben nur wenige Bedürfnisse, und wenn diese erfüllt werden, neigen sie nicht dazu, ohne starken Anreiz für Überschüsse zu arbeiten. Bei einem solchen Volk ist die Einführung irgendeiner neuen oder systematischen Kultivierung fast unmöglich, außer durch die despotischen Befehle der Häuptlinge, denen sie zu gehorchen gewohnt sind, so wie Kinder ihren Eltern gehorchen. Der freie Wettbewerb der europäischen Händler bringt jedoch zwei starke Anreize zur Anstrengung mit sich. Spirituosen oder Opium sind eine zu starke Versuchung, als dass die meisten Wilden widerstehen könnten, und um diese zu bekommen, wird er alles verkaufen, was er hat, und wird daran arbeiten, mehr zu bekommen. Eine weitere Versuchung, der er nicht widerstehen kann, sind Waren auf Kredit. Der Händler bietet ihm bunte Tücher, Messer, Gongs, Gewehre und Schießpulver an, die er mit einer vielleicht noch nicht angepflanzten Ernte oder einem noch im Wald befindlichen Produkt bezahlen kann. Er verfügt nicht über genügend Voraussicht, um nur eine mäßige Menge einzunehmen, und nicht über genügend Energie, um früh und spät zu arbeiten, um aus der Verschuldung herauszukommen; und die Folge ist, dass er Schulden auf Schulden anhäuft und oft jahrelang oder lebenslang ein Schuldner und fast ein Sklave bleibt. Dies ist ein Zustand, der weit verbreitet in allen Teilen der Welt vorkommt, in dem Männer einer höheren Rasse frei mit Männern einer niedrigeren Rasse Handel treiben. Zweifellos dehnt es den Handel eine Zeit lang aus, aber es demoralisiert die Eingeborenen, behindert die wahre Zivilisation – und führt nicht zu einer dauerhaften Steigerung des Reichtums des Landes; so dass die europäische Regierung eines solchen Landes ratlos weitergeführt werden muss.

Das von den Niederländern eingeführte System bestand darin, die Menschen durch ihre Häuptlinge dazu zu bewegen, einen Teil ihrer Zeit dem Anbau von Kaffee, Zucker und anderen wertvollen Produkten zu widmen. Den Arbeitern , die unter der Aufsicht der Regierung mit der Rodung des Bodens und der Anlage der Plantagen beschäftigt waren, wurde ein fester Lohnsatz gezahlt – zwar niedrig, aber etwa gleich dem an allen Orten, wo die europäische Konkurrenz ihn nicht künstlich erhöht hat. Die Produkte werden zu einem niedrigen Festpreis an die Regierung verkauft. Vom Nettogewinn geht ein Prozentsatz an die Chefs, der Rest wird unter den Arbeitern aufgeteilt. Dieser Überschuss in guten Jahren ist schon beachtlich. Im Großen und Ganzen sind die Menschen gut ernährt und anständig gekleidet und haben sich Gewohnheiten eines stetigen Fleißes und der Kunst der wissenschaftlichen Kultivierung angeeignet, die ihnen in der Zukunft von Nutzen sein müssen. Es muss daran erinnert werden, dass die Regierung jahrelang Kapital ausgab, bevor sie eine Rendite erzielte; und wenn sie jetzt große Einnahmen erzielen, dann auf eine Weise, die weitaus weniger belastend und für das Volk weitaus vorteilhafter ist als jede Steuer, die erhoben werden könnte.

Aber obwohl das System gut sein mag und ebenso gut an die Entwicklung von Kunst und Industrie in einem halbzivilisierten Volk angepasst ist wie an den materiellen Vorteil des regierenden Landes, wird nicht behauptet, dass es in der Praxis perfekt umgesetzt wird . Die unterdrückerischen und unterwürfigen Beziehungen zwischen Häuptlingen und dem Volk, die vielleicht tausend Jahre andauerten, können nicht sofort abgeschafft werden; und aus diesen Beziehungen muss etwas Übel resultieren, bis die Ausbreitung der Bildung und die allmähliche Infusion europäischen Blutes dazu führt, dass sie auf natürliche und unmerkliche Weise verschwindet. Es wird gesagt, dass die Einwohner, die eine große Steigerung der Produkte ihrer Distrikte erzielen wollten, die Menschen manchmal zu einer so fortgesetzten Arbeit auf den Plantagen gedrängt haben, dass ihre Reisernte erheblich zurückgegangen ist und eine Hungersnot die Folge war. Wenn dies geschehen ist, ist dies sicherlich keine alltägliche Sache und kann auf den Missbrauch des Systems, den Mangel an Urteilsvermögen oder den Mangel an Menschlichkeit des Bewohners zurückgeführt werden.

Kürzlich wurde in Holland eine Erzählung mit dem Titel „Max Havelaar " geschrieben und ins Englische übersetzt. oder die „Kaffeeauktionen der Niederländischen Handelsgesellschaft", und mit unserer üblichen Einseitigkeit in allem, was sich auf das niederländische Kolonialsystem bezieht, wurde dieses Werk übermäßig gelobt, sowohl für seine eigenen Verdienste als auch für seine angeblich vernichtende Enthüllung des Missetaten der niederländischen Regierung von Java. Zu meiner großen Überraschung fand ich es eine sehr langweilige und langatmige Geschichte voller weitschweifiger Abschweifungen; und dessen einziger Zweck darin besteht, zu zeigen, dass die niederländischen Residenten und Assistenzresidenten den Erpressungen der einheimischen Fürsten ein Augenzwinkern zuwerfen; und dass in einigen Bezirken die Eingeborenen unentgeltlich arbeiten müssen und dass ihnen ihre Güter ohne Entschädigung weggenommen werden. Jede Aussage dieser Art ist dicht mit Kursiv- und Großbuchstaben durchsetzt; Da die Namen jedoch alle fiktiv sind und niemals Daten, Zahlen oder Einzelheiten angegeben werden, ist es unmöglich, sie zu überprüfen oder zu beantworten. Auch wenn sie nicht übertrieben sind, sind die dargelegten Fakten bei weitem nicht so schlimm wie die der Unterdrückung durch freihandelnde Indigo-Anbauer und die Folterungen durch einheimische Steuereintreiber unter britischer Herrschaft in Indien, mit denen die Leser englischer Zeitungen einigen vertraut waren Jahre zuvor. Eine solche Unterdrückung ist jedoch in keinem Fall der besonderen Regierungsform zuzuschreiben, sondern liegt eher an der Gebrechlichkeit der menschlichen Natur und an der Unmöglichkeit, alle Spuren jahrhundertelanger Despotie auf der einen Seite sofort zu vernichten und andererseits von sklavischem Gehorsam gegenüber ihren Häuptlingen.

Es muss daran erinnert werden, dass die vollständige Etablierung der niederländischen Macht in Java viel jünger ist als die unserer Herrschaft in

Indien, und dass es mehrere Änderungen in der Regierung und in der Art und Weise der Einnahmenbeschaffung gegeben hat. Die Einwohner stehen erst seit so kurzer Zeit unter der Herrschaft ihrer einheimischen Fürsten, dass es nicht einfach ist, die übermäßige Ehrfurcht, die sie ihren alten Herren entgegenbringen, sofort zu zerstören oder die bedrückenden Forderungen zu mildern, die diese immer zu machen gewohnt waren. Es gibt jedoch einen großen Test für den Wohlstand und sogar das Glück einer Gemeinschaft, den wir hier anwenden können: die Wachstumsrate der Bevölkerung.

Es ist allgemein anerkannt, dass die Bevölkerung eines Landes nicht sehr stark unterdrückt oder sehr schlecht regiert werden kann, wenn die Bevölkerung eines Landes schnell zunimmt. Das gegenwärtige System zur Erzielung von Einnahmen durch den Anbau von Kaffee und Zucker, die zu einem festen Preis an die Regierung verkauft werden, begann im Jahr 1832. Kurz davor, im Jahr 1826, betrug die Bevölkerung laut Volkszählung 5.500.000, während sie zu Beginn des Jahrhunderts noch bei 5.500.000 lag geschätzt auf 3.500.000. Im Jahr 1850, als das Anbausystem achtzehn Jahre in Betrieb war, betrug die Bevölkerungszahl laut Volkszählung über 9.500.000, was einem Anstieg von 73 Prozent in vierundzwanzig Jahren entspricht. Bei der letzten Volkszählung im Jahr 1865 belief sich die Zahl auf 14.168.416, ein Anstieg von fast 50 Prozent in fünfzehn Jahren – eine Rate, die die Bevölkerung in etwa sechsundzwanzig Jahren verdoppeln würde. Da Java (mit Madura) etwa 38.500 geographische Quadratmeilen umfasst, ergibt dies einen Durchschnitt von 368 Personen pro Quadratmeile, nur das Doppelte der bevölkerungsreichen und fruchtbaren bengalischen Präsidentschaft, wie in Thornton's Gazetteer of India angegeben, und ein volles Drittel mehr als der von Großbritannien und Irland bei der letzten Volkszählung. Wenn, wie ich glaube, diese große Bevölkerung im Großen und Ganzen zufrieden und glücklich ist, sollte die niederländische Regierung lange darüber nachdenken, bevor sie ein System, das zu solch großartigen Ergebnissen geführt hat, abrupt ändert.

Wenn man Java als Ganzes betrachtet und aus allen Blickwinkeln betrachtet, ist es wahrscheinlich die schönste und interessanteste tropische Insel der Welt. Es ist nicht das erste an Größe, aber es ist mehr als 600 Meilen lang und 60 bis 120 Meilen breit und in der Fläche ist es fast so groß wie England; und es ist zweifellos die fruchtbarste, produktivste und bevölkerungsreichste Insel innerhalb der Tropen. Die gesamte Oberfläche ist herrlich abwechslungsreich mit Berg- und Waldlandschaften. Es besitzt achtunddreißig Vulkanberge, von denen einige eine Höhe von zehn- bis zwölftausend Fuß erreichen. Einige von ihnen sind in ständiger Aktivität, und das eine oder andere von ihnen zeigt fast jedes Phänomen, das durch die Wirkung unterirdischer Feuer entsteht, mit Ausnahme regelmäßiger Lavaströme, die auf Java nie vorkommen. Die reichliche Feuchtigkeit und tropische Hitze des Klimas führen dazu, dass diese Berge oft bis zu ihren Gipfeln mit üppiger Vegetation bedeckt sind, während Wälder und Plantagen ihre unteren Hänge bedecken. Die Tierproduktion, insbesondere die Vögel und Insekten, ist wunderschön und vielfältig und weist viele eigenartige Formen auf, die nirgendwo sonst auf der Welt zu finden sind.

Der Boden auf der ganzen Insel ist außerordentlich fruchtbar und alle Erzeugnisse der Tropen sowie vieler gemäßigter Zonen können leicht angebaut werden. Auch Java verfügt über eine Zivilisation, eine eigene Geschichte und Antiquitäten, die von großem Interesse sind. Die brahmanische Religion blühte dort von einer Epoche unbekannter Antike bis etwa zum Jahr 1478, als sie von der Religion Mohammeds abgelöst wurde. Mit der früheren Religion ging eine Zivilisation einher, die von den Eroberern nicht erreicht wurde ; denn über das ganze Land verstreut, besonders im östlichen Teil, findet man in hohen Wäldern begraben Tempel, Gräber und Statuen von großer Schönheit und Erhabenheit; und die Überreste ausgedehnter Städte, in denen der Tiger, das Nashorn und der wilde Stier jetzt ungestört umherstreifen. Eine moderne Zivilisation anderer Art breitet sich nun über das Land aus. Gute Straßen durchziehen das ganze Land; Europäische und einheimische Herrscher arbeiten harmonisch zusammen; und Leben und Eigentum sind so gut gesichert wie in den am besten regierten Staaten Europas. Ich glaube daher, dass Java mit Fug und Recht behaupten kann, die schönste tropische Insel der Welt zu sein und ebenso interessant für den Touristen, der nach neuen und schönen Sehenswürdigkeiten sucht; für den Naturforscher, der die Vielfalt und Schönheit der tropischen Natur untersuchen möchte; oder an den Moralisten und den Politiker, die das Problem lösen wollen, wie der Mensch unter neuen und veränderten Bedingungen am besten regiert werden kann.

Der niederländische Postdampfer brachte mich von Ternate nach Sourabaya , der Hauptstadt und dem Hafen im östlichen Teil von Java, und nachdem ich vierzehn Tage damit verbracht hatte, meine letzten Sammlungen zusammenzupacken und abzuschicken, begann ich eine kurze Reise ins Landesinnere. Reisen in Java ist sehr luxuriös, aber auch sehr teuer. Die einzige Möglichkeit besteht darin, eine Kutsche zu mieten oder zu leihen und dann eine halbe Krone pro Meile für Postpferde zu bezahlen, die alle sechs Meilen an regulären Posten gewechselt werden und Sie auf der Strecke befördern Geschwindigkeit von zehn Meilen pro Stunde von einem Ende der Insel zum anderen. Für den Transport des zusätzlichen Gepäcks sind Ochsenkarren oder Kulis erforderlich. Da diese Art des Reisens meinen Mitteln nicht genügen würde, beschloss ich, nur eine kurze Reise in die Gegend am Fuße des Berges Arjuna zu unternehmen, wo es, wie man mir sagte, ausgedehnte Wälder gäbe und ich hoffte, einige gute Sammlungen machen zu können . Das Land viele Meilen hinter Sourabaya ist vollkommen flach und überall bebaut; Es handelt sich um ein Delta oder eine Schwemmlandebene, die von vielen verzweigten Bächen bewässert wird. Unmittelbar um die Stadt herum waren die offensichtlichen Anzeichen von Reichtum und einer fleißigen Bevölkerung sehr erfreulich; Aber als wir weitergingen, wurde die ständige Abfolge offener Felder, gesäumt von Bambusreihen, mit hier und da weißen Gebäuden und einem hohen Schornstein einer Zuckermühle eintönig. Die Straßen verlaufen mehrere Meilen lang in geraden Linien und werden von Reihen staubiger Tamarindenbäume gesäumt. Auf jeder Meile gibt es kleine Wachhäuschen, in denen ein Polizist stationiert ist; und es gibt einen hölzernen Gong, der durch konzertierte Signale dazu gebracht werden kann, Informationen mit großer Geschwindigkeit über das Land zu übermitteln. Ungefähr alle sechs bis sieben Meilen befindet sich das Posthaus, in dem die Pferde genauso schnell gewechselt werden wie in der alten Postkutschenzeit in England.

Ich hielt in Modjo-kerto an , einer kleinen Stadt etwa vierzig Meilen südlich von Sourabaya und dem nächstgelegenen Punkt auf der Hauptstraße zu dem Bezirk, den ich besuchen wollte. Ich hatte ein Empfehlungsschreiben an Herrn Ball, einen Engländer, der seit langem auf Java lebt und mit einer Holländerin verheiratet ist; und er lud mich freundlich ein, bei ihm zu bleiben, bis ich einen Ort finden konnte, der zu mir passte. Hier lebten ein niederländischer Assistenzbewohner sowie ein Regent oder ein einheimischer javanischer Prinz. Die Stadt war ordentlich und hatte eine schöne offene Rasenfläche, die einem Dorfplatz ähnelte, auf der ein prächtiger Feigenbaum stand (verwandt mit dem Banyan von Indien, aber höher), unter dessen Schatten ständig eine Art Markt abgehalten wird , und wo sich die Bewohner zum Faulenzen und Plaudern treffen. Am Tag nach meiner Ankunft fuhr mich Herr Ball in das Dorf Modjo-agong , wo er ein Haus und Räumlichkeiten für den Tabakhandel baute, der hier nach einem System des einheimischen Anbaus und Vorkaufs betrieben wird, etwas Ähnliches zum Indigohandel in Britisch-Indien. Auf unserem Weg blieben wir stehen, um uns ein Fragment der Ruinen der antiken Stadt Modjo-pahit anzusehen , das aus zwei hohen Ziegelblöcken bestand, offenbar die Seiten eines Tors. Die extreme Perfektion und Schönheit des Mauerwerks überraschte mich. Die Ziegel sind außerordentlich fein und hart, mit scharfen Kanten und glatten Oberflächen. Sie sind mit großer Genauigkeit verlegt, ohne sichtbaren Mörtel oder Zement, aber irgendwie so miteinander verbunden, dass die Fugen kaum wahrnehmbar sind und die beiden Oberflächen manchmal auf höchst unverständliche Weise miteinander verschmelzen.

So ein bewundernswertes Mauerwerk habe ich noch nie zuvor oder danach gesehen. Hier gab es keine Skulptur, sondern eine Fülle kühner Vorsprünge und fein gearbeiteter Zierleisten . Über viele Kilometer in alle

Richtungen sind Spuren von Gebäuden zu sehen, und fast jede Straße und jeder Weg weist ein Fundament aus Ziegelmauerwerk auf – die gepflasterten Straßen der Altstadt. Im Haus des Waidono oder Bezirksvorstehers in Modjo-agong sah ich eine wunderschöne Figur, die in einem Hochrelief aus einem Lavablock geschnitzt und in der Nähe des Dorfes in der Erde begraben gefunden worden war. Als ich den Wunsch äußerte, ein solches Exemplar zu erhalten, bat Herr B. den Häuptling darum, und zu meiner großen Überraschung gab er es mir sofort. Es stellte die hinduistische Göttin Durga dar, die auf Java Lora Jong- grang (die erhabene Jungfrau) genannt wird. Sie hat acht Arme und steht auf dem Rücken eines knienden Stieres. Ihre untere rechte Hand hält den Schwanz des Stiers, während die entsprechende linke Hand das Haar eines Gefangenen, Dewth , umfasst Mahikusor , die Personifikation des Lasters, die versucht hat, ihren Stier zu töten. Er hat eine Kordel um seine Taille und hockt sich flehend zu ihren Füßen. Die anderen Hände der Göttin halten auf ihrer rechten Seite einen Doppelhaken oder kleinen Anker, ein breites, gerades Schwert und eine Schlinge aus dicker Schnur; Zu ihrer Linken ein Gürtel oder Armreif aus großen Perlen oder Muscheln, ein unbespannter Bogen und eine Standarte oder Kriegsflagge. Diese Gottheit war bei den alten Javanern besonders beliebt , und ihr Bildnis findet sich oft in den zerstörten Tempeln, die es im östlichen Teil der Insel in Hülle und Fülle gibt.

Das Exemplar, das ich erhalten hatte, war klein, etwa zwei Fuß hoch und wog vielleicht einen Zentner; und am nächsten Tag ließen wir es nach Modjo-Kerto bringen , um auf meine Rückkehr nach Sourabaya zu warten . Nachdem ich beschlossen hatte, einige Zeit in Wonosalem zu bleiben, an den unteren Hängen des Arjuna-Gebirges, wo ich, wie mir mitgeteilt wurde, Wald und reichlich Wild vorfinden würde, musste ich zunächst eine Empfehlung des stellvertretenden Bewohners des Regenten und dann einen Befehl einholen vom Regenten zum Waidono ; und als ich nach einer Woche Verspätung mit meinem Gepäck und meinen Männern in Modjo-agong ankam , fand ich sie alle mitten in einem fünftägigen Fest, um die Beschneidung des jüngeren Bruders und Cousins des Waidono zu feiern , und hatte ein kleines Zimmer darin Ein Nebengebäude gab mir die Möglichkeit, darin zu bleiben. Der Hof und der große offene Empfangsschuppen waren voll von Eingeborenen, die kamen und gingen und Vorbereitungen für ein Fest trafen, das um Mitternacht stattfinden sollte, zu dem ich eingeladen war, aber lieber zu Bett ging . Eine einheimische Band namens Gamelang spielte fast den ganzen Abend und ich hatte eine gute Gelegenheit, die Instrumente und Musiker zu sehen. Bei ersteren handelt es sich hauptsächlich um Gongs unterschiedlicher Größe, die in Gruppen von acht bis zwölf auf niedrigen Holzrahmen angeordnet sind. Jedes Set wird von einem Interpreten mit einem oder zwei Trommelstöcken gespielt. Es gibt auch einige sehr große Gongs, die einzeln oder paarweise gespielt werden und unsere Trommeln und Pauken ersetzen. Andere Instrumente bestehen aus breiten Metallstäben, die auf über Rahmen gespannten Saiten getragen werden. und andere wieder aus Bambusstreifen, die ähnlich platziert sind und die höchsten Töne erzeugen. Darüber hinaus gab es eine Flöte und eine merkwürdige zweisaitige Geige, die insgesamt vierundzwanzig Musiker erforderte. Es gab einen Dirigenten, der den Takt anführte und regelte, und jeder Interpret übernahm seine Rolle, wobei er gelegentlich ein paar Takte hinzufügte, um eine harmonische Kombination zu bilden. Die gespielten Stücke waren lang und kompliziert, und einige der Spieler waren bloße Jungen, die ihre Rollen mit großer Präzision spielten. Der Gesamteindruck war sehr erfreulich, erinnerte aber aufgrund der Ähnlichkeit der meisten Instrumente eher an eine gigantische Spieluhr als an eine unserer Musikkapellen; und um es in vollen Zügen genießen zu können, ist es notwendig, die große Anzahl der Künstler zu beobachten, die daran beteiligt sind. Am nächsten Morgen, während ich auf die Männer und Pferde wartete, die mich und mein Gepäck an mein Ziel bringen sollten, wurden die beiden Jungen, die etwa vierzehn Jahre alt waren, herausgebracht, von der Taille abwärts in einen Sarong gekleidet und … Der ganze Körper war mit gelbem Pulver bedeckt und reichlich mit weißen Blüten in Kränzen, Halsketten und Armbändern geschmückt, was auf den ersten Blick sehr wie wilde Bräute aussah. Sie wurden von zwei Priestern zu einer Bank geführt, die vor dem Haus im Freien aufgestellt war, und dann wurde die Beschneidungszeremonie vor der versammelten Menge durchgeführt.

Die Straße nach Wonosalem führte durch einen herrlichen Wald, in dessen Tiefen wir an einer schönen Ruine vorbeikamen, die offenbar ein Königsgrab oder Mausoleum war. Es besteht vollständig aus Stein und ist kunstvoll geschnitzt. In der Nähe des Sockels befindet sich eine Reihe kühn hervorstehender Blöcke mit Reliefskulpturen und einer Reihe von Szenen, die wahrscheinlich Ereignisse aus dem Leben des Verstorbenen darstellen. Diese sind alle wunderschön ausgeführt, insbesondere einige der Tierfiguren sind leicht erkennbar und sehr genau. Das allgemeine Design ist, soweit der ruinierte Zustand des oberen Teils es zulässt, sehr gut zu erkennen, wobei die Wirkung durch eine immense Anzahl und Vielfalt vorspringender oder zurücktretender Reihen aus quadratischen Steinen anstelle von Zierleisten erzielt wird . Die Größe dieses Bauwerks beträgt etwa dreißig Fuß im Quadrat mal zwanzig Fuß in der Höhe, und als der Reisende plötzlich auf einer kleinen Anhöhe am Straßenrand darauf stößt, von riesigen Bäumen überschattet, von Pflanzen und Schlingpflanzen überwuchert und dicht im Rücken des düsteren Waldes, er ist beeindruckt von der Feierlichkeit und malerischen Schönheit der Szene und wird dazu gebracht, über das seltsame Gesetz des Fortschritts nachzudenken, das so sehr wie ein Rückschritt aussieht und das in so vielen entfernten Teilen der Welt ein äußerst künstlerisches und konstruktives Leben ausgerottet oder vertrieben hat

Rasse, um Platz für eine Rasse zu schaffen, die ihr, soweit wir es beurteilen können, weit unterlegen ist.

Nur wenige Engländer sind sich der Zahl und Schönheit der architektonischen Überreste auf Java bewusst. Sie wurden nie allgemein dargestellt oder beschrieben, und daher wird es die meisten Menschen überraschen, wenn sie erfahren, dass sie jene Mittelamerikas, vielleicht sogar die Indiens, bei weitem übertreffen. Um einen Eindruck von diesen Ruinen zu vermitteln und vielleicht auch wohlhabende Amateure dazu anzuregen, sie gründlich zu erkunden und durch Fotografie eine genaue Aufzeichnung ihrer wunderschönen Skulpturen zu erhalten, bevor es zu spät ist, werde ich die wichtigsten aufzählen, wie sie in Sir Stamford Raffles' Werk kurz beschrieben werden. „Geschichte von Java."

BRAMBANAM. – In der Nähe des Zentrums von Java, zwischen den Hauptstädten Djokokerta und Surakerta , liegt das Dorf Brambanam , in dessen Nähe sich zahlreiche Ruinen befinden, von denen die wichtigsten die Tempel von Loro- Jongran und Chandi sind Sewa . In Loro- Jongran gab es zwanzig separate Gebäude, sechs große und vierzehn kleine Tempel. Heute sind es nur noch Ruinen, aber die größten Tempel sollen 30 Meter hoch gewesen sein. Sie waren alle aus massivem Stein gebaut, überall mit Schnitzereien und Flachreliefs verziert und mit zahlreichen Statuen geschmückt, von denen viele noch vollständig erhalten sind. Bei Chandi Sewa oder die „Tausend Tempel" sind viele schöne kolossale Figuren. Kapitän Baker, der diese Ruinen besichtigte, sagte, er habe noch nie in seinem Leben „solch erstaunliche und vollendete Exemplare menschlicher Arbeit , der Wissenschaft und des Geschmacks längst vergessener Zeiten, zusammengedrängt auf so kleinem Raum wie an diesem Ort" gesehen. " Sie bedecken eine Fläche von fast 600 Fuß im Quadrat und bestehen aus einer äußeren Reihe von 84 kleinen Tempeln, einer zweiten Reihe von 76, einer dritten Reihe von 64, einem vierten von 44 und der fünften Reihe ein inneres Parallelogramm von achtundzwanzig, insgesamt zweihundertsechsundneunzig kleinen Tempeln; in fünf regelmäßigen Parallelogrammen angeordnet. In der Mitte befindet sich ein großer kreuzförmiger Tempel, der von hohen Treppen umgeben ist, die reich mit Skulpturen verziert sind und viele Wohnungen enthalten. Die tropische Vegetation hat die meisten kleineren Tempel ruiniert, aber einige sind noch einigermaßen perfekt, so dass man sich die Wirkung des Ganzen vorstellen kann.

Ungefähr eine halbe Meile entfernt befindet sich ein weiterer Tempel namens Chandi Kali Bening , 72 Fuß im Quadrat und 60 Fuß hoch, in sehr gutem Zustand und bedeckt mit Skulpturen hinduistischer Mythologie, die alle in Indien existierenden übertreffen, sowie anderen Ruinen von Palästen,

Hallen, und in der gleichen Nachbarschaft gibt es Tempel mit einer Fülle von Gottheitsskulpturen .

BOROBODO. – Etwa achtzig Meilen westlich, in der Provinz Kedu , liegt der große Tempel von Borobodo . Es ist auf einem kleinen Hügel erbaut und besteht aus einer zentralen Kuppel und sieben Reihen terrassierter Mauern, die den Hang des Hügels bedecken und untereinander offene Galerien bilden, die durch Stufen und Tore miteinander verbunden sind. Die zentrale Kuppel hat einen Durchmesser von fünfzig Fuß; Um ihn herum ist ein dreifacher Kreis aus zweiundsiebzig Türmen, und das ganze Gebäude ist sechshundertzwanzig Fuß im Quadrat und etwa hundert Fuß hoch. In den Terrassenwänden gibt es Nischen mit überlebensgroßen Figuren mit gekreuzten Beinen, etwa vierhundert, und beide Seiten aller Terrassenwände sind mit Basreliefs voller Figuren bedeckt, die in harten Stein gemeißelt sind und daher Platz einnehmen müssen eine Ausdehnung von fast drei Meilen Länge! Der Aufwand an menschlicher Arbeit und Geschicklichkeit, der für die Große Pyramide von Ägypten aufgewendet wurde, ist im Vergleich zu dem, der für die Fertigstellung dieses skulpturalen Hügeltempels im Landesinneren von Java erforderlich war, bedeutungslos.

GUNONG PRAU. – Ungefähr vierzig Meilen südwestlich von Samarang , auf einem Berg namens Gunong Prau, ist ein ausgedehntes Plateau mit Ruinen bedeckt. Um diese Tempel zu erreichen, wurden vier Steinstufen aus entgegengesetzten Richtungen den Berg hinaufgebaut, wobei jede Treppe aus mehr als tausend Stufen bestand. Hier wurden Spuren von fast vierhundert Tempeln gefunden, und viele (vielleicht alle) waren mit reichen und zarten Skulpturen geschmückt. Das ganze Land zwischen diesem und Brambanam , eine Entfernung von sechzig Meilen, ist reich an Ruinen, so dass man schöne Skulpturenbilder sehen kann, die in den Gräben liegen oder in die Mauern von Umfriedungen eingebaut sind.

Im östlichen Teil von Java, in Kediri und in Malang, gibt es gleichermaßen zahlreiche Spuren der Antike, aber die Gebäude selbst wurden größtenteils zerstört. Skulpturierte Figuren gibt es jedoch in Hülle und Fülle; und die Ruinen von Festungen, Palästen, Bädern, Aquädukten und Tempeln sind überall zu finden. Es widerspricht völlig dem Plan dieses Buches, etwas zu beschreiben, was ich selbst nicht gesehen habe; aber nachdem ich sie erwähnt hatte, fühlte ich mich verpflichtet, etwas zu tun, um die Aufmerksamkeit auf diese wunderbaren Kunstwerke zu lenken. Man ist überwältigt von der Betrachtung dieser unzähligen Skulpturen, die mit Feingefühl und künstlerischem Gefühl in einem harten, unlösbaren Trachytgestein gearbeitet sind und alle auf einer tropischen Insel zu finden sind. Wie der Zustand der Gesellschaft gewesen sein könnte, wie groß die Bevölkerungszahl und welche Lebensunterhaltsmittel waren, die solch gigantische Werke möglich machten, wird vielleicht jemals ein Rätsel bleiben; und es ist ein wunderbares Beispiel für die Macht religiöser Ideen im gesellschaftlichen Leben, dass die Einwohner genau in dem Land, in dem vor fünfhundert Jahren alljährlich diese großartigen Werke ausgeführt wurden, heute nur noch einfache Häuser aus Bambus und Stroh bauen und schauen Sie Sie blickten mit unwissendem Staunen auf diese Reliquien ihrer Vorfahren, als seien sie zweifellos Produkte von Riesen oder Dämonen. Es ist sehr zu bedauern, dass die niederländische Regierung keine energischen Schritte unternimmt, um diese Ruinen vor der zerstörerischen Wirkung tropischer Vegetation zu schützen. und für die Sammlung der schönen Skulpturen, die überall im Land verstreut sind.

Wonosalem liegt etwa tausend Fuß über dem Meer, aber leider weit vom Wald entfernt und ist von Kaffeeplantagen, Bambusdickichten und groben Gräsern umgeben. Es war zu weit, um täglich in den Wald zurückzugehen, und in anderen Richtungen konnte ich keinen Sammelplatz für Insekten finden. Der Ort war jedoch berühmt für Pfauen, und mein Junge schoss bald mehrere dieser prächtigen Vögel, deren Fleisch wir als zart, weiß und zart empfanden und dem eines Truthahns ähnelten. Der Java-Pfau ist eine andere Art als die indische; der Hals ist mit schuppenartigen grünen Federn bedeckt und der Kamm hat eine andere Form; aber die Augenschleppe ist ebenso groß und gleich schön. Es ist eine einzigartige Tatsache in der geografischen Verbreitung, dass der Pfau nicht auf Sumatra oder Borneo zu finden ist, während die prächtigen Argus-, Feuerrücken- und Ocellated-Fasane dieser Inseln auf Java ebenfalls unbekannt sind. Genau das Gleiche gilt für die Tatsache, dass es in Ceylon und Südindien, wo es viele Pfauen gibt, keinen der prächtigen Lophophori und andere prächtige Fasane gibt, die in Nordindien leben. Es scheint, als könne der Pfau in seinem Reich keine Rivalen zulassen. Wären diese Vögel in ihrem Heimatland selten und in Europa unbekannt, würden sie mit Sicherheit als die wahren Fürsten der gefiederten Stämme gelten und in ihrer Pracht und Schönheit ihresgleichen suchen. So wie es aussieht, würde wohl kaum jemand den Pfau nennen, wenn er gebeten würde, sich auf den schönsten Vogel der Welt zu konzentrieren, genauso wenig wie der papuanische Wilde oder der Bugis-Händler den Paradiesvogel für die gleiche Ehre ins Auge fassen würde .

Drei Tage nach meiner Ankunft in Wonosalem kam mein Freund Mr. Ball, um mir einen Besuch abzustatten. Er erzählte mir, dass zwei Abende zuvor in der Nähe von Modjo-agong ein Junge von einem Tiger getötet und gefressen worden sei . Er fuhr auf einem von Ochsen gezogenen Karren und kam gegen Abend auf der Hauptstraße nach Hause; Und als er keine halbe Meile vom Dorf entfernt war, sprang ein Tiger auf ihn zu, trug ihn in den nahegelegenen Dschungel und verschlang ihn. Am nächsten Morgen wurden seine Überreste entdeckt, die nur aus wenigen verstümmelten Knochen bestanden. Die Waidono hatten etwa siebenhundert Mann versammelt und waren auf der Jagd nach dem Tier, das sie, wie ich später hörte, fanden und töteten. Sie verwenden Speere nur, wenn sie auf diese Weise einen Tiger verfolgen. Sie umgeben ein großes Stück Land und ziehen sich allmählich zusammen, bis das Tier von einem kompakten Ring bewaffneter Männer umgeben ist. Wenn er sieht, dass es kein Entrinnen gibt, macht er im Allgemeinen einen Satz, wird von einem Dutzend Speeren empfangen und fast augenblicklich erstochen. Die Haut eines so getöteten Tieres ist natürlich wertlos, und in diesem Fall wurde der Schädel, den ich Mr. Ball gebeten hatte, für mich zu sichern, in Stücke gehackt, um die Zähne zu zerteilen, die als Amulette getragen werden.

Nach einer Woche in Wonosalem kehrte ich zum Fuß des Berges zurück, in ein Dorf namens Djapannan , das von mehreren Waldstücken umgeben war und für meine Beschäftigungen insgesamt recht gut geeignet zu sein schien. Der Dorfvorsteher hatte auf einer Seite seines eigenen Hofes zwei kleine Bambuszimmer für mich eingerichtet und schien bereit zu sein, mir so gut er konnte zu helfen. Das Wetter war außerordentlich heiß und trocken, da mehrere Monate lang kein Regen gefallen war, und es herrschte infolgedessen ein großer Mangel an Insekten, insbesondere an Käfern. Ich widmete mich daher hauptsächlich der Beschaffung einer guten Vogelsammlung und es gelang mir, eine erträgliche Sammlung zusammenzustellen. Alle Pfauen, die wir bisher geschossen hatten, hatten kurze oder unvollkommene Schwänze, aber ich erhielt jetzt zwei prächtige Exemplare von mehr als sieben Fuß Länge, von denen ich eines ganz konservierte, während ich die Schleppe nur am Schwanz von zwei oder drei anderen befestigte. Wenn man diesen Vogel beim Fressen am Boden beobachtet, erscheint es wunderbar, wie er sich mit einem so langen und sperrigen Gefieder in die Luft erheben kann. Dies geschieht jedoch mit großer Leichtigkeit, indem es eine kurze Strecke schnell läuft und dann schräg aufsteigt; und fliegt über Bäume von beträchtlicher Höhe. Ich habe hier auch ein Exemplar des seltenen grünen Dschungelhuhns (Gallus furcatus) erhalten, dessen Rücken und Hals wunderschön mit bronzenen Federn beschuppt sind und dessen glattkantiger ovaler Kamm eine violett-violette Farbe hat , die an der Basis ins Grün übergeht. Bemerkenswert ist auch, dass er unter seinem Hals einen einzelnen großen Kehllappen besitzt, der in drei leuchtend roten, gelben und blauen Flecken gefärbt ist . Auch der Gewöhnliche Dschungelhahn (Gallus bankiva) wurde hier gewonnen. Es ähnelt fast genau einem gewöhnlichen Jagdhahn, aber die Stimme ist anders, sie ist viel kürzer und abrupter; daher ist sein einheimischer Name Bekeko . Sechs verschiedene Arten von Spechten und vier Eisvögel wurden hier gefunden, der schöne Nashornvogel Buceros lunatus, der mehr als einen Meter lang ist, und der hübsche kleine Lorikeet Loriculus pusillus , kaum mehr als so viele Zoll.

Eines Morgens, als ich Proben vorbereitete und arrangierte, wurde mir gesagt, dass es einen Prozess geben würde; Und plötzlich kamen vier oder fünf Männer herein und hockten sich auf einer Matte unter der Audienzhalle im Gerichtssaal nieder. Dann kam der Chef mit seinem Angestellten herein und setzte sich ihnen gegenüber. Jeder sprach der Reihe nach und erzählte seine eigene Geschichte, und dann stellte ich fest, dass diejenigen, die zuerst eintraten, der Gefangene, der Ankläger, die Polizisten und der Zeuge waren, und dass der Gefangene nur dadurch gekennzeichnet war, dass er ein loses Stück Schnur um seine Handgelenke geschlungen hatte, aber nicht gebunden. Es handelte sich um einen Raubüberfall, und nachdem die Beweise vorgelegt worden waren und der Chef einige Fragen gestellt hatte, sagte der Angeklagte ein paar Worte, und dann wurde das Urteil verkündet, das eine Geldstrafe war. Dann standen die Parteien auf und gingen gemeinsam weg, wobei sie einen recht freundlichen Eindruck machten; und durchweg gab es bei keinem der Anwesenden Hinweise auf Leidenschaft oder Unmut – eine sehr gute Veranschaulichung des malaysischen Charaktertyps.

Während meiner einmonatigen Sammeltätigkeit in Wonosalem und Djapannan sammelte ich achtundneunzig Vogelarten, aber eine erbärmliche Menge Insekten. Dann beschloss ich, Ost-Java zu verlassen und die feuchteren und üppigeren Gebiete am westlichen Ende der Insel auszuprobieren. Ich kehrte auf dem Wasserweg nach Sourabaya zurück, in einem geräumigen Boot, das mich, Diener und Gepäck zu einem Fünftel der Kosten brachte, die mich die Anreise nach Modjo-kerto gekostet hatte . Der Fluss wurde durch sorgfältige Uferaufschüttung schiffbar gemacht, was jedoch zur Folge hatte, dass das angrenzende Land gelegentlich schweren Überschwemmungen ausgesetzt war. Auf diesem Fluss herrscht ein gewaltiger Verkehr; und an einer Schleuse, die wir durchquerten, warteten eine Meile voller beladener Boote in zwei oder drei Tiefen, die wiederum zu sechst auf einmal durchfuhren.

Einige Tage später fuhr ich mit dem Dampfer nach Batavia, wo ich etwa eine Woche im Haupthotel blieb und Vorbereitungen für eine Reise ins Landesinnere traf. Der Geschäftsteil der Stadt liegt in der Nähe des Hafens , aber die Hotels und alle Residenzen der Beamten und europäischen Kaufleute liegen in einem zwei Meilen entfernten Vorort, der in breiten Straßen und Plätzen so angelegt ist, dass er eine große Fläche einnimmt. Dies ist für Besucher sehr unbequem, da die einzigen öffentlichen Verkehrsmittel hübsche zweispännige Kutschen sind, deren niedrigste Gebühr fünf Gulden (8 Schilling, 4 Tage) für einen halben Tag beträgt, so dass morgens eine Stunde Geschäft und abends ein Besuch erforderlich sind kostet 16s. 8d. ein Tag allein für die Kutschenmiete.

Batavia stimmt der anschaulichen Darstellung von Mr. Money sehr gut zu, mit der Ausnahme, dass seine „klaren Kanäle" alle schlammig waren und seine „glatten Kiesauffahrten" bis zu den Häusern ausschließlich aus groben Kieselsteinen bestanden, auf denen man sehr schmerzhaft laufen konnte. und lässt sich kaum damit erklären, dass in Batavia jeder Auto fährt, da man kaum annehmen kann, dass die Leute nie in ihren Gärten spazieren gehen. Das Hôtel des Indes war sehr komfortabel, jeder Besucher hatte ein Wohnzimmer und ein Schlafzimmer mit Zugang zur Veranda, wo er seinen Morgenkaffee und Nachmittagstee genießen konnte. In der Mitte des Vierecks befindet sich ein Gebäude mit einer Reihe von Marmorbädern, die immer betriebsbereit sind. und um zehn gibt es ein ausgezeichnetes Table d'hôte-Frühstück und um sechs Abendessen, für alles wird eine moderate Gebühr pro Tag erhoben.

Ich fuhr mit dem Bus nach Buitenzorg, vierzig Meilen landeinwärts und etwa tausend Fuß über dem Meer, berühmt für sein köstliches Klima und seinen Botanischen Garten. Von letzterem war ich etwas enttäuscht. Die Wege bestanden ausschließlich aus losen Kieselsteinen, sodass längere Wanderungen unter der tropischen Sonne sehr ermüdend und schmerzhaft waren. Die Gärten sind zweifellos wunderbar reich an tropischen und vor allem malaiischen Pflanzen, aber es mangelt stark an einer geschickten Anlage; Es gibt nicht genügend Männer, um den Ort gründlich in Ordnung zu halten, und die Pflanzen selbst sind in ihrer Üppigkeit und Schönheit selten mit den gleichen Arten zu vergleichen, die in unseren Treibhäusern wachsen. Das lässt sich leicht erklären. Die Pflanzen können selten unter natürlichen oder sehr günstigen Bedingungen platziert werden. Für einen großen Teil von ihnen ist das Klima entweder zu heiß oder zu kühl, zu feucht oder zu trocken, und sie erhalten selten genau die Menge an Schatten oder die richtige Bodenqualität, die ihnen passt. In unseren Öfen können diese vielfältigen Bedingungen für jede einzelne Pflanze viel besser bereitgestellt werden als in einem großen Garten, wo die Tatsache, dass die meisten Pflanzen in oder in der Nähe ihres Heimatlandes wachsen, die Notwendigkeit ausschließen soll, ihnen viel Individualität zu verleihen Aufmerksamkeit. Dennoch gibt es hier viel zu bewundern. Es gibt Alleen mit stattlichen Palmen und Bambusbüscheln von vielleicht fünfzig verschiedenen Arten; und eine endlose Vielfalt tropischer Sträucher und Bäume mit seltsamem und wunderschönem Laub. Als Abwechslung zur übermäßigen Hitze von Batavia ist Buitenzorg ein herrlicher Aufenthaltsort. Es liegt gerade so hoch, dass man abends und nachts herrlich kühle Nächte verbringen kann, aber nicht so hoch, dass man die Kleidung wechseln müsste. und für jemanden, der schon lange im heißeren Klima der Ebene lebt, ist die Luft immer frisch und angenehm und ermöglicht das Wandern zu fast jeder Tageszeit. Die Umgebung ist äußerst malerisch und üppig und der große Vulkan Gunung befindet sich dort Salak mit seinem kegelstumpfförmigen und zerklüfteten Gipfel bildet einen charakteristischen

Hintergrund für viele Landschaften. Im Jahr 1699 kam es zu einem großen Schlammausbruch, seitdem ist der Berg völlig inaktiv.

Als ich Buitenzorg verließ, hatte ich Kulis zum Tragen meines Gepäcks und ein Pferd für mich, beides musste ich alle sechs oder sieben Meilen wechseln. Die Straße stieg allmählich an, und nach der ersten Etappe schlossen sich die Hügel auf beiden Seiten ein wenig zusammen und bildeten ein breites Tal. und die Temperatur war so kühl und angenehm und das Land so interessant, dass ich lieber zu Fuß ging. Einheimische Dörfer, eingebettet in Obstbäume, und hübsche Villen, die von Pflanzern oder pensionierten niederländischen Beamten bewohnt wurden, verliehen diesem Bezirk ein sehr angenehmes und zivilisiertes Aussehen; aber was meine Aufmerksamkeit am meisten auf sich zog, war das System des Terrassenanbaus, das hier allgemein angewendet wird und meiner Meinung nach auf der Welt kaum seinesgleichen hat. Die Hänge des Haupttals und seiner Zweige waren überall bis zu einer beträchtlichen Höhe in Terrassen eingeschnitten, und wenn sie sich um die Nischen der Hügel schlängelten, wirkten sie wie prächtige Amphitheater . Hunderte Quadratmeilen Land sind auf diese Weise terrassiert und vermitteln eine beeindruckende Vorstellung vom Fleiß der Menschen und dem Alter ihrer Zivilisation. Diese Terrassen werden Jahr für Jahr erweitert, wenn die Bevölkerung zunimmt, indem die Bewohner jedes Dorfes unter der Leitung ihrer Häuptlinge gemeinsam zusammenarbeiten. und vielleicht ist es allein durch dieses System der dörflichen Kultur möglich, dass solch ausgedehnte Terrassen und Bewässerung möglich sind. Es wurde wahrscheinlich von den Brahmanen aus Indien eingeführt, da in den malaiischen Ländern, in denen es keine Spuren einer früheren Besiedlung durch ein zivilisiertes Volk gibt, das Terrassensystem unbekannt ist. Ich habe diese Art der Kultivierung zum ersten Mal auf Bali und auf den Philippinen gesehen, und da ich sie dort ausführlicher beschreiben muss (siehe Kapitel Umrisse und größere Üppigkeit des Landes in West-Java erzeugt es dort den auffälligsten und malerischsten Effekt. Die unteren Hänge der Berge in Java verfügen über ein so angenehmes Klima und üppige Böden; Das Leben ist so billig und Leben und Eigentum sind so sicher, dass sich eine beträchtliche Anzahl Europäer, die im Staatsdienst beschäftigt waren, dauerhaft im Land niederlassen, anstatt nach Europa zurückzukehren. Sie sind überall in den besser zugänglichen Teilen der Insel verstreut und tragen wesentlich zur allmählichen Verbesserung der einheimischen Bevölkerung und zum anhaltenden Frieden und Wohlstand im ganzen Land bei.

Zwanzig Meilen hinter Buitenzorg führt die Poststraße auf einer Höhe von etwa 4.500 Fuß über den Berg Megamendong . Das Land ist fein gebirgig, und auf den Hügeln gibt es noch viel Urwald, zusammen mit einigen der ältesten Kaffeeplantagen Javas, wo die Pflanzen fast die Größe von

Waldbäumen erreicht haben. Ungefähr 500 Fuß unterhalb der Passhöhe befindet sich eine Straßenwärterhütte, von der ich die Hälfte für zwei Wochen gemietet habe, da das Land vielversprechend für die Sammlung war. Ich stellte fast sofort fest, dass sich die Produktionen West-Javas deutlich von denen des östlichen Teils der Insel unterschieden; und dass hier umso bemerkenswertere und charakteristischere javanische Vögel und Insekten zu finden seien. Gleich am ersten Tag erbeuteten meine Jäger für mich den eleganten gelb-grünen Trogon (Harpactes). Reinwardti), der wunderschöne kleine Minivet-Fliegenfänger (Pericrocotus) . miniatus), der wie eine Feuerflamme aussieht, wenn er zwischen den Büschen flattert, und der seltene und seltsame schwarze und purpurrote Pirol (Analcipus) . sanguinolentus), alle diese Arten kommen nur auf Java vor und scheinen sogar auf den westlichen Teil Javas beschränkt zu sein.

In einer Woche fand ich nicht weniger als vierundzwanzig Vogelarten, die ich im Osten der Insel nicht gefunden hatte, und in vierzehn Tagen erhöhte sich diese Zahl auf vierzig Arten, von denen fast alle der javanischen Fauna eigen sind. Auch große und hübsche Schmetterlinge waren einigermaßen reichlich vorhanden. In dunklen Schluchten und gelegentlich am Straßenrand habe ich den prächtigen Papilio arjuna gefangen, dessen Flügel mit goldgrünen Körnern gepudert zu sein scheinen, die zu Bändern und mondförmigen Flecken verdichtet sind; während der elegant geformte Papilio Manchmal flatterte der Coön langsam die schattigen Wege entlang (siehe Abbildung auf Seite 201). Eines Tages brachte mir ein Junge einen völlig unverletzten Schmetterling zwischen die Finger. Er hatte es gefangen, als es mit ausgebreiteten Flügeln saß und die Flüssigkeit von einer schlammigen Stelle am Straßenrand aufsaugte. Viele der schönsten tropischen Schmetterlinge haben diese Angewohnheit und sind im Allgemeinen so sehr auf ihre Mahlzeit bedacht, dass sie leicht erreicht und gefangen werden können. Es erwies sich, dass es sich um die seltenen und neugierigen Charaxes handelte kadenii , bemerkenswert dadurch, dass sie an jedem Hinterflügel zwei gebogene Schwänze haben, die einem Paar Bremssätteln ähneln . Es war das einzige Exemplar, das ich je gesehen habe, und es ist immer noch der einzige Vertreter seiner Art in englischen Sammlungen.

Im Osten von Java hatte ich unter der starken Hitze und Dürre der Trockenzeit gelitten, die für das Insektenleben sehr schädlich waren. Hier war ich in das andere Extrem von feuchtem, nassem und bewölktem Wetter geraten, was ebenso ungünstig war . Während des Monats, den ich im Landesinneren von West-Java verbrachte, hatte ich nie einen wirklich heißen, schönen Tag. Fast jeden Nachmittag regnete es, oder von den Bergen fiel dichter Nebel, der sich ebenfalls nicht mehr sammelte und es äußerst schwierig machte, meine Exemplare zu trocknen, so dass ich wirklich keine

Chance hatte, eine angemessene Probe der javanischen Entomologie zu bekommen.

Das mit Abstand interessanteste Ereignis während meines Besuchs in Java war ein Ausflug zum Gipfel der Berge Pangerango und Gedeh ; Ersteres ist ein erloschener Vulkankegel mit einer Höhe von etwa 10.000 Fuß, letzteres ein aktiver Krater in einem unteren Teil derselben Bergkette. Tchipanas liegt etwa vier Meilen über dem Megamendong -Pass am Fuße des Berges. Hier befinden sich ein kleines Landhaus für den Generalgouverneur und eine Außenstelle des Botanischen Gartens, dessen Besitzer mir für eine Nacht ein Bett zur Verfügung stellte. Hier werden viele schöne Bäume und Sträucher gepflanzt und es werden große Mengen europäischen Gemüses für den Tisch des Generalgouverneurs angebaut. An einem kleinen Bach, der an den Garten grenzte, wurden Unmengen von Orchideen gezüchtet, die an Baumstämmen befestigt oder an Ästen aufgehängt waren und so ein interessantes Orchideenhaus im Freien bildeten . Da ich vorhatte, zwei oder drei Nächte auf dem Berg zu bleiben, beauftragte ich zwei Kulis, mein Gepäck zu tragen, und mit meinen beiden Jägern machten wir uns am nächsten Morgen früh auf den Weg.

Die erste Meile verlief über offenes Gelände, was uns ab einer Höhe von etwa 5.000 Fuß in den Wald führte, der den gesamten Berg bedeckt. Die nächste Meile oder zwei war ein ziemlich steiler Anstieg durch einen großen Urwald, dessen Bäume von großer Größe waren und das Unterholz aus feinen krautigen Pflanzen, Baumfarnen und Strauchvegetation bestand. Ich war beeindruckt von der immensen Anzahl an Farnen, die am Straßenrand wuchsen. Ihre Vielfalt schien endlos zu sein, und ich blieb ständig stehen, um einige neue und interessante Formen zu bewundern. Ich konnte nun gut verstehen, was mir der Gärtner gesagt hatte, dass auf diesem einen Berg 300 Arten gefunden worden seien. Kurz vor Mittag erreichten wir das kleine Plateau von Tjiburong , am Fuße des steileren Teils des Berges, wo sich ein Bretterhaus zur Unterbringung von Reisenden befindet . In der Nähe befindet sich ein malerischer Wasserfall und eine merkwürdige Höhle, für deren Erkundung ich keine Zeit hatte. Als wir unseren Aufstieg fortsetzten, wurde die Straße schmaler, schroffer und steil und schlängelte sich im Zickzack den Kegel hinauf, der mit unregelmäßigen Felsmassen bedeckt und mit dichter, üppiger, aber weniger hoher Vegetation bewachsen ist. Wir kamen an einem Strom von Wasser vorbei, der nicht viel niedriger als der Siedepunkt ist und ein höchst eigenartiges Aussehen hat, da er über seinem zerklüfteten Bett schäumt und Dampfwolken aufwirbelt, oft verdeckt durch die überhängenden Gräser aus Farnen und Lycopodien, die hier wachsen gedeihen üppiger als anderswo.

In etwa 7.500 Fuß Höhe erreichten wir eine weitere Hütte aus offenem Bambus an einem Ort namens Kandang Badak oder „Nashornfeld", das wir zu unserem vorübergehenden Aufenthaltsort machen wollten. Hier war eine kleine Lichtung mit reichlich Baumfarnen und einigen jungen Chinarindenplantagen. Da nun dichter Nebel und Nieselregen herrschten, unternahm ich an diesem Abend keinen Versuch, den Gipfel zu besteigen, sondern besuchte ihn während meines Aufenthalts zweimal und einmal den aktiven Krater von Gedeh . Dies ist ein riesiger halbkreisförmiger Abgrund, der von schwarzen, senkrechten Felswänden begrenzt und von kilometerlangen schroffen, mit Schlacken bedeckten Hängen umgeben ist. Der Krater selbst ist nicht sehr tief. Es weist Flecken aus Schwefel und verschiedenfarbigen Vulkanprodukten auf und stößt aus mehreren Quellen kontinuierlich Rauch- und Dampfströme aus . Der ausgestorbene Kegel von Pangerango war für mich interessanter. Der Gipfel ist eine unregelmäßig gewellte Ebene mit einem niedrigen Randrücken und einem tiefen seitlichen Abgrund. Leider gab es während meines Aufenthaltes auf dem Berg ständig Nebel und Regen über oder unter uns; so dass ich kein einziges Mal die Ebene darunter sah oder einen Blick auf die herrliche Aussicht erhaschte, die man bei schönem Wetter von seinem Gipfel aus genießen kann. Trotz dieses Nachteils genoss ich den Ausflug außerordentlich, denn es war das erste Mal, dass ich hoch genug auf einem Berg in der Nähe des Äquators war, um den Wechsel von einer tropischen zu einer gemäßigten Flora zu beobachten. Ich werde diese Änderungen nun kurz skizzieren, wie ich sie in Java beobachtet habe.

Wenn wir den Berg hinaufsteigen, treffen wir zuerst auf gemäßigte Formen von krautigen Pflanzen, die bis zu 3.000 Fuß hoch sind und in denen Erdbeeren und Veilchen zu wachsen beginnen, aber die ersteren sind geschmacklos und die letzteren haben sehr kleine und blasse Blüten . Auch verunkrautete Korbblütler beginnen, den Gräsern am Wegesrand ein europäisches Aussehen zu verleihen. Zwischen 2.000 und 5.000 Fuß zeigen die Wälder und Schluchten die höchste Entwicklung tropischer Üppigkeit und Schönheit. Die Fülle an edlen Baumfarnen, die manchmal fünfzig Fuß hoch sind, trägt wesentlich zum Gesamteffekt bei, da sie von allen Formen tropischer Vegetation sicherlich die auffälligsten und schönsten sind. Einige der tiefen Schluchten, die von großen Baumstämmen befreit wurden, sind von oben bis unten voll davon; und dort, wo die Straße eines dieser Täler durchquert, bietet der Blick auf ihre gefiederten Kronen in verschiedenen Positionen über und unter dem Auge ein Schauspiel malerischer Schönheit, das man nie vergessen wird. Das prächtige Laub der breitblättrigen Musaceae und Zingiberaceae mit ihren seltsamen und leuchtenden Blüten; und die eleganten und vielfältigen Formen der mit Begonia und Melastoma verwandten Pflanzen ziehen in dieser Region immer wieder die Aufmerksamkeit auf sich. Die Räume zwischen den Bäumen und größeren Pflanzen, an jedem Stamm, Stumpf und Ast, füllen Scharen von Orchideen, Farnen und Lycopoden, die in immer unterschiedlicher Komplexität winken, hängen und sich verflechten. In etwa 5.000 Fuß Höhe sah ich zum ersten Mal Schachtelhalme (Equisetum), die unserer Art sehr ähnlich sind. In 6.000 Fuß Höhe gibt es Himbeeren im Überfluss, und von dort bis zum Gipfel des Berges gibt es drei essbare Rubus-Arten. In einer Höhe von 7.000 Fuß tauchen Zypressen auf, die Waldbäume werden kleiner und sind stärker mit Moosen und Flechten bedeckt. Von diesem Punkt an nehmen diese rasch zu, so dass die Felsblöcke und Schlacken, die den Berghang bilden, vollständig in einer moosigen Vegetation verborgen sind. In etwa 5.000 Fuß Höhe sind europäische Pflanzenarten reichlich vorhanden. Es gibt zahlreiche Arten von Geißblatt, Johanniskraut und Schneeball, und in etwa 9.000 Fuß Höhe treffen wir zum ersten Mal auf die seltene und wunderschöne Königliche Schlüsselblume (Primula imperialis), die angeblich nirgendwo sonst auf der Welt zu finden ist dieser einsame Berggipfel. Sie hat einen hohen, kräftigen Stängel, der manchmal mehr als einen Meter hoch ist, die Wurzelblätter sind 25 Zentimeter lang und sie trägt statt nur einer endständigen Traube mehrere Wirte schlüsselblumenartiger Blüten. Die knorrigen und auf die Größe von Büschen verkleinerten Waldbäume reichen bis zum Rand des alten Kraters, reichen aber nicht über die Mulde auf seinem Gipfel hinaus. Hier finden wir viel offenes Gelände mit Dickichten von strauchigen Artemisia- und Gnaphalium-Gewächsen , wie unser Südholz und das Wiesenkraut, aber sechs bis acht Fuß hoch; während es überall Butterblumen, Veilchen, Heidelbeeren, Sauendisteln, Vogelmiere, weiße und gelbe Kreuzblütler, Wegerich und einjährige Gräser gibt. Wo Büsche und Sträucher wachsen, gedeihen Johanniskraut und Geißblatt in Hülle und Fülle, während die Kaiserliche Schlüsselblume ihre eleganten Blüten nur im feuchten Schatten des Dickichts entfaltet.

Mr. Motley, der den Berg in der Trockenzeit besuchte und der Botanik große Aufmerksamkeit schenkte, gibt die folgende Liste der Gattungen europäischer Pflanzen an, die auf oder in der Nähe des Gipfels vorkommen: – Zwei Arten von Veilchen, drei von Ranunculus, drei von Impatiens, acht oder zehn Arten von Rubus und Arten von Primula, Hypericum, Swertia, Convallaria (Maiglöckchen), Vaccinium (Cranberry), Rhododendron , Gnaphalium, Polygonum, Digitalis (Fingerhut), Lonicera (Geißblatt), Plantago (Spitzengras) , Artemisia (Wermut), Lobelia, Oxalis (Sauerampfer), Quercus (Eiche) und Taxus (Eibe). Einige der kleineren Pflanzen (Plantago major und lanceolata, Sonchus oleraceus und Artemisia vulgaris) sind mit europäischen Arten identisch.

Die Tatsache, dass auf isolierten Berggipfeln auf einer Insel südlich des Äquators eine so eng mit der europäischen Vegetation verbundene Vegetation vorkommt, während das gesamte Tiefland im Umkreis von Tausenden von Kilometern von einer Flora völlig anderen Charakters bewohnt ist, ist sehr außergewöhnlich; und hat erst kürzlich eine verständliche Erklärung erhalten. Der Gipfel von Teneriffa , der sich zu einer größeren Höhe erhebt und viel näher an Europa liegt, enthält keine solche Alpenflora; auch nicht die Berge von Bourbon und Mauritius. Der Fall der Vulkangipfel von Java ist daher etwas außergewöhnlich, aber es gibt mehrere analoge, wenn auch nicht völlig parallele Fälle, die es uns ermöglichen, besser zu verstehen, auf welche Weise die Phänomene möglicherweise verursacht wurden.

Die höheren Gipfel der Alpen und sogar der Pyrenäen enthalten eine Anzahl von Pflanzen, die mit denen Lapplands völlig identisch sind, die aber in den dazwischen liegenden Ebenen nirgends zu finden sind. Auf dem Gipfel der White Mountains in den Vereinigten Staaten ist jede Pflanze identisch mit den in Labrador wachsenden Arten. In diesen Fällen versagen alle herkömmlichen Transportmittel. Die meisten Pflanzen haben schwere Samen, die der Wind unmöglich über so große Entfernungen tragen könnte; und die Mitwirkung der Vögel an der so wirksamen Besatzung dieser Alpenhöhen steht ebenso außer Frage. Die Schwierigkeit war so groß, dass einige Naturforscher glaubten, dass diese Arten auf diesen entfernten Gipfeln alle einzeln entstanden seien. Die Bestimmung einer jüngsten Eiszeit bot jedoch bald eine viel zufriedenstellendere Lösung, die heute von Männern der Wissenschaft allgemein akzeptiert wird. Zu dieser Zeit, als die Berge von Wales voller Gletscher waren und die gebirgigen Teile Mitteleuropas und ein Großteil Amerikas nördlich der großen Seen mit Schnee und Eis bedeckt waren und ein Klima herrschte, das dem von Labrador und Grönland ähnelte Heutzutage bedeckte eine arktische Flora alle diese Regionen. Als diese Epoche der Kälte vorüberging und der schneebedeckte Mantel des Landes mit den Gletschern, die von jedem Berggipfel herabstiegen, ihre Hänge hinauf und zum Nordpol zurückwich, zogen sich auch die Pflanzen zurück und klammerten sich wie jetzt immer an die Ränder des Berges ewige Schneegrenze. So kommt es, dass dieselben Arten heute auf den Gipfeln der Berge des gemäßigten Europas und Amerikas sowie in den kargen Nordpolarregionen vorkommen.

Aber es gibt noch eine Reihe weiterer Fakten, die uns auf dem Weg zur javanischen Bergflora einen weiteren Schritt näher bringen. An den höheren Hängen des Himalaya, auf den Gipfeln der Berge Zentralindiens und Abessiniens kommen eine Reihe von Pflanzen vor, die zwar nicht mit denen europäischer Berge identisch sind, aber derselben Gattung angehören und von Botanikern als Vertreter dieser Pflanzen bezeichnet werden ihnen; und die meisten davon konnten in den warmen dazwischen liegenden Ebenen nicht existieren. Herr Darwin glaubt, dass diese Klasse von Tatsachen auf die gleiche Weise erklärt werden kann; denn während der größten Härte der Eiszeit haben sich gemäßigte Pflanzenformen bis an die Grenzen der Tropen ausgebreitet und haben sich bei ihrem Abzug in diese südlichen Berge sowie nach Norden in die Ebenen und Hügel Europas zurückgezogen. Aber in diesem Fall haben die verstrichene Zeit und die große Veränderung der Bedingungen dazu geführt, dass viele dieser Pflanzen so verändert wurden, dass wir sie jetzt als eigenständige Arten betrachten. Eine Vielzahl anderer Tatsachen ähnlicher Art haben ihn zu der Annahme geführt, dass der Temperaturrückgang einst ausreichte, um einigen Pflanzen aus nördlich gemäßigten Klimazonen zu ermöglichen, den Äquator zu überqueren (auf den höchsten Wegen) und die antarktischen Regionen zu erreichen. wo sie jetzt gefunden werden. Die Beweise, auf denen dieser Glaube beruht, finden sich im letzten Teil von KAPITEL II. vom „Ursprung der Arten"; und wenn man es vorerst als Hypothese akzeptiert , ermöglicht es uns, das Vorhandensein einer Flora europäischen Typs auf den Vulkanen von Java zu erklären.

Man wird jedoch natürlich einwenden, dass es zwischen Java und dem Kontinent eine weite Meeresfläche gibt, die die Einwanderung gemäßigter Pflanzenformen während der Eiszeit wirksam verhindert hätte. Dies wäre zweifellos ein verhängnisvoller Einwand, wenn es nicht zahlreiche Beweise dafür gäbe, dass Java früher mit Asien verbunden war und dass die Vereinigung ungefähr in der erforderlichen Epoche stattgefunden haben muss. Der auffälligste Beweis für eine solche Verbindung ist, dass die großen Säugetiere Javas, das Nashorn, der Tiger und der Banteng oder Wildochse auch in Siam und Burma vorkommen und sicherlich nicht vom Menschen eingeführt wurden. Der javanische Pfau und mehrere andere Vögel kommen in diesen beiden Ländern ebenfalls häufig vor; aber in den meisten Fällen sind die Arten verschieden, wenn auch eng verwandt, was anzeigt, dass seit der Trennung eine beträchtliche Zeit (die für eine solche Modifikation erforderlich ist) verstrichen ist, während sie nicht so lange gedauert hat, dass sie eine vollständige Veränderung hervorgerufen hätte. Dies entspricht nun genau der Zeit, die wir benötigen sollten, seit die gemäßigten Pflanzenformen auf Java Einzug gehalten haben. Dies sind heute fast verschiedene Arten, aber die veränderten Bedingungen, unter denen sie jetzt leben müssen, und die Wahrscheinlichkeit, dass einige von ihnen inzwischen auf dem indischen Kontinent ausgestorben sind, erklären hinreichend, dass die javanischen Arten anders sind.

Bei meinen spezielleren Unternehmungen hatte ich auf dem Berg kaum Erfolg – vielleicht aufgrund des übermäßig ungünstigen Wetters und der Kürze meines Aufenthalts. In einer Höhe von 7.000 bis 8.000 Fuß habe ich eine der schönsten kleinen Fruchttauben (Ptilonopus) gefangen Roseicollis), dessen gesamter Kopf und Hals eine exquisite rosarote Farbe haben und einen feinen Kontrast zu seinem ansonsten grünen Gefieder bilden; Und ganz oben auf dem Gipfel, als ich am Boden zwischen den dort gepflanzten Erdbeeren fraß, erwischte ich eine dunkel gefärbte Drossel mit der Form und den Gewohnheiten eines Stares (Turdus fumidus). Insekten fehlten fast gänzlich, zweifellos aufgrund der extremen Feuchtigkeit, und ich bekam während der gesamten Reise keinen einzigen Schmetterling zu Gesicht; Dennoch bin ich sicher, dass sich ein einwöchiger Aufenthalt auf diesem Berg während der Trockenzeit für den Sammler in allen Bereichen der Naturgeschichte durchaus lohnen würde.

Nach meiner Rückkehr nach Toego versuchte ich, einen anderen Ort zum Sammeln zu finden, zog zu einer Kaffeeplantage einige Meilen weiter nördlich und probierte nacheinander höhere und niedrigere Stationen auf dem Berg aus; Es gelang mir jedoch nie, Insekten in ausreichender Menge zu erbeuten, und Vögel gab es weitaus weniger zahlreich als auf dem Megamendong- Berg. Das Wetter wurde jetzt regnerischer als je zuvor, und als die Regenzeit ernsthaft begonnen zu haben schien, kehrte ich nach Batavia zurück, packte meine Sammlungen zusammen, verschickte sie und reiste am 1. November mit dem Dampfer nach Banca und Sumatra ab.

KAPITEL VIII.
SUMATRA.

(NOVEMBER 1861 bis
JANUAR 1862.)

Der Postdampfer von Batavia nach Singapur brachte mich nach Muntok (oder wie auf englischen Karten „Minto"), dem Hauptort und Hafen von Banca. Hier blieb ich ein oder zwei Tage, bis ich ein Boot bekam, das mich über die Meerenge und den Fluss hinauf nach Palembang brachte. Ein paar Spaziergänge ins Land zeigten mir, dass es sehr hügelig war und voller Granit- und Lateritfelsen, mit einer trockenen und verkümmerten Waldvegetation; und ich konnte nur sehr wenige Insekten finden. Ein großes offenes Segelboot brachte mich zur Mündung des Palembang-Flusses , wo in einem Fischerdorf ein Ruderboot gemietet wurde, um mich nach Palembang zu bringen – eine Entfernung von fast hundert Meilen auf dem Wasserweg. Außer wenn der Wind stark und günstig war, konnten wir nur mit der Flut weiterfahren, und die Ufer des Flusses waren im Allgemeinen überflutete Nipa-Sümpfe, so dass die Stunden, die wir vor Anker liegen mussten, sehr anstrengend vergingen. Als ich am 8. November Palembang erreichte, wurde ich vom Arzt untergebracht, dem ich ein Empfehlungsschreiben mitgebracht hatte, und versuchte herauszufinden, wo ich einen guten Ort zum Sammeln finden könnte. Alle versicherten mir, dass ich sehr weit gehen müsste, um einen trockenen Wald zu finden, da zu dieser Jahreszeit das ganze Land viele Meilen landeinwärts überschwemmt sei. Ich musste daher eine Woche in Palembang bleiben, bevor ich meine zukünftigen Bewegungen bestimmen konnte.

Die Stadt ist groß und erstreckt sich über drei oder vier Meilen entlang einer schönen Flusskurve, die so breit ist wie die Themse bei Greenwich. Der Bach wird jedoch durch die Häuser, die auf Pfählen hineinragen, stark verengt, und innerhalb dieser gibt es wiederum eine Reihe von Häusern, die auf großen Bambusflößen gebaut sind, die mit Rattanseilen am Ufer oder an Pfählen festgemacht sind steigen und fallen mit der Flut.

Das gesamte Flussufer auf beiden Seiten besteht hauptsächlich aus solchen Häusern, und es handelt sich größtenteils um Geschäfte, die zum Wasser hin offen sind und nur einen Fuß über das Wasser hinausragen, so dass man mit einem kleinen Boot leicht zum Markt fahren und alles kaufen kann, was es gibt in Palembang zu haben. Die Eingeborenen sind echte Malaysier. Sie bauen niemals ein Haus auf dem Trockenen, wenn sie Wasser zum Aufstellen finden, und gehen niemals zu Fuß irgendwohin, wenn sie den Ort mit einem Boot erreichen können. Ein beträchtlicher Teil der Bevölkerung sind Chinesen und Araber, die den gesamten Handel betreiben;

während die einzigen Europäer die zivilen und militärischen Beamten der niederländischen Regierung sind. Die Stadt liegt an der Spitze des Flussdeltas, und zwischen ihr und dem Meer gibt es nur sehr wenig Land, das über der Hochwassermarke liegt. Viele Meilen weiter landeinwärts sind die Ufer des Hauptstroms und seiner zahlreichen Nebenflüsse sumpfig und in der Regenzeit über weite Strecken überschwemmt. Palembang wurde auf einer einige Meilen langen Anhöhe am Nordufer des Flusses erbaut. An einer Stelle etwa drei Meilen von der Stadt entfernt verwandelt sich dieser in einen kleinen Hügel, dessen Spitze den Eingeborenen heilig ist, der von einigen schönen Bäumen beschattet wird und von einer Kolonie halbzahm gewordener Eichhörnchen bewohnt wird. Wenn man ihnen ein paar Krümel Brot oder andere Früchte hinhält, rennen sie den Stamm hinunter, nehmen einem den Bissen aus den Fingern und rennen sofort davon. Ihre Schwänze werden aufrecht getragen, und das Haar, das von Grau, Gelb und Braun gesäumt ist, strahlt gleichmäßig um sie herum und sieht überaus hübsch aus. Sie haben ein wenig die Bewegungen von Mäusen: Sie kommen mit kleinen Schritten heran und starren aufmerksam mit ihren großen schwarzen Augen, bevor sie sich wagen, weiter vorzudringen. Die Art und Weise, wie Malaysier oft das Vertrauen wilder Tiere gewinnen, ist ein sehr erfreulicher Charakterzug und ist in gewissem Maße auf die ruhige Besonnenheit ihrer Manieren und ihre Liebe zur Ruhe statt zur Tat zurückzuführen. Die Jungen gehorchen den Wünschen ihrer Älteren und scheinen nichts von der Neigung zum Unfug zu verspüren, die europäische Jungen an den Tag legen. Wie lange würden zahme Eichhörnchen noch Bäume in der Nähe eines englischen Dorfes bewohnen, selbst wenn sie sich in der Nähe der Kirche befinden? Bald würden sie beworfen und vertrieben oder gefangen und in einem wirbelnden Käfig eingesperrt werden. Ich habe noch nie davon gehört, dass diese hübschen Tiere in England auf diese Weise gezähmt werden, aber ich denke, dass dies in jedem Herrenpark leicht möglich wäre, und sie wären sicherlich ebenso erfreulich und attraktiv wie ungewöhnlich.

Nach vielen Nachforschungen fand ich heraus, dass eine Tagesreise auf dem Wasserweg oberhalb von Palembang eine Militärstraße begann, die sich bis zu den Bergen und sogar hinüber nach Bencoolen erstreckte , und ich beschloss, diese Route zu nehmen und weiterzureisen, bis ich einen erträglichen Sammelplatz gefunden hatte. Auf diese Weise sollte ich trockenes Land und eine gute Straße sichern und die Flüsse meiden, deren Aufstieg zu dieser Jahreszeit aufgrund der starken Strömungen sehr mühsam und für den Sammler sehr unproduktiv ist, da die meisten Ländereien in ihrer Nähe unter Wasser liegen . Wir brachen früh am Morgen auf und erreichten Lorok , das Dorf, in dem die Straße beginnt, erst spät in der Nacht. Ich blieb dort einige Tage, stellte jedoch fest, dass fast der gesamte Boden in der Umgebung, der nicht unter Wasser lag, kultiviert war und dass der einzige Wald in Sümpfen lag, die jetzt unzugänglich waren. Der einzige für mich neue

Vogel, den ich in Lorok bekam , war der schöne Langschwanzpapagei (
Palaeornis) . longicauda). Die Menschen hier versicherten mir, dass das Land
über einen sehr langen Zeitraum hinweg – mehr als eine Woche lang –
genauso sei wie dieses, und sie schienen kaum eine Vorstellung von einem
erhöhten, waldbedeckten Land zu haben, so dass ich anfing, das zu glauben
Es wäre sinnlos, weiterzumachen, denn die Zeit, die mir zur Verfügung
stand, war zu kurz, als dass es sich hätte lohnen können, viel mehr Zeit damit
zu verbringen, mich fortzubewegen. Schließlich fand ich jedoch einen Mann,
der das Land kannte und intelligenter war; und er sagte mir sofort, wenn ich
Wald wollte , müsse ich in den Bezirk Rembang gehen , der, wie ich auf
Nachfrage herausfand, etwa fünfundzwanzig bis dreißig Meilen entfernt lag.

Die Straße ist in regelmäßige Etappen von jeweils zehn bis zwölf Meilen
unterteilt, und ohne vorher Vorkehrungen zu treffen, um Kulis
bereitzuhalten, kann nur diese Strecke an einem Tag zurückgelegt werden.
An jeder Station gibt es Häuser für die Unterbringung der Passagiere, mit
Kochhaus und Ställen und sechs oder acht Männern, die ständig Wache
halten. Es gibt ein etabliertes System für Kulis zu festen Tarifen, bei dem die
Bewohner der umliegenden Dörfer abwechselnd jeweils fünf Tage lang dem
Kulisdienst sowie dem der Wachen am Bahnhof unterworfen sind. Diese
Anordnung macht das Reisen sehr einfach und war für mich eine große
Annehmlichkeit. Am Morgen machte ich einen angenehmen Spaziergang
von zehn oder zwölf Meilen, und den Rest des Tages konnte ich
herumschlendern und das Dorf und die Nachbarschaft erkunden , wobei ich
ein Haus hatte, das ohne jegliche Formalitäten bezogen werden konnte. In
drei Tagen erreichte ich Moera-dua , das erste Dorf in Rembang , und als ich
feststellte, dass das Land trocken und hügelig war, mit einer guten Prise Wald,
beschloss ich, eine kurze Zeit zu bleiben und die Umgebung auszuprobieren
. Direkt gegenüber dem Bahnhof befand sich ein kleiner, aber tiefer Fluss
und ein guter Badeplatz; und hinter dem Dorf befand sich ein schönes
Waldstück, durch das die Straße führte, überschattet von prächtigen Bäumen,
die mich teilweise zum Bleiben verlockten; aber nach vierzehn Tagen konnte
ich keinen guten Platz für Insekten und nur sehr wenige Vögel finden, die
sich von den gewöhnlichen Arten Malakkas unterschieden. Ich begab mich
daher auf eine andere Etappe nach Lobo Raman, wo das Wachhaus ganz
allein im Wald liegt, fast eine Meile von jedem der drei Dörfer entfernt. Das
war für mich sehr angenehm, da ich mich bewegen konnte, ohne dass jede
Bewegung von Massen von Männern, Frauen und Kindern beobachtet
wurde, und ich hatte auch eine viel größere Vielfalt an Spaziergängen zu
jedem der Dörfer und den umliegenden Plantagen.

Die Dörfer der Sumatra-Malaysier sind etwas eigenartig und sehr
malerisch. Eine Fläche von einigen Hektar ist mit einem hohen Zaun
umgeben, und auf diesem Gebiet sind die Häuser dicht verstreut, ohne den

geringsten Versuch einer Regelmäßigkeit. Zwischen ihnen wachsen reichlich hohe Kokosnussbäume, und der Boden ist kahl und glatt, da viele Füße darauf trampeln. Die Häuser stehen etwa 1,80 Meter hoch auf Pfosten, wobei die besten ganz aus Brettern, andere aus Bambus gebaut sind. Erstere sind immer mehr oder weniger mit Schnitzereien verziert und haben hohe Dächer und überhängende Traufen. Die Giebelenden und alle Hauptpfosten und Balken sind manchmal mit äußerst geschmackvollen Schnitzarbeiten bedeckt, und dies ist im weiter westlich gelegenen Distrikt Menangkabo noch häufiger der Fall. Der Boden besteht aus gespaltenem Bambus und ist ziemlich wackelig, und es gibt keine Anzeichen von Möbeln. Es gibt keine Bänke, Stühle oder Hocker, sondern lediglich den ebenen, mit Matten ausgelegten Boden, auf dem die Insassen sitzen oder liegen. Das Aussehen des Dorfes selbst ist sehr gepflegt, der Boden wird oft vor den Haupthäusern gekehrt; Aber es riecht sehr schlecht , weil sich unter jedem Haus ein stinkendes Schlammloch befindet, das aus allen Abfallflüssigkeiten und Abfallstoffen besteht, die durch den Boden darüber gegossen werden. In den meisten anderen Dingen sind Malaysier einigermaßen sauber – in manchen sogar peinlich genau; und dieser eigentümliche und üble Brauch, der fast überall verbreitet ist, hat, daran habe ich kaum Zweifel, seinen Ursprung in ihnen Es war ursprünglich ein maritimes und wasserliebendes Volk, das seine Häuser auf Pfosten im Wasser baute und erst nach und nach landeinwärts wanderte, zunächst die Flüsse und Bäche hinauf und dann in das trockene Landesinnere. Gewohnheiten, die gleichzeitig so praktisch und sauber waren und die so lange praktiziert wurden, dass sie zu einem Teil des häuslichen Lebens der Nation wurden, wurden natürlich beibehalten, als die ersten Siedler ihre Häuser im Landesinneren bauten; und ohne ein regelmäßiges Entwässerungssystem ist die Anordnung der Dörfer so, dass jedes andere System sehr unbequem wäre.

In all diesen Sumatra-Dörfern hatte ich erhebliche Schwierigkeiten, etwas zu essen zu bekommen. Es war nicht die Jahreszeit für Gemüse, und als es mir nach vielen Mühen gelang, ein paar Yamswurzeln einer merkwürdigen Sorte zu besorgen, stellte ich fest, dass sie hart und kaum essbar waren. Geflügel war sehr selten; und Obst wurde auf eine der ärmsten Bananensorten reduziert. Die Einheimischen (zumindest während der Regenzeit) ernähren sich ausschließlich von Reis, während die ärmeren Iren sich von Kartoffeln ernähren. Ein Topf Reis, sehr trocken gekocht und zweimal täglich mit Salz und roten Paprika gegessen, bildet während eines Großteils des Jahres ihre gesamte Nahrung. Das ist kein Zeichen von Armut, sondern einfach Sitte; Denn ihre Frauen und Kinder sind vom Handgelenk bis zum Ellenbogen mit silbernen Armbändern beladen und tragen Dutzende Silbermünzen um den Hals oder an den Ohren.

Als ich mich von Palembang entfernte, empfand ich das vom einfachen Volk gesprochene Malaiisch immer weniger rein, bis es schließlich ganz unverständlich wurde, obwohl mir die ständige Wiederkehr vieler bekannter Wörter versicherte, dass es sich um eine Form des Malaiischen handelte. und ermöglichte es mir, das Hauptthema des Gesprächs zu erraten. Dieser Bezirk hatte vor einigen Jahren einen sehr schlechten Ruf und Reisende wurden häufig ausgeraubt und ermordet. Auch zwischen den Dörfern kam es häufig zu Kämpfen, bei denen aufgrund von Grenzstreitigkeiten oder Intrigen mit Frauen viele Menschen ihr Leben verloren. Seitdem das Land jedoch in Bezirke unter „ Controlleurs “ aufgeteilt ist, die nacheinander jedes Dorf aufsuchen, um Beschwerden anzuhören und Streitigkeiten beizulegen, hört man von solchen Dingen nichts mehr. Dies ist eines der zahlreichen Beispiele, die ich für die gute Wirkung der niederländischen Regierung kennengelernt habe. Es übt eine strenge Überwachung seiner entferntesten Besitztümer aus, etabliert eine dem Charakter des Volkes gut angepasste Regierungsform, reformiert Missbräuche, bestraft Verbrechen und verschafft sich überall bei der einheimischen Bevölkerung Respekt.

Lobo Raman ist ein zentraler Punkt am östlichen Ende von Sumatra und liegt etwa 120 Meilen vom Meer im Osten, Norden und Westen entfernt. Die Oberfläche ist hügelig, ohne Berge oder gar Hügel, und es gibt keine Felsen, der Boden besteht im Allgemeinen aus rotem, bröckeligem Lehm. Zahlreiche kleine Bäche und Flüsse durchziehen das Land, und es ist ziemlich gleichmäßig zwischen offenen Lichtungen und Waldstücken, sowohl jungfräulichen als auch zweiten Wäldern, mit einer Fülle von Obstbäumen aufgeteilt; und es mangelt nicht an Wegen, um sich in jede Richtung fortzubewegen. Im Großen und Ganzen ist es gerade das Land, das einem Naturforscher am meisten versprechen würde, und ich bin sicher, dass es sich zu einer günstigeren Jahreszeit als außerordentlich reich erweisen würde; aber es war jetzt Regenzeit, in der es in den allerbesten Gegenden immer kaum Insekten gibt, und da es keine Früchte an den Bäumen gab, herrschte auch ein Mangel an Vögeln. Während ich einen Monat lang sammelte, fügte ich meiner Vogelliste nur drei oder vier neue Arten hinzu, obwohl ich von vielen sehr schöne Exemplare erhielt, die selten und interessant waren. Bei Schmetterlingen war ich etwas erfolgreicher, da ich mehrere schöne, für mich völlig neue Arten und eine beträchtliche Anzahl sehr seltener und schöner Insekten erhielt. Ich werde hier einen Bericht über zwei Schmetterlingsarten geben, die, obwohl sie in Sammlungen sehr häufig vorkommen, uns Besonderheiten von höchstem Interesse bieten.

Der erste ist der hübsche Papilio Memnon , ein prächtiger Schmetterling von tiefschwarzer Farbe , übersät mit Linien und Schuppengruppen in klarem Ascheblau. Seine Flügel sind fünf Zoll breit und die Hinterflügel sind abgerundet und haben gewellte Kanten. Dies gilt für die Männchen; aber die

Weibchen sind sehr verschieden und variieren so sehr, dass man einst annahm, sie würden mehrere verschiedene Arten bilden. Sie können in zwei Gruppen eingeteilt werden: solche, die in ihrer Form dem Männchen ähneln, und solche, die sich im Umriss der Flügel völlig von ihm unterscheiden. Die ersten unterscheiden sich stark in der Farbe und sind oft fast weiß mit dunkelgelben und roten Abzeichen, aber solche Unterschiede treten häufig bei Schmetterlingen auf. Die zweite Gruppe ist viel außergewöhnlicher und man würde niemals annehmen, dass es sich um dasselbe Insekt handelt, da die Hinterflügel zu großen löffelförmigen Schwänzen verlängert sind, von denen weder bei den Männchen noch bei der gewöhnlichen Form jemals ein Rudiment zu erkennen ist von Weibchen. Diese Weibchen mit Schwanz haben niemals die dunkle und blau glänzende Färbung, die beim Männchen vorherrscht und oft bei Weibchen derselben Form vorkommt, sondern sind ausnahmslos mit Streifen und Flecken in Weiß oder Braun verziert, die den größten Teil der Oberfläche einnehmen die Hinterflügel. Diese Besonderheit der Färbung führte mich zu der Entdeckung, dass dieses außergewöhnliche Weibchen (im Flug) einem anderen Schmetterling derselben Gattung, aber einer anderen Gruppe (Papilio) sehr ähnelt coön), und dass wir hier einen Fall von Mimikry haben, der denen ähnelt, die Mr. Bates so gut illustriert und erklärt hat.[Trans. Linn. Soc. Bd. xviii. P. 495; „Naturalist on the Amazons", Bd. ich . P. 290.]

Dass die Ähnlichkeit nicht zufällig ist, wird durch die Tatsache hinreichend bewiesen, dass im Norden Indiens, wo Papilio coön wird durch eine verwandte Form ersetzt, (Papilio Doubledayi) mit roten Flecken anstelle von Gelb, eine eng verwandte Art oder Varietät von Papilio memnon (P. androgeus) hat das Schwanzweibchen ebenfalls rot gefleckt. Der Zweck und Grund dieser Ähnlichkeit scheint darin zu liegen, dass die nachgeahmten Schmetterlinge zu einem Abschnitt der Gattung Papilio gehören , die aus irgendeinem Grund nicht von Vögeln angegriffen werden, und dass sie diesen in Form und Farbe so sehr den Weibchen von Memnon und ihren Vögeln ähneln Verbündeter, auch der Verfolgung entkommen. Zwei weitere Arten derselben Sektion (Papilio Antiphos und Papilio polyphontes) werden von zwei weiblichen Formen von Papilio so genau nachgeahmt Theseus (der im selben Abschnitt wie Memnon steht), dass sie den niederländischen Entomologen De Haan völlig getäuscht haben und er sie dementsprechend als dieselbe Art eingestuft hat!

Aber die merkwürdigste Tatsache, die mit diesen verschiedenen Formen zusammenhängt, ist, dass sie beide die Nachkommen einer der beiden Formen sind. Ein einziger Larvenbrut wurde in Java von einem niederländischen Entomologen gezüchtet und brachte sowohl Männchen als auch Weibchen mit Schwanz und ohne Schwanz hervor, und es gibt allen Grund zu der Annahme, dass dies immer der Fall ist und dass Formen mittleren Charakters nie vorkommen. Um diese Phänomene zu veranschaulichen, nehmen wir an, dass ein umherstreifender Engländer auf einer abgelegenen Insel zwei Frauen hat – eine schwarzhaarige, rothäutige Inderin, die andere eine wollhaarige, rußhäutige Negerin; und dass es sich bei den Kindern nicht um Mulatten von brauner oder dunkler Tönung handeln sollte, die die Merkmale jedes Elternteils in unterschiedlichem Maße vermischten, sondern dass alle Jungen genauso hellhäutig und blauäugig sein sollten wie ihre Väter, während die Mädchen insgesamt ihren Müttern ähneln sollten. Das würde man schon merkwürdig finden, aber der Fall dieser Schmetterlinge ist noch außergewöhnlicher, denn jede Mutter ist nicht nur in der Lage, männliche Nachkommen wie der Vater und weibliche wie sie selbst zu zeugen, sondern auch andere Weibchen wie ihre Mitfrau, die völlig unterschiedlich sind von sich selbst!

Die andere Art, auf die ich meine Aufmerksamkeit richten muss, ist die Kallima paralekta , ein Schmetterling aus derselben Familiengruppe wie unser Purple Emperor und ungefähr gleich groß oder größer. Seine Oberseite ist von kräftigem Purpur mit verschiedenen aschefarbenen Schattierungen , und auf den Vorderflügeln befindet sich ein breiter Streifen in tiefem Orange, so dass er auf dem Flügel sehr auffällig ist. Diese Art war in trockenen Wäldern und Dickichten keine Seltenheit, und ich versuchte oft erfolglos, sie zu fangen, denn nachdem sie eine kurze Strecke geflogen war, drang sie zwischen trockenen oder toten Blättern in einen Busch ein, und so vorsichtig ich mich auch an die Stelle schlich, es gelang mir nie Entdecken Sie es, bis es plötzlich wieder anfängt und dann an einem ähnlichen Ort verschwindet. Wenn ich endlich das Glück hätte, den genauen Ort zu sehen, an dem sich der Schmetterling niedergelassen hatte, und obwohl ich ihn für einige Zeit aus den Augen verlor, würde ich entdecken, dass er sich zwar dicht vor meinen Augen befand, ihm aber in seiner Ruhestellung so sehr ähnelte Ein an einem Zweig befestigtes totes Blatt täuscht mit ziemlicher Sicherheit das Auge, selbst wenn man es genau betrachtet. Ich habe mehrere Exemplare auf dem Flügel gefangen und konnte die Art und Weise, wie diese wunderbare Ähnlichkeit entsteht, vollständig verstehen.

Das Ende der oberen Flügel endet in einer feinen Spitze, genau wie die Blätter vieler tropischer Sträucher und Bäume spitz sind, während die unteren Flügel etwas stumpfer sind und zu einem kurzen, dicken Schwanz verlängert sind. Zwischen diesen beiden Punkten verläuft eine dunkle gekrümmte Linie, die genau die Mittelrippe eines Blattes darstellt, und von dieser gehen auf jeder Seite einige schräge Markierungen aus, die die Seitenadern gut nachahmen. Diese Markierungen sind am äußeren Teil der Flügelbasis und an der Innenseite zur Mitte und zur Spitze hin deutlicher zu sehen und werden durch Streifen und Markierungen erzeugt, die bei verwandten Arten sehr häufig vorkommen, hier jedoch modifiziert und verstärkt sind um die Blattaderung genauer nachzuahmen. Die Tönung der Unterseite ist sehr unterschiedlich, es handelt sich jedoch immer um eine aschbraune oder rötliche Farbe , die mit denen abgestorbener Blätter übereinstimmt. Die Art hat die Gewohnheit, immer auf einem Zweig und zwischen toten oder trockenen Blättern zu ruhen. In dieser Position mit eng zusammengepressten Flügeln entspricht ihr Umriss genau dem eines mittelgroßen Blattes, das leicht gebogen oder verschrumpelt ist . Der Schwanz der Hinterflügel bildet einen perfekten Stiel und berührt den Stock, während das Insekt vom mittleren Beinpaar getragen wird, das zwischen den Zweigen und Fasern , die es umgeben, nicht auffällt. Der Kopf und die Fühler sind zwischen den Flügeln zurückgezogen, so dass sie gut verborgen sind, und an der Basis der Flügel ist eine kleine Aussparung ausgespart, die es ermöglicht, den Kopf ausreichend einzuziehen. All diese vielfältigen Details ergeben zusammen eine Verkleidung, die so vollständig und wunderbar ist , dass sie jeden, der sie betrachtet, in Erstaunen versetzt. und die Gewohnheiten der Insekten sind so beschaffen, dass sie sich alle diese Eigentümlichkeiten zunutze machen und sie in einer Weise verfügbar machen, dass jeder Zweifel am Zweck dieses einzigartigen Falles von Nachahmung beseitigt wird, der zweifellos ein Schutz für das Insekt ist.

Sein starker und schneller Flug reicht aus, um ihn auf dem Flügel vor seinen Feinden zu retten. Wäre er aber auch in Ruhe auffällig, könnte er aufgrund der Angriffe der insektenfressenden Vögel und Reptilien, die es in den tropischen Wäldern reichlich gibt, nicht lange dem Aussterben entgehen . Eine sehr eng verwandte Art, Kallima inachis kommt in Indien vor, wo es sehr häufig vorkommt, und in jeder Sammlung werden Exemplare aus dem Himalaya verschickt. Wenn man einige davon untersucht, wird man sehen, dass keine zwei gleich sind, sondern dass alle Variationen denen toter Blätter entsprechen. Alle Farbtöne von Gelb, Asche, Braun und Rot sind hier zu finden, und bei vielen Exemplaren treten Flecken und Flecken auf, die aus kleinen schwarzen Punkten bestehen und der Art und Weise, wie winzige Pilze auf Blättern wachsen, so sehr ähneln, dass es zunächst fast unmöglich ist, dies nicht zu tun zu glauben, dass auf den Schmetterlingen selbst Pilze gewachsen sind!

Wenn eine so außergewöhnliche Anpassung wie diese allein stünde, wäre es sehr schwierig, eine Erklärung dafür zu liefern; aber obwohl es sich vielleicht um den vollkommensten bekannten Fall einer schützenden Nachahmung handelt, gibt es in der Natur Hunderte ähnlicher Ähnlichkeiten, und daraus lässt sich eine allgemeine Theorie über die Art und Weise ableiten, wie sie langsam entstanden sind. Das Prinzip der Variation und das der „natürlichen Auslese" oder des Überlebens des Stärkeren, wie sie von Herrn Darwin in seinem berühmten „Ursprung der Arten" dargelegt wurden, bieten die Grundlage für eine solche Theorie; und ich habe selbst versucht, es auf alle Hauptfälle von Nachahmung anzuwenden, und zwar in einem Artikel, der 1867 in der „Westminster Review" veröffentlicht wurde und den Titel „Mimicry, and other Protective Ähnlichkeits Among Animals" trug und auf den jeder Leser verwiesen wird, der dies wünscht Erfahren Sie mehr über dieses Thema.

Auf Sumatra gibt es sehr viele Affen, und in Lobo Kaman hielten sie sich häufig auf den Bäumen auf, die das Wachhaus überragen, und gaben mir eine schöne Gelegenheit, ihre Umtriebe zu beobachten. Zwei Arten von Semnopithecus kamen am häufigsten vor: Affen von schlanker Gestalt und mit sehr langen Schwänzen. Da sie nicht oft beschossen werden, sind sie ziemlich kühn und bleiben völlig gleichgültig, wenn nur Eingeborene anwesend sind; aber wenn ich herauskam, um sie anzusehen, starrten sie mich ein oder zwei Minuten lang an und machten sich dann auf den Weg. Sie machen enorme Sprünge von den Ästen eines Baumes zu denen eines etwas tiefer liegenden Baumes, und es ist sehr amüsant, wenn ein starker Anführer einen mutigen Sprung macht und die anderen mit mehr oder weniger Angst folgen sehen; und es kommt oft vor, dass ein oder zwei der Letzten sich offenbar nicht dazu entschließen können, zu springen, bis die übrigen verschwinden, und dann, als wären sie verzweifelt darüber, allein gelassen zu werden, hektisch in die Luft zu werfen und oft abzustürzen durch die schlanken Äste und fallen zu Boden.

Ein sehr neugieriger Affe, der Siamang, war ebenfalls ziemlich häufig anzutreffen, aber er ist viel weniger mutig als die Affen, hält sich in den Urwäldern auf und meidet Dörfer. Diese Art ist mit den kleinen langarmigen Affen der Gattung Hylobates verwandt, ist jedoch erheblich größer und unterscheidet sich von ihnen dadurch, dass die beiden ersten Finger der Füße fast bis zum Ende miteinander verbunden sind, ebenso wie ihr lateinischer Name Siamanga syndactyla . Er bewegt sich viel langsamer als die aktiven Hylobates, hält sich tiefer in den Bäumen auf und macht keine so gewaltigen Sprünge. Aber es ist immer noch sehr aktiv und kann sich mit Hilfe seiner riesigen langen Arme, die bei einem Erwachsenen etwa 1,50 Meter groß sind, mit großer Geschwindigkeit zwischen den Bäumen hin- und herschwingen. Ich kaufte ein kleines Exemplar, das von den Eingeborenen gefangen und so fest angebunden worden war, dass es wehtat. Zuerst war es ziemlich wild und versuchte zu beißen; Aber als wir es losgelassen hatten und ihm zwei Stangen unter der Veranda zum Aufhängen gaben und es mit einer kurzen Schnur befestigten, die mit einem Ring entlang der Stange verlief, damit es sich leicht bewegen konnte, wurde es zufriedener und schaukelte sich damit herum große Schnelligkeit. Es fraß fast jede Art von Obst und Reis, und ich hatte gehofft, es nach England gebracht zu haben, aber es starb kurz bevor ich anfing. Zuerst löste es bei mir eine Abneigung aus, die ich zu überwinden versuchte, indem ich es ständig selbst fütterte. Eines Tages jedoch biss es mich beim Fressen so heftig, dass ich die Geduld verlor und es heftig verprügelte, was ich hinterher bereute, da es mich von da an noch mehr verabscheute. Damit konnten meine malaysischen Jungs damit spielen und sich stundenlang an seinen Armen von Pfosten zu Pfosten und weiter auf die Dachsparren der Veranda schwingen, mit so viel Leichtigkeit und Schnelligkeit, dass es für uns eine ständige Quelle der Unterhaltung war . Als ich nach Singapur zurückkehrte, erregte es große Aufmerksamkeit, da noch niemand einen lebenden Siamang gesehen hatte, obwohl dies in einigen Teilen der malaiischen Halbinsel keine Seltenheit ist.

Da bekannt ist, dass der Orang-Utan auf Sumatra lebt und dort tatsächlich zum ersten Mal entdeckt wurde, habe ich viele Nachforschungen darüber angestellt. Aber keiner der Eingeborenen hatte jemals von einem solchen Tier gehört, und ich konnte auch keinen der niederländischen Beamten finden, der etwas darüber wusste. Wir können daher den Schluss ziehen, dass er nicht in den großen Waldebenen im Osten Sumatras vorkommt, wo man ihn natürlich erwarten würde, sondern dass er wahrscheinlich auf eine begrenzte Region im Nordwesten der Insel beschränkt ist, die sich vollständig in der Hand der Eingeborenen befindet Lineale. Die anderen großen Säugetiere Sumatras, der Elefant und das Nashorn, sind weiter verbreitet; Ersteres ist jedoch viel seltener als noch vor einigen Jahren und scheint sich vor der Ausbreitung des Anbaus rasch zurückzuziehen. Gelegentlich werden im Wald Stoßzähne und Knochen von Lobo Kaman gefunden, aber das lebende Tier wird heute nie mehr gesehen. Das Nashorn (Rhinoceros sumatranus) gibt es immer noch in Hülle und Fülle, und ich sah ständig seine Spuren und seinen Mist und störte einmal eines bei der Nahrungsaufnahme, das durch den Dschungel davonraste und mir nur einen kurzen Blick durch das dichte Unterholz erlaubte. Ich erhielt einen einigermaßen vollkommenen Schädel und eine Anzahl Zähne, die von den Eingeborenen abgeholt wurden.

Ein weiteres merkwürdiges Tier, das ich in Singapur und auf Borneo getroffen hatte, das hier aber häufiger vorkommt, ist der Galeopithecus oder fliegende Lemur. Diese Kreatur hat eine breite Membran, die sich rund um den Körper bis zu den Zehenspitzen und bis zur Spitze des ziemlich langen Schwanzes erstreckt. Dadurch kann es schräg durch die Luft von einem Baum zum anderen wandern. Zumindest tagsüber ist es in seinen Bewegungen träge, klettert in kurzen Läufen von ein paar Metern auf einen Baum und hält dann einen Moment inne, als ob die Aktion schwierig wäre. Tagsüber ruht es sich an Baumstämmen aus, wo sein olivfarbenes oder braunes Fell, gesprenkelt mit unregelmäßigen weißlichen Flecken und Flecken, der Farbe gesprenkelter Rinde sehr ähnelt und zweifellos zu deren Schutz beiträgt. Einmal, in einer hellen Dämmerung, sah ich eines dieser Tiere an einem ziemlich offenen Ort an einem Stamm hinauflaufen und dann schräg durch die Luft zu einem anderen Baum gleiten, auf dem es sich in der Nähe seiner Basis niederließ und sofort aufzusteigen begann. Ich ging von einem Baum zum anderen auf und ab und stellte fest, dass sie siebzig Meter betrug; und das Ausmaß des Abstiegs schätzte ich auf nicht mehr als fünfunddreißig oder vierzig Fuß oder weniger als einen von fünf. Dies ist meiner Meinung nach ein Beweis dafür, dass das Tier über eine gewisse Fähigkeit verfügen muss, sich durch die Luft zu steuern, sonst hätte es über eine so große Entfernung kaum eine Chance, genau auf dem Rumpf zu landen. Wie der Kuskus der Molukken ernährt sich der Galeopithecus hauptsächlich von Blättern und besitzt einen sehr voluminösen Magen und lange, gewundene Eingeweide. Das Gehirn ist sehr klein und das Tier besitzt eine so bemerkenswerte Lebenskraft, dass es äußerst schwierig ist, es mit gewöhnlichen Mitteln zu töten. Der Schwanz ist greifbar; und dient vermutlich als zusätzliche Unterstützung beim Füttern. Es wird gesagt, dass es immer nur ein einziges Junges gibt, und meine eigene Beobachtung bestätigt diese Aussage, denn ich habe einmal ein Weibchen erschossen, an dessen Brust sich ein sehr kleines, blindes und nacktes kleines Geschöpf festklammerte, das ganz nackt und stark faltig war Es erinnerte mich an die Jungen der Beuteltiere, zu denen es einen Übergang zu bilden schien. Das Fell dieser Tiere ist am Rücken und erstreckt sich über die Gliedmaßen und die Haut. Es ist kurz, aber äußerst weich und ähnelt in seiner Beschaffenheit dem Fell der Chinchilla.

Ich kehrte auf dem Wasserweg nach Palembang zurück, und während ich einen Tag in einem Dorf blieb, während ein Boot wasserdicht gemacht wurde, hatte ich das Glück, einen männlichen, weiblichen und jungen Vogel eines der großen Nashornvögel zu ergattern. Ich hatte meine Jäger zum Schießen geschickt, und während ich frühstückte, kamen sie zurück und brachten mir einen schönen großen Buceros- Männchen bicornis , von dem einer von ihnen mir versicherte, er habe ihn beim Füttern des Weibchens erschossen, das in einem Loch in einem Baum eingeschlossen war. Ich hatte oft von dieser merkwürdigen Angewohnheit gelesen und kehrte sofort in Begleitung mehrerer Eingeborener an den Ort zurück. Nachdem wir einen Bach und ein Moor überquert hatten, fanden wir einen großen Baum, der sich über etwas Wasser neigte, und an seiner Unterseite, in einer Höhe von etwa zwanzig Fuß, erschien ein kleines Loch und etwas, das wie eine Menge Schlamm aussah, was mir versichert wurde war zum Verschließen des großen Lochs verwendet worden. Nach einer Weile hörten wir drinnen den rauen Schrei eines Vogels und konnten sehen, wie das weiße Ende seines Schnabels herausgestreckt wurde. Ich bot jedem, der hinaufginge und den Vogel herausholte, mit dem Ei oder dem Jungen, eine Rupie; aber sie alle erklärten, es sei zu schwierig, und sie hatten Angst, es zu versuchen. Deshalb bin ich sehr widerwillig weggegangen. Ungefähr eine Stunde später war zu meiner großen Überraschung ein gewaltiges, lautes, heiseres Schreien zu hören, und der Vogel wurde zusammen mit einem Jungen, der im Loch gefunden worden war, zu mir gebracht. Dies war ein äußerst merkwürdiger Gegenstand, so groß wie eine Taube, aber an keiner Stelle ein Stück Gefieder. Es war überaus prall und weich und hatte eine halbdurchsichtige Haut, so dass es eher wie eine Tüte Gelee mit aufgeklebtem Kopf und Füßen aussah, als wie ein echter Vogel.

Die außergewöhnliche Angewohnheit des Männchens, das Weibchen mit seinem Ei zu bedecken und es während der gesamten Brutzeit und bis zum Flüggewerden des Jungen zu füttern, ist bei mehreren großen Nashornvögeln üblich und eine dieser seltsamen Tatsachen in der Naturgeschichte, die „seltsamer als die Fiktion" sind.

KAPITEL IX.
NATURGESCHICHTE DER INDO-
MALAYISCHEN INSELN.

IM ersten KAPITEL dieser Arbeit habe ich allgemein die Gründe dargelegt, die uns zu der Schlussfolgerung führen, dass die großen Inseln im westlichen Teil des Archipels – Java, Sumatra und Borneo – sowie die malaiische Halbinsel und die philippinischen Inseln betroffen waren vor kurzem vom asiatischen Kontinent getrennt. Ich schlage nun vor, einen Überblick über die Naturgeschichte dieser Inseln zu geben, die ich als indo-malaiische Inseln bezeichne, und zu zeigen, inwieweit sie diese Ansicht unterstützt und wie viele Informationen sie uns über das Alter und den Ursprung der Inseln geben kann getrennte Inseln.

Die Flora des Archipels ist gegenwärtig so unvollständig bekannt, und ich selbst habe ihr so wenig Aufmerksamkeit geschenkt, dass ich daraus nicht viele wichtige Tatsachen ableiten kann. Der malaiische Vegetationstyp ist jedoch sehr wichtig; und Dr. Hooker teilt uns in seiner „Flora Indica" mit, dass sie sich über alle feuchteren und gleichmäßigeren Teile Indiens ausbreitet und dass viele in Ceylon, im Himalaya, im Nilghiri- und Khasia-Gebirge vorkommende Pflanzen mit denen von identisch sind Java und die malaiische Halbinsel. Zu den charakteristischeren Formen dieser Flora gehören die Rattans – Kletterpalmen der Gattung Calamus – und eine große Vielfalt an hohen und stammlosen Palmen. Orchideen, Araceae , Zingiberaceae und Farne kommen besonders häufig vor, und die Gattung Grammatophyllum – eine riesige epiphytale Orchidee, deren Blattbüschel und Blütenstiele zehn bis zwölf Fuß lang sind – ist ihr eigen. Auch hier ist die Domäne der wunderbaren Kannenpflanzen (Nepenthaceae), die andernorts nur in Ceylon, Madagaskar, den Seychellen, Celebes und den Molukken durch solitäre Arten vertreten sind. Diese berühmten Früchte, Mangostan und Durian, stammen aus dieser Region und werden kaum außerhalb des Archipels wachsen. Es wurde bereits darauf hingewiesen, dass die Bergpflanzen Javas eine frühere Verbindung mit dem asiatischen Kontinent aufweisen; und eine noch außergewöhnliche und ältere Verbindung mit Australien wurde durch Mr. Lows Sammlungen vom Gipfel des Kini-balou , dem höchsten Berg in Borneo, angedeutet.

Pflanzen haben weitaus größere Möglichkeiten, Meeresarme zu überqueren als Tiere. Die leichteren Samen werden leicht vom Wind getragen, und viele von ihnen sind speziell für diesen Transport geeignet. Andere können lange Zeit unverletzt im Wasser schwimmen und werden von Wind und Strömung an entfernte Küsten getrieben. Tauben und andere fruchtfressende Vögel sind ebenfalls Mittel zur Verbreitung von Pflanzen, da die Samen leicht keimen, nachdem sie ihren Körper passiert haben. Es kommt daher vor, dass Pflanzen, die an Küsten und im Tiefland wachsen, weit verbreitet sind, und es erfordert eine umfassende Kenntnis der Arten jeder Insel, um die Beziehungen ihrer Flora mit einigermaßen genauer Genauigkeit zu bestimmen. Gegenwärtig verfügen wir über keine so vollständige Kenntnis der Botanik der einzelnen Inseln des Archipels; und nur durch solch auffallende Phänomene wie das Vorkommen nördlicher und sogar europäischer Gattungen auf den Gipfeln der javanischen Berge können wir die frühere Verbindung dieser Insel mit dem asiatischen Kontinent beweisen. Bei Landtieren ist die Sache jedoch ganz anders. Ihre Möglichkeiten, eine weite Meeresfläche zu passieren, sind weitaus eingeschränkter. Ihre Verbreitung wurde genauer untersucht, und wir verfügen auf den meisten Inseln über ein viel umfassenderes Wissen über Gruppen wie Säugetiere und Vögel als über die Pflanzen. Es sind diese beiden Klassen, die uns die meisten unserer Fakten über die geografische Verteilung der organisierten Wesen in dieser Region liefern werden.

Die Zahl der Säugetiere, von denen bekannt ist, dass sie in der indisch-malaiischen Region leben, ist mit über 170 Arten sehr beträchtlich. Mit Ausnahme der Fledermäuse verfügt keine von ihnen über eine regelmäßige Möglichkeit, viele Meilen ausgedehnte Meeresarme zu passieren, und eine Betrachtung ihrer Verbreitung muss uns daher sehr dabei helfen, festzustellen, ob diese Inseln jemals miteinander oder mit anderen verbunden waren Der Kontinent seit der Epoche existierender Arten.

Der Quadrumana- oder Affenstamm ist eines der charakteristischsten Merkmale dieser Region. Es ist bekannt, dass vierundzwanzig verschiedene Arten dort leben, und diese sind mit erträglicher Gleichmäßigkeit über die Inseln verteilt, neun kommen auf Java, zehn auf der malaiischen Halbinsel, elf auf Sumatra und dreizehn auf Borneo vor. Die großen menschenähnlichen Orang-Utans kommen nur auf Sumatra und Borneo vor; der merkwürdige Siamang (in der Größe neben ihnen) auf Sumatra und Malakka; der Langnasenaffe kommt nur auf Borneo vor; während es auf jeder Insel Vertreter der Gibbons oder Langarmaffen und der Affen gibt. Die lemurähnlichen Tiere Nycticebus , Tarsius und Galeopithecus kommen auf allen Inseln vor.

Sieben auf der malaiischen Halbinsel vorkommende Arten kommen auch auf Sumatra vor, vier auf Borneo und drei auf Java; während zwei nach Siam und Burma reichen und einer nach Nordindien. Mit Ausnahme des Orang-Utans, des Siamangs, des Tarsius -Spektrums und des Galeopithecus sind alle malaiischen Quadrumana -Gattungen in Indien durch eng verwandte Arten vertreten, obwohl es aufgrund der begrenzten Verbreitung der meisten dieser Tiere nur sehr wenige überhaupt gibt identisch.

Von Carnivora sind 33 Arten aus der indomalaiischen Region bekannt, von denen etwa acht auch in Burma und Indien vorkommen. Darunter sind der Tiger, der Leopard, eine Tigerkatze, die Zibetkatze und der Otter; während von den zwanzig Gattungen der malaiischen Fleischfresser in Indien dreizehn durch mehr oder weniger eng verwandte Arten vertreten sind. Beispielsweise wird der Malaiische Bär in Nordindien durch den Tibetischen Bären repräsentiert, die beide in den Gärten der Zoologischen Gesellschaft lebend zu sehen sind.

Die Zahl der Huftiere beträgt zweiundzwanzig, von denen etwa sieben bis nach Burma und Indien reichen. Alle Hirsche gehören zu besonderen Arten, mit Ausnahme von zwei, die von Malakka bis nach Indien vorkommen. Von den Rindern erreicht eine indische Art Malakka, während der Bos sondiacus von Java und Borneo auch in Siam und Burma vorkommt. Auf Sumatra findet man ein ziegenähnliches Tier, das in Indien vertreten ist; während das zweihörnige Nashorn von Sumatra und die einhörnige Art von Java, von denen lange angenommen wurde, dass sie nur auf diesen Inseln vorkommen, nun beide in Burma, Pegu und Moulmein vorkommen. Der Elefant von Sumatra, Borneo und Malakka gilt heute als identisch mit dem von Ceylon und Indien.

Mammalia- Gruppen treten dieselben allgemeinen Phänomene wieder auf. Einige Arten sind mit denen Indiens identisch. Eine viel größere Anzahl sind eng verwandte oder repräsentative Formen, während es immer eine kleine Anzahl eigenartiger Gattungen gibt, die aus Tieren bestehen, wie sie in keinem anderen Teil der Welt vorkommen. Es gibt etwa fünfzig Fledermäuse, von denen weniger als ein Viertel indische Arten sind; vierunddreißig Nagetiere (Eichhörnchen, Ratten usw.), von denen nur sechs oder acht Indianer sind; und zehn Insektenfresser , mit einer Ausnahme, die speziell für die malaiische Region gilt. Die Eichhörnchen sind sehr häufig und charakteristisch, nur zwei von fünfundzwanzig Arten kommen in Siam und Burma vor. Die Tupaias sind neugierige Insektenfresser, die Eichhörnchen sehr ähneln und fast nur auf den malaiischen Inseln vorkommen, ebenso wie der kleine Federschwanz- Ptilocerus lowii von Borneo und der neugierige Gymnurus mit der langen Schnauze und dem nackten Schwanz rafflesii .

Da die malaiische Halbinsel ein Teil des asiatischen Kontinents ist, lässt sich die Frage nach der früheren Verbindung der Inseln mit dem Festland am besten durch die Untersuchung der Arten klären, die im ehemaligen Bezirk und auch auf einigen Inseln vorkommen. Wenn wir nun die Fledermäuse, die über die Fähigkeit zum Fliegen verfügen, völlig außer Acht lassen, gibt es auf der malaiischen Halbinsel und den drei großen Inseln immer noch 48 Säugetierarten, die häufig vorkommen. Unter diesen sind sieben Quadrumana (Affen, Affen und Lemuren), Tiere, die ihr ganzes Leben in Wäldern verbringen, die nie schwimmen und die überhaupt nicht in der Lage wären, eine einzige Meile Meer zu durchqueren; neunzehn Fleischfresser, von denen einige zweifellos schwimmend überqueren könnten, aber wir können nicht annehmen, dass eine so große Zahl auf diese Weise eine Meerenge überquert hat, die, außer an einer Stelle, dreißig bis fünfzig Meilen breit ist; und fünf Huftiere, darunter der Tapir, zwei Nashornarten und ein Elefant. Außer diesen gibt es dreizehn Nagetiere und vier Insektenfresser , darunter eine Spitzmaus und sechs Eichhörnchen, deren unbeaufsichtigte Passage über zwanzig Meilen See noch unvorstellbarer ist als die der größeren Tiere.

Wenn wir jedoch zu den Fällen kommen, in denen dieselbe Art auf zwei der weiter voneinander entfernten Inseln lebt, wird die Schwierigkeit noch viel größer. Borneo ist fast 150 Meilen von Biliton entfernt, das etwa fünfzig Meilen von Banca und fünfzehn von Sumatra entfernt ist, dennoch gibt es auf Borneo und Sumatra nicht weniger als sechsunddreißig Säugetierarten. Auch Java liegt mehr als 250 Meilen von Borneo entfernt, dennoch haben diese beiden Inseln zweiundzwanzig Arten gemeinsam, darunter Affen, Lemuren, Wildochsen, Eichhörnchen und Spitzmäuse. Diese Tatsachen scheinen es absolut sicher zu machen, dass es zu einer früheren Zeit eine Verbindung zwischen all diesen Inseln und dem Festland gegeben hat, und die Tatsache, dass die meisten Tiere, die zwei oder mehr von ihnen gemeinsam haben, nur geringe oder keine Variation aufweisen, dies jedoch der Fall ist oft völlig identisch, weist darauf hin, dass die Trennung im geologischen Sinne erst kürzlich stattgefunden haben muss; das heißt, nicht früher als im Neuen Pliozän, als Landtiere begannen, sich eng mit den heute existierenden zu assimilieren.

Sogar die Fledermäuse liefern ein zusätzliches Argument, falls eines nötig wäre, um zu zeigen, dass die Inseln ohne eine frühere Verbindung nicht voneinander und vom Kontinent aus bevölkert sein konnten. Denn wäre die Art und Weise, sie mit Tieren zu versorgen, auf diese Weise erfolgt, so ist es ziemlich sicher, dass Geschöpfe, die weite Strecken fliegen können, sich als erste von Insel zu Insel ausbreiten und so eine nahezu vollkommene Gleichmäßigkeit der Arten in der gesamten Region hervorbringen würden. Eine solche Einheitlichkeit gibt es jedoch nicht, und die Fledermäuse auf jeder Insel unterscheiden sich fast, wenn nicht ganz, von den anderen Säugetieren. Beispielsweise sind auf Borneo sechzehn Arten bekannt, von denen zehn auf Java und fünf auf Sumatra vorkommen, ein Anteil, der etwa dem der Nagetiere entspricht, die über keine direkte Möglichkeit zur Wanderung verfügen. Aus dieser Tatsache lernen wir, dass die Meere, die die Inseln voneinander trennen, breit genug sind, um selbst fliegenden Tieren den Durchgang zu verhindern, und dass wir nach denselben Ursachen suchen müssen, die zu der gegenwärtigen Verteilung beider Gruppen geführt haben. Die einzige hinreichende Ursache, die wir uns vorstellen können, ist die frühere Verbindung aller Inseln mit dem Kontinent, und eine solche Veränderung steht in vollkommener Übereinstimmung mit dem, was wir über die Vergangenheit der Erde wissen, und wird durch die bemerkenswerte Tatsache wahrscheinlich gemacht, dass nur ein Aufstieg von Dreihundert Fuß würden die weiten Meere, die sie trennen, in ein riesiges, gewundenes Tal oder eine Ebene mit einer Breite von etwa dreihundert Meilen und einer Länge von zwölfhundert Meilen verwandeln. Man könnte vielleicht annehmen, dass Vögel, die die Fähigkeit zum Fliegen in so überragendem Maße besitzen, in ihrer Reichweite nicht durch Meeresarme eingeschränkt würden und daher nur wenige Hinweise auf die frühere Vereinigung oder Trennung der beiden liefern würden Inseln, auf denen sie leben. Dies ist jedoch nicht der Fall. Eine sehr große Anzahl von Vögeln scheint ebenso streng durch Wasserbarrieren eingeschränkt zu sein wie die Vierbeiner; und da sie so viel sorgfältiger gesammelt wurden, verfügen wir über umfassendere Materialien, mit denen wir arbeiten können, und sind in der Lage, daraus noch eindeutigere und zufriedenstellendere Ergebnisse abzuleiten. Einige Gruppen jedoch, wie die Wasservögel, die Watvögel und die Greifvögel, sind große Wandervögel; Andere Gruppen sind außer Ornithologen kaum bekannt. Als Beispiel für die Schlussfolgerungen der gesamten Klasse werde ich mich daher hauptsächlich auf einige der bekanntesten und bemerkenswertesten Vogelfamilien beziehen.

Die Vögel der indomalaiischen Region haben große Ähnlichkeit mit denen Indiens; denn obwohl ein sehr großer Teil der Arten ganz verschieden ist, gibt es doch nur etwa fünfzehn eigentümliche Gattungen und keine einzige Familiengruppe , die auf den früheren Bezirk beschränkt ist. Wenn wir jedoch die Inseln mit den burmesischen, siamesischen und malaiischen Ländern vergleichen, werden wir noch weniger Unterschiede feststellen und werden überzeugt sein, dass alle durch das Band einer früheren Union eng verbunden sind. In so bekannten Familien wie den Spechten, Papageien, Trogonen, Barbets, Eisvögeln, Tauben und Fasanen finden wir einige identische Arten, die in ganz Indien und bis nach Java und Borneo verbreitet sind, während ein sehr großer Teil auf Sumatra verbreitet ist und die malaiische Halbinsel.

Die Bedeutung dieser Tatsachen kann erst erkannt werden, wenn wir uns mit den Inseln der österreichisch-malaiischen Region befassen und zeigen, wie ähnliche Barrieren den Durchgang von Vögeln von einer Insel zur anderen vollständig verhindert haben, so dass von mindestens dreihundert Fünfzig Landvögel leben auf Java und Borneo, nicht mehr als zehn sind ostwärts nach Celebes gewandert. Dennoch ist die Straße von Macassar bei weitem nicht so breit wie das Java-Meer , und mindestens hundert Arten kommen auf Borneo und Java vor.

Ich werde nun zwei Beispiele nennen, um zu zeigen, wie das Wissen über die Verbreitung von Tieren unerwartete Fakten in der Vergangenheit der Erde aufdecken kann. Am östlichen Ende von Sumatra und durch eine etwa fünfzehn Meilen breite Meerenge von ihr getrennt, liegt die kleine Felseninsel Banca, die für ihre Zinnminen berühmt ist. Einer der dort ansässigen Niederländer schickte einige Sammlungen von Vögeln und Tieren nach Leyden, und unter ihnen wurden mehrere Arten gefunden, die sich von denen der angrenzenden Küste Sumatras unterscheiden. Eines davon war ein Eichhörnchen (Sciurus bangkanus), das eng mit drei anderen Arten verwandt ist, die jeweils auf der malaiischen Halbinsel, auf Sumatra und auf Borneo leben, sich aber von allen ebenso deutlich unterscheiden wie voneinander. Es gab auch zwei neue Bodendrosseln der Gattung Pitta, die eng mit zwei anderen Arten verwandt sind, die sowohl Sumatra als auch Borneo bewohnen, sich jedoch deutlich von ihnen unterscheiden und die sich auf diesen großen und weit voneinander entfernten Inseln nicht merklich unterscheiden. Das ist gerade so, als ob es auf der Isle of Man eine besondere Art von Drosseln und Amseln gäbe, die sich von den in England und Irland verbreiteten Vögeln unterscheiden.

Diese merkwürdigen Tatsachen deuten darauf hin, dass Banca als eigenständige Insel möglicherweise noch länger als Sumatra und Borneo existiert hat, und es gibt einige geologische und geografische Tatsachen, die dies nicht so unwahrscheinlich machen, wie es zunächst scheint. Obwohl Banca auf der Karte so nahe bei Sumatra erscheint, liegt das nicht daran, dass es kürzlich von Sumatra getrennt wurde; denn der angrenzende Distrikt Palembang ist Neuland, da er ein großer alluvialer Sumpf ist, der durch Sturzbäche aus den hundert Meilen entfernten Bergen gebildet wird.

Banca hingegen stimmt mit Malakka, Singapur und der dazwischen liegenden Insel Lingen darin überein , dass es aus Granit und Laterit besteht; und diese haben höchstwahrscheinlich alle einst eine Erweiterung der malaiischen Halbinsel gebildet. Da die Flüsse von Borneo und Sumatra seit Jahrhunderten das dazwischenliegende Meer füllen, können wir sicher sein, dass seine Tiefe in letzter Zeit größer geworden ist, und es ist sehr wahrscheinlich, dass diese großen Inseln nie direkt miteinander verbunden waren, außer durch die malaiische Halbinsel . Zu dieser Zeit könnten dieselben Eichhörnchen- und Pitta-Arten in allen diesen Ländern gelebt haben; als aber die unterirdischen Unruhen auftraten, die zur Erhebung der Vulkane von Sumatra führten, könnte die kleine Insel Banca zuerst abgetrennt worden sein, und ihre auf diese Weise isolierten Produktionen könnten sich allmählich verändert haben, bevor die Abtrennung der größeren Inseln abgeschlossen war.

Als sich der südliche Teil von Sumatra nach Osten ausdehnte und die schmale Meerenge von Banca bildete, überquerten viele Vögel und Insekten sowie einige Säugetiere von einem zum anderen und erzeugten so eine allgemeine Ähnlichkeit der Produktionen, während einige der älteren Bewohner dort blieben verraten durch ihre unterschiedlichen Formen ihren unterschiedlichen Ursprung. Sofern wir nicht annehmen, dass solche Veränderungen in der physischen Geographie stattgefunden haben, ist die Anwesenheit besonderer Vogel- und Säugetierarten auf einer Insel wie Banca ein hoffnungsloses Rätsel. und ich glaube, ich habe gezeigt, dass die erforderlichen Änderungen keineswegs so unwahrscheinlich sind, wie ein bloßer Blick auf die Karte vermuten lässt.

Als nächstes Beispiel nehmen wir die großen Inseln Sumatra und Java. Diese nähern sich so nahe beieinander, und die Kette von Vulkanen, die durch sie verläuft, verleiht den beiden einen solchen Eindruck von Einheit, dass man sofort denkt, sie seien erst vor Kurzem getrennt worden. Die Eingeborenen Javas gehen jedoch noch weiter; denn sie haben tatsächlich eine Überlieferung der Katastrophe, die sie auseinanderbrach, und legen deren Datum auf nicht viel mehr als tausend Jahre fest. Es wird daher interessant zu sehen, welche Unterstützung diese Ansicht durch den Vergleich ihrer Tierproduktionen erhält.

Die Säugetiere wurden auf beiden Inseln nicht vollständig genug gesammelt, um einen allgemeinen Vergleich von großem Nutzen zu ermöglichen, und so viele Arten wurden nur als lebende Exemplare in Gefangenschaft erhalten, dass ihr Fundort oft fälschlicherweise mit der Insel angegeben wurde, auf der sie sich befanden erhalten, indem sie das ersetzen, woraus sie ursprünglich kamen. Wenn wir nur diejenigen berücksichtigen, deren Verbreitung genauer bekannt ist, erfahren wir, dass Sumatra im zoologischen Sinne näher mit Borneo als mit Java verwandt ist. Die großen menschenähnlichen Affen, der Elefant, der Tapir und der Malaiische Bär, kommen alle in den beiden erstgenannten Ländern vor, während sie in den letztgenannten Ländern fehlen. Von den drei Schwanzaffen (Semnopithecus), die Sumatra bewohnen, reicht einer bis nach Borneo, aber die beiden Java-Arten sind ihm beide eigen. So auch der große Malaiische Hirsch (Rusa equina) und der kleine Tragulus Kanchil sind auf Sumatra und Borneo verbreitet, kommen aber nicht nach Java vor, wo sie durch Tragulas ersetzt werden javanicus . Der Tiger kommt zwar auf Sumatra und Java vor, aber nicht auf Borneo. Aber da dieses Tier dafür bekannt ist, gut zu schwimmen, könnte es seinen Weg über die Straße von Sunda gefunden haben , oder es könnte Java bewohnt haben, bevor es vom Festland getrennt wurde, und aus unbekannten Gründen auf Borneo nicht mehr existieren.

In der Ornithologie besteht eine gewisse Unsicherheit, da die Vögel von Java und Sumatra viel bekannter sind als die von Borneo; aber die alte Trennung von Java als Insel wird durch die große Anzahl seiner Arten deutlich, die auf keiner der anderen Inseln vorkommen. Es besitzt nicht weniger als sieben eigene Tauben, während Sumatra nur eine hat. Einer seiner beiden Papageien reicht bis nach Borneo, aber nicht bis nach Sumatra. Von den fünfzehn Spechtarten, die auf Sumatra leben, erreichen nur vier Java, acht davon kommen auf Borneo und zwölf auf der malaiischen Halbinsel vor. Die beiden auf Java gefundenen Trogonen sind eine Besonderheit für Java, während von den auf Sumatra lebenden Tieren mindestens zwei bis nach Malakka und einer bis nach Borneo reichen. Es gibt eine sehr große Anzahl von Vögeln, wie den großen Argusfasan, den Feuerrücken- und Augenfasan, das Rebhuhn (Rollulus) . coronatus), der kleine Malakka-Papagei (Psittinus incertus), der Große Helmnahornvogel (Buceroturus) . galeatus), der Fasanen-Bodenkuckuck (Carpococcyx radiatus), der Rosenschopf-Bienenfresser (Nyctiornis amicta), der Große Klaffen (Corydon sumatranus) und der Grünschopfklaffen (Calyptomena) . viridis) und viele andere, die in Malakka, Sumatra und Borneo verbreitet sind, auf Java jedoch völlig fehlen. Auf der anderen Seite haben wir den Pfau, den grünen Dschungelhahn und zwei blaue Erddrosseln (Arrenga) . Cyanea und Myophonus flavirostris), die schöne Rosakopftaube (Ptilonopus porphyreus), drei Breitschwanztauben (Macropygia) und viele andere interessante Vögel, die nirgendwo im Archipel außerhalb von Java zu finden sind.

Insekten liefern uns ähnliche Tatsachen überall dort, wo ausreichende Daten vorhanden sind, aber aufgrund der reichhaltigen Sammlungen, die auf Java gemacht wurden, könnte dieser Insel ein ungerechtfertigtes Übergewicht eingeräumt werden. Dies scheint jedoch bei den echten Papilionidae oder Schwalbenschwanzschmetterlingen nicht der Fall zu sein , deren große Größe und prächtige Färbung dazu geführt hat, dass sie häufiger gesammelt werden als andere Insekten. Von Java sind 27 Arten bekannt, von Borneo 29 und von Sumatra nur 21. Vier sind ausschließlich auf Java beschränkt, während nur zwei auf Borneo und eine auf Sumatra vorkommen. Die Isolation von Java lässt sich jedoch am besten zeigen, indem man die Inseln in Paaren gruppiert und die Anzahl der Arten angibt, die jedem Paar gemeinsam sind. Daher:-

Borneo. . . .. 29 Arten

Sumatra.. . . . 21 tun . 20 Arten kommen auf beiden Inseln vor.

Borneo. . . .. 29 tun .

Java . . . . . . 27 tun . 20 tun. Tun.

Sumatra.. . . . 21 tun .

Java . . . . . . 27 tun . 11 tun. Tun.

Unter Berücksichtigung unserer unvollständigen Kenntnis der Sumatra-Arten sehen wir, dass Java von den beiden größeren Inseln stärker isoliert ist als sie voneinander, was die Ergebnisse der Verbreitung von Vögeln und Säugetieren vollständig bestätigt und fast sicher macht dass die letztgenannte Insel die erste war, die vollständig vom asiatischen Kontinent getrennt wurde, und dass die einheimische Überlieferung, sie sei kürzlich von Sumatra getrennt worden, völlig unbegründet sei.

Wir sind nun in der Lage, den Hergang der Ereignisse mit einiger Wahrscheinlichkeit nachzuvollziehen. Beginnend mit der Zeit, als das gesamte Java-Meer , der Golf von Siam und die Straße von Malakka trockenes Land waren und mit Borneo, Sumatra und Java eine riesige südliche Verlängerung des asiatischen Kontinents bildeten, war die erste Bewegung die Absinken des Java-Meeres und der Sunda -Straße als Folge der Aktivität der javanischen Vulkane am südlichen Ende des Landes und zur vollständigen Trennung dieser Insel. Als der Vulkangürtel von Java und Sumatra an Aktivität zunahm, geriet immer mehr Land unter Wasser, bis zunächst Borneo und später Sumatra vollständig abgetrennt wurden. Seit der Epoche der ersten Störung könnten mehrere deutliche Hebungen und Senken stattgefunden haben, und die Inseln könnten mehr als einmal miteinander oder mit dem Festland verbunden und wieder getrennt worden sein. Aufeinanderfolgende Einwanderungswellen könnten somit ihre Tierproduktion verändert und zu jenen Anomalien in der Verteilung geführt haben, die so schwer durch einen einzelnen Vorgang des Hebens oder Versenkens zu erklären sind. Die Form Borneos, die aus strahlenförmig verlaufenden Gebirgsketten mit dazwischen liegenden breiten Schwemmtälern besteht, legt die Annahme nahe, dass es einst viel stärker überflutet war als heute (wo es in seinen Umrissen Celebes oder Gilolo etwas ähnelte) und vergrößert wurde zu seinen heutigen Ausmaßen durch die Auffüllung seiner Abgründe mit Sedimentmaterial, unterstützt durch eine allmähliche Anhebung des Landes. Sumatra ist offenbar auch durch die Bildung von Schwemmlandebenen entlang seiner Nordostküste stark vergrößert worden.

Es gibt eine Besonderheit in der Produktion Javas, die sehr rätselhaft ist — das Vorkommen mehrerer Arten oder Gruppen, die für die siamesischen Länder oder Indien charakteristisch sind, aber auf Borneo oder Sumatra nicht vorkommen. Unter den Säugetieren ist das Nashorn javanicus das auffälligste Beispiel, denn eine eigene Art kommt auf Borneo und Sumatra vor, während die javanische Art in Burma und sogar in Bengalen vorkommt. Unter den Vögeln gibt es die kleine Bodentaube Geopelia striata und die seltsame bronzefarbene Elster Crypsirhina Varians sind in Java und Siam verbreitet; während es auf Java Arten von Pteruthius , Arrenga , Myiophonus , Zoothera , Sturnopastor und Estrelda gibt, deren nahe Verwandte in verschiedenen

Teilen Indiens vorkommen, während nichts Vergleichbares auf Borneo oder Sumatra bekannt ist.

Ein so merkwürdiges Phänomen wie dieses kann nur verstanden werden, wenn man annimmt, dass Borneo nach der Trennung von Java fast vollständig untergetaucht war und bei seiner Wiedererhebung eine Zeit lang mit der malaiischen Halbinsel und Sumatra verbunden war, nicht jedoch mit Java oder Siam. Jeder Geologe, der weiß, wie Schichten verzerrt und geneigt wurden und wie Erhebungen und Senken oft abwechselnd aufgetreten sein müssen, nicht nur einmal oder zweimal, sondern Dutzende und sogar Hunderte Male, wird keine Schwierigkeiten haben, zuzugeben, dass solche Veränderungen stattgefunden haben hier angedeutet, sind an sich nicht unwahrscheinlich. Die Existenz ausgedehnter Kohlenvorkommen in Borneo und Sumatra, die so jungen Ursprungs sind, dass die Blätter, die in ihren Schiefern reichlich vorhanden sind, kaum von denen der Wälder zu unterscheiden sind, die jetzt das Land bedecken, beweisen, dass solche Niveauänderungen tatsächlich stattgefunden haben; und es ist sowohl für den Geologen als auch für den philosophischen Naturforscher von großem Interesse, sich eine Vorstellung von der Reihenfolge dieser Veränderungen zu machen und zu verstehen, wie sie zur tatsächlichen Verteilung des tierischen Lebens in diesen Gebieten geführt haben könnten Länder; Eine Verteilung, die oft so seltsame und widersprüchliche Phänomene darstellt, dass wir uns ohne Berücksichtigung solcher Veränderungen nicht einmal vorstellen können, wie sie zustande gekommen sein könnten.

KAPITEL X.
BALI UND LOMBOCK.

(JUNI, JULI 1856.)

die Inseln Bali und Lombock , die am östlichen Ende Javas liegen. Sie sind die einzigen Inseln des gesamten Archipels, auf denen die Hindu-Religion noch erhalten bleibt – und sie bilden die äußersten Punkte der beiden großen zoologischen Abteilungen der östlichen Hemisphäre; Denn obwohl sie sich im äußeren Erscheinungsbild und in allen körperlichen Merkmalen so ähnlich sind, unterscheiden sie sich doch in ihren natürlichen Erzeugnissen stark. Nachdem ich zwei Jahre in Borneo, Malakka und Singapur verbracht hatte, machte ich auf dem Weg nach Makassar einen etwas unfreiwilligen Besuch auf diesen Inseln. Hätte ich von Singapur aus eine direkte Überfahrt zu diesem Ort erhalten können, wäre ich wahrscheinlich nie in ihre Nähe gekommen und hätte einige der wichtigsten Entdeckungen meiner gesamten Ostexpedition verpasst.

Es war am 13. Juni 1856, nach einer zwanzigtägigen Überfahrt von Singapur im „ Kembang" . Djepoon " (Rose von Japan), ein Schoner eines chinesischen Kaufmanns, bemannt mit einer javanischen Besatzung und kommandiert von einem englischen Kapitän, ließen wir in der gefährlichen Reede von Bileling auf der Nordseite der Insel Bali vor Anker gehen An Land mit dem Kapitän und dem chinesischen Supercargo wurde ich sofort in eine neuartige und interessante Szene eingeführt. Wir gingen zuerst zum Haus des chinesischen Bandar oder Oberhändlers, wo wir eine Reihe gut gekleideter Eingeborener vorfanden Sie sind auffällig mit Krissen bewaffnet und zeigen ihre großen Griffe aus Elfenbein oder Gold oder wunderschön gemasertem und poliertem Holz.

Die Chinesen hatten ihre Nationaltracht aufgegeben und die malaiische Kleidung angenommen und waren kaum noch von den Ureinwohnern der Insel zu unterscheiden – ein Hinweis auf die enge Verwandtschaft der malaysischen und mongolischen Rasse. Im dichten Schatten einiger Mangobäume in der Nähe des Hauses verkauften mehrere Händlerinnen Baumwollwaren; denn hier handeln und arbeiten die Frauen zum Wohle ihrer Ehemänner, ein Brauch, den mahometanische Malaysier nie übernehmen. Obst, Tee, Kuchen und Süßigkeiten wurden uns gebracht; Es wurden viele Fragen zu unserem Geschäft und der Handelslage in Singapur gestellt und wir machten anschließend einen Spaziergang, um uns das Dorf anzusehen. Es war ein sehr langweiliger und trostloser Ort; eine Ansammlung enger Gassen, die von hohen Lehmmauern begrenzt sind und Bambushäuser einschließen, in die wir einige betraten und die sehr freundlich empfangen wurden.

Während der zwei Tage, die wir hier blieben, wanderte ich in die umliegende Landschaft, um Insekten zu fangen, Vögel zu schießen und die Kahlheit oder Fruchtbarkeit des Landes auszukundschaften. Ich war sowohl erstaunt als auch erfreut; denn da mein Besuch auf Java einige Jahre später stattfand, hatte ich außerhalb Europas noch nie einen so schönen und gut gepflegten Bezirk gesehen. Eine leicht hügelige Ebene erstreckt sich von der Meeresküste etwa zehn bis zwölf Meilen landeinwärts, wo sie von einer breiten Reihe bewaldeter und kultivierter Hügel begrenzt wird. Häuser und Dörfer, die durch dichte Gruppen von Kokospalmen, Tamarinden und anderen Obstbäumen abgegrenzt sind, sind in alle Richtungen verstreut; während sich zwischen ihnen üppige Reisfelder erstrecken, die durch ein ausgeklügeltes Bewässerungssystem bewässert werden, das der Stolz der am besten kultivierten Teile Europas sein würde. Die gesamte Oberfläche des Landes ist in unregelmäßige Flecken unterteilt, die den Wellen des Bodens folgen und eine Ausdehnung von vielen Acres bis zu einigen wenigen Quadratzentimetern haben. Jeder dieser Flecken ist selbst völlig eben, liegt jedoch einige Zoll oder mehrere Fuß über oder unter den angrenzenden Flecken dazu. Jedes dieser Gebiete kann durch ein System von Gräben und kleinen Kanälen, in die alle von den Bergen herabfließenden Bäche umgeleitet werden, nach Belieben überflutet oder entwässert werden. Auf jedem Beet befanden sich jetzt Nutzpflanzen in unterschiedlichen Wachstumsstadien, von denen einige fast zum Schneiden bereit waren, und alle in prächtigstem Zustand und von den erlesensten Grüntönen.

Die Seiten der Gassen und Reitwege waren oft von stacheligen Kakteen und einer blattlosen Euphorbia gesäumt, aber da das Land so stark kultiviert war, gab es außer am Meeresstrand nicht viel Platz für einheimische Vegetation. Wir sahen viele der schönen Hausrinderrassen, die vom Bos Banteng Javas abstammen, von halbnackten Jungen getrieben oder auf Weideflächen angebunden werden. Es sind große und hübsche Tiere von hellbrauner Farbe , mit weißen Beinen und einem auffälligen ovalen Fleck am Hintern in derselben Farbe . In den Bergen soll es noch immer Wildrinder derselben Rasse geben. In einem so gut kultivierten Land war nicht zu erwarten, dass ich viel in der Naturgeschichte tun könnte, und meine Unkenntnis darüber, wie wichtig dieser Ort für die Aufklärung der geographischen Verbreitung von Tieren war, veranlasste mich, die Beschaffung einiger Exemplare zu versäumen Ich habe mich nie wieder getroffen. Einer davon war ein Webervogel mit leuchtend gelbem Kopf, der seine flaschenförmigen Nester zu Dutzenden auf einigen Bäumen in Strandnähe baute. Es war der Ploceus Hypoxantha , gebürtig aus Java; und hier, an den äußersten Grenzen seines Verbreitungsgebiets im Westen, habe ich Exemplare einer Bachstelze, eines Pirols und einiger Stare geschossen und konserviert, alles Arten, die auf Java vorkommen und von denen einige nur auf dieser Insel vorkommen. Ich habe auch einige wunderschöne

Schmetterlinge erhalten, die reich mit Schwarz und Orange auf weißem Grund gezeichnet waren und die am häufigsten vorkommenden Insekten auf den Landstraßen waren. Darunter befand sich eine neue Art, die ich Pieris tamar genannt habe .

Von Bileling aus brachte uns eine angenehme zweitägige Fahrt nach Ampanam auf der Insel Lombock , wo ich bleiben wollte, bis ich eine Überfahrt nach Macassar erhalten konnte. Wir genossen einen herrlichen Blick auf die Zwillingsvulkane Bali und Lombock , die jeweils etwa achttausend Fuß hoch sind und bei Sonnenaufgang und Sonnenuntergang prächtige Objekte bilden, wenn sie aus den Nebeln und Wolken, die ihre Basen umgeben, aufsteigen und in satten und wechselnden Farbtönen leuchten Dies sind die bezauberndsten Momente an einem tropischen Tag.

Die Bucht oder Reede von Ampanam ist ausgedehnt, und da sie zu dieser Jahreszeit vor den vorherrschenden Südostwinden geschützt war, war sie so glatt wie ein See. Der Strand aus schwarzem Vulkansand ist sehr steil und es herrscht ständig eine starke Brandung, die bei Springfluten so stark zunimmt, dass es für Boote oft unmöglich ist, an Land zu gehen, und es kam zu vielen schweren Unfällen. Wo wir vor Anker lagen, etwa eine Viertelmeile vom Ufer entfernt, war nicht die geringste Dünung wahrnehmbar, aber als wir näher kamen, begannen Wellen, die schnell zunahmen und Rollen bildeten, die in regelmäßigen Abständen mit einem Geräusch auf den Strand fielen wie Donner. Manchmal nimmt diese Brandung bei vollkommener Windstille plötzlich zu und erreicht eine so große Kraft und Heftigkeit wie bei einem Sturm, der alle Boote, die vielleicht nicht hoch genug an den Strand gezogen wurden, in Stücke reißt und unvorsichtige Eingeborene davonträgt. Diese heftige Brandung hängt wahrscheinlich in gewisser Weise vom Wellengang des großen südlichen Ozeans und den heftigen Strömungen ab, die durch die Straße von Lombock fließen . Diese sind so unsicher, dass Schiffe, die in der Bucht vor Anker gehen, manchmal plötzlich in die Meerenge geschwemmt werden und erst zwei Wochen lang zurückkehren können.

Was die Seeleute die „Wellen" nennen, ist in der Meerenge ebenfalls sehr heftig, das Meer scheint zu kochen, zu schäumen und zu tanzen wie die Stromschnellen unter einem Katarakt; Schiffe werden hilflos umhergeschwemmt, und kleine Schiffe werden gelegentlich bei schönstem Wetter und strahlendem Himmel überschwemmt.

Ich fühlte mich erheblich erleichtert, als alle meine Kisten und ich in Sicherheit durch die verschlingende Brandung gelangt waren, auf die die Eingeborenen mit einigem Stolz blicken und sagen: „Ihr Meer ist immer hungrig und frisst alles auf, was es fangen kann." Ich wurde freundlich von Mr. Carter empfangen, einem Engländer, einem der Bandars oder lizenzierten Händler des Hafens, der mir während meines Aufenthalts

Gastfreundschaft und jegliche Hilfe bot. Sein Haus, seine Lagerhäuser und Büros befanden sich in einem Hof, der von einem hohen Bambuszaun umgeben war, und waren vollständig aus Bambus mit einer Grasfläche, den einzigen verfügbaren Baumaterialien, gebaut. Sogar diese waren jetzt sehr knapp, da der Wiederaufbau des Ortes seit dem großen Brand einige Monate zuvor, der in ein oder zwei Stunden alle Gebäude der Stadt zerstört hatte, viel Aufwand erforderte.

Am nächsten Tag besuchte ich Herrn S., einen anderen Kaufmann, dem ich Empfehlungsschreiben mitgebracht hatte und der etwa sieben Meilen entfernt wohnte. Herr Carter lieh mir freundlicherweise ein Pferd, und ich wurde von einem jungen niederländischen Herrn aus Ampanam begleitet , der sich bereit erklärte, mein Führer zu sein. Wir durchquerten zunächst die Stadt und die Vororte auf einer geraden Straße, die von Lehmmauern und einer schönen Allee mit hohen Bäumen gesäumt war. dann durch Reisfelder, die auf die gleiche Weise bewässert wurden, wie ich sie in Bileling gesehen hatte ; und anschließend über sandige Weiden in Meeresnähe und gelegentlich auch am Strand entlang. Herr S. empfing uns freundlich und bot mir eine Unterkunft in seinem Haus an, falls ich das in der Nachbarschaft fürchte günstig für meine Beschäftigungen. Nach einem frühen Frühstück gingen wir auf Erkundungstour und nahmen Waffen und Insektennetze mit. Wir erreichten einige niedrige Hügel, die den günstigsten Boden zu bieten schienen , fuhren über Sümpfe, mit groben Seggen bewachsene Sandebenen und durch Weiden und kultivierte Böden, fanden jedoch weder Vögel noch Insekten im Weg. Auf unserem Weg kamen wir an ein oder zwei menschlichen Skeletten vorbei, die in einem kleinen Bambuszaun eingeschlossen waren, zusammen mit der Kleidung, dem Kissen, der Matte und der Betelbüchse des unglücklichen Individuums, das entweder ermordet oder hingerichtet worden war. Als wir zum Haus zurückkehrten, trafen wir auf einen Besuch eines balinesischen Häuptlings und seiner Anhänger. Die Höhergestellten saßen auf Stühlen, die anderen hockten auf dem Boden. Der Häuptling verlangte ganz kühl Bier und Schnaps und bediente sich und seine Anhänger, offenbar mehr aus Neugier als aus irgendetwas anderem, was das Bier betraf, denn es schien ihnen sehr geschmacklos, während sie den Schnaps in Gläsern mit großem Genuss tranken.

Als ich nach Ampanam zurückkehrte , widmete ich mich einige Tage lang dem Fotografieren der Vögel in der Nachbarschaft . Die schönen Feigenbäume der Alleen, wo ein Markt stattfand, wurden von prächtigen Pirolen (Oriolus) gepachtet broderpii) von kräftiger oranger Farbe und typisch für diese Insel und die angrenzenden Inseln Sumbawa und Flores. Überall in der Stadt gab es eine Fülle neugieriger Tropidorhynchus timoriensis , verwandt mit dem australischen Mönchsvogel . Sie werden hier „Quaich-quaich" genannt, wegen ihrer seltsam lauten Stimme, die diese

Worte in verschiedenen und nicht unmelodischen Tonlagen zu wiederholen scheint.

Jeden Tag sah man Jungen auf den Straßen, an Hecken und Gräben spazieren und mit Vogelleim Libellen fangen. Sie tragen einen schlanken Stock mit ein paar Zweigen am Ende, die gut gesalbt sind , sodass das Insekt bei der geringsten Berührung gefangen wird. Seine Flügel werden abgerissen, bevor es in einen kleinen Korb gelegt wird. Zur Zeit der Reisblüte gibt es so viele Libellen, dass bald Tausende auf diese Weise gefangen werden. Die Körper werden in Öl mit Zwiebeln und eingelegten Garnelen oder manchmal auch einzeln gebraten und gelten als große Delikatesse. Auf Borneo, Celebes und vielen anderen Inseln werden die Larven von Bienen und Wespen gegessen, entweder lebend, wenn sie aus den Zellen gezogen werden, oder gebraten wie die Libellen. Auf den Molukken werden die Larven des Palmenkäfers (Calandra) regelmäßig in Bambusstämmen auf den Markt gebracht und als Nahrungsmittel verkauft; und viele der gehörnten Lamellenkäfer werden auf der Glut leicht geröstet und gegessen, wann immer sie ihnen begegnen. Daher machen sich diese Inselbewohner den Überfluss an Insekten zunutze.

Als ich feststellte, dass es nicht sehr viele Vögel gab, und viel von Labuan Tring am südlichen Ende der Bucht hörte, wo es angeblich viel unkultiviertes Land und viele Vögel sowie Hirsche und Wildschweine gab, beschloss ich, mit meinen Vögeln dorthin zu gehen zwei Diener, Ali, der malaiische Junge aus Borneo, und Manuel, ein Portugiese aus Malakka, der es gewohnt ist, Vögel zu häuten. Ich mietete ein einheimisches Boot mit Auslegern, um uns mit unserem kleinen Gepäck zu befördern, und ein Tag lang ruderte und fuhr ich am Ufer entlang und brachte uns an diesen Ort.

Ich hatte eine Empfehlungsschreiben an einen amboynesischen Malaien und erhielt die Nutzung eines Teils seines Hauses zum Wohnen und Arbeiten. Sein Name war „ Inchi Daud" (Herr David) und er war sehr höflich; aber seine Unterbringungsmöglichkeiten waren begrenzt, und er konnte mir nur einen Teil seines Empfangszimmers mieten. Dies war der vordere Teil eines Bambushauses (zu erreichen über eine etwa sechs, sehr weit auseinander liegende Leiter) und bot einen wunderschönen Blick über die Bucht. Ich traf jedoch bald alle möglichen Vorkehrungen und machte mich dann an die Arbeit. Die Umgebung war für mich hübsch und neuartig, sie bestand aus schroffen Vulkanhügeln, die flache Täler oder offene Ebenen umschlossen. Die Hügel waren mit einem dichten Buschwerk aus Bambus und stacheligen Bäumen und Sträuchern bedeckt, die Ebenen waren mit Hunderten von edlen Palmen geschmückt und an vielen Stellen gab es eine üppige Strauchvegetation. Vögel gab es zahlreich und sehr interessant, und ich sah jetzt zum ersten Mal viele australische Arten, die auf den Inseln im Westen überhaupt nicht vorkommen. Kleine weiße Kakadus waren reichlich vorhanden und ihre lauten Schreie, ihre auffällige weiße Farbe und ihre hübschen gelben Hauben machten sie zu einem sehr wichtigen Merkmal der Landschaft. Dies ist der westlichste Punkt der Erde, an dem sich Angehörige der Familie aufhalten. Einige kleine Honigsauger der Gattung Ptilotis und der seltsame Hügelmacher (Megapodius gouldii) trafen hier ebenfalls zum ersten Mal auf der Reise des Reisenden nach Osten. Der letztgenannte Vogel erfordert eine ausführlichere Bekanntmachung.

Die Megapodidae sind eine kleine Vogelfamilie, die nur in Australien und den umliegenden Inseln vorkommt, sich aber bis zu den Philippinen und im Nordwesten Borneos erstreckt. Sie sind mit den Hühnervögeln verwandt, unterscheiden sich jedoch von diesen und allen anderen dadurch, dass sie nie auf ihren Eiern sitzen, die sie in Sand, Erde oder Müll vergraben und durch die Hitze der Sonne oder durch Gärung zum Schlüpfen bringen. Sie alle zeichnen sich durch sehr große Füße und lange gebogene Krallen aus, und die meisten Megapodius-Arten harken und kratzen alle Arten von Müll, toten Blättern, Stöcken, Steinen, Erde, morschem Holz usw. zusammen, bis sie einen großen Hügel bilden , oft sechs Fuß hoch und zwölf Fuß breit, in deren Mitte sie ihre Eier vergraben. Die Eingeborenen können am Zustand dieser Hügel erkennen, ob sie Eier enthalten oder nicht; und sie rauben sie aus, wann immer sie können, denn die ziegelroten Eier (so groß wie die eines Schwans) gelten als große Delikatesse. Es wird gesagt, dass sich eine Reihe von Vögeln an der Bildung dieser Hügel beteiligen und ihre Eier zusammenlegen, so dass manchmal vierzig oder fünfzig gefunden werden können. Die Hügel sind hier und da in dichten Dickichten anzutreffen und stellen für Fremde große Rätsel dar, die nicht verstehen können, wer an solch abgelegenen Orten Wagenladungen Müll angehäuft haben kann; und wenn sie sich bei den Eingeborenen erkundigen , sind sie kaum klüger, denn es kommt ihnen fast immer wie eine wilde Romantik vor, wenn man ihnen erzählt, dass alles von Vögeln erledigt wird. Die in Lombock vorkommende Art ist etwa so groß wie eine kleine Henne und komplett in dunklen Oliv- und Brauntönen gehalten. Es ist ein vielseitiger Fresser, der gefallene Früchte, Regenwürmer, Schnecken und Tausendfüßler frisst, aber das Fleisch ist weiß und wohlschmeckend, wenn es richtig gekocht wird.

Die großen grünen Tauben fraßen immer noch besser und waren viel zahlreicher. Diese schönen Vögel, die an Größe unsere größten zahmen Tauben übertrafen, tummelten sich auf den Palmen, die jetzt riesige Fruchtbüschel trugen – bloße harte, kugelige Nüsse von etwa einem Zoll Durchmesser, bedeckt mit einer trockenen grünen Schale und einem sehr kleinen Teil aus Zellstoff. Wenn man sich den Schnabel und den Kopf der Taube ansieht, scheint es unmöglich, dass sie so große Mengen verschlucken oder daraus Nahrung gewinnen könnte; Dennoch habe ich diese Vögel oft mit mehreren Palmenfrüchten im Kropf geschossen, die im Allgemeinen zerplatzten, wenn sie zu Boden fielen. Ich habe hier acht Arten von Eisvögeln gefunden; Darunter befand sich ein sehr schönes neues Exemplar, benannt nach Herrn Gould, Halcyon fulgidus . Man fand ihn immer im Dickicht, fernab von Wasser, und schien sich nach Art des großen Lachenden Esels Australiens von Schnecken und Insekten zu ernähren, die vom Boden aufgesammelt wurden. Die wunderschönen kleinen violetten und orangefarbenen Arten (Ceyx rufidorsa) kommt in ähnlichen Situationen vor und schießt schnell wie eine Feuerflamme dahin. Hier traf ich auch zum ersten Mal auf den hübschen australischen Bienenfresser (Merops) . ornatus). Dieser elegante kleine Vogel sitzt auf Zweigen an offenen Stellen, blickt gespannt um sich und schießt von Zeit zu Zeit davon, um ein Insekt zu fangen, das er in der Nähe fliegen sieht. Danach kehrt er zum selben Zweig zurück, um ihn zu schlucken. Sein langer, scharfer, gebogener Schnabel, die beiden langen, schmalen Federn in seinem Schwanz, sein wunderschönes grünes Gefieder mit satten Braun- und Schwarztönen und leuchtendem Blau an der Kehle machen ihn zu einem der anmutigsten und interessantesten Objekte, die ein Naturforscher sehen kann erstes Mal.

Von allen Lombock -Vögeln suchte ich jedoch am meisten nach den schönen Bodendrosseln (Pitta Concinna) und hatte immer Glück, wenn ich eine erwischte. Sie wurden nur in trockenen Ebenen gefunden, die dicht mit Dickicht bedeckt und zu dieser Jahreszeit mit toten Blättern bedeckt waren. Sie waren so schüchtern, dass es sehr schwierig war, auf sie zu schießen, und erst nach viel Übung habe ich herausgefunden, wie man das macht. Die Gewohnheit dieser Vögel besteht darin, auf dem Boden herumzuhüpfen, Insekten aufzusammeln und beim geringsten Alarm in das dichteste Dickicht zu rennen oder einen Flug in Bodennähe zu unternehmen. Von Zeit zu Zeit stoßen sie einen eigentümlichen Schrei aus zwei Tönen aus, den man sofort wiedererkennt , wenn man ihn einmal hört , und man kann sie auch zwischen den trockenen Blättern hüpfen hören.

Meine Praxis bestand daher darin, vorsichtig die schmalen Pfade entlang zu gehen, die das Land in Hülle und Fülle übersäte, und, wenn ich Anzeichen für die Nähe eines Pitta entdeckte, regungslos zu stehen und gelegentlich einen sanften Pfiff auszustoßen, wobei ich die Töne so nah wie möglich nachahmte. Nach einer halben Stunde Wartezeit wurde ich oft damit belohnt, dass ich den hübschen Vogel im Dickicht hüpfen sah. Dann würde ich es vielleicht wieder aus den Augen verlieren, bis ich mit erhobener und schussbereiter Waffe durch einen zweiten Blick meine Beute sichern und sein weiches, bauschiges Gefieder und seine schönen Farben bewundern konnte . Der obere Teil ist satt zartgrün, der Kopf tiefschwarz mit einem blauen und braunen Streifen über jedem Auge; Am Schwanzansatz und auf den Schultern befinden sich leuchtend silbrig-blaue Bänder; Die Unterseite ist zart gelbbraun mit einem kräftigen Karmesinrotstreifen, der am Bauch schwarz eingefasst ist. Wunderschöne grasgrüne Tauben, kleine purpurrote und schwarze Blumenspechte, große schwarze Kuckucke, metallene Königskrähen, goldene Pirole und die schönen Dschungelhähne – der Ursprung aller unserer heimischen Geflügelrassen – gehörten zu den Vögeln, die die Vögel am meisten anzogen meine Aufmerksamkeit während unseres Aufenthalts in Labuan Tring.

Das charakteristischste Merkmal des Dschungels war seine Dornigkeit. Die Sträucher waren dornig; die Schlingpflanzen waren dornig; der Bambus war sogar dornig. Alles verlief zickzack- und zackenförmig und in einem unentwirrbaren Gewirr, so dass es im Allgemeinen nicht möglich war, mit Gewehr, Netz oder auch nur Brille durch den Busch zu gelangen, und an solchen Orten war das Fangen von Insekten ausgeschlossen. An solchen Orten lauerten die Pittas oft, und wenn sie erschossen wurden, war es schwierig, den Vogel zu fangen, und nur selten konnte der Preis ohne eine hohe Bezahlung in Form von Stichen, Kratzern und zerrissener Kleidung gewonnen werden. Der trockene vulkanische Boden und das trockene Klima scheinen die Entstehung solch verkümmerter und dorniger Vegetation zu begünstigen, denn die Eingeborenen versicherten mir, dass dies nichts im Vergleich zu den Dornen und Stacheln von Sumbawa sei, deren Oberfläche noch immer die Schicht aus Vulkanasche trägt, die vor vierzig Jahren von ihnen ausgeworfen wurde der schreckliche Ausbruch des Tomboro .

Unter den Sträuchern und Bäumen, die nicht stachelig sind, waren die Apocynaceae am häufigsten anzutreffen, deren zweilappige Früchte in unterschiedlicher Form und Farbe und oft von äußerst verführerischem Aussehen überall am Wegesrand hingen, als wollten sie den müden Reisenden , der sich ihrer vielleicht nicht bewusst ist, zur Zerstörung einladen giftige Eigenschaften. Insbesondere einer mit einer glatten, glänzenden Schale von goldoranger Farbe konkurriert in seinem Aussehen mit den goldenen Äpfeln der Hesperiden und hat eine große Anziehungskraft für viele Vögel, von den weißen Kakadus bis zu den kleinen gelben Zosterops , die sich an den ausgestellten purpurroten Samen erfreuen wenn die Frucht aufplatzt. Die große Palme, von den Eingeborenen „ Gubbong “ genannt, eine Art von Corypha , ist das auffälligste Merkmal der Ebenen, wo sie zu Tausenden wächst und in drei verschiedenen Stadien erscheint – als Blatt, in Blüte und Frucht oder tot. Es hat einen hohen zylindrischen Stamm, der etwa dreißig Meter hoch ist und einen Durchmesser von zwei bis drei Fuß hat. Die Blätter sind groß und fächerförmig und fallen ab, wenn der Baum blüht, was er nur einmal in seinem Leben tut, und zwar in einer riesigen endständigen Ähre, auf der Massen glatter runder Früchte von grüner Farbe und etwa einem Zoll Durchmesser entstehen Durchmesser. Wenn diese reifen und fallen, stirbt der Baum und bleibt ein oder zwei Jahre stehen, bevor er fällt. Nur Blätterbäume sind bei weitem am zahlreichsten, gefolgt von blühenden und fruchttragenden Bäumen, während dazwischen vereinzelt tote Bäume verstreut sind. Die Obstbäume sind der Zufluchtsort der bereits erwähnten großen grünen Fruchttauben. Oft kann man Affenschwärme (Macacus cynomolgus) dabei beobachten, wie sie sich auf einem Baum aufhalten, die Früchte in großer Menge herabregnen, bei Störungen schnattern und ein gewaltiges Rascheln von sich geben, während sie zwischen den toten Palmblättern davonhuschen; während die Tauben eine laute, dröhnende Stimme haben, die eher dem Brüllen eines wilden Tieres als dem Ton eines Vogels ähnelt.

Meine Sammeltätigkeit hier verlief unter mehr als gewöhnlichen Schwierigkeiten. Ein kleiner Raum sollte zum Essen, Schlafen und Arbeiten dienen, einer als Lager und Sezierraum; darin befanden sich keine Regale, Schränke, Stühle oder Tische; Überall wimmelte es von Ameisen, und Hunde, Katzen und Vögel drangen nach Belieben ein. Außerdem war es das Wohnzimmer und Empfangszimmer meines Gastgebers, und ich war verpflichtet, seine Bequemlichkeit und die der zahlreichen Gäste, die uns besuchten, zu konsultieren. Mein Hauptmöbelstück war eine Kiste, die mir als Esstisch, als Sitzgelegenheit beim Häuten von Vögeln und als Behältnis für die gehäuteten und getrockneten Vögel diente. Um sie von Ameisen fernzuhalten, liehen wir uns mit einiger Mühe eine alte Bank, deren vier Beine in mit Wasser gefüllten Kokosnussschalen steckten und uns von diesen Schädlingen einigermaßen fernhielten. Die Kiste und die Bank waren jedoch im wahrsten Sinne des Wortes die einzigen Orte, an denen man etwas verstauen konnte, und sie waren im Allgemeinen gut mit zwei Insektenkästen und etwa hundert zu trocknenden Vogelhäuten besetzt. Man kann sich daher leicht vorstellen, dass, wenn etwas Sperriges oder Außergewöhnliches eingesammelt wurde, die Frage „Wo soll es hingelegt werden? war eher schwer zu beantworten. Darüber hinaus benötigen alle tierischen Substanzen einige Zeit zum vollständigen Trocknen, verströmen dabei einen sehr unangenehmen Geruch und sind besonders attraktiv für Ameisen, Fliegen, Hunde, Ratten, Katzen und anderes Ungeziefer, was besondere Vorsicht und ständige Überwachung erfordert, die unter der Kontrolle stehen Die oben beschriebenen Umstände waren unmöglich.

Meine Leser verstehen jetzt vielleicht teilweise, warum ein reisender Naturforscher mit begrenzten Mitteln wie ich so viel weniger tut, als erwartet wird oder als er selbst tun möchte. Es wäre interessant, Skelette vieler Vögel und Tiere, Reptilien und Fische in Spirituosen, Häute größerer Tiere, bemerkenswerte Früchte und Hölzer sowie die seltsamsten Industrie- und Handelsgegenstände zu bewahren; aber es wird sich zeigen, dass es unter den Umständen, die ich gerade beschrieben habe, unmöglich gewesen wäre, diese zu den Sammlungen hinzuzufügen, die meine ganz besonderen Favoriten waren . Beim Reisen mit dem Boot sind die Schwierigkeiten mindestens genauso groß und werden auch auf dem Landweg nicht geringer. Daher war es absolut notwendig, meine Sammlungen auf bestimmte Gruppen zu beschränken, denen ich ständige persönliche Aufmerksamkeit widmen konnte, und so vor Zerstörung oder Verfall zu schützen, was oft durch viel Arbeit und Mühe erworben worden war.

Während Manuel einen Nachmittag lang da saß und seine Vögel häutete, meist umgeben von einer kleinen Schar Malaien und Sassaks (wie die Ureinwohner von Lombock genannt werden), hielt er sie oft mit der Miene eines Lehrers vor und hörte ihm mit großer Aufmerksamkeit zu . Er redete sehr gern über die „besonderen Vorsehungen", von denen er glaubte, dass er täglich davon betroffen war. „Allah war heute barmherzig", pflegte er zu sagen – denn obwohl er Christ war, übernahm er die mohammedanische Sprache – „und hat uns einige sehr schöne Vögel geschenkt; ohne ihn können wir nichts tun." Dann antwortete einer der Malaien: „Natürlich sind Vögel wie Menschen; sie haben ihre bestimmte Zeit zum Sterben; wenn diese Zeit kommt, kann sie nichts retten, und wenn sie nicht gekommen ist, kann man sie nicht töten." Ein zustimmendes Murmeln folgte, bis Gefühle und Rufe „ Butul ! Butul !" ertönten. (Richtig, richtig.) Dann erzählte Manuel eine lange Geschichte von einer seiner erfolglosen Jagden – wie er einen schönen Vogel sah und ihm eine weite Strecke folgte, ihn dann verfehlte, ihn aber wieder fand und zwei- oder dreimal darauf schoss es, konnte es aber nie treffen, „Ah!" sagt ein alter Malaie, „seine Zeit war noch nicht gekommen, und deshalb war es dir unmöglich, es zu töten." Dies ist eine Lehre, die für den schlechten Schützen sehr tröstlich ist und die Tatsachen durchaus berücksichtigt, die aber dennoch irgendwie nicht ganz zufriedenstellend ist.

Lombock wird allgemein angenommen , dass manche Menschen die Macht haben, sich in Krokodile zu verwandeln, was sie tun, um ihre Feinde zu verschlingen, und es werden viele seltsame Geschichten über solche Verwandlungen erzählt. Deshalb war ich ziemlich überrascht, als ich eines Abends die folgende merkwürdige Tatsache hörte, und da ihr von keiner der Anwesenden widersprochen wurde, neige ich dazu, sie vorläufig als einen Beitrag zur Naturgeschichte der Insel zu akzeptieren. Ein Malaysier aus Borna, der seit vielen Jahren hier lebte, sagte zu Manuel: „Eines ist in diesem Land seltsam – der Mangel an Geistern." "Wie so?" fragte Manuel. „Wissen Sie", sagte der Malaie, „dass wir in unseren Ländern im Westen, wenn ein Mann stirbt oder getötet wird, es nicht wagen, nachts in die Nähe des Ortes zu gehen, denn man hört alle möglichen Geräusche, die darauf hinweisen, dass es Geister gibt." Aber hier gibt es viele getötete Männer, und ihre Leichen liegen unbegraben auf den Feldern und am Straßenrand, und trotzdem kann man nachts an ihnen vorbeigehen und hört oder sieht überhaupt nichts, was in unserem Land nicht der Fall ist , wie Sie sehr gut wissen. „ Das tue ich auf jeden Fall ", sagte Manuel; und so wurde festgestellt, dass Geister in Lombock sehr selten, wenn nicht sogar völlig unbekannt waren . Ich möchte jedoch anmerken, dass es uns, da die Beweise rein negativ sind , an wissenschaftlicher Vorsicht mangeln sollte, wenn wir diese Tatsache als hinreichend gesichert akzeptieren würden.

Eines Abends hörte ich Manuel, Ali und einen malaiischen Mann vor der Tür ernsthaft miteinander flüstern und konnte verschiedene Anspielungen auf „ krisses ", „Halsdurchschneiden", „Köpfe" usw. usw. unterscheiden. Schließlich kam Manuel herein und sah sehr ernst und verängstigt aus , und sagte auf Englisch zu mir: „Sir – muss aufpassen , – hier ist keine Sicherheit; – ich möchte die Kehle durchschneiden." Bei weiteren Nachforschungen stellte ich fest, dass der Malay ihnen mitgeteilt hatte, dass der Rajah gerade einen Befehl an das Dorf geschickt hatte, dass sie eine bestimmte Anzahl Köpfe für eine Opfergabe in den Tempeln sammeln sollten, um eine gute Reisernte zu sichern. Zwei oder drei andere Malaysier und Bugis sowie der Amboyna-Mann, in dessen Haus wir lebten, bestätigten diesen Bericht und erklärten, dass dies jedes Jahr eine regelmäßige Sache sei und dass es notwendig sei, gut Wache zu halten und niemals alleine auszugehen . Ich lachte über die ganze Sache und versuchte sie davon zu überzeugen, dass es nur eine Geschichte war, aber ohne Erfolg. Sie waren alle fest davon überzeugt, dass ihr Leben in Gefahr war. Manuel wollte nicht alleine auf die Jagd gehen, und ich war verpflichtet, ihn jeden Morgen zu begleiten, aber im Dschungel entwischte ich ihm bald. Ali hatte Angst, ohne Begleiter nach Feuerholz zu suchen, und holte nicht einmal Wasser aus dem Brunnen ein paar Meter hinter dem Haus, es sei denn, er war mit einem riesigen Speer bewaffnet. Ich war mir die ganze Zeit ziemlich sicher, dass kein solcher Befehl gesendet oder empfangen worden war und dass wir in vollkommener Sicherheit waren. Dies wurde kurz darauf deutlich, als ein amerikanischer Seemann von seinem Schiff auf der Ostseite der Insel floh und sich zu Fuß und unbewaffnet auf den Weg nach Ampanam machte , wobei er auf der gesamten Strecke auf die größte Gastfreundschaft gestoßen war. Nirgendwo wurde auch nur die geringste Bezahlung für die Verpflegung und Unterkunft verlangt, die ihm bereitwillig zur Verfügung gestellt wurden. Als er Manuel auf diese Tatsache hinwies, antwortete er: „Er ist ein böser Mann – lauf von seinem Schiff weg – niemand kann glauben, was er sagt." und so musste ich ihn in der unangenehmen Überzeugung zurücklassen, dass ihm eines Tages die Kehle durchgeschnitten werden könnte.

Hier ereignete sich ein Umstand, der etwas Licht auf die Ursache der gewaltigen Brandung bei Ampanam zu werfen schien . Eines Abends hörte ich ein seltsames Grollen und gleichzeitig bebte das Haus leicht. Da ich dachte, es könnte Donner sein, fragte ich: „Was ist das?" „Es ist ein Erdbeben", antwortete Inchi Daud, mein Gastgeber; und er erzählte mir dann, dass dort gelegentlich leichte Erschütterungen zu spüren waren, aber er hatte nie erlebt, dass sie schwerwiegend waren. Dies geschah am Tag des letzten Viertels des Mondes, also zu einer Zeit, als die Gezeiten niedrig waren und die Brandung normalerweise am schwächsten war. Als ich mich später in Ampanam erkundigte , stellte ich fest, dass kein Erdbeben beobachtet worden war, sondern dass es in einer Nacht eine sehr starke Brandung gegeben hatte, die das Haus erschütterte, und am nächsten Tag gab es eine sehr hohe Flut, die das Wasser überflutet hatte. Carters Räumlichkeiten, höher als er es jemals zuvor gekannt hatte. Diese ungewöhnlichen Gezeiten treten hin und wieder auf und werden kaum beachtet; aber durch sorgfältige Nachforschungen stellte ich fest, dass die Brandung genau in der Nacht stattgefunden hatte, in der ich das Erdbeben bei Labuan Tring, fast zwanzig Meilen entfernt, gespürt hatte. Dies scheint darauf hinzudeuten, dass, obwohl die gewöhnliche starke Brandung auf die Dünung des großen Südpolarmeeres zurückzuführen ist, die in einem schmalen Kanal begrenzt ist, verbunden mit einer eigentümlichen Form des Bodens in Küstennähe, doch die plötzlich auftretenden starken Brandungen und Fluten auftreten gelegentlich bei vollkommen ruhigem Wetter, kann auf leichte Erhebungen des Meeresbodens in dieser äußerst vulkanischen Region zurückzuführen sein.

KAPITEL XI.
LOMBOCK: Sitten und Gebräuche des Volkes.

Nachdem ich eine sehr schöne und interessante Sammlung der Vögel von Labuan Tring gemacht hatte, verabschiedete ich mich von meinem freundlichen Gastgeber Inchi Daud und kehrte nach Ampanam zurück , um auf eine Gelegenheit zu warten, Macassar zu erreichen. Da kein Schiff in diesem Hafen angekommen war, beschloss ich, in Begleitung von Mr. Ross, einem auf den Keeling-Inseln geborenen Engländer und jetzt von der niederländischen Regierung angestellt, um die Angelegenheiten eines zu regeln, einen Ausflug ins Innere der Insel zu machen Missionar, der hier leider bankrott gegangen war. Mr. Carter lieh mir freundlicherweise ein Pferd und Mr. Ross nahm seinen einheimischen Stallknecht mit.

Unsere Route führte über eine gewisse Strecke durch ein vollkommen ebenes Land mit reichlich Reisfeldern. Die Straße war gerade und im Allgemeinen von hohen Bäumen gesäumt, die eine schöne Allee bildeten. Zuerst war es sandig, dann grasig, mit gelegentlichen Bächen und Schlammlöchern. In einer Entfernung von etwa vier Meilen erreichten wir Mataram , die Hauptstadt der Insel und Residenz des Rajah. Es ist ein großes Dorf mit breiten Straßen, die von einer prächtigen Baumallee gesäumt werden, und niedrigen Häusern, die hinter Lehmmauern verborgen sind. Innerhalb dieser königlichen Stadt ist es keinem Angehörigen niederer Stände gestattet, zu reiten, und unser Diener, ein Javaner, musste absteigen und sein Pferd führen, während wir langsam durchritten. Die Wohnstätten des Rajah und des Hohepriesters zeichnen sich durch mit viel Geschmack errichtete Säulen aus rotem Backstein aus; aber der Palast selbst schien sich kaum von den gewöhnlichen Häusern des Landes zu unterscheiden. Hinter Mataram und in der Nähe liegt Karangassam , die alte Residenz der einheimischen oder Sassak -Rajas vor der Eroberung der Insel durch die Balinesen.

Bald nachdem Mataram passiert war, begann das Land allmählich in sanften Wellen anzusteigen und schwoll gelegentlich zu niedrigen Hügeln in Richtung der beiden Gebirgszüge im nördlichen und südlichen Teil der Insel an. Jetzt bekam ich zum ersten Mal eine angemessene Vorstellung von einem der wunderbarsten Anbausysteme der Welt, das allem, was mit der chinesischen Industrie zu tun hat, ebenbürtig ist und, soweit ich weiß, an der Arbeit , die ihm gewidmet wurde, alles übertrifft in gleichem Ausmaß in den zivilisiertesten Ländern Europas. Ich ritt völlig verblüfft durch diesen seltsamen Garten und konnte mir kaum vorstellen, dass es auf dieser abgelegenen und wenig bekannten Insel, von der alle Europäer bis auf ein paar Händler im Hafen eifersüchtig ausgeschlossen sind, viele Hundert

Quadratmeilen unregelmäßig hügeliges Land gab so geschickt terrassiert und eingeebnet und so von künstlichen Kanälen durchzogen, dass jeder Teil davon nach Belieben bewässert und getrocknet werden kann. Je nachdem das Gelände mehr oder weniger stark abfällt, umfasst jedes terrassierte Grundstück an manchen Stellen viele Acres, an anderen nur wenige Quadratmeter. Wir sahen sie in jedem Kultivierungsstadium; einige in Stoppeln, einige werden gepflügt, einige mit Reispflanzen in verschiedenen Wachstumsstadien. Hier gab es üppige Tabakflächen; Dort sorgten Gurken, Süßkartoffeln, Yamswurzeln, Bohnen oder Mais für Abwechslung. An manchen Stellen waren die Gräben trocken, an anderen kreuzten kleine Bäche unsere Straße und verstreuten sich über das Land, das kurz vor der Aussaat oder Bepflanzung stand. Die Ufer, die jede Terrasse begrenzten, stiegen regelmäßig in horizontalen Linien übereinander an; Manchmal umrunden sie einen abrupten Hügel und sehen aus wie eine Festung, oder sie umrunden eine tiefe Mulde und bilden in gigantischem Ausmaß die Sitze eines Amphitheaters . Jeder Bach und jedes Rinnsal war aus seinem Bett umgeleitet worden, und statt über die unterste Ebene zu fließen, überquerte man unsere Straße auf halber Höhe eines Anstiegs, war jedoch von alten Bäumen und moosbewachsenen Steinen gesäumt, um alles zu haben das Aussehen eines natürlichen Kanals und ein Zeugnis für die lange Zeit, in der die Arbeiten durchgeführt wurden. Als wir weiter ins Land hinein vordrangen, wurde die Szene durch schroffe felsige Hügel, steile Schluchten und Gruppen von Bambus- und Palmenbäumen in der Nähe von Häusern oder Dörfern abwechslungsreich; während in der Ferne die feine Bergkette, deren Höhepunkt der achttausend Fuß hohe Lombock Peak bildet, einen passenden Hintergrund für eine Aussicht bildete, die weder an menschlichem Interesse noch an malerischer Schönheit zu übertreffen war .

Auf dem ersten Teil unserer Straße kamen wir an Hunderten von Frauen vorbei, die Reis, Obst und Gemüse zum Markt trugen; und weiter vorne eine fast ununterbrochene Reihe von Pferden, beladen mit Reis in Säcken oder in Ähren, auf dem Weg zum Hafen von Ampanam . Alle paar Meilen entlang der Straße saßen unter schattigen Bäumen oder kleinen Schuppen Verkäufer von Zuckerrohr, Palmwein, gekochtem Reis, gesalzenen Eiern und gebratenen Kochbananen sowie einigen anderen einheimischen Köstlichkeiten. An diesen Ständen kann man für einen Penny eine herzhafte Mahlzeit zubereiten, aber wir begnügten uns damit, etwas süßen Palmwein zu trinken, ein köstliches Getränk in der Hitze des Tages. Nachdem wir etwa zwanzig Meilen gereist waren, erreichten wir eine höher gelegene und trockenere Region, wo sich der Anbau wegen Wasserknappheit auf die kleinen Ebenen am Rande der Bäche beschränkte. Hier war das Land so schön wie zuvor, aber von einem anderen Charakter; Bestehend aus welligen Hügeln mit kurzem Rasen, durchsetzt mit feinen Baum- und Sträuchergruppen, wobei manchmal der Wald, manchmal das offene

Gelände vorherrscht. Wir kamen nur durch ein kleines Stück echten Waldes, wo wir von hohen Bäumen beschattet wurden, und sahen um uns herum eine dunkle und dichte Vegetation, die nach der Hitze und dem grellen Licht des offenen Landes äußerst angenehm war.

Schließlich, etwa eine Stunde nach Mittag, erreichten wir unser Ziel – das Dorf Coupang, das fast in der Mitte der Insel liegt – und betraten den Außenhof eines Hauses, das einem der Häuptlinge gehörte, mit denen mein Freund Mr. Ross zusammen war eine leichte Bekanntschaft. Hier wurden wir gebeten, unter einem offenen Schuppen mit erhöhtem Bambusboden Platz zu nehmen, ein Ort, an dem Besucher empfangen und Audienzen abgehalten wurden. Wir ließen unsere Pferde auf dem üppigen Gras des Hofes grasen und warteten, bis der malaiische Dolmetscher des großen Mannes erschien, der sich nach unseren Angelegenheiten erkundigte und uns mitteilte, dass der Pumbuckle (Häuptling) im Haus des Rajah sei, aber bald zurückkommen würde. Da wir noch nicht gefrühstückt hatten, baten wir ihn, uns etwas zu essen zu besorgen, was er versprach, so schnell wie möglich zu tun. Es dauerte jedoch etwa zwei Stunden, bis etwas auftauchte, als ein kleines Tablett mit zwei Untertassen Reis, vier kleinen gebratenen Fischen und etwas Gemüse gebracht wurde. Nachdem wir ein möglichst gutes Frühstück zubereitet hatten, schlenderten wir durch das Dorf und unterhielten uns bei unserer Rückkehr mit einer Reihe von Männern und Jungen, die sich um uns versammelt hatten. und indem wir Blicke und Lächeln mit einer Reihe von Frauen und Mädchen austauschten, die uns durch halb geöffnete Türen und andere Spalten ansahen. Zwei kleine Jungen namens Mousa und Isa (Moses und Jesus) waren gute Freunde mit uns, und ein frecher kleiner Schlingel namens Kachang (eine Bohne) brachte uns alle durch seine Nachahmung und Possen zum Lachen.

Endlich, gegen vier Uhr, erschien der Pumbuckle , und wir teilten ihm unseren Wunsch mit, ein paar Tage bei ihm zu bleiben, Vögel zu schießen und das Land zu sehen. Daraufhin schien er etwas beunruhigt zu sein und fragte, ob wir einen Brief vom Anak Agong (Sohn des Himmels) mitgebracht hätten, dem Titel des Rajah von Lombock . Dies hatten wir nicht getan, da wir es für völlig unnötig hielten; und dann sagte er uns plötzlich, dass er gehen und mit seinem Rajah sprechen müsse, um zu sehen, ob wir bleiben könnten. Stunden vergingen, es wurde Nacht, und er kehrte nicht zurück. Ich begann zu glauben, dass man uns böser Absichten verdächtigte, denn der Pumbuckle hatte offenbar Angst, in Schwierigkeiten zu geraten. Er ist ein Sassak- Prinz und obwohl er ein Unterstützer des jetzigen Rajah ist, ist er mit einigen der Anführer einer Verschwörung verwandt, die vor einigen Jahren niedergeschlagen wurde.

Gegen fünf Uhr traf ein Packpferd mit meinen Waffen und Kleidern ein, zusammen mit meinen Männern Ali und Manuel, die zu Fuß gekommen waren. Die Sonne ging unter und es wurde bald dunkel, und wir wurden ziemlich hungrig, als wir müde unter dem Schuppen saßen und niemand kam. Noch immer warteten wir Stunde um Stunde, bis gegen neun Uhr der Pumbuckle , der Rajah, einige Priester und eine Anzahl ihrer Anhänger eintrafen und ihre Plätze um uns herum einnahmen. Wir schüttelten uns die Hände und einige Minuten lang herrschte Totenstille. Dann fragte der Rajah, was wir wollten; worauf Mr. Ross antwortete, indem er sich bemühte, ihnen verständlich zu machen, wer wir waren und warum wir gekommen waren und dass wir überhaupt keine finsteren Absichten hatten; und dass wir keinen Brief vom „Anak Agong " mitgebracht hätten, nur weil wir ihn für völlig unnötig gehalten hätten. Dann fand ein langes Gespräch in Bali-Sprache statt, und es wurden Fragen zu meinen Waffen gestellt, und welches Pulver ich hatte und ob ich Schrot oder Kugeln benutzte; auch wozu die Vögel dienten, wie ich sie konservierte und was in England mit ihnen gemacht wurde. Auf jede meiner Antworten und Erklärungen folgte ein leises und ernstes Gespräch, das wir nicht verstehen konnten, dessen Sinn wir aber erraten konnten. Sie waren offensichtlich ziemlich verwirrt und glaubten kein Wort, was wir ihnen gesagt hatten. Dann fragten sie, ob wir wirklich Engländer und keine Holländer seien; und obwohl wir nachdrücklich unsere Nationalität beteuerten, schienen sie uns nicht zu glauben.

Nach etwa einer Stunde brachten sie uns jedoch etwas Abendessen (das das gleiche war wie das Frühstück, aber ohne Fisch) und danach sehr schwachen Kaffee und mit Zucker gekochte Kürbisse. Nachdem dies besprochen wurde, fand eine zweite Konferenz statt; Es wurden erneut Fragen gestellt und die Antworten erneut kommentiert. Zwischendurch wurden leichtere Themen besprochen. Meine Brille (konkave Brille) wurde nacheinander von drei oder vier alten Männern ausprobiert, die nicht verstehen konnten, warum sie nicht durch sie sehen konnten, und dieser Umstand war zweifellos ein weiterer Verdacht gegen mich. Auch mein Bart wurde bewundert, und es wurden viele Fragen zu persönlichen Besonderheiten gestellt, auf die in der europäischen Gesellschaft nicht gerne hingewiesen wird. Endlich, gegen ein Uhr morgens, stand die ganze Gesellschaft auf, um abzureisen, und nachdem sie sich einige Zeit am Tor unterhalten hatten, gingen alle weg. Wir baten nun den Dolmetscher, der mit ein paar Jungen und Männern bei uns blieb, uns einen Platz zum Schlafen zu zeigen, worüber er sehr überrascht schien und sagte, er glaube, dass wir dort, wo wir waren, sehr gut untergebracht seien. Es war ziemlich kühl, und wir waren sehr dünn gekleidet und hatten keine Decken mitgebracht, aber alles, was wir nach einer weiteren Stunde Gespräch bekommen konnten, waren eine einheimische Matte und ein Kissen sowie ein paar alte Vorhänge, die wir an drei Seiten des offenen Schuppens aufhängen und uns schützen sollten ein wenig von der kalten Brise. Wir verbrachten den Rest der Nacht sehr unbehaglich und beschlossen, am nächsten Morgen zurückzukehren und uns dieser schäbigen Behandlung nicht mehr zu unterziehen.

Wir standen bei Tagesanbruch auf, aber es dauerte fast eine Stunde, bis der Dolmetscher erschien. Wir baten dann darum, etwas Kaffee zu trinken und den Pumbuckle zu sehen , da wir ein Pferd für Ali wollten, der lahm war, und uns von ihm verabschieden wollten. Der Mann sah angesichts dieser unerhörten Forderungen verwirrt aus und verschwand im Innenhof, schloss die Tür hinter sich ab und überließ uns wieder unseren Meditationen. Eine Stunde verging und niemand kam, also befahl ich, die Pferde zu satteln und das Packpferd zu beladen, und bereitete mich auf den Aufbruch vor. In diesem Moment kam der Dolmetscher zu Pferd und blickte entsetzt auf unsere Vorbereitungen. „Wo ist der Pumbuckle ?“ wir fragten. „Zu den Rajahs gegangen“, sagte er. „Wir gehen“, sagte ich. „Oh, bitte nicht“, sagte er; „Warten Sie ein wenig; sie führen eine Beratung durch, und einige Priester kommen, um Sie zu sehen, und ein Häuptling geht nach Mataram , um die Erlaubnis des Anak Agong für Ihren Aufenthalt einzuholen.“ Damit war die Sache erledigt. Weitere Gespräche, weitere Verzögerungen und weitere acht oder zehn Stunden Beratung waren nicht zu ertragen; Also machten wir uns sofort auf den Weg, der arme Dolmetscher weinte fast über unsere Hartnäckigkeit und Eile und versicherte uns: „Der Pumbuckle würde es sehr bedauern, und der Rajah würde es sehr bedauern, und wenn wir nur warten würden, wäre alles gut.“ Ich gab Ali mein Pferd und machte mich zu Fuß auf den Weg, aber er stieg hinterher hinter Mr. Ross' Stallknecht auf, und wir kamen sehr gut nach Hause, wenn auch ziemlich heiß und müde.

In Mataram besuchten wir das Haus von Gusti Gadioca , einer der Prinzen von Lombock , der ein Freund von Mr. Carter war und der versprochen hatte, mir die von einheimischen Arbeitern hergestellten Waffen zu zeigen. Es wurden zwei Geschütze ausgestellt, eines sechs Fuß, das andere sieben Fuß lang und von verhältnismäßig großer Kaliberweite. Die Fässer waren verdreht und gut verarbeitet, wenn auch nicht so fein gearbeitet wie bei uns. Der Schaft war gut verarbeitet und reichte bis zum Ende des Laufs. Der größte Teil der Oberfläche war mit Silber- und Goldornamenten verziert, die Schlösser stammten jedoch von englischen Musketen. Der Gusti versicherte mir jedoch, dass der Rajah einen Mann hatte, der Schlösser herstellte und auch Läufe zog. Als nächstes wurden uns die Werkstatt gezeigt, in der diese Waffen hergestellt werden, und die verwendeten Werkzeuge, die sehr bemerkenswert waren. Ein offener Schuppen mit ein paar kleinen Lehmschmieden waren die wichtigsten sichtbaren Objekte. Der Balg bestand aus zwei Bambuszylindern mit von Hand gearbeiteten Kolben. Sie bewegen sich sehr leicht und haben eine lose Füllung aus Federn, die dick um den Kolben gelegt sind, so dass sie als Ventil wirken und einen regelmäßigen Druck erzeugen. Beide Zylinder kommunizieren mit derselben Düse, ein

Kolben steigt, während der andere senkt. Ein längliches Stück Eisen auf dem Boden war der Amboss, und ein kleiner Schraubstock wurde an der hervorstehenden Wurzel eines Baumes draußen befestigt. Zusammen mit ein paar Feilen und Hämmern waren dies im wahrsten Sinne des Wortes die einzigen Werkzeuge, mit denen ein alter Mann diese feinen Waffen herstellte, die er dann selbst aus rohem Eisen und Holz fertigstellte.

Ich wollte unbedingt wissen, wie sie diese langen Läufe durchbohrten, was vollkommen wahr schien und angeblich eine bewundernswerte Schusskraft hatte; und als er den Gusti fragte , erhielt er die rätselhafte Antwort: „Wir benutzen einen Korb voller Steine." Da ich mir überhaupt nicht vorstellen konnte, was er damit meinen könnte, fragte ich, ob ich sehen könnte, wie sie das machten, und einer der Dutzend kleinen Jungen um uns herum wurde losgeschickt, um den Korb zu holen. Bald kam er mit dieser höchst außergewöhnlichen Bohrmaschine zurück, deren Bedienung mir der Gusti dann erklärte. Es handelte sich einfach um einen starken Bambuskorb, durch dessen Boden eine etwa einen Meter lange Stange aufrecht gesteckt war und die durch ein paar Stöcke, die oben mit Rattans festgebunden waren, an ihrem Platz gehalten wurde.

An der Unterseite der Stange befindet sich ein Eisenring und ein Loch, in das viereckige Bohrer aus gehärtetem Eisen eingesetzt werden können. Das zu bohrende Fass wird aufrecht im Boden vergraben, der Bohrer wird hineingesteckt, die Spitze des Stocks oder der vertikalen Welle wird von einem Querstück aus Bambus mit einem Loch darin gehalten und der Korb wird mit Steinen gefüllt Holen Sie sich das erforderliche Gewicht. Zwei Jungen drehen den Bambus um. Die Fässer bestehen aus etwa achtzehn Zoll langen Stücken, die zunächst klein gebohrt und dann auf einer geraden Eisenstange zusammengeschweißt werden. Anschließend wird das gesamte Fass mit Bohrern allmählich größerer Größe bearbeitet, und in drei Tagen ist das Bohren abgeschlossen. Die ganze Angelegenheit wurde so direkt erklärt, dass ich keinen Zweifel daran habe, dass der mir beschriebene Prozess tatsächlich derselbe war; Allerdings konnte man bei der Untersuchung einer der schönen, gut verarbeiteten und brauchbaren Waffen nur schwer erkennen, dass sie von Anfang bis Ende mit Werkzeugen hergestellt worden waren, die für einen englischen Schmied kaum ausreichten, um ein Hufeisen herzustellen.

Am Tag nach unserer Rückkehr von unserem Ausflug kam der Rajah zu einem von Gusti veranstalteten Fest nach Ampanam Gadioca , der dort wohnt; und bald nach seiner Ankunft gingen wir zu einer Audienz. Wir fanden ihn in einem großen Hof auf einer Matte unter einem schattigen Baum sitzend; und alle seine Anhänger, an der Zahl drei- bis vierhundert, hockten in einem großen Kreis um ihn herum auf dem Boden. Er trug einen Sarong oder malaiischen Unterrock und eine grüne Jacke. Er war ein etwa fünfunddreißig Jahre alter Mann mit einem angenehmen Aussehen und einem Anschein von Intelligenz, gepaart mit Unentschlossenheit. Wir verneigten uns und nahmen auf dem Boden neben einigen uns bekannten Häuptlingen Platz, denn solange der Rajah sitzt, kann niemand höher stehen oder sitzen. Er erkundigte sich zunächst, wer ich sei und was ich in Lombock mache , und verlangte dann, einige meiner Vögel sehen zu dürfen. Ich schickte dementsprechend eine meiner Schachteln mit Vogelhäuten und eine mit Insekten, die er sorgfältig untersuchte, und schien sehr überrascht zu sein, dass sie so gut erhalten bleiben konnten. Anschließend führten wir ein kleines Gespräch über Europa und den russischen Krieg, für das sich alle Einheimischen interessieren. Nachdem ich viel von einem Landsitz der Rajahs namens Gunong Sari gehört hatte, nutzte ich die Gelegenheit, um um Erlaubnis zu bitten, ihn zu besuchen und dort ein paar Vögel zu schießen, was er sofort gewährte. Dann dankte ich ihm und wir verabschiedeten uns.

Eine Stunde später besuchte sein Sohn Mr. Carter in Begleitung von etwa hundert Anhängern, die alle auf dem Boden saßen, während er in den offenen Schuppen kam, in dem Manuel Vögel häutete. Nach einiger Zeit ging er ins Haus, ließ ein Bett herrichten, damit er ein wenig schlafen konnte, trank dann etwas Wein und nach ein oder zwei Stunden ließ er sich das Abendessen aus dem Haus der Gusti bringen , das er mit acht der obersten Priester und Fürsten aß. Er segnete den Reis und begann als Erster zu essen, woraufhin sich der Rest erledigte. Sie rollten Reisbällchen in ihren Händen zusammen, tauchten sie in die Soße und schluckten sie schnell herunter, zusammen mit kleinen Stücken Fleisch und Geflügel, die auf verschiedene Arten zubereitet wurden. Ein Junge fächelte dem jungen Rajah beim Essen Luft zu. Er war ein etwa fünfzehnjähriger Jugendlicher und hatte bereits drei Frauen. Alle trugen den Kris, den malaiischen krummen Dolch, auf dessen Schönheit und Wert sie sehr stolz sind. Ein Gefährte des Rajah hatte eines mit einem goldenen Griff, in den achtundzwanzig Diamanten und mehrere andere Juwelen eingefasst waren. Er sagte, es hätte ihn 700 Pfund gekostet. Die Scheiden bestehen aus Zierholz und Elfenbein und sind oft einseitig mit Gold überzogen. Die Klingen sind wunderschön mit in das Eisen eingearbeitetem weißem Metall geädert und werden sehr sorgfältig aufbewahrt. Ausnahmslos jeder Mann trägt einen Kris, der hinten in das große Hüfttuch gesteckt ist, das alle tragen, und es ist im Allgemeinen das wertvollste Eigentum, das er besitzt.

Ein paar Tage später fand unser lange besprochener Ausflug nach Gunong Sari statt. Unsere Gruppe wurde durch den Kapitän und Supercargo eines Hamburger Schiffes verstärkt, das Reis für China belud. Wir saßen auf einer sehr gemischten Gruppe von Lombock- Ponys, die wir mit einigen Schwierigkeiten mit den nötigen Sätteln usw. versorgen konnten; und die meisten von uns mussten ihre Gurte, Zaumzeuge oder Steigbügelriemen so gut wie möglich flicken . Wir fuhren durch Mataram , wo sich unser Freund Gusti zu uns gesellte Gadioca , auf einem hübschen schwarzen Pferd reitend, wie alle Eingeborenen es tun, ohne Sattel oder Steigbügel, nur mit einer hübschen Schabracke und einem sehr dekorativen Zaumzeug.

Ungefähr drei Meilen weiter, entlang angenehmer Nebenstraßen, erreichten wir den Ort. Wir traten durch ein hübsches Backsteintor ein, das von abscheulichen Hindu-Gottheiten aus Stein getragen wurde. Darin befand sich ein Gehege mit zwei quadratischen Fischteichen und einigen schönen Bäumen; dann ein weiteres Tor, durch das wir in einen Park gelangten. Auf der rechten Seite befand sich ein Backsteinhaus, das etwas im hinduistischen Stil erbaut war und auf einer hohen Terrasse oder Plattform stand; auf der linken Seite ein großer Fischteich, der von einem kleinen Bach gespeist wurde, der aus der Mündung eines riesigen Krokodilbrunnens aus Ziegeln und Stein in ihn eindrang. Die Ränder des Teiches waren gemauert, und in der Mitte erhob sich ein fantastischer und malerischer Pavillon, der mit grotesken Statuen geschmückt war. Der Teich war gut mit feinen Fischen bestückt, die jeden Morgen kamen, um beim Klang eines hölzernen Gongs, der zu diesem Zweck in der Nähe aufgehängt wurde, gefüttert zu werden. Als wir darauf trafen, tauchten sofort mehrere Fische aus den Unkrautmassen auf, mit denen der Teich übersät war, und folgten uns in der Hoffnung auf Futter am Rand entlang. Gleichzeitig kamen einige Hirsche aus dem angrenzenden Wald, die, da sie selten beschossen und regelmäßig gefüttert werden, nahezu zahm sind. Der Dschungel und die Wälder, die den Park umgaben, schienen voller Vögel zu sein. Ich machte mich auf den Weg, um ein paar zu schießen, und wurde mit mehreren Exemplaren des schönen neuen Eisvogels Halcyon fulgidus und der neugierigen und hübschen Bodendrossel Zoothera andromeda belohnt. Ersteres täuscht über seinen Namen hinweg, indem es weder Wasser aufsucht noch sich von Fischen ernährt. Er lebt ständig in niedrigen, feuchten Dickichten und ernährt sich von Bodeninsekten, Tausendfüßlern und kleinen Weichtieren . Im Großen und Ganzen war ich mit meinem Besuch an diesem Ort sehr zufrieden und verschaffte mir eine bessere Meinung als zuvor vom Geschmack dieser Leute, obwohl der Stil der Gebäude und der Skulpturen denen der Prächtigen weit unterlegen ist Ruinen in Java.

Ich muss jetzt ein paar Worte über den Charakter, die Manieren und Bräuche dieser interessanten Menschen sagen.

Die Ureinwohner von Lombock werden Sassaks genannt . Sie sind eine malaiische Rasse, die sich optisch kaum von den Menschen in Malakka oder Borneo unterscheidet. Sie sind Mohammedaner und bilden den Großteil der Bevölkerung. Die herrschenden Klassen hingegen sind Eingeborene der angrenzenden Insel Bali und gehören der brahmanischen Religion an. Die Regierung ist eine absolute Monarchie, scheint aber mit mehr Weisheit und

Mäßigung geführt zu werden, als es in malaiischen Ländern üblich ist. Der Vater des jetzigen Rajah eroberte die Insel, und die Menschen scheinen sich nun mit ihren neuen Herrschern völlig ausgesöhnt zu haben, die sich nicht in ihre Religion einmischen und sie wahrscheinlich nicht höher belasten als die einheimischen Häuptlinge, die sie abgelöst haben. Die derzeit in Lombock geltenden Gesetze sind sehr streng. Diebstahl wird mit dem Tod bestraft. Herr Carter teilte mir mit, dass ein Mann einmal eine Kaffeekanne aus Metall aus seinem Haus gestohlen habe. Er wurde gefasst, der Topf zurückgegeben und der Mann zu Mr. Carter gebracht, um ihn so zu bestrafen, wie er es für richtig hielt. Alle Eingeborenen empfahlen Herrn Carter, ihn sofort „ krissen " zu lassen; „Denn wenn du es nicht tust", sagten sie, „wird er dich wieder ausrauben." Mr. Carter ließ ihn jedoch mit der Warnung davonkommen, dass er mit Sicherheit erschossen werden würde, wenn er jemals wieder sein Anwesen betreten würde . Einige Monate später stahl derselbe Mann Mr. Carter ein Pferd. Das Pferd wurde geborgen, der Dieb jedoch nicht gefasst. Es ist eine etablierte Regel, dass jeder, der nach Einbruch der Dunkelheit in einem Haus gefunden wird, außer mit Wissen des Eigentümers, erstochen, seine Leiche auf die Straße oder an den Strand geworfen werden darf und keine Fragen gestellt werden.

Die Männer sind überaus eifersüchtig und sehr streng gegenüber ihren Frauen. Eine verheiratete Frau darf unter Androhung der Todesstrafe keine Zigarre oder ein Sirih- Blatt von einem Fremden annehmen. Mir wurde mitgeteilt, dass vor einigen Jahren einer der englischen Händler eine balinesische Frau aus gutem Hause bei sich hatte – eine Verbindung, die von den Einheimischen als sehr ehrenhaft angesehen wurde. Während eines Festes verstieß dieses Mädchen gegen das Gesetz, indem es eine Blume oder eine ähnliche Kleinigkeit von einem anderen Mann annahm. Dies wurde dem Rajah gemeldet (mit einigen seiner Frauen war das Mädchen verwandt), und er schickte sofort zum Haus des Engländers und befahl ihm, die Frau aufzugeben, da sie „krissed" werden müsse . Vergeblich bettelte und betete er und erbot sich, jede Geldstrafe zu zahlen, die der Rajah verhängen würde, und weigerte sich schließlich, sie aufzugeben, es sei denn, er wurde dazu gezwungen. Darauf wollte der Rajah nicht zurückgreifen, da er zweifellos glaubte, er handele sowohl für die Ehre des Engländers als auch für seine eigene; also schien er die Sache fallen zu lassen. Doch einige Zeit später schickte er einen seiner Anhänger zum Haus, der das Mädchen zur Tür winkte und ihr dann mit den Worten: „Der Rajah schickt dir das" einen Stich ins Herz versetzte. Schwerwiegendere Untreue wird noch grausamer bestraft, indem die Frau und ihre Geliebte Rücken an Rücken gefesselt und ins Meer geworfen werden, wo immer einige große Krokodile auf der Hut sind, um die Körper zu verschlingen. Eine solche Hinrichtung fand statt, als ich in Ampanam war, aber ich machte einen langen Spaziergang aufs Land, um dem Weg aus dem Weg zu gehen, bis alles vorbei war, und verpasste so die

Gelegenheit, meine etwas langweilige Geschichte mit einer schrecklichen Erzählung zu beleben.

Eines Morgens, als wir beim Frühstück saßen, teilte uns Mr. Carters Diener mit, dass im Dorf ein „Amok" stattgefunden habe – mit anderen Worten, dass ein Mann „einen Mist gemacht" habe . Es wurde sofort befohlen, die Tore unseres Geheges zu schließen und zu verriegeln; Als wir aber einige Zeit lang nichts hörten, gingen wir hinaus und stellten fest, dass es einen falschen Alarm gegeben hatte, weil ein Sklave weggelaufen war und erklärte, er würde „Amok" machen, weil sein Herr ihn verkaufen wollte. Kurz zuvor war ein Mann an einem Spieltisch getötet worden, weil er, nachdem er einen halben Dollar mehr verloren hatte, als er besaß, „Amok" gehen wollte. Ein anderer hatte siebzehn Menschen getötet oder verwundet, bevor er vernichtet werden konnte. In ihren Kriegen stimmt manchmal ein ganzes Regiment dieser Leute einem „Amok" zu und stürmt dann mit einer solchen energischen Verzweiflung weiter, dass es für Männer, die nicht so aufgeregt sind wie sie selbst, sehr furchterregend ist. Im Altertum galten sie als Helden oder Halbgötter, die sich für ihr Land opferten. Hier heißt es einfach: Sie haben „Amok" gemacht.

Macassar ist der berühmteste Ort im Osten, an dem es darum geht, „ einen Mist zu treiben ". Im Durchschnitt sollen es ein bis zwei pro Monat sein, und manchmal werden bei einem von ihnen fünf, zehn oder zwanzig Menschen getötet oder verwundet. Es ist die nationale und daher ehrenhafte Art, Selbstmord unter den Eingeborenen von Celebes zu begehen, und die modische Art, ihren Schwierigkeiten zu entkommen. Ein Römer stürzte in sein Schwert, ein Japaner reißt ihm den Bauch auf und ein Engländer bläst ihm mit einer Pistole das Gehirn heraus. Der Bugis-Modus hat für Suizidgefährdete viele Vorteile . Ein Mann glaubt, dass ihm von der Gesellschaft Unrecht getan wird – er hat Schulden und kann sie nicht bezahlen – er wird für einen Sklaven gehalten oder hat seine Frau oder sein Kind in die Sklaverei verspielt – er sieht keine Möglichkeit, das Verlorene wiederzuerlangen, und verzweifelt. Er wird solch grausames Unrecht nicht ertragen, sondern wird sich an der Menschheit rächen und wie ein Held sterben. Er ergreift seinen Kris-Griff, zieht im nächsten Moment die Waffe heraus und sticht einem Mann ins Herz. Er rennt weiter, mit blutigem Kris in der Hand, und sticht auf jeden ein, dem er begegnet. „Amok! Amok!" dann hallt es durch die Straßen. Speere, Krisses , Messer und Gewehre werden gegen ihn eingesetzt. Er stürmt wahnsinnig vorwärts, tötet alles, was er kann – Männer, Frauen und Kinder – und stirbt inmitten der Aufregung einer Schlacht, von der Zahl überwältigt. Und was diese Aufregung ist, wissen am besten diejenigen, die in einem gewesen sind , aber alle, die jemals heftigen Leidenschaften nachgegeben oder sich sogar heftigen und aufregenden Übungen hingegeben haben, können sich eine sehr gute Vorstellung davon machen. Es ist ein wahnsinniger Rausch, ein vorübergehender Wahnsinn, der jeden Gedanken und jede Energie absorbiert. Und können wir uns darüber wundern, dass der kris-tragende, ungebildete, grüblerische Malaie einen solchen Tod vorzieht, der fast ehrenvoll gegenüber den kaltblütigen Details des Selbstmords angesehen wird , wenn er überwältigenden Schwierigkeiten oder den gnadenlosen Klauen des Henkers entfliehen möchte? die Schande einer öffentlichen Hinrichtung, wenn er das Gesetz selbst in die Hand genommen und sich zu voreilig an seinem Feind gerächt hat? In beiden Fällen entscheidet er sich lieber für „Amok".

Die wichtigsten Grundnahrungsmittel des Handels von Lombock und Bali sind Reis und Kaffee; Ersteres wächst in den Ebenen, Letzteres auf den Hügeln. Der Reis wird größtenteils auf andere Inseln des Archipels, nach Singapur und sogar nach China exportiert, und im Hafen werden in der Regel ein oder mehrere Schiffe geladen. Es wird auf Packpferden nach Ampanam gebracht , und fast jeden Tag kamen mehrere davon in Mr. Carters Hof. Das einzige Geld, das die Eingeborenen für ihren Reis nehmen, ist chinesisches Kupferbargeld, wovon zwölfhundert auf einen Dollar entfallen . Jeden Morgen mussten zwei große Säcke dieses Geldes in passende Beträge zur Auszahlung abgezählt werden. Aus Bali werden große Mengen getrockneten Rindfleischs und Ochsenzungen exportiert, aus Lombok eine ganze Menge Enten und Ponys. Die Enten sind eine besondere Rasse, die sehr lange, flache Körper hat und fast wie Pinguine aufrecht geht. Sie haben im Allgemeinen eine blassrötliche Aschefarbe und werden in großen Schwärmen gehalten. Sie sind sehr billig und werden größtenteils von den Besatzungen der Reisschiffe verzehrt, von denen sie Baly -Soldaten genannt werden, woanders jedoch allgemeiner als Pinguin-Enten bekannt.

Mein portugiesischer Vogeljäger Fernandez bestand nun darauf, seine Vereinbarung zu brechen und nach Singapur zurückzukehren; Zum Teil aus Heimweh, aber meiner Meinung nach mehr aus der Vorstellung heraus, dass sein Leben den Kauf vieler Monate unter so blutrünstigen und unzivilisierten Völkern nicht wert war. Es war ein erheblicher Verlust für mich, da ich ihm drei Monate lang das Dreifache des üblichen Lohns im Voraus gezahlt hatte, wovon die Hälfte auf die Reise und der Rest an einem Ort verbracht wurde, an dem ich aufgrund der dortigen Lage ohne ihn hätte auskommen können Da es so wenige Insekten gab, konnte ich meine Zeit dem Schießen und Häuten widmen. Einige Tage nachdem Fernandez abgereist war, kam ein kleiner Schoner nach Macassar, wo ich eine Überfahrt machte. Als passenden Abschluss meiner Skizze dieser interessanten Inseln werde ich eine Anekdote erzählen, die ich über den jetzigen Rajah gehört habe; und das, ob ganz wahr oder nicht, den Charakter der Einheimischen gut veranschaulicht und als Mittel zur Einführung einiger Einzelheiten der Sitten und Gebräuche des Landes dienen wird, auf die ich noch nicht angespielt habe.

KAPITEL XII.
LOMBOCK: WIE DER RAJAH DIE ZENSUS DURCHFÜHRTE.

Der Rajah von Lombock war ein sehr weiser Mann und er zeigte seine Weisheit deutlich in der Art und Weise, wie er die Volkszählung durchführte. Denn meine Leser müssen wissen, dass die Haupteinnahmen des Rajah aus einer Hauptsteuer für Reis stammten, wobei jedes Jahr ein kleiner Betrag von jedem Mann, jeder Frau und jedem Kind auf der Insel gezahlt wurde. Es bestand kein Zweifel, dass jeder diese Steuer zahlte denn es war ein sehr leichtes Land, und das Land war fruchtbar und den Menschen wohlhabend; aber es musste durch viele Hände gehen, bevor es die Lagerhäuser der Regierung erreichte. Als die Ernte vorüber war, brachten die Dorfbewohner ihren Reis zum Kapala Kampong, dem Dorfvorsteher; und zweifellos hatte er manchmal Mitleid mit den Armen oder Kranken und überschritt deren kurze Maßstäbe, und manchmal war er gezwungen, denjenigen einen Gefallen zu erweisen, die Beschwerden gegen ihn hatten; und dann musste er seine eigene Würde wahren, indem er dafür sorgte, dass seine Getreidespeicher besser gefüllt waren als die seiner Nachbarn , und so war der Reis, den er zum „ Waidono “ über seinem Bezirk brachte, im Allgemeinen viel weniger, als er hätte sein sollen. Und alle „ Waidonos “ mussten natürlich für sich selbst sorgen, denn sie waren alle verschuldet und es war so einfach, ein wenig vom Reis der Regierung zu nehmen, und es würde immer noch genug für den Rajah übrig bleiben. Und die „ Gustis “ oder Prinzen, die den Reis von den Waidonos erhielten, bedienten sich ebenfalls selbst, und so stellte sich heraus, dass die Menge jedes Jahr geringer war als im Vorjahr, als die Ernte vorüber war und der Reis als Tribut eingebracht war. Als Ursache für diesen Rückgang wurden natürlich Krankheiten in einem Bezirk, Fieber in einem anderen und Missernten in einem dritten angeführt; Aber wenn der Rajah am Fuße des großen Berges auf die Jagd ging oder einen „ Gusti “ auf der anderen Seite der Insel besuchte , sah er die Dörfer immer voller Menschen, die alle wohlgenährt und glücklich aussahen. Und er bemerkte, dass die Krisse seiner Häuptlinge und Offiziere immer schöner wurden; und die Griffe, die aus gelbem Holz waren, wurden durch Elfenbein ersetzt, und die aus Elfenbein wurden durch Gold ersetzt, und an vielen von ihnen funkelten Diamanten und Smaragde; und er wusste sehr gut, wohin der Tributreis ging. Da er es aber nicht beweisen konnte, schwieg er und beschloss in seinem Herzen, eines Tages eine Volkszählung durchführen zu lassen, damit er die Zahl seines Volkes erfahre und nicht um mehr Reis betrogen werde, als gerecht und vernünftig sei.

Die Schwierigkeit bestand jedoch darin, diese Volkszählung durchzuführen. Er konnte nicht selbst in jedes Dorf und in jedes Haus gehen und alle Leute zählen; und wenn er befahl, dies den regulären Offizieren zu überlassen, würden sie schnell verstehen, wozu es diente, und die Zählung würde mit Sicherheit genau mit der Reismenge übereinstimmen, die er letztes Jahr erhalten hatte. Es war daher offensichtlich, dass niemand ahnen musste, warum die Volkszählung durchgeführt wurde, um seinen Zweck zu erfüllen; Und um dies sicherzustellen, darf niemand wissen, dass überhaupt eine Volkszählung durchgeführt wurde. Das war ein sehr schwieriges Problem; und der Rajah dachte und dachte, so hart, wie man es von einem malaiischen Rajah erwarten kann, aber er konnte es nicht lösen; und so war er sehr unglücklich und tat nichts weiter, als mit seiner Lieblingsfrau zu rauchen und Betel zu kauen , und aß kaum etwas; und selbst als er zum Hahnenkampf ging, schien es ihm egal zu sein, ob seine besten Vögel gewannen oder verloren. Mehrere Tage lang blieb er in diesem traurigen Zustand, und alle Anwesenden fürchteten, ein böser Blick hätte den Rajah verhext; und ein unglücklicher irischer Kapitän, der wegen einer Ladung Reis gekommen war und fürchterlich blinzelte, war fast umgehauen worden, aber als er zuerst in die Gegenwart des Königs gebracht wurde, wurde ihm gnädigerweise befohlen, an Bord zu gehen und dort zu bleiben, während sein Schiff im Hafen blieb .

Eines Morgens jedoch, nachdem diese unerklärliche Melancholie etwa eine Woche lang angehalten hatte, kam es zu einer willkommenen Veränderung, denn der Rajah sandte aus, um alle Häuptlinge, Priester und Fürsten zusammenzurufen, die sich damals in Mataram, seiner Hauptstadt, aufhielten . und als sie alle in gespannter Erwartung versammelt waren, sprach er sie folgendermaßen an:

„Seit vielen Tagen war mein Herz sehr krank und ich wusste nicht warum, aber jetzt ist das Problem beseitigt, denn ich hatte einen Traum. Letzte Nacht der Geist des Gunong. " Agong ' – der große Feuerberg – erschien mir und sagte mir, dass ich auf den Gipfel des Berges steigen müsse. Ihr könnt alle mit mir bis nahe an den Gipfel kommen, aber dann muss ich alleine hinaufgehen, und der große Geist wird mir erneut erscheinen und mir sagen, was für mich und für euch und für alle Menschen der Welt von großer Bedeutung ist Insel. Nun geht ihr alle und verkündet dies auf der ganzen Insel, und lasst jedes Dorf Männer stellen, die uns einen Weg frei machen, durch den Wald und den großen Berg hinauf."

So verbreitete sich auf der ganzen Insel die Nachricht, dass der Rajah dem großen Geist auf dem Gipfel des Berges entgegengehen müsse; und jedes Dorf sandte seine Männer aus, und sie rodeten den Dschungel, bauten Brücken über die Gebirgsbäche und ebneten die rauen Stellen für den Durchgang des Rajah. Und als sie zu den steilen und schroffen Felsen des

Berges kamen, suchten sie die besten Wege, manchmal entlang des Bettes eines Wildbachs, manchmal entlang schmaler Absätze der schwarzen Felsen; An einer Stelle wurde ein hoher Baum gefällt, um einen Abgrund zu überbrücken, an einer anderen Stelle wurden Leitern gebaut, um die glatte Oberfläche eines Abgrunds zu erklimmen. Die Häuptlinge, die die Arbeiten beaufsichtigten, legten im Voraus die Länge der Tagesreise entsprechend der Beschaffenheit der Straße fest und wählten angenehme Orte an den Ufern klarer Bäche und in der Nähe schattiger Bäume, wo sie Schuppen und Hütten aus Bambusbrunnen bauten Mit Palmblättern gedeckt, wo der Rajah und seine Diener am Ende eines jeden Tages essen und schlafen konnten.

Und als alles fertig war, kamen die Fürsten, Priester und Oberhäupter erneut zum Rajah, um ihm zu erzählen, was getan worden war, und um ihn zu fragen, wann er den Berg besteigen würde. Und er setzte einen Tag fest und befahl jedem Mann von Rang und Autorität, ihn zu begleiten, um dem großen Geist Ehre zu erweisen , der ihn aufgefordert hatte, die Reise anzutreten, und um zu zeigen, wie bereitwillig sie seinen Befehlen gehorchten. Und dann gab es auf der ganzen Insel viel Vorbereitung. Das beste Vieh wurde getötet und das Fleisch gesalzen und in der Sonne getrocknet; und es wurden reichlich rote Paprika und Süßkartoffeln gesammelt; und die hohen Pinang-Bäume wurden für die würzige Betelnuß geklettert, die Sirih -Blätter wurden in Bündeln zusammengebunden, und jeder Mann füllte seinen Tabakbeutel und seine Limettenschachtel bis zum Rand, damit es ihm an den Materialien zum Kauen nicht mangelte das erfrischende Betel während der Reise. Die Proviantvorräte wurden einen Tag im Voraus verschickt. Und am Tag vor dem für den Aufbruch bestimmten Tag kamen alle großen und kleinen Häuptlinge nach Mataram , dem Wohnsitz des Königs, mit ihren Pferden und ihren Dienern und den Trägern ihrer Sirih- Boxen und ihren Schlafmatten und ihren Bestimmungen. Und sie lagerten unter den hohen Waringin -Bäumen, die alle Straßen rund um Mataram säumen , und verscheuchten mit lodernden Feuern die Ghule und bösen Geister, die nachts in den düsteren Alleen ihr Unwesen treiben.

Am Morgen bildete sich eine große Prozession, um den Rajah zum Berg zu führen. Und die königlichen Prinzen und Verwandten des Rajahs bestiegen ihre schwarzen Pferde, deren Schwänze über den Boden fegten; Sie benutzten weder Sattel noch Steigbügel, sondern saßen auf einem Tuch in bunten Farben ; Die Gebisse waren aus Silber und die Zaumzeuge aus vielfarbigen Schnüren . Die weniger bedeutenden Leute saßen auf kleinen, kräftigen Pferden in verschiedenen Farben , die sich gut für eine Bergreise eigneten; und alle (sogar der Rajah) waren bis über das Knie barbeinig und trugen nur das farbenfrohe Baumwollhüfttuch, eine Seiden- oder Baumwolljacke und ein großes Taschentuch, das geschmackvoll um den Kopf gefaltet war . Jeder wurde von einem oder zwei Dienern begleitet, die seine Sirih- und Betelkisten trugen und ebenfalls auf Ponys saßen; und eine große Zahl weiterer war vorausgegangen oder wartete darauf, die Nachhut zu bilden. Die Zahl der Autoritätspersonen betrug Hunderte und ihre Anhänger Tausende, und die ganze Insel fragte sich, was für eine großartige Sache dabei herauskommen würde.

In den ersten beiden Tagen gingen sie auf guten Straßen und durch viele Dörfer, die sauber gefegt waren und an deren Fenstern bunte Tücher hingen; Und als der Rajah kam, hockte sich das ganze Volk respektvoll auf den Boden, und jeder Reiter stieg von seinem Pferd und hockte sich ebenfalls nieder, und viele schlossen sich der Prozession in jedem Dorf an. An der Stelle, an der sie übernachteten, hatten die Leute Pfähle an beiden Straßenseiten vor den Häusern aufgestellt. Diese waren oben kreuzweise gespalten, und in der Spalte waren kleine Tonlampen befestigt, und dazwischen steckten die grünen Blätter der Palmen, die, vom Abendtau triefend, in den vielen funkelnden Lichtern hübsch schimmerten. Und nur wenige gingen in dieser Nacht bis in die Morgenstunden schlafen , denn in jedem Haus gab es eine Schar eifriger Redner, und es wurde viel Betelnuss verzehrt, und es gab endlose Vermutungen darüber, was dabei herauskommen würde.

Am zweiten Tag ließen sie das letzte Dorf hinter sich und betraten das wilde Land, das den großen Berg umgibt, und ruhten in den Hütten, die am Ufer eines Baches mit kaltem, glitzerndem Wasser für sie vorbereitet worden waren. Und die Jäger des Rajahs, bewaffnet mit langen und schweren Gewehren, machten sich auf die Suche nach Hirschen und wilden Bullen in den umliegenden Wäldern und brachten das Fleisch von beiden am frühen Morgen nach Hause und schickten es im Voraus weiter, um das Mittagessen zuzubereiten . Am dritten Tag rückten sie so weit vor, wie Pferde konnten, und lagerten am Fuß hoher Felsen, zwischen denen nur schmale Pfade zu finden waren, die zum Gipfel des Berges führten. Und am vierten Morgen, als der Rajah aufbrach, wurde er nur von einer kleinen Gruppe von Priestern und Fürsten mit ihren unmittelbaren Dienern begleitet; und sie mühten sich mühsam den schroffen Weg hinauf und wurden manchmal von ihren Dienern getragen, bis sie über die großen Bäume und dann zwischen den dornigen Büschen und über ihnen wieder auf den schwarzen und verbrannten Felsen des höchsten Teils des Berges gelangten Berg.

Und als sie sich dem Gipfel näherten, befahl der Rajah ihnen allen anzuhalten, während er allein dem großen Geist auf dem Gipfel des Berges entgegenging. So ging er mit nur zwei Jungen, die sein Sirih und seinen Betel trugen, weiter und erreichte bald zwischen großen Felsen den Gipfel des Berges, am Rande des großen Golfs, aus dem ständig Rauch und Dampf aufsteigen . Und der Rajah bat um Sirih und befahl den Jungen, sich unter einen Felsen zu setzen und den Berg hinunterzuschauen und sich nicht zu bewegen, bis er zu ihnen zurückkehrte. Und als sie müde waren und die Sonne warm und angenehm schien und der Felsen sie vor dem kalten Wind schützte, schliefen die Jungen ein. Und der Rajah ging ein kleines Stück weiter unter einem anderen Felsen hindurch; Und da er müde war und die Sonne warm und angenehm schien, schlief auch er ein.

Und diejenigen, die auf den Rajah warteten, dachten, er sei schon lange auf dem Gipfel des Berges und meinten, der große Geist müsse viel zu sagen haben oder ihn vielleicht immer auf dem Berg behalten wollen, oder vielleicht hatte er den Weg verfehlt im Wiederabsteigen. Und sie überlegten, ob sie gehen und nach ihm suchen sollten, als sie sahen, wie er mit den beiden Jungen herunterkam. Und als er sie traf , sah er sehr ernst aus, sagte aber nichts; und dann stiegen alle zusammen hinab, und die Prozession kehrte zurück, wie sie gekommen war; Und der Rajah ging in seinen Palast und die Häuptlinge in ihre Dörfer und die Menschen in ihre Häuser, um ihren Frauen und Kindern alles zu erzählen, was geschehen war, und sich noch einmal zu fragen, was daraus werden würde.

Und drei Tage später rief der Rajah die Priester, die Fürsten und die führenden Männer von Mataram zusammen , um zu hören, was der große Geist ihm auf dem Gipfel des Berges gesagt hatte. Und als sie alle versammelt waren und Betel und Sirih herumgereicht worden waren, erzählte er ihnen, was passiert war. Auf dem Gipfel des Berges war er in Trance gefallen, und der große Geist war ihm mit einem Gesicht wie brüniertes Gold erschienen und hatte gesagt: „Oh Rajah! Viele Seuchen, Krankheiten und Fieber kommen über die ganze Erde Menschen und auf Pferden und auf Rindern; aber da du und dein Volk mir gehorcht habt und auf meinen großen Berg hinaufgestiegen seid, werde ich euch lehren, wie ihr und das ganze Volk von Lombock dieser Plage entkommen könnt . " Und alle warteten gespannt darauf, zu erfahren, wie sie vor einem so schrecklichen Unglück gerettet werden könnten. Und nach einem kurzen Schweigen sprach der Rajah erneut und sagte ihnen, dass der große Geist befohlen habe, zwölf heilige Krisses herzustellen, und dass jedes Dorf und jeder Bezirk zu ihrer Herstellung ein Bündel Nadeln schicken müsse – eine Nadel für jeden Kopf das Dorf. Und wenn in irgendeinem Dorf eine schwere Krankheit auftrat, sollte einer der heiligen Kriss dorthin geschickt werden; und wenn jedes Haus in diesem Dorf die richtige Anzahl Nadeln geschickt hätte, würde die Krankheit sofort aufhören; aber wenn die Anzahl der gesendeten Nadeln nicht genau gewesen wäre, hätten die Kris keine Tugend.

Also schickten die Fürsten und Häuptlinge in alle ihre Dörfer und überbrachten die wunderbare Nachricht; und alle beeilten sich, die Nadeln mit größter Genauigkeit einzusammeln, denn sie fürchteten, dass das ganze Dorf leiden würde, wenn nur eine fehlte. So brachten die Oberhäupter der Dörfer einer nach dem anderen ihre Nadelbündel herein; Diejenigen, die in der Nähe von Mataram waren , kamen zuerst, und diejenigen, die weit weg waren, kamen zuletzt; und der Rajah empfing sie mit seinen eigenen Händen und verstaute sie sorgfältig in einer inneren Kammer, in einer Truhe aus Kampferholz, deren Scharniere und Verschlüsse aus Silber waren; und auf jedem Bündel war der Name des Dorfes und des Bezirks vermerkt, aus dem es kam, damit man wissen konnte, dass alle die Befehle des großen Geistes gehört und befolgt hatten.

Und als ganz sicher war, dass jedes Dorf sein Bündel eingeschickt hatte, teilte der Rajah die Nadeln in zwölf gleiche Teile und befahl dem besten Stahlarbeiter in Mataram , seine Schmiede, seine Blasebälge und seine Hämmer zum Palast zu bringen und die Nadeln herzustellen zwölf Krisses unter den Augen des Rajah und vor den Augen aller Männer, die es sehen wollten. Und als sie fertig waren, wurden sie in neue Seide gewickelt und sorgfältig aufbewahrt, bis sie gebraucht wurden.

Nun erfolgte die Reise zum Berg in der Zeit des Ostwinds, wenn in Lombock kein Regen fällt . Und bald nach der Herstellung der Krisses war die Zeit der Reisernte, und die Vorsteher der Bezirke und Dörfer brachten dem Rajah ihre Steuer entsprechend der Anzahl der Köpfe in ihren Dörfern ein. Und zu denen, die nur wenig vom vollen Betrag wollten, sagte der Rajah nichts; Als aber diejenigen kamen, die nur die Hälfte oder ein Viertel dessen brachten, was eigentlich gebührte, sagte er sanft zu ihnen: „Die Nadeln, die ihr aus eurem Dorf geschickt habt, waren viel größer als die, die aus dem Dorf eines solchen Menschen kamen, und doch ist es euer Tribut." weniger als sein; gehen Sie zurück und sehen Sie, wer die Steuer nicht bezahlt hat. Und im nächsten Jahr stieg der Ertrag der Steuer erheblich, denn sie fürchteten, der Rajah könnte zu Recht diejenigen töten, die ein zweites Mal den richtigen Tribut zurückhielten. Und so wurde der Rajah sehr reich und vergrößerte die Zahl seiner Soldaten, schenkte seinen Frauen goldene Juwelen, kaufte den weißhäutigen Holländern schöne schwarze Pferde und veranstaltete große Feste, wenn seine Kinder geboren oder verheiratet wurden. und keiner der Rajahs oder Sultane unter den Malaien war so groß oder mächtig wie der Rajah von Lombock .

Und die zwölf heiligen Krisses hatten große Kraft. Und wenn in einem Dorf eine Krankheit auftrat, wurde einer von ihnen geholt; und manchmal verschwand die Krankheit, und dann wurde der heilige Kris mit großer Ehre wieder zurückgenommen , und die Oberhäupter des Dorfes kamen, um dem Rajah von seiner wundersamen Kraft zu erzählen und ihm zu danken. Und manchmal verschwand die Krankheit nicht; und dann war jeder davon überzeugt, dass es sich bei der Anzahl der aus diesem Dorf verschickten Nadeln um einen Fehler gehandelt hatte und dass die heiligen Kris deshalb keine Wirkung hatten und von den Oberhäuptern schweren Herzens, aber dennoch mit allen, wieder zurückgenommen werden mussten Ehre – denn war die Schuld nicht ihre eigene?

KAPITEL XIII.
TIMOR.

(COUPANG, 1857-1869.
DELLI, 1861.)

Die Insel Timor ist etwa dreihundert Meilen lang und sechzig Meilen breit und scheint den Abschluss der großen Reihe vulkanischer Inseln zu bilden, die mehr als zweitausend Meilen westlich bei Sumatra beginnt. Sie unterscheidet sich jedoch sehr bemerkenswert von allen anderen Inseln der Kette dadurch, dass sie keine aktiven Vulkane besitzt, mit Ausnahme des Timor Peak in der Nähe der Inselmitte , der früher aktiv war, aber bei einem Ausbruch im Jahr 1638 explodierte und heute aktiv ist seitdem Ruhe. In keinem anderen Teil Timors scheint es neueres magmatisches Gestein zu geben, so dass die Insel kaum als vulkanische Insel eingestuft werden kann. Tatsächlich liegt es knapp außerhalb des großen Vulkangürtels, der sich von Flores über Ombay und Wetter bis nach Banda erstreckt.

Ich besuchte Timor zum ersten Mal im Jahr 1857 und verbrachte einen Tag in Coupang, der wichtigsten niederländischen Stadt am Westende der Insel. und noch einmal im Mai 1859, als ich vierzehn Tage in derselben Nachbarschaft blieb . Im Frühjahr 1861 verbrachte ich vier Monate in Delli , der Hauptstadt der portugiesischen Besitzungen im östlichen Teil der Insel.

Das gesamte Viertel von Coupang scheint in jüngster Zeit erhöht worden zu sein und besteht aus einer zerklüfteten Oberfläche aus Korallenfelsen, die sich in einer vertikalen Mauer zwischen dem Strand und der Stadt erhebt, deren niedrige, weiße, rot gekachelte Häuser ihr ein Aussehen verleihen sehr ähnlich zu anderen niederländischen Siedlungen im Osten. Die Vegetation ist überall spärlich und struppig. Pflanzen der Familien Apocynaceae und Euphorbiaceae gibt es in Hülle und Fülle; aber es gibt nichts, was man einen Wald nennen könnte, und das ganze Land hat ein ausgedörrtes und trostloses Aussehen, das in starkem Kontrast zu den hohen Waldbäumen und dem immergrünen Grün der Molukken oder Singapurs steht. Das auffälligste Merkmal der Vegetation war die Fülle an feinen Fächerpalmen (Borassus flabelliformis), aus deren Blättern die starken und haltbaren Wassereimer gebaut sind, die allgemein verwendet werden, und die denen aus anderen Formen weit überlegen sind Palmenart. Aus demselben Baum werden Palmwein und Zucker hergestellt, und das aus den Blättern gebildete gewöhnliche Dach für Häuser hält sechs oder sieben Jahre, ohne dass es entfernt werden muss. In der Nähe der Stadt bemerkte ich das Fundament eines zerstörten Hauses unterhalb der Hochwassermarke, was auf eine kürzliche Senkung hindeutete. Erdbeben sind hier nicht schwerwiegend und so selten und harmlos, dass die Haupthäuser aus Stein gebaut sind.

Die Einwohner von Coupang bestehen außer den Eingeborenen aus Malaien, Chinesen und Holländern, so dass es unter der Bevölkerung viele seltsame und komplizierte Mischungen gibt. Es gibt einen ansässigen englischen Händler, und sowohl Walfänger als auch australische Schiffe kommen oft hierher, um Vorräte und Wasser zu kaufen. Die einheimischen Timoresen überwiegen, und eine sehr kleine Untersuchung zeigt, dass sie nichts mit den Malaysiern gemein haben, sondern viel enger mit den echten Papuas der Aru-Inseln und Neuguineas verwandt sind. Sie sind groß, haben ausgeprägte Gesichtszüge, große, etwas gebogene Nasen und krauses Haar und sind im Allgemeinen von dunkelbrauner Farbe . Die Art und Weise, wie die Frauen untereinander und mit den Männern redeten, ihre lauten Stimmen und ihr Lachen sowie ihr allgemeiner Charakter der Selbstbehauptung würden es einem erfahrenen Beobachter ermöglichen, zu entscheiden, dass sie keine Malaien waren, auch ohne sie zu sehen.

Herr Arndt, ein Deutscher und Regierungsarzt, lud mich ein, während meines Aufenthalts in Coupang in seinem Haus zu übernachten, und ich nahm sein Angebot gerne an, da ich nur einen kurzen Besuch vorhatte. Zuerst fingen wir an, Französisch zu sprechen, aber er kam so schlecht zurecht, dass wir bald unmerklich ins Malaiische übergingen; und danach führten wir lange Diskussionen über literarische, wissenschaftliche und philosophische Fragen in dieser halbbarbarischen Sprache, deren Mängel wir durch den freien Gebrauch französischer oder lateinischer Wörter wettmachten.

Nach einigen Spaziergängen in der Umgebung der Stadt stellte ich einen solchen Mangel an Insekten und Vögeln fest, dass ich beschloss, für ein paar Tage auf die Insel Semao am westlichen Ende von Timor zu fahren, wo ich hörte, dass es dort Waldland gab Vögel wurden in Coupang nicht gefunden. Mit einiger Mühe bekam ich ein großes Einbaumboot mit Auslegern, das mich über eine Entfernung von etwa zwanzig Meilen bringen konnte. Ich fand das Land ziemlich waldreich, aber eher mit Sträuchern und dornigen Büschen als mit Waldbäumen bedeckt und überall übermäßig ausgedörrt und ausgetrocknet durch die lange anhaltende Trockenzeit. Ich übernachtete im Dorf Oeassa , das für seine Seifenquellen bekannt ist. Einer davon befindet sich mitten im Dorf und sprudelt aus einem kleinen Schlammkegel, zu dem sich der Boden rundherum erhebt wie ein Mini-Vulkan. Das Wasser fühlt sich seifig an und erzeugt einen starken Schaum, wenn fettige Substanzen darin gewaschen werden. Es enthält Alkali und Jod in solchen Mengen, dass die gesamte Vegetation in einiger Entfernung zerstört wird. In der Nähe des Dorfes befindet sich eine der schönsten Quellen, die ich je gesehen habe. Sie liegt in mehreren felsigen Becken, die durch schmale Kanäle miteinander verbunden sind. Diese wurden bei Bedarf sauber ummauert und teilweise eingeebnet und bilden schöne Naturbäder. Das Wasser ist wohlschmeckend und kristallklar, und die Becken sind von einem Hain hoher, vielstämmiger Banyanbäume umgeben, die sie immer kühl und schattig halten und die malerische Schönheit der Szene erheblich steigern.

Das Dorf besteht aus merkwürdigen kleinen Häusern, die ganz anders sind als alle, die ich anderswo gesehen habe. Sie haben eine ovale Form und die Wände bestehen aus etwa einen Meter hohen Stöcken, die dicht aneinander angebracht sind. Daraus erhebt sich ein hohes, kegelförmiges, mit Gras gedecktes Dach. Die einzige Öffnung ist eine etwa einen Meter hohe Tür. Die Menschen sind wie die Timoresen mit krausem oder gewelltem Haar und einer kupferbraunen Farbe . Die bessere Klasse scheint eine Mischung aus einigen überlegenen Rassen zu haben, die ihre Eigenschaften stark verbessert hat. Ich sah in Coupang einige Häuptlinge von der weiter westlich gelegenen Insel Savu , deren Charaktere sich deutlich von der malaysischen oder papuanischen Rasse unterschieden. Sie ähnelten am meisten Hindus, hatten feine, wohlgeformte Gesichtszüge und gerade, dünne Nasen mit klarer brauner Gesichtsfarbe. Da sich die brahmanische Religion einst über ganz Java verbreitete und auch heute noch auf Bali und Lombock existiert , ist es keineswegs unwahrscheinlich, dass einige Ureinwohner Indiens entweder zufällig oder um der Verfolgung zu entgehen diese Insel erreichten und dort eine dauerhafte Siedlung gründeten .

Ich blieb vier Tage in Oeassa , dann kehrte ich nach Coupang zurück, um auf den nächsten Postdampfer zu warten, da ich keine Insekten und nur sehr wenige neue Vögel vorfand. Unterwegs konnte ich knapp einer Überschwemmung entkommen. Das tiefe, sargartige Boot wurde mit meinem Gepäck und mit Gemüse, Kokosnüssen und anderen Früchten für den Coupang-Markt gefüllt, und als wir ein Stück weit in die ziemlich raue See gelangt waren, stellten wir fest, dass eine Menge Wasser auf uns zukam in dem wir keine Möglichkeit hatten, uns zu retten. Dies führte dazu, dass wir tiefer im Wasser versanken, und dann ließen wir Meere über unsere Seiten segeln, und die Ruderer, die zuvor erklärt hatten, es sei nichts, wurden nun alarmiert und drehten das Boot um, um zur Küste von Semao zurückzukehren, was der Fall war nicht weit weg. Durch das Wegräumen eines Teils des Gepäcks konnte ein wenig Wasser herausgepresst werden , aber kaum so schnell, wie es eindrang, und als wir uns der Küste näherten , fanden wir nichts als senkrechte Felswände, gegen die das Meer heftig schlug. Wir fuhren ein Stück weiter, bis wir eine kleine Bucht fanden, in die wir das Boot fuhren, es ans Ufer zogen und beim Entleeren ein großes Loch im Boden fanden, das vorübergehend mit einem Pfropfen aus Kokosnüssen verschlossen worden war herauskommen. Wären wir noch eine Viertelmeile weiter entfernt gewesen, bevor wir das Leck entdeckt hätten, hätten wir mit Sicherheit den größten Teil unseres Gepäcks über Bord werfen müssen und hätten leicht unser Leben verlieren können. Nachdem wir alles gerade und gesichert hatten, machten wir uns wieder auf den Weg, und als wir die Hälfte der Strecke zurückgelegt hatten, gerieten wir in eine so starke Strömung und hohen Wellengang, dass wir beinahe ein zweites Mal überschwemmt wurden, was mich dazu brachte, mir zu schwören, mir nie wieder so etwas anzuvertrauen kleine und elende Gefäße.

Der Postdampfer kam eine Woche lang nicht an, und ich beschäftigte mich damit, so viele Vögel wie möglich einzusammeln, und fand einige, die sehr interessant waren. Unter ihnen befanden sich fünf Taubenarten ebenso vieler verschiedener Gattungen, von denen die meisten nur auf der Insel vorkommen; zwei Papageien – der schöne Rotflügel-Breitschwanzpapagei (Platycercus) . vulneratus), verwandt mit einer australischen Art, und einer grünen Art der Gattung Geoffroyus . Der Tropidorhynchus timorensis war so allgegenwärtig und so laut, wie ich es in Lombock gefunden hatte ; und die Sphaecothera Viridis , ein seltsamer grüner Pirol mit nackten roten Bahnen, war eine großartige Anschaffung. Es gab mehrere hübsche Finken, Grasmücken und Fliegenschnäpper, und unter ihnen habe ich den eleganten blauen und roten Cyornis gefunden Hyazinthina ; aber ich kann in meinen Sammlungen die von Dampier erwähnte Art nicht wiedererkennen , der offenbar von der Zahl der kleinen Singvögel in Timor sehr beeindruckt war. Er sagt: „Eine Art dieser hübschen kleinen Vögel nannten meine Männer den klingelnden Vogel, weil er sechs Töne hatte und immer alle seine Töne zweimal nacheinander wiederholte, hoch und schrill beginnend und tief endend. Der Vogel war ungefähr … Größe einer Lerche, mit einem kleinen, spitzen schwarzen Schnabel und blauen Flügeln; Kopf und Brust waren blassrot, und um den Hals befand sich ein blauer Streifen. In Semao gibt es viele Affen. Dabei handelt es sich um den Hasenlippenaffen (Macacus cynomolgus), der überall auf den westlichen Inseln des Archipels vorkommt und möglicherweise von Einheimischen eingeführt wurde, die ihn oft in Gefangenschaft mit sich herumtragen. Es gibt auch einige Hirsche, aber es ist nicht ganz sicher, ob es sich um dieselbe Art handelt wie auf Java.

Ich kam am 12. Januar 1861 in Delli an, der Hauptstadt der portugiesischen Besitzungen in Timor, und wurde freundlich von Kapitän Hart empfangen, einem Engländer und alten Einwohner, der mit den Produkten des Landes handelt und auf einem Anwesen Kaffee anbaut der Fuß der Hügel. Mit ihm wurde ich Herrn Geach vorgestellt , einem Bergbauingenieur, der sich seit zwei Jahren darum bemüht hatte , Kupfer in ausreichender Menge zu finden, um eine Arbeit zu lohnen.

Delli ist selbst im Vergleich zu den ärmsten niederländischen Städten ein äußerst elender Ort. Die Häuser sind alle aus Lehm und Stroh; die Festung ist nur eine Lehmmauer; und das Zollhaus und die Kirche sind aus den gleichen gemeinen Materialien gebaut, ohne den Versuch einer Verzierung oder gar Ordentlichkeit. Das ganze Erscheinungsbild des Ortes erinnert an eine arme Eingeborenenstadt, und es gibt keine Anzeichen von Kultur oder Zivilisation in der Umgebung. Das Haus Seiner Exzellenz des Gouverneurs ist das einzige, das den Anschein erweckt, als ob es so aussehen würde, und dabei handelt es sich lediglich um ein niedriges, weiß getünchtes Häuschen oder einen Bungalow. Dennoch gibt es eine Sache, in der sich die Zivilisation zeigt: Beamte in schwarz-weißer europäischer Tracht und Offiziere in prächtigen Uniformen gibt es in einem Ausmaß, das in keinem Verhältnis zur Größe oder dem Erscheinungsbild des Ortes steht.

Die Tatsache, dass die Stadt über weite Strecken von Sümpfen und Wattenmeer umgeben ist, ist sehr ungesund, und eine einzige Nacht verursacht bei Neuankömmlingen oft Fieber, das nicht selten tödlich endet. Um diese Malaria zu vermeiden, schlief Kapitän Hart immer auf seiner Plantage auf einer leichten Anhöhe etwa zwei Meilen von der Stadt entfernt, wo Herr Geach auch ein kleines Haus hatte, in das er mich freundlicherweise einlud. Wir fuhren abends dorthin; und im Laufe von zwei Tagen wurde mein Gepäck heraufgebracht, und ich konnte mich umschauen und sehen, ob ich etwas einsammeln konnte.

In den ersten Wochen ging es mir sehr schlecht und ich konnte mich nicht weit vom Haus entfernen. Das Land war mit niedrigen, stacheligen Sträuchern und Akazien bedeckt, außer in einem kleinen Tal, wo ein Bach von den Hügeln herabfloss, wo einige schöne Bäume und Büsche das Wasser beschatteten und einen sehr angenehmen Ort zum Wandern bildeten. Es gab viele Vögel und eine erträgliche Artenvielfalt; aber nur sehr wenige von ihnen waren bunt gefärbt . Tatsächlich waren die Vögel dieser tropischen Insel, von ein oder zwei Ausnahmen abgesehen, kaum so dekorativ wie die Vögel Großbritanniens. Käfer waren so rar, dass ein Sammler mit Fug und Recht sagen könnte, es gäbe keine, da die wenigen unbekannten oder uninteressanten Arten ihm die Suche nicht entlohnen würden. Die einzigen Insekten, die überhaupt bemerkenswert oder interessant waren, waren die Schmetterlinge, die zwar verhältnismäßig wenige Arten hatten, aber ausreichend häufig vorkamen und einen großen Anteil neuer oder seltener Arten umfassten. Die Ufer des Baches bildeten meinen besten Sammelplatz, und ich wanderte täglich in seinem schattigen Bett auf und ab, das etwa eine Meile hoch felsig und steil wurde. Hier habe ich den seltenen und wunderschönen Schwalbenschwanzschmetterling Papilio erworben aenomaus und P. liris ; deren Männchen einander völlig unähnlich sind und tatsächlich zu verschiedenen Abschnitten der Gattung gehören, während die Weibchen sich so sehr ähneln, dass sie auf dem Flügel und für ein ungebildetes Auge ebenso im Kabinett nicht zu unterscheiden sind. Mehrere andere wunderschöne Schmetterlinge belohnten meine Suche an diesem Ort, unter denen ich besonders die Cethosia erwähnen möchte leschenaultii , dessen tiefviolette Flügel so mit Leder umrandet sind, dass sie auf den ersten

Blick unserer eigenen Camberwell- Schönheit ähneln, obwohl sie einer anderen Gattung angehört. Die am häufigsten vorkommenden Schmetterlinge waren die Weißen und Gelben (Pieridae), von denen ich einige bereits in Lombock und Coupang gefunden hatte, während andere für mich neu waren.

Anfang Februar trafen wir Vorkehrungen für einen einwöchigen Aufenthalt in einem Dorf namens Baliba , das etwa vier Meilen entfernt in den Bergen auf einer Höhe von 2.000 Fuß liegt. Wir transportierten unser Gepäck und einen Vorrat an allem Notwendigen auf Packpferden; und obwohl die Entfernung auf der von uns gewählten Route nicht mehr als sechs oder sieben Meilen betrug, dauerte es für uns einen halben Tag, bis wir dort ankamen. Die Straßen waren bloße Wege, manchmal führten sie über steile Felstreppen, manchmal durch enge, von den Füßen der Pferde ausgehöhlte Schluchten, und es war notwendig, die Beine an den Hals der Pferde zu legen, um sie nicht zu zerquetschen. An einigen dieser Stellen musste das Gepäck ausgeladen werden, an anderen wurde es abgeschlagen. Manchmal war der Auf- oder Abstieg so steil, dass es einfacher war, zu Fuß zu gehen, als sich an den Rücken unserer Ponys zu klammern; und so gingen wir über kahle Hügel auf und ab, deren Oberfläche mit kleinen Kieselsteinen bedeckt und mit Eukalyptusbäumen übersät war, was mich eher an das erinnerte, was ich über Teile des Landesinneren Australiens gelesen hatte, als an den Malaiischen Archipel.

Das Dorf bestand nur aus drei Häusern mit niedrigen Mauern, die auf Pfosten einige Fuß hoch waren, und sehr hohen Dächern, die mit Gras gedeckt waren, das bis auf zwei bis drei Fuß über den Boden reichte. Ein Haus, das unvollendet und an der Rückseite teilweise offen war, wurde uns zur Verfügung gestellt, und wir bauten darin einen Tisch, einige Bänke und einen Paravent auf, während ein innerer geschlossener Teil uns als Schlafgemach diente. Wir hatten eine herrliche Aussicht auf Delli und das Meer dahinter. Das umliegende Land war hügelig und offen, außer in den Senken, wo es einige Waldstücke gab, von denen Herr Geach , der den gesamten östlichen Teil von Timor bereist hatte , mir versicherte, dass es sich um das üppigste handelte, was er bisher auf der Insel gesehen hatte . Ich hatte gehofft, hier ein paar Insekten zu finden, wurde aber sehr enttäuscht, vielleicht wegen der Feuchtigkeit des Klimas; Denn erst als die Sonne ziemlich hoch stand, verzogen sich die Nebel, und gegen Mittag waren wir im Allgemeinen wieder bewölkt, so dass es selten länger als ein oder zwei Stunden unbeständigen Sonnenschein gab. Wir suchten in alle Richtungen nach Vögeln und anderem Wild, aber sie waren sehr selten. Auf unserem Weg hatte ich die schöne Weißkopftaube Ptilonopus geschossen cinctus und der hübsche kleine Lorikeet Trichoglossus Eutelen . Ich habe noch ein paar davon bei den Blüten der Eukalyptusart gefunden, außerdem die verwandte

Art Trichoglossus iris und ein paar andere kleine, aber interessante Vögel. Der gemeine indische Dschungelhahn (Gallus bankiva) wurde hier gefunden und versorgte uns mit einigen ausgezeichneten Mahlzeiten; aber wir konnten kein Reh fangen. Kartoffeln werden weiter oben in den Bergen in Hülle und Fülle angebaut und sind sehr gut. Wir ließen jeden zweiten Tag ein Schaf schlachten und aßen unser Hammelfleisch mit großem Appetit in dem kühlen Klima, das ein Feuer immer angenehm machte.

Obwohl die Hälfte der europäischen Einwohner in Delli ständig an Fieber erkrankt sind und die Portugiesen den Ort seit drei Jahrhunderten bewohnen, hat noch niemand ein Haus auf diesen schönen Hügeln gebaut, was, wenn eine erträgliche Straße geschaffen würde, nur ein einziges wäre eine Stunde Fahrt von der Stadt entfernt; und fast ebenso gute Situationen könnten auf einer niedrigeren Ebene in einer halben Stunde Entfernung gefunden werden. Die Tatsache, dass in einer Höhe von 900 bis 1000 Metern reichlich Kartoffeln und Weizen von ausgezeichneter Qualität angebaut werden, zeigt, wozu das Klima und der Boden bei richtiger Bewirtschaftung fähig sind. In einer Höhe von 300 bis 600 Fuß gedeiht Kaffee; und es gibt Hunderte von Quadratmeilen Land, auf denen all die verschiedenen Produkte gedeihen würden, die ein Klima zwischen dem von Kaffee und Weizen erfordern; aber es wurde noch kein Versuch unternommen, eine einzige Meile Straße oder einen einzigen Hektar Plantage zu schaffen!

Es muss etwas sehr Ungewöhnliches im Klima Timors geben, das den Weizenanbau in einer so gemäßigten Höhe ermöglicht. Das Getreide ist von ausgezeichneter Qualität, das daraus gebackene Brot übertrifft alle anderen, die ich je probiert habe, und es gilt allgemein als unübertroffen von allen, die aus importiertem europäischem oder amerikanischem Mehl hergestellt wurden. Die Tatsache, dass die Eingeborenen (ganz aus eigenem Antrieb) dazu übergegangen sind, fremde Produkte wie Weizen und Kartoffeln anzubauen, die sie in kleinen Mengen auf dem Rücken von Ponys über die schrecklichsten Bergpfade bringen und am Meer sehr billig verkaufen, zeigt ausreichend, was getan werden könnte, wenn gute Straßen gebaut würden und wenn die Menschen belehrt, ermutigt und geschützt würden. Schafe kommen auch in den Bergen gut zurecht; und eine Rasse robuster Ponys, die überall auf dem Archipel einen hohen Ruf genießt, läuft halbwild, so dass es den Anschein hat, als ob diese Insel, die so karg aussieht und ohne die üblichen Merkmale tropischer Vegetation ist, dennoch besonders geeignet ist, eine Vielfalt zu bieten von für die Europäer lebenswichtigen Produkten, die die anderen Inseln nicht produzieren werden und die sie daher von der anderen Seite der Welt importieren.

Am 24. Februar verließ mein Freund Herr Geach Timor, nachdem er schließlich berichtet hatte, dass keine abbauwürdigen Mineralien gefunden worden seien. Die Portugiesen waren sehr verärgert, da sie zu dem Schluss gekommen waren, dass Kupfer im Überfluss vorhanden sei, und immer noch glaubten, dass es so sei. Es scheint, dass seit jeher reines gediegenes Kupfer an einer Stelle an der Küste etwa dreißig Meilen östlich von Delli gefunden wurde .

Die Eingeborenen sagen, sie hätten es im Grund einer Schlucht gefunden, und vor vielen Jahren soll ein Kapitän eines Schiffes einige Hundert Gewicht davon gefunden haben. Jetzt ist es jedoch offensichtlich sehr selten, da in den zwei Jahren, in denen Herr Geach im Land lebte, nichts gefunden wurde. Mir wurde ein mehrere Pfund schweres Stück gezeigt, das einem der größeren australischen Nuggets ähnelte, aber aus reinem Kupfer statt aus Gold bestand. Die Eingeborenen und die Portugiesen haben sich ganz natürlich vorgestellt, dass es dort, wo diese Fragmente herkommen, noch mehr geben muss; und es gibt einen Bericht oder eine Überlieferung, dass ein Berg am Ende der Schlucht fast aus reinem Kupfer besteht und natürlich von immensem Wert.

Nach vielen Schwierigkeiten wurde schließlich eine Gesellschaft zur Bearbeitung des Kupferbergs gegründet, wobei ein portugiesischer Kaufmann aus Singapur den größten Teil des Kapitals lieferte. Sie waren von der Existenz des Kupfers so überzeugt, dass sie dachten, es wäre Zeit- und Geldverschwendung, zuerst eine Erkundung durchzuführen; und dementsprechend wurde er nach England geschickt, um einen Bergbauingenieur zu holen, der zwei Jahre lang alle notwendigen Werkzeuge, Maschinen, Labore, Utensilien, eine Reihe von Mechanikern und Vorräten aller Art mitbringen sollte, um mit der Arbeit an einer Kupfermine zu beginnen was ihm gesagt wurde, sei bereits entdeckt worden. Als sie Singapur erreichten, wurde ein Schiff beladen, um die Männer und Vorräte nach Timor zu bringen, wo sie schließlich nach großer Verzögerung, einer langen Reise und sehr großen Kosten ankamen.

Dann wurde ein Tag zur „Öffnung der Minen" festgelegt. Kapitän Hart begleitete Herrn Geach als Dolmetscher. Der Gouverneur, der Kommandant , der Richter und alle führenden Leute des Ortes begaben sich feierlich auf den Berg, zusammen mit Herrn Geachs Assistenten und einigen Arbeitern. Als sie das Tal hinaufgingen, untersuchte Herr Geach die Felsen, sah aber keine Anzeichen von Kupfer. Sie gingen immer weiter, aber immer noch nichts außer ein paar Spuren von sehr schlechtem Erz. Endlich standen sie auf dem Kupferberg. Der Gouverneur blieb stehen, die Beamten bildeten einen Kreis, und dann wandte er sich an sie und sagte, dass endlich der Tag gekommen sei, auf den sie alle so lange gewartet hatten, an dem die Schätze des Bodens von Timor ans Licht kommen würden, und noch viel mehr in sehr hochtrabendem Portugiesisch; Zum Schluss wandte er sich an Herrn Geach und bat ihn, ihnen den besten Ort zu zeigen, an dem sie sofort mit der Arbeit beginnen und die Masse des jungfräulichen Kupfers freilegen könnten. Da die Schluchten und Abgründe, zwischen denen sie vorbeigekommen waren und die sorgfältig untersucht worden waren, die Natur und die mineralische Beschaffenheit des Landes sehr deutlich offenbarten, sagte ihnen Herr Geach einfach, dass es dort keine Spur von Kupfer gebe, und dass dies der Fall sei völlig sinnlos, mit der Arbeit zu beginnen. Das Publikum war wie vom Donner gerührt! Der Gouverneur traute seinen Ohren nicht. Als Herr Geach seine Aussage schließlich wiederholt hatte, sagte ihm der Gouverneur streng, dass er sich geirrt habe; dass sie alle wussten, dass es dort reichlich Kupfer gab, und dass er ihnen als Bergbauingenieur nur sagen wollte, wie man am besten daran herankomme; und dass er auf jeden Fall irgendwo mit der Arbeit beginnen sollte. Mr. Geach weigerte sich, dies zu tun, und versuchte zu erklären, dass die Schluchten viel tiefer in den Hügel eingedrungen seien, als er es seit Jahren geschafft hätte, und dass er weder Geld noch Zeit für solch einen nutzlosen Versuch verschwenden würde. Nachdem ihm diese Rede gedolmetscht worden war, erkannte der Gouverneur, dass sie keinen Zweck hatte, und ohne ein Wort zu sagen wandte er sein Pferd, ritt davon und ließ meine Freunde allein auf dem Berg zurück. Sie alle glaubten, dass es eine Verschwörung gab, dass der Engländer das Kupfer nicht finden würde und dass sie grausam betrogen worden waren.

Herr Geach schrieb dann an den Kaufmann aus Singapur, der sein Arbeitgeber war, und es wurde vereinbart, dass er die Mechaniker wieder nach Hause schicken und selbst das Land nach Mineralien erkunden sollte. Zunächst stellte ihm die Regierung Hindernisse in den Weg und verhinderte gänzlich seinen Umzug; aber schließlich durfte er umherreisen, und mehr als ein Jahr lang erkundeten er und sein Assistent den östlichen Teil von Timor, durchquerten ihn an mehreren Stellen von Meer zu Meer und stiegen jedes wichtige Tal hinauf, ohne irgendwelche Mineralien zu finden, die sich lohnen würden die Arbeitskosten. Kupfererz gibt es an mehreren Orten, aber immer von zu schlechter Qualität. Die Besten würden gut bezahlt, wenn sie in England angesiedelt wären; aber im Inneren eines völlig kargen Landes, in dem es Straßen zu bauen und alle qualifizierten Arbeitskräfte und Materialien zu importieren galt, wäre es ein aussichtsloses Unterfangen gewesen. Auch Gold kommt vor, allerdings sehr spärlich und von schlechter Qualität. Weit im Landesinneren wurde eine feine Quelle reinen Erdöls entdeckt, wo es nie verfügbar sein wird, bis das Land zivilisiert ist. Die ganze Angelegenheit war eine furchtbare Enttäuschung für die portugiesische Regierung, die es für so sicher gehalten hatte, dass sie den niederländischen Postdampfern den Halt in Delli versprochen hatte und mehrere Schiffe aus Australien veranlasst wurden, mit verschiedenen Ladungen zu kommen, die sie erwartet hatten in den neu eröffneten Minen einen schnellen Verkauf unter der Bevölkerung zu finden. Die Klumpen des gediegenen Kupfers sind jedoch immer noch ein Rätsel. Herr Geach hat das Land in alle Richtungen untersucht, ohne ihren

Ursprung zurückverfolgen zu können; so dass es wahrscheinlich erscheint, dass sie aus den Trümmern alter kupferhaltiger Schichten stammen und nicht wirklich häufiger vorkommen als Goldnuggets in Australien oder Kalifornien. Jedem Eingeborenen, der ein Stück fand und die genaue Stelle zeigte, wo er es erhalten hatte, wurde eine hohe Belohnung ausgesetzt, jedoch ohne Wirkung.

Die Bergsteiger von Timor sind ein Volk papuanischen Typs mit eher schlanker Gestalt, buschigem, krausem Haar und einer dunkelbraunen Haut . Sie haben die lange Nase mit überhängender Spitze, die für die Papua so charakteristisch und bei Rassen malaysischen Ursprungs so völlig unbekannt ist. An der Küste gab es viele Beimischungen einiger malaiischer und vielleicht hinduistischer sowie portugiesischer Rassen. Die allgemeine Statur ist dort niedriger, das Haar wellig statt gekräuselt und die Gesichtszüge weniger ausgeprägt. Die Häuser sind auf dem Boden gebaut, während die Bergsteiger ihre Häuser auf drei bis vier Fuß hohe Pfosten errichten. Das übliche Kleid ist ein langes Tuch, das um die Taille gedreht ist und bis zum Knie reicht, wie in der Abbildung (Seite 305) gezeigt, die einer Fotografie entnommen ist. Beide Männer tragen den Nationalschirm, der aus einem ganzen fächerförmigen Palmblatt besteht und an der Falte jedes Blattes sorgfältig vernäht ist, um ein Aufplatzen zu verhindern. Dieser wird aufgeklappt und beim Duschen schräg über Kopf und Rücken gehalten. Der kleine Wassereimer besteht aus einem ganzen ungeöffneten Blatt derselben Palme, und der bedeckte Bambus enthält wahrscheinlich Honig zum Verkauf. Gewöhnlich wird eine merkwürdige Brieftasche getragen, die aus einem Quadrat aus stark gewebtem Stoff besteht, dessen vier Ecken durch Schnüre verbunden sind und der oft stark mit Perlen und Quasten verziert ist. An das Haus hinter der Figur rechts gelehnt stehen Bambusstäbe, die anstelle von Wasserkrügen verwendet wurden.

Ein vorherrschender Brauch ist das „ Pomali ", das genau dem „Tabu" der pazifischen Inselbewohner entspricht und gleichermaßen respektiert wird. Es wird bei den häufigsten Gelegenheiten verwendet, und ein paar Palmblätter, die als Zeichen des „ Pomali " außerhalb eines Gartens aufgehängt werden, schützen seine Produkte ebenso wirksam vor Dieben, wie es die drohende Warnung durch Menschenfallen, Gewehre oder einen wilden Hund tun würde Machen Sie mit uns. Die Toten werden auf einer Bühne platziert, die sechs bis acht Fuß über dem Boden liegt und manchmal offen und manchmal mit einem Dach bedeckt ist. Hier verbleibt der Leichnam, bis die Angehörigen es sich leisten können, ein Fest zu veranstalten, und dann wird er begraben. Die Timoresen sind im Allgemeinen große Diebe, aber nicht blutrünstig. Sie kämpfen ständig untereinander und nutzen jede Gelegenheit, um ungeschützte Menschen anderer Stämme als Sklaven zu entführen. aber Europäer können überall im

Land sicher durchreisen. Außer ein paar Mischlingen in der Stadt gibt es auf der Insel Timor keine einheimischen Christen. Das Volk behält weitgehend seine Unabhängigkeit und verabscheut und verachtet seine künftigen Herrscher, seien es Portugiesen oder Niederländer.

Die portugiesische Regierung in Timor ist äußerst erbärmlich. Niemand scheint sich im Geringsten um die Verbesserung des Landes zu kümmern, und zu diesem Zeitpunkt, nach dreihundert Jahren Besatzung, ist noch keine Meile Straße außerhalb der Stadt gebaut worden, und im Landesinneren gibt es keinen einzigen europäischen Bewohner . Alle Regierungsbeamten unterdrücken und berauben die Eingeborenen, so gut sie können, und dennoch wird nicht darauf geachtet, die Stadt verteidigungsfähig zu machen, falls die Timoresen versuchen sollten, sie anzugreifen. Die Militäroffiziere sind so unwissend, dass sie, nachdem sie einen kleinen Mörser und einige Granaten erhalten hatten, niemanden finden konnten, der wusste, wie man damit umgeht; und während eines Aufstands der Eingeborenen (während ich in Delli war) wurde der Offizier, der erwartet hatte, gegen die Aufständischen geschickt zu werden, sofort krank! Und es wurde ihnen gestattet, einen wichtigen Pass im Umkreis von drei Meilen um die Stadt in Besitz zu nehmen, wo sie sich gegen die zehnfache Macht verteidigen konnten. Das Ergebnis war, dass keine Vorräte von den Hügeln herabgeholt wurden; eine Hungersnot drohte; und der Gouverneur musste losschicken, um beim niederländischen Gouverneur von Amboyna um Nachschub zu betteln.

In seinem gegenwärtigen Zustand ist Timor für seine niederländischen und portugiesischen Herrscher mehr Ärger als Gewinn, und das wird auch weiterhin so bleiben, sofern nicht ein anderes System verfolgt wird. Ein paar gute Straßen in die höher gelegenen Bezirke des Landesinneren; Eine versöhnliche Politik und strenge Gerechtigkeit gegenüber den Eingeborenen sowie die Einführung eines guten Anbausystems wie in Java und Nord-Celebes könnten Timor noch zu einer produktiven und wertvollen Insel machen. Reis gedeiht gut auf den sumpfigen Ebenen, die oft die Küste säumen, und Mais gedeiht im gesamten Tiefland und ist das gemeinsame Nahrungsmittel der Eingeborenen, so wie damals, als Dampier die Insel im Jahr 1699 besuchte sehr überlegene Qualität, und es könnte in jedem Ausmaß gesteigert werden. Schafe gedeihen und wären als frische Nahrung für Walfänger und zur Versorgung der angrenzenden Inseln mit Hammelfleisch immer wertvoll, wenn es nicht ihre Wolle gäbe; obwohl es wahrscheinlich ist, dass dieses Produkt in den Bergen bald durch vernünftige Zucht gewonnen werden könnte. Pferden gedeihen erstaunlich gut; und es könnte genug Weizen angebaut werden, um den gesamten Archipel zu versorgen, wenn es genügend Anreize für die Eingeborenen gäbe, den Anbau auszuweiten, und gute Straßen, über die er billig an die Küste transportiert werden könnte.

Unter einem solchen System würden die Eingeborenen bald erkennen, dass eine europäische Regierung für sie von Vorteil war. Sie würden anfangen, Geld zu sparen, und nachdem ihr Eigentum gesichert war, würden sie schnell neue Wünsche und Geschmäcker entwickeln und zu großen Konsumenten europäischer Waren werden. Dies wäre für ihre Herrscher eine weitaus sicherere Profitquelle als Betrug und Erpressung und würde gleichzeitig eher zu Frieden und Gehorsam führen als die Scheinmilitärherrschaft, die sich bisher als äußerst wirkungslos erwiesen hat. Die Einführung eines solchen Systems würde jedoch einen sofortigen Kapitaleinsatz erfordern, zu dem offenbar weder die Niederländer noch die Portugiesen bereit sind, und eine Reihe ehrlicher und energischer Beamter, die die letztgenannte Nation zumindest nicht hervorbringen kann; Es ist daher sehr zu befürchten, dass Timor noch viele Jahre lang in seinem gegenwärtigen Zustand chronischer Aufstände und Misswirtschaft verharren wird.

Die Moral in Delli ist auf einem ebenso niedrigen Stand wie im äußersten Landesinneren Brasiliens, und es werden Verbrechen geduldet, die in Europa Schande und strafrechtliche Verfolgung nach sich ziehen würden. Während ich dort war, wurde allgemein behauptet und geglaubt, dass zwei Offiziere die Ehemänner von Frauen vergiftet hätten, mit denen sie Intrigen führten, und mit denen sie sofort zusammenlebten, als ihre Rivalen starben. Dennoch dachte niemand auch nur einen Moment daran, das Verbrechen zu missbilligen oder es überhaupt als Verbrechen zu betrachten, da es sich bei den betreffenden Ehemännern um niedere Mischlinge handelte, die natürlich den Vergnügungen ihrer Vorgesetzten Platz machen sollten.

Nach dem, was ich selbst gesehen habe, und nach den Beschreibungen von Herrn Geach , ist die einheimische Vegetation Timors dürftig und eintönig. Die unteren Hügelketten sind überall mit Eukalyptusbüschen bedeckt, die nur gelegentlich zu hohen Waldbäumen heranwachsen. In kleineren Mengen sind mit diesen Akazien und duftendes Sandelholz vermischt, während die höheren Berge, die etwa 6000 bis 7000 Fuß hoch sind, entweder mit grobem Gras bedeckt oder ganz unfruchtbar sind. Im unteren Gelände gibt es eine Vielzahl von Unkrautsträuchern und offene Müllflächen sind überall mit einer nesselartigen wilden Minze bedeckt. Hier wächst die wunderschöne Kronlilie Gloriosa superba zwischen den Büschen und entfaltet ihre prächtigen Blüten in großer Fülle. Es kommt auch eine Wildrebe vor, die große, unregelmäßige Trauben haariger Trauben mit einem groben, aber sehr köstlichen Geschmack trägt . In einigen Tälern, wo die Vegetation üppiger ist, gibt es so viele Dornensträucher und Kletterpflanzen, dass das Dickicht ziemlich undurchdringlich ist.

Der Boden scheint sehr karg zu sein und besteht hauptsächlich aus verwesendem Tonschiefer; und die nackte Erde und der Fels sind fast überall sichtbar. Die Dürre in der heißen Jahreszeit ist so stark, dass die meisten Bäche in den Ebenen austrocknen, bevor sie das Meer erreichen; Alles verbrennt und die Blätter der größeren Bäume fallen so vollständig ab wie in unserem Winter. Auf den Bergen zwischen 600 und 1200 Fuß Höhe herrscht eine viel feuchtere Atmosphäre, so dass das ganze Jahr über Kartoffeln und andere europäische Produkte angebaut werden können. Neben Ponys sind Sandelholz und Bienenwachs fast die einzigen Exportgüter Timors. Das Sandelholz (Santalum sp.) ist das Produkt eines kleinen Baumes, der in den Bergen von Timor und vielen anderen Inseln im Fernen Osten spärlich wächst. Das Holz hat eine schöne gelbe Farbe und besitzt einen bekannten herrlichen Duft, der wunderbar dauerhaft anhält. Es wird in kleinen Stämmen nach Delli gebracht und hauptsächlich nach China exportiert, wo es hauptsächlich zum Verbrennen in Tempeln und in den Häusern der Reichen verwendet wird.

Das Bienenwachs ist ein noch wichtigeres und wertvolleres Produkt, das von den Wildbienen (Apis) gebildet wird dorsata), die riesige Waben bilden, die im Freien an der Unterseite der hohen Äste der höchsten Bäume hängen. Diese haben eine halbkreisförmige Form und haben oft einen Durchmesser von drei bis vier Fuß. Ich habe einmal gesehen, wie die Eingeborenen ein Bienennest nahmen, und es war ein sehr interessanter Anblick. In dem Tal, in dem ich früher Insekten sammelte, sah ich eines Tages drei oder vier timoresische Männer und Jungen unter einem hohen Baum und als ich nach oben schaute, sah ich auf einem sehr hohen horizontalen Ast drei große Bienenwaben. Der Baum war gerade und hatte eine glatte Rinde und keinen Ast, bis er 70 oder 80 Fuß über dem Boden den Ast hervorbrachte, den die Bienen für ihr Zuhause ausgewählt hatten. Da sich die Männer offensichtlich um die Bienen kümmerten, wartete ich, um ihre Arbeit zu beobachten. Einer von ihnen holte zunächst ein langes Stück Holz hervor, offenbar der Stamm eines kleinen Baumes oder einer Schlingpflanze, den er mitgebracht hatte, und begann, es in mehrere Richtungen zu spalten, was zeigte, dass es sehr zäh und faserig war. Dann wickelte er es in Palmblätter, die er mit einer dünnen Ranke umwickelte. Dann befestigte er sein Tuch fest um seine Lenden, holte ein weiteres Tuch hervor, wickelte es um seinen Kopf, Hals und Körper und band es fest um seinen Hals, sodass sein Gesicht, seine Arme und Beine völlig nackt blieben. An seinem Gürtel befestigt trug er eine lange, dünne Schnur; Und während er diese Vorbereitungen traf, hatte einer seiner Gefährten eine starke Ranke oder ein Buschseil von acht bis zehn Yards Länge zerschnitten, an dessen einem Ende die Holzfackel befestigt war, und am Boden angezündet, wobei sie einen stetigen Strom ausstieß von Rauch. Direkt über der Fackel war ein Hackmesser mit einer kurzen Schnur befestigt.

Der Bienenjäger ergriff nun das Buschseil direkt über der Fackel und führte das andere Ende um den Stamm des Baumes, wobei er jeweils ein Ende in jeder Hand hielt. Er riss es den Baum hinauf, etwas oberhalb seines Kopfes, stellte seinen Fuß gegen den Stamm und begann, sich zurückgelehnt, daran hinaufzusteigen. Es war wunderbar zu sehen, mit welcher Geschicklichkeit er die kleinsten Unregelmäßigkeiten der Rinde oder die Schiefheit des Stammes ausnutzte, um ihm beim Aufstieg zu helfen, und die steife Kletterpflanze ein paar Meter höher zog, als er mit seinem nackten Fuß einen festen Halt gefunden hatte. Es machte mich fast schwindlig, ihn anzusehen, wie er schnell aufstieg – dreißig, vierzig, fünfzig Fuß über dem Boden; und ich fragte mich immer wieder, wie er die nächsten paar Meter geraden, glatten Stammes besteigen könnte. Dennoch ging er mit so viel Gelassenheit und scheinbarer Sicherheit weiter, als würde er eine Leiter hinaufsteigen, bis er sich den Bienen bis auf drei bis fünfzehn Fuß näherte. Dann hielt er einen Moment inne und achtete darauf, die Fackel (die direkt zu seinen Füßen hing) ein wenig in Richtung dieser gefährlichen Insekten zu schwenken, um den Rauchstrom zwischen ihm und ihnen aufsteigen zu lassen. Während er noch weiterging, brachte er sich eine Minute später unter den Ast und schaffte es auf eine für mich völlig unverständliche Weise, da er sah, dass beide Hände damit beschäftigt waren, sich an der Schlingpflanze zu stützen, darauf zu gelangen.

Zu diesem Zeitpunkt begannen die Bienen alarmiert zu werden und bildeten direkt über ihm einen dichten, summenden Schwarm, aber er brachte die Fackel näher an sich heran und wischte diejenigen kühl weg, die sich auf seinen Armen oder Beinen niederließen. Dann streckte er sich am Ast entlang, kroch zum nächsten Kamm und schwang die Fackel direkt darunter. In dem Moment, als der Rauch ihn berührte, änderte sich seine Farbe auf höchst merkwürdige Weise von Schwarz zu Weiß, und die unzähligen Bienen, die ihn bedeckt hatten, flogen davon und bildeten darüber und um ihn herum eine dichte Wolke. Der Mann legte sich dann in voller Länge auf den Ast und wischte die restlichen Bienen mit der Hand ab. Dann zog er sein Messer, schnitt den Kamm an einer Stelle in der Nähe des Baumes ab, befestigte die dünne Schnur daran und ließ ihn herab seine Gefährten unten. Er war die ganze Zeit über von einer Schar wütender Bienen umgeben, und wie er ihre Stiche so kühl ertrug und seine Arbeit in dieser schwindelerregenden Höhe so bedächtig fortsetzte, war für mich unverständlich. Offensichtlich wurden die Bienen durch den Rauch weder betäubt noch weit vertrieben, und es war unmöglich, dass der kleine Strahl der Fackel seinen ganzen Körper bei der Arbeit schützen konnte. Es gab drei weitere Waben am selben Baum, und alle wurden nacheinander genommen und versorgten die ganze Gruppe mit einem köstlichen Festmahl aus Honig und jungen Bienen sowie einer wertvollen Menge Wachs.

Nachdem zwei der Waben heruntergelassen worden waren, wurden die Bienen unten ziemlich zahlreich, flogen wild umher und stach heftig. Mehrere kamen um mich herum, und ich wurde bald gestochen und musste weglaufen, indem ich sie mit meinem Netz verjagte und sie für die Probenahme einfing. Mehrere von ihnen folgten mir mindestens eine halbe Meile lang, drangen in meine Haare ein und verfolgten mich auf das hartnäckigste, so dass ich mehr denn je über die Immunität der Eingeborenen erstaunte. Ich neige zu der Annahme, dass langsame und bewusste Bewegungen und kein Fluchtversuch vielleicht die besten Schutzmaßnahmen sind. Eine Biene, die sich auf einem passiven Eingeborenen niederlässt, verhält sich wahrscheinlich wie auf einem Baum oder einer anderen unbelebten Substanz, die sie nicht zu stechen versucht. Dennoch müssen sie oft leiden, aber sie sind an den Schmerz gewöhnt und lernen, ihn teilnahmslos zu ertragen, denn ohne dies könnte kein Mensch ein Bienenjäger sein.

KAPITEL XIV.
DIE NATURGESCHICHTE DER TIMOR-GRUPPE.

Wenn wir uns eine Karte des Archipels ansehen, erscheint nichts unwahrscheinlicher, als dass sich die eng miteinander verbundene Inselkette von Java bis Timor in ihren natürlichen Produktionen wesentlich unterscheiden sollte. Es gibt zwar gewisse Unterschiede im Klima und in der physischen Geographie, aber diese entsprechen nicht der Einteilung, die der Naturforscher vornehmen muss. Zwischen den beiden Enden der Kette besteht ein großer Klimakontrast: Der Westen ist außerordentlich feucht und lässt nur eine kurze und unregelmäßige Trockenzeit zu, während der Osten ebenso trocken und ausgedörrt ist und nur eine kurze Regenzeit hat . Diese Veränderung findet jedoch etwa in der Mitte von Java statt, da der östliche Teil dieser Insel ebenso stark ausgeprägte Jahreszeiten aufweist wie Lombock und Timor. Es gibt auch einen Unterschied in der physischen Geographie; Dies geschieht jedoch am östlichen Ende der Kette, wo die Vulkane, die das markante Merkmal von Java, Bali, Lombock , Sumbawa und Flores sind, durch Gunong nach Norden abbiegen Api nach Banda, so dass Timor nur einen Vulkangipfel in der Nähe seines Zentrums hat , während der Hauptteil der Insel aus alten Sedimentgesteinen besteht. Keiner dieser physikalischen Unterschiede entspricht der bemerkenswerten Veränderung der natürlichen Produktionen, die an der Straße von Lombock auftritt, die die gleichnamige Insel von Bali trennt und die gleichzeitig so groß in ihrer Menge und von so grundlegendem Charakter ist, dass sie eine bildet wichtiges Merkmal in der zoologischen Geographie unseres Globus.

Der niederländische Naturforscher Zollinger, der lange Zeit auf der Insel Bali gelebt hat, teilt uns mit, dass ihre Produkte denen von Java völlig ähneln und dass ihm kein einziges Tier bekannt ist, das dort gefunden wurde, das nicht auf der größeren Insel lebt. Während der wenigen Tage, die ich auf dem Weg nach Lombock an der Nordküste Balis verbrachte , sah ich mehrere Vögel, die für die javanische Ornithologie sehr charakteristisch sind. Unter ihnen war der Gelbkopfweber (Ploceus) . hypoxantha), die schwarze Heuschreckendrossel (Copsychus amoenus), der Rosenbarbet (Megalaema rosea), der Malaiische Pirol (Oriolus horsfieldi), der Java-Bodenstar (Sturnopastor jalla) und der javanische Dreizehenspecht (Chrysonotus) . tiga). Bei der Überfahrt nach Lombock , das von Bali durch eine weniger als zwanzig Meilen breite Meerenge getrennt ist, erwartete ich natürlich, einige dieser Vögel wieder zu treffen; aber während eines dreimonatigen Aufenthalts dort habe ich nie eine von ihnen gesehen, sondern eine völlig andere Artengruppe gefunden, von denen die meisten nicht nur auf Java, sondern auch auf Borneo, Sumatra und Malakka völlig unbekannt waren. Zu den häufigsten Vögeln in Lombock gehörten beispielsweise weiße Kakadus und drei Arten von Meliphagidae oder Honigsaugern, die zu Familiengruppen gehören, die in der westlichen oder indomalaiischen Region des Archipels überhaupt nicht vorkommen. Beim Übergang nach Flores und Timor nimmt der Unterschied zu den javanischen Erzeugnissen zu, und wir finden, dass diese Inseln eine natürliche Gruppe bilden, deren Vögel mit denen von Java und Australien verwandt sind, sich aber von beiden deutlich unterscheiden. Neben meinen eigenen Sammlungen in Lombock und Timor hat mein Assistent Mr. Allen eine gute Sammlung in Flores angelegt; und diese, zusammen mit einigen von den holländischen Naturforschern gewonnenen Arten, ermöglichen es uns, eine sehr gute Vorstellung von der Naturgeschichte dieser Inselgruppe zu gewinnen und daraus einige sehr interessante Ergebnisse abzuleiten.

Die Anzahl der bis heute von diesen Inseln bekannten Vögel beträgt: 63 von Lombock , 86 von Flores und 118 von Timor; und aus der gesamten Gruppe 188 Arten. Mit Ausnahme von zwei oder drei Arten, die offenbar von den Molukken stammen, können alle diese Vögel entweder direkt oder durch enge Verbündete auf Java einerseits oder Australien andererseits zurückgeführt werden; obwohl nicht weniger als 82 von ihnen nirgendwo außerhalb dieser kleinen Inselgruppe zu finden sind. Es gibt jedoch keine einzige der Gruppe eigene Gattung oder auch nur eine, die in ihr weitgehend durch besondere Arten vertreten wäre; und dies ist eine Tatsache, die darauf hindeutet, dass die Fauna streng abgeleitet ist und dass ihr Ursprung nicht über eine der jüngsten geologischen Epochen hinaus zurückreicht. Natürlich gibt es eine große Anzahl von Arten (wie die meisten Watvögel, viele Raubvögel, einige Eisvögel, Schwalben und einige andere), die über einen großen Teil des Archipels so weit verbreitet sind, dass es möglich ist Es ist unmöglich, sie als Herkunft aus irgendeinem Teil und nicht aus einem anderen zu identifizieren. In meiner Liste gibt es siebenundfünfzig solcher Arten, und außer diesen gibt es noch fünfunddreißig weitere, die zwar der Timor-Gruppe eigen sind, aber dennoch mit weitreichenden Formen verwandt sind. Wenn wir diese zweiundneunzig Arten abziehen, bleiben uns fast hundert Vögel übrig, deren Beziehungen zu denen anderer Länder wir nun betrachten werden.

Wenn wir zunächst diejenigen Arten nehmen, die, soweit wir bisher wissen, auf jeder Insel ausschließlich vorkommen, finden wir in:

Lombock 4 gehört zu 2 Gattungen, davon 1 Australier, 1 Indianer.

Flores 12 " 7 " 5 sind " 2 "

Timor 42 „20“ 16 sind „4“

Erachtens überhaupt nicht genau bestimmen, da die rasch zunehmende Zahl offenbar von den umfangreicheren Sammlungen abhängt, die in Timor als in Flores und in Flores als in Lombock gemacht wurden ; aber worauf wir uns mehr verlassen können und was von besonderem Interesse ist, ist der stark erhöhte Anteil australischer Formen und der verringerte Anteil indischer Formen, wenn wir von West nach Ost gehen. Wir werden dies noch eindrucksvoller zeigen, indem wir auf jeder Insel die Anzahl der Arten zählen, die mit denen von Java bzw. Australien identisch sind:

In Lombock . In Flores. Auf Timor.

Javanische Vögel 33 23 11

Australische Vögel.. 4 5 10

Hier sehen wir deutlich den Verlauf der Migration, die seit Hunderten oder Tausenden von Jahren andauert und auch heute noch andauert. Vögel, die von Java aus einreisen, sind auf der Insel, die Java am nächsten liegt, am zahlreichsten; Jede Meerenge, die überquert werden muss, um eine andere Insel zu erreichen, stellt ein Hindernis dar, und so gelangen weniger Menschen zur nächsten Insel. [Die Namen aller Vögel, die diese Inseln bewohnen, sind in den „Proceedings of the Zoological Society of London" für das Jahr 1863 zu finden.] Es ist zu beobachten, dass die Zahl der Vögel, die offenbar aus Australien eingereist sind, viel geringer ist als diejenigen, die aus Java stammen; und wir könnten auf den ersten Blick annehmen, dass dies auf das weite Meer zurückzuführen ist, das Australien von Timor trennt. Aber das wäre eine voreilige und, wie wir bald sehen werden, ungerechtfertigte Annahme. Außer diesen Vögeln, die mit Arten identisch sind, die auf Java und Australien leben, gibt es eine beträchtliche Anzahl anderer, die sehr eng mit den in diesen Ländern heimischen Arten verwandt sind, und wir müssen diese ebenfalls berücksichtigen, bevor wir zu irgendeinem Schluss in dieser Angelegenheit kommen. Es wäre auch sinnvoll, diese mit der vorherigen Tabelle zu kombinieren:

In Lombock . In Flores. Auf Timor.

Javanische Vögel......... ... 33 23 11

Vögeln verwandt . 1 5 6

Gesamt............. 34 28 17

Australische Vögel......... 4 5 10

Vögeln verwandt 3 9 26

Gesamt 7 14 36

Wir sehen jetzt, dass die Gesamtzahl der Vögel, die anscheinend aus Java und Australien stammen, nahezu gleich ist, aber es gibt diesen bemerkenswerten Unterschied zwischen den beiden Serien: Während der weitaus größere Teil der Java-Reihe mit diesen identisch ist Ein fast ebenso großer Teil der australischen Arten, die immer noch in diesem Land leben, sind verschiedene, wenn auch oft sehr eng verwandte Arten. Es ist auch zu beobachten, dass die Zahl dieser repräsentativen oder verwandten Arten abnimmt, wenn sie sich von Australien zurückziehen, während ihre Zahl zunimmt, wenn sie sich von Java zurückziehen. Dafür gibt es zwei Gründe: Zum einen nimmt die Größe der Inseln von Timor bis Lombock rapide ab und sie können daher immer weniger Arten beherbergen. Das andere und noch wichtigere ist, dass die Entfernung Australiens von Timor die Versorgung mit neuen Einwanderern unterbindet und so der Vielfalt das volle Spiel ermöglicht hat; während die Nähe von Lombock zu Bali und Java einen kontinuierlichen Zustrom neuer Individuen ermöglichte, der durch Kreuzung mit den früheren Einwanderern die Variation unterdrückte.

Um unsere Sicht auf den abgeleiteten Ursprung der Vögel dieser Inseln zu vereinfachen, wollen wir sie als Ganzes betrachten und so vielleicht ihre jeweiligen Beziehungen zu Java und Australien verständlicher machen.

Die Inselgruppe Timor umfasst:

Javanische Vögel....... 36 australische Vögel... 13 eng verwandte Arten. 11 eng verwandte Arten. 35 Von Java abgeleitet .... 47 Von Australien abgeleitet ... 48

Wir haben hier eine wunderbare Übereinstimmung in der Anzahl der Vögel, die zu australischen und javanischen Gruppen gehören, aber sie sind in genau umgekehrter Weise aufgeteilt: Drei Viertel der javanischen Vögel sind identische Arten und ein Viertel Vertreter, während nur ein Viertel von Die australischen Formen sind identisch und zu drei Vierteln repräsentativ. Dies ist die wichtigste Tatsache, die wir aus einer Untersuchung der Vögel dieser Inseln entnehmen können, da sie uns einen sehr vollständigen Hinweis auf einen Großteil ihrer Vergangenheit gibt.

Der Artenwechsel ist ein langsamer Prozess – darin sind wir uns alle einig, auch wenn wir unterschiedlicher Meinung darüber sein können, wie er stattgefunden hat. Die Tatsache, dass sich die australischen Arten auf diesen Inseln größtenteils verändert haben, während die javanischen Arten fast alle unverändert geblieben sind, deutet daher darauf hin, dass der Bezirk erstmals von Australien aus besiedelt wurde. Damit dies jedoch der Fall sein kann, müssen die physischen Bedingungen ganz anders gewesen sein als heute. Fast dreihundert Meilen offenes Meer trennen Australien jetzt von Timor, die Insel ist mit Java durch eine Kette gebrochenen Landes verbunden, die durch Meerengen getrennt ist, die nirgends breiter als etwa zwanzig Meilen sind.

Offensichtlich gibt es jetzt große Möglichkeiten für die Naturproduktionen von Java, sich über diese Inseln auszubreiten und sie ganz zu besetzen, während die von Australien nur sehr große Schwierigkeiten haben würden, dorthin zu gelangen. Um den gegenwärtigen Stand der Dinge zu erklären, sollten wir natürlich annehmen, dass Australien einst viel enger mit Timor verbunden war als heute; und dass dies der Fall war, wird durch die Tatsache, dass sich eine Unterwasserbank entlang der gesamten Nord- und Westküste Australiens erstreckte und sich an einer Stelle bis auf zwanzig Meilen der Küste von Timor näherte, sehr wahrscheinlich. Dies weist auf eine kürzliche Absenkung Nordaustraliens hin, die sich wahrscheinlich einst bis zum Rand dieses Ufers erstreckte, zwischen dem und Timor eine unergründliche Tiefe des Ozeans liegt.

Ich glaube nicht, dass Timor jemals tatsächlich mit Australien verbunden war, da eine so große Anzahl sehr häufiger und charakteristischer Gruppen australischer Vögel überhaupt nicht vorhanden ist und kein einziges australisches Säugetier nach Timor gelangt ist – was sicherlich nicht der Fall gewesen wäre Die Länder wurden tatsächlich vereint. Solche Gruppen wie die Laubenvögel (Ptilonorhynchus), die schwarzen und roten Kakadus (Calyptorhynchus), die blauen Zaunkönige (Malurus), die Krähenwürger (Cracticus), die australischen Würger (Falcunculus und Colluricincla) und viele andere, die es in ganz Australien gibt , hätte sich sicherlich nach Timor ausgebreitet, wenn es mit diesem Land vereint gewesen wäre oder selbst wenn es sich ihm für längere Zeit näher als zwanzig Meilen genähert hätte. Auch kommt keine der charakteristischsten Gruppen australischer Insekten auf Timor vor; Alles zusammen deutet also darauf hin, dass Australien immer durch eine Meerenge von Australien getrennt war, dass diese Meerenge jedoch einst auf eine Breite von etwa zwanzig Meilen reduziert wurde.

Aber zu der Zeit, als diese Verengung des Meeres in einer Richtung stattfand, musste am anderen Ende der Kette eine größere Trennung stattgefunden haben, sonst würden wir eine größere Gleichheit in der Anzahl identischer und repräsentativer Arten finden, die von jedem Ende stammen. Es ist wahr, dass die Erweiterung der Meerenge am australischen Ende durch Senkung, indem sie der Einwanderung und Kreuzung von Individuen aus dem Mutterland ein Ende gesetzt hätte, den Ursachen, die zur Veränderung der Art geführt haben, den vollen Spielraum gegeben hätte; während der anhaltende Strom von Einwanderern aus Java durch kontinuierliche Kreuzung solche Veränderungen verhindern würde. Diese Ansicht wird jedoch nicht alle Fakten erklären; denn der Charakter der Fauna der timoresischen Gruppe wird sowohl durch die Formen, die in ihr fehlen, als auch durch die, die sie enthält, angezeigt, und diese Art von Beweisen zeigt, dass sie viel eher australischer als indischer Natur ist. Nicht weniger als neunundzwanzig Gattungen, die alle auf Java mehr oder weniger häufig vorkommen und von denen die meisten über ein weites Gebiet verbreitet sind, fehlen gänzlich; während von den ebenso verbreiteten australischen Gattungen nur etwa vierzehn fehlen. Dies würde deutlich darauf hinweisen, dass es bis vor Kurzem eine große Trennung von Java gegeben hat; und die Tatsache, dass die Inseln Bali und Lombock klein und fast vollständig vulkanisch sind und eine geringere Anzahl modifizierter Formen enthalten als die anderen Inseln, würde darauf hinweisen, dass sie vergleichsweise jungen Ursprungs sind. Ein breiter Meeresarm nahm wahrscheinlich ihren Platz ein, als Timor in der nächsten Nähe zu Australien lag; und während die unterirdischen Brände langsam die nun fruchtbaren Inseln Bali und Lombock anhäuften , würden die Nordküsten Australiens im Ozean versinken. Einige der hier angedeuteten Veränderungen ermöglichen es uns zu verstehen, wie es dazu kommt, dass, obwohl die Vögel dieser Gruppe im Großen und Ganzen fast ebenso sehr indisch wie australisch sind, die Arten, die dieser Gruppe eigen sind, doch größtenteils australischen Charakter haben; und auch , warum eine so große Anzahl häufiger indianischer Formen, die sich über Java bis nach Bali erstrecken, keinen einzigen Vertreter auf die weiter östlich gelegene Insel übertragen haben sollte.

Die Säugetiere von Timor und den anderen Inseln der Gruppe sind mit Ausnahme von Fledermäusen äußerst dürftig. Letztere gibt es in erträglicher Menge, und zweifellos müssen noch viele weitere entdeckt werden. Von fünfzehn aus Timor bekannten Arten kommen neun auch auf Java oder den Inseln westlich davon vor; Bei drei handelt es sich um molukkische Arten, von denen die meisten auch in Australien vorkommen und die übrigen nur auf Timor vorkommen.

Die Zahl der Landsäugetiere beträgt nur sieben, und zwar wie folgt: 1. Der Affe, Macacus cynomolgus, der auf allen indo-malaiischen Inseln vorkommt und sich von Java über Bali und Lombock bis nach Timor ausgebreitet hat. Diese Art kommt sehr häufig an Flussufern vor und wurde möglicherweise auf Bäumen, die durch Überschwemmungen umgestürzt wurden, von Insel zu Insel verschleppt. 2. Paradoxurus fasciatus; eine Zibetkatze, die in weiten Teilen des Archipels sehr verbreitet ist. 3. Felis megalotis ; eine Tigerkatze, die angeblich nur auf Timor vorkommt, wo sie nur im Landesinneren vorkommt und sehr selten ist. Seine nächsten Verbündeten sind in Java. 4. Cervus timoriensis ; ein Hirsch, der eng mit den javanischen und molukkischen Arten verwandt ist, sofern sie unterscheidbar sind. 5. Ein Wildschwein, Sus timoriensis ; vielleicht dasselbe wie einige der molukkischen Arten. 6. Eine Spitzmaus, Sorex tenuis; soll typisch für Timor sein. 7. Ein östliches Opossum, Cuscus orientalis ; kommt auch auf den Molukken vor, wenn auch nicht als eigene Art.

Die Tatsache, dass keine dieser Arten australisch ist oder mit irgendeiner australischen Form annähernd verwandt ist, ist eine starke Bestätigung für die Meinung, dass Timor nie ein Teil dieses Landes war; denn in diesem Fall würde dort mit ziemlicher Sicherheit ein Känguru oder ein anderes Beuteltier gefunden werden. Es ist zweifellos sehr schwierig, die Anwesenheit einiger der wenigen Säugetiere, die es auf Timor gibt, zu erklären, insbesondere die Tigerkatze und das Reh. Wir müssen jedoch bedenken, dass diese Inseln und die Meere zwischen ihnen im Laufe von Tausenden und vielleicht Hunderttausenden von Jahren vulkanischen Einwirkungen ausgesetzt waren. Das Land wurde angehoben und ist wieder gesunken; die Meerengen wurden verengt oder erweitert; viele der Inseln könnten zusammengefügt und wieder getrennt worden sein; heftige Überschwemmungen haben immer wieder Berge und Ebenen verwüstet und Hunderte von Waldbäumen ins Meer gespült, wie es oft bei Vulkanausbrüchen auf Java der Fall war; und es scheint nicht unwahrscheinlich, dass einmal in tausend oder zehntausend Jahren eine so günstige Kombination von Umständen eingetreten sein sollte, dass zwei oder drei Landtiere von einer Insel zur anderen wandern würden. Das ist alles, was wir fragen müssen, um die sehr spärliche und fragmentierte Gruppe von Säugetieren zu erklären, die jetzt die große Insel Timor bewohnen. Der Hirsch wurde höchstwahrscheinlich vom Menschen eingeführt, denn die Malaysier halten oft zahme Rehe; und es braucht vielleicht nicht tausend oder sogar fünfhundert Jahre, um neue Charaktere in einem Tier zu etablieren, das in ein Land gebracht wurde, das sich in Klima und Vegetation so sehr unterscheidet wie Timor und die Molukken. Ich habe Pferde nicht erwähnt, von denen man oft annimmt, dass sie in Timor wild sind, weil es überhaupt keinen Grund für eine solche Annahme gibt. Die Timor-Ponys haben alle einen Besitzer und sind genauso domestizierte Tiere wie das Vieh auf einer südamerikanischen Hazienda.

Ich habe mich ausführlich mit dem Ursprung der timoresischen Fauna beschäftigt, weil es sich um ein äußerst interessantes und lehrreiches Problem handelt. Es kommt sehr selten vor, dass wir die Tiere eines Bezirks so eindeutig wie in diesem Fall auf zwei eindeutige Quellen zurückführen können, und noch seltener liefern sie so entscheidende Beweise für den Zeitpunkt, die Art und die Ausmaße ihrer Einführung. Wir haben hier eine Gruppe ozeanischer Inseln im Miniaturformat – Inseln, die nie Teil der angrenzenden Länder waren, obwohl sie ihnen so nahe kamen; und ihre Produktionen haben die Eigenschaften echter Ozeanischer Inseln, die leicht verändert sind. Diese Merkmale sind: das Fehlen aller Mammalia außer Fledermäusen; und das Vorkommen besonderer Arten von Vögeln, Insekten und Landmuscheln, die zwar nirgendwo anders zu finden sind, aber eindeutig mit denen des nächstgelegenen Landes verwandt sind. Wir haben also eine völlige Abwesenheit aller australischen Säugetiere und nur die Anwesenheit einiger Nachzügler aus dem Westen, was auf die bereits angegebene Weise erklärt werden kann. Fledermäuse gibt es einigermaßen häufig.

Es gibt viele eigenartige Arten von Vögeln, die deutlich mit denen der beiden nächstgelegenen Landmassen verwandt sind. Die Insekten haben ähnliche Beziehungen zu den Vögeln. Beispielsweise kommen vier Arten der Papilionidae nur auf Timor vor, drei weitere kommen auch auf Java und eine in Australien vor. Von den vier besonderen Arten sind zwei deutliche Modifikationen javanischer Formen, während die anderen mit denen der Molukken und Celebes verwandt zu sein scheinen. Die sehr wenigen bekannten Landschnecken sind seltsamerweise alle mit Molukken- oder Celebes-Formen verwandt oder mit diesen identisch. Die Pieridae (weiße und gelbe Schmetterlinge), die mehr umherwandern und durch den häufigen Aufenthalt im offenen Gelände eher dazu neigen, ins Meer verweht zu werden, scheinen mit denen von Java, Australien und den Molukken ungefähr gleich verwandt zu sein.

In Herrn Darwins Theorie, dass die ozeanischen Inseln niemals mit dem Festland verbunden gewesen seien, wurde eingewandt, dass dies bedeuten würde, dass ihre Tierpopulation eine Frage des Zufalls sei; Man hat sie als „Treibgut- und Strandgut-Theorie" bezeichnet und behauptet, dass die Natur nicht nach dem „KAPITEL der Unfälle" funktioniert. Aber in dem Fall, den ich hier beschrieben habe, haben wir den eindeutigsten Beweis dafür, dass die Besiedlung der Inseln auf diese Weise erfolgt ist. Ihre Produktionen sind von jenem vielfältigen Charakter, den wir von einem solchen Ursprung erwarten sollten; und anzunehmen, dass es sich dabei um Teile Australiens oder Javas handelte, würde vollkommen unnötige Schwierigkeiten mit sich bringen und es völlig unmöglich machen, jene merkwürdigen Beziehungen zu erklären, die die bekannteste Gruppe von Tieren (die Vögel) nachweislich aufweisen. Andererseits deuten die Tiefe der umliegenden Meere, die Form der überschwemmten Ufer und der vulkanische Charakter der meisten Inseln auf einen unabhängigen Ursprung hin.

Bevor ich zum Schluss komme, muss ich noch eine Bemerkung machen, um Missverständnisse zu vermeiden. Wenn ich sage, dass Timor nie zu Australien gehörte, beziehe ich mich nur auf neuere geologische Epochen. Im Sekundär- oder sogar Eozän oder Miozän könnten Timor und Australien miteinander verbunden gewesen sein; Wenn dies jedoch der Fall ist, sind alle Aufzeichnungen über eine solche Vereinigung durch das spätere Untertauchen verloren gegangen, und bei der Berechnung der gegenwärtigen Landbevölkerung eines Landes müssen wir nur die Veränderungen berücksichtigen, die seit seiner letzten Erhebung über dem Wasser stattgefunden haben. Seit dieser letzten Erhebung bin ich zuversichtlich, dass Timor nicht mehr zu Australien gehört.

Kapitel XV.
Promis.

Ich verließ Lombock am 30. August und erreichte Macassar in drei Tagen. Mit großer Befriedigung betrat ich ein Ufer, das ich seit Februar vergeblich zu erreichen versucht hatte und von dem ich erwartete, so viel Neues und Interessantes zu finden.

Die Küste dieses Teils von Celebes ist niedrig und flach und von Bäumen und Dörfern gesäumt, um das Landesinnere zu verbergen, außer an gelegentlichen Öffnungen, die eine weite Ausdehnung kahler und sumpfiger Reisfelder zeigen. Im Hintergrund waren ein paar Hügel von geringer Höhe zu erkennen; aber wegen des ständigen Dunstes über dem Land zu dieser Jahreszeit konnte ich nirgends die hohe Mittelkette der Halbinsel oder den berühmten Gipfel von Bontyne an ihrem südlichen Ende erkennen. Auf der Reede von Macassar befanden sich eine schöne Fregatte mit 42 Kanonen, die den Ort bewachte, sowie ein kleiner Kriegsdampfer und drei oder vier kleine Kutter, die zur Jagd auf die Piraten eingesetzt wurden, die diese Meere heimsuchen. Es gab auch ein paar Handelsschiffe mit Rahtakel und zwanzig oder dreißig einheimische Praus unterschiedlicher Größe. Ich brachte Empfehlungsschreiben an einen niederländischen Herrn, Herrn Mesman , und auch an einen dänischen Ladenbesitzer, der beide Englisch konnte und mir versprach, mir bei der Suche nach einer für meine Beschäftigungen geeigneten Unterkunft behilflich zu sein. In der Zwischenzeit begab ich mich in eine Art Clubhaus, im Gegensatz zu keinem Hotel im Ort.

Makassar war die erste niederländische Stadt, die ich besuchte, und ich fand sie hübscher und sauberer als alle anderen, die ich bisher im Osten gesehen hatte. Die Niederländer haben einige bewundernswerte lokale Vorschriften. Alle europäischen Häuser müssen gut weiß getüncht sein, und jeder muss um vier Uhr nachmittags die Straße vor seinem Haus bewässern. Die Straßen werden frei von Müll gehalten, und abgedeckte Abflüsse leiten alle Verunreinigungen in große, offene Abwasserkanäle ab, in die die Flut bei Hochwasser einströmt und bei Ebbe wieder abfließen kann, wodurch das gesamte Abwasser ins Meer getragen wird. Die Stadt besteht hauptsächlich aus einer langen, schmalen Straße entlang der Küste, die dem Geschäft gewidmet ist und in der sich hauptsächlich die Büros und Lagerhäuser niederländischer und chinesischer Kaufleute sowie einheimische Geschäfte oder Basare befinden. Dieser erstreckt sich über mehr als eine Meile nach Norden und geht nach und nach in Eingeborenenhäuser über, die oft sehr elend aussehen, denen aber ein gepflegtes Aussehen verliehen wird, weil sie alle genau an der geraden Linie der Straße gebaut sind und im Allgemeinen von Obstbäumen gestützt werden. In dieser Straße wimmelt es normalerweise von einer einheimischen Bevölkerung von Bugis- und Macassar-Männern, die etwa zwölf Zoll lange Baumwollhosen tragen, die nur von der Hüfte bis zur Hälfte des Oberschenkels reichen, und den universellen malaiischen Sarong in fröhlich karierten Farben, der um sie herum getragen wird um die Taille oder über die Schultern auf verschiedene Arten. Parallel zu dieser Straße verlaufen zwei kurze Straßen, die die alte holländische Stadt bilden und von Toren umgeben sind. Diese bestehen aus Privathäusern, und an ihrem südlichen Ende befinden sich die Festung, die Kirche und eine Straße im rechten Winkel zum Strand, an der sich die Häuser des Gouverneurs und der wichtigsten Beamten befinden. Hinter der Festung, wiederum am Strand entlang, verläuft eine weitere lange Straße mit Eingeborenenhütten und vielen Landhäusern der Handwerker und Kaufleute. Rundherum erstrecken sich die flachen Reisfelder, jetzt kahl und trocken und abweisend, bedeckt mit staubigen Stoppeln und Unkraut. Vor ein paar Monaten waren dies noch üppige Grünflächen, und ihr karges Aussehen zu dieser Jahreszeit bot einen auffälligen Kontrast zu den Dauerkulturen auf demselben Land in Lombock und Bali, wo die Jahreszeiten völlig ähnlich sind, aber ein ausgeklügeltes System von Bewässerung erzeugt die Wirkung einer ewigen Quelle.

Am Tag nach meiner Ankunft stattete ich dem Gouverneur einen feierlichen Besuch ab, begleitet von meinem Freund, dem dänischen Kaufmann, der ausgezeichnetes Englisch sprach. Seine Exzellenz war sehr höflich und bot mir alle Möglichkeiten, das Land zu bereisen und meine naturhistorischen Forschungen voranzutreiben. Wir unterhielten uns auf Französisch, was alle niederländischen Beamten sehr gut sprechen.

Da ich den Aufenthalt in der Stadt als sehr unbequem und teuer empfand, zog ich nach einer Woche in ein kleines Bambushaus um, das mir Mr. Mesman freundlicherweise zur Verfügung gestellt hatte . Es lag etwa zwei Meilen entfernt auf einer kleinen Kaffeeplantage und Farm und etwa eine Meile hinter Mr. M.s eigenem Landhaus. Es bestand aus zwei Räumen, die sich etwa sieben Fuß über dem Boden befanden, wobei der untere Teil teilweise offen war (und hervorragend zum Häuten von Vögeln diente) und teilweise als Getreidespeicher für Reis diente. Es gab eine Küche und andere Nebengebäude sowie mehrere Hütten in der Nähe, die von Männern bewohnt wurden, die für Herrn M. angestellt waren.

Nachdem ich mich ein paar Tage in meinem neuen Haus eingelebt hatte, stellte ich fest, dass keine Sammlungen möglich waren, ohne viel weiter ins Land zu reisen. Die Reisfelder im Umkreis von einigen Meilen ähnelten im Spätherbst englischen Stoppeln und waren für Vogel- und Insektenleben fast ebenso unfruchtbar. Es gab mehrere verstreute Dörfer der Eingeborenen, die so voller Obstbäume waren, dass sie aus der Ferne wie Waldbüschel oder Waldstücke aussahen. Dies waren meine einzigen Sammelorte; aber sie brachten nur eine sehr begrenzte Artenzahl hervor und waren bald erschöpft. Bevor ich in einen vielversprechenderen Bezirk umziehen konnte, musste ich die Erlaubnis des Rajah von Goa einholen, dessen Gebiete sich bis auf zwei Meilen an die Stadt Macassar nähern. Deshalb begab ich mich in das Büro des Gouverneurs und bat um einen Brief an den Rajah, in dem ich seinen Schutz und die Erlaubnis, wann immer ich dies wünschte, in seine Gebiete reisen zu dürfen, einfordern sollte. Dies wurde sofort gewährt und ein besonderer Bote wurde mit mir geschickt, um den Brief zu überbringen.

Mein Freund Mr. Mesman lieh mir freundlicherweise ein Pferd und begleitete mich bei meinem Besuch beim Rajah, mit dem er gut befreundet war. Wir fanden Seine Majestät im Freien sitzend und beobachteten den Bau eines neuen Hauses. Er war von der Hüfte aufwärts nackt und trug nur die üblichen kurzen Hosen und einen Sarong. Zwei Stühle wurden für uns herausgebracht, aber alle Häuptlinge und anderen Eingeborenen saßen auf dem Boden. Der Bote hockte sich zu Füßen des Rajah und holte den Brief hervor, der in eine Hülle aus gelber Seide eingenäht war. Es wurde einem der Hauptoffiziere übergeben, der es aufriss und dem Rajah zurückgab, der es las und es dann Herrn M. zeigte, der die Makassar-Sprache fließend spricht und liest und der ausführlich erklärte, was Ich benötigte. Mir wurde sofort die Erlaubnis erteilt, in den Gebieten von Goa dorthin zu gehen, wo ich wollte, aber der Rajah wünschte, dass ich ihn, falls ich jemals an einem Ort bleiben möchte, zuerst benachrichtigen würde, damit er jemanden schicken könnte, der sich um dieses Nein kümmert Mir wurde eine Verletzung zugefügt. Dann wurde uns etwas Wein gebracht und danach abscheulicher Kaffee und elende Süßigkeiten, denn Tatsache ist, dass ich noch nie guten Kaffee dort probiert habe, wo die Leute ihn selbst anbauen.

Obwohl dies der Höhepunkt der Trockenzeit war und den ganzen Tag über ein guter Wind wehte, war es keineswegs eine gesunde Jahreszeit. Mein Junge Ali war kaum einen Tag an Land gewesen, als er von Fieber befallen wurde, was mir große Unannehmlichkeiten bereitete, da ich in dem Haus, in dem ich wohnte, außer den Mahlzeiten nichts zu bekommen hatte. Nachdem ich Ali geheilt und mit großer Mühe einen anderen Diener dazu gebracht hatte, für mich zu kochen, war ich kaum in meinem Landsitz angekommen, als dieser von der gleichen Krankheit befallen wurde; und da er eine Frau in der Stadt hatte, verließ er mich. Kaum war er weg, erkrankte ich selbst alle zwei Tage an starkem Wechselfieber. Nach etwa einer Woche kam ich durch eine großzügige Einnahme von Chinin darüber hinweg, und kaum war ich auf den Beinen, ging es Ali erneut schlechter als je zuvor. Alis Fieber befiel ihn täglich, aber am frühen Morgen ging es ihm ziemlich gut und er schaffte es dann, genug für mich für den Tag zu kochen. In einer Woche heilte ich ihn und es gelang mir auch, einen anderen Jungen zu bekommen, der kochen und schießen konnte und keine Einwände hatte, ins Landesinnere zu gehen. Sein Name war Baderoon , und da er unverheiratet war und an ein Wanderleben gewöhnt war, da er mehrere Reisen nach Nordaustralien unternommen hatte, um Trepang oder „ Beche de Mer " zu fangen, hoffte ich, ihn behalten zu können. Ich besorgte mir auch einen kleinen, dreisten Kerl von zwölf oder vierzehn Jahren, der etwas Malaiisch sprechen konnte, damit er meine Waffe oder mein Insektennetz trug und sich allgemein nützlich machte. Ali war inzwischen ein ziemlich guter Vogelknipser geworden, so dass ich einigermaßen mit Dienern versorgt war.

Auf der Suche nach einer guten Station zum Sammeln von Vögeln und Insekten unternahm ich viele Ausflüge ins Land. Einige der Dörfer ein paar Meilen landeinwärts liegen verstreut auf bewaldetem Boden, der einst Urwald war, dessen Bäume jedoch zum größten Teil durch Obstbäume und insbesondere durch die große Palme Arenga saccharifera ersetzt wurden Es werden Wein und Zucker hergestellt und es entsteht auch eine grobe schwarze Faser, die für Tauwerk verwendet wird . Auch das Lebensnotwendige, der Bambus, wurde reichlich gepflanzt. An solchen Orten fand ich viele Vögel, darunter die schöne cremefarbene Taube Carpophaga luctuosa und die seltene Blaukopf-Walze, Coracias temmincki , die eine äußerst unharmonische Stimme hat und im Allgemeinen paarweise von Baum zu Baum fliegt und im Ruhezustand das Aussehen eines Alles-in-einem-Haufens und die ruckartige Bewegung zeigt Kopf und Schwanz sind so charakteristisch für die große Fissirostral-Gruppe, zu der sie gehört. Allein aufgrund dieser Angewohnheit könnten die Eisvögel, Bienenfresser, Schwarzracken, Trogone und südamerikanischen Puffvögel von einer Person in Gruppen zusammengefasst werden, die sie in einem natürlichen Zustand beobachtet, aber nie Gelegenheit gehabt hatte, sie zu untersuchen Form und Struktur im Detail. Tausende Krähen, etwas kleiner als unser Turm, krächzen ständig in diesen Plantagen; Die neugierigen Waldschwalben (Artami), die in ihren Gewohnheiten und ihrem Flug den Schwalben sehr ähneln, sich aber in Form und Struktur stark unterscheiden, zwitschern von den Baumwipfeln aus; während ein Leierschwanzwürger mit leuchtend schwarzem Gefieder und milchweißen Augen den Naturforscher ständig durch die Vielfalt seiner unmelodischen Töne täuscht .

In den schattigeren Gegenden gab es ziemlich viele Schmetterlinge; Am häufigsten kommen die Arten Euplaea und Danais vor , die häufig in Gärten und Büschen anzutreffen sind und aufgrund ihres schwachen Fluges leicht gefangen werden können. Ein wunderschöner blassblauer und schwarzer Schmetterling, der in Bodennähe im Dickicht entlangflattert und sich gelegentlich auf Blumen niederlässt, war einer der auffälligsten; und kaum weniger war einer mit einem satten orangefarbenen Band auf schwärzlichem

Grund – beide gehören zu den Pieridae , der Gruppe, die unsere gewöhnlichen weißen Schmetterlinge enthält, obwohl sie sich im Aussehen so sehr von ihnen unterscheiden. Beide waren für europäische Naturforscher recht neu. [Ersteres wurde Eronia genannt Tritaea ; der letztere Tachyris ithonae .] Ab und zu dehnte ich meine Spaziergänge einige Meilen weiter aus, bis zu dem einzigen Stück echten Waldes, das ich finden konnte, begleitet von meinen beiden Jungen mit Gewehren und Insektennetz. Früher fingen wir früh an, nahmen unser Frühstück mit und aßen es überall dort, wo wir Schatten und Wasser fanden. Zu solchen Zeiten legten meine Macassar-Jungs ein winziges Stück Reis und Fleisch oder Fisch auf ein Blatt und legten es auf einen Stein oder Baumstumpf als Opfergabe für die Gottheit des Ortes; Denn obwohl das Volk der Macassar dem Namen nach Mohammedaner ist, hegt es viele heidnische Aberglauben und ist in seinen religiösen Bräuchen nur nachlässig. Sie verabscheuen zwar Schweinefleisch, lehnen aber den angebotenen Wein nicht ab und konsumieren riesige Mengen „ Sagueir “ oder Palmwein, der ungefähr so berauschend ist wie gewöhnliches Bier oder Apfelwein. Wenn es gut zubereitet ist , ist es ein sehr erfrischendes Getränk, und wir tranken oft einen Schluck in einigen der kleinen Schuppen, die den Namen Basare tragen und überall im Land verstreut sind, wo es Verkehr gibt.

Eines Tages erzählte mir Herr Mesman von einem größeren Waldstück, in das er manchmal ging, um Hirsche zu schießen, aber er versicherte mir, dass es viel weiter weg sei und dass es dort keine Vögel gäbe. Ich beschloss jedoch, es zu erkunden, und am nächsten Morgen um fünf Uhr machten wir uns auf den Weg, unser Frühstück und einige andere Vorräte dabei und beabsichtigten, in einem Haus am Waldrand zu übernachten. Zu meiner Überraschung gelangten wir nach zweistündigem anstrengendem Fußmarsch zu diesem Haus, wo wir die Erlaubnis erhielten, die Nacht zu verbringen. Dann gingen wir weiter, Ali und Baderoon mit jeweils einer Waffe, Baso trug unsere Vorräte und meine Insektenkiste, während ich nur mein Netz und meine Sammelflasche mitnahm und beschloss, mich ganz den Insekten zu widmen. Kaum hatte ich den Wald betreten, als ich einige wunderschöne kleine grün und gold gesprenkelte Rüsselkäfer fand, die zur Gattung Pachyrhynchus gehören, einer Gruppe, die fast nur auf den Philippinen vorkommt und auf Borneo, Java oder Malakka völlig unbekannt ist. Die Straße war schattig und offenbar viel von Pferden und Rindern betreten, und ich fand schnell einige Schmetterlinge, denen ich vorher noch nie begegnet war. Bald hörten wir ein paar Berichte, und als ich zu meinen Jungs kam, stellte ich fest, dass sie zwei Exemplare eines der schönsten bekannten Kuckucke, Phoenicophaus, geschossen hatten Callirhynchus . Dieser Vogel verdankt seinen Namen dem großen Schnabel, der in etwa gleichen Anteilen leuchtend gelb, rot und schwarz gefärbt ist . Der Schwanz ist außerordentlich lang und von einem feinen metallischen Lila, während das Gefieder des

Körpers hellkaffeebraun ist. Es ist einer der charakteristischen Vögel der Insel Celebes, auf die er beschränkt ist.

Nachdem wir ein paar Stunden entlang geschlendert waren, erreichten wir einen kleinen Fluss, der so tief war, dass Pferde ihn nur schwimmend überqueren konnten, also mussten wir umkehren; Da wir jedoch hungrig wurden und das Wasser des fast stehenden Flusses zu schlammig war, um es zu trinken, gingen wir zu einem Haus, das ein paar hundert Meter entfernt lag. Auf der Plantage sahen wir eine kleine erhöhte Hütte, in der wir unserer Meinung nach gut frühstücken konnten, also ging ich hinein und fand darin eine junge Frau mit einem Kleinkind. Sie reichte mir einen Krug Wasser, sah aber sehr verängstigt aus. Ich setzte mich jedoch vor die Tür und bat um den Proviant. Als Baderoon sie ihm überreichte, sah er das Kind und fuhr zurück, als hätte er eine Schlange gesehen. Dann fiel mir sofort auf, dass dies eine Hütte war, in der die Frauen, wie bei den Dyaks von Borneo und vielen anderen wilden Stämmen, nach der Geburt ihres Kindes für einige Zeit zurückgezogen waren, und dass wir sehr falsch gehandelt hatten, sie zu betreten; Also machten wir uns auf den Weg und baten um Erlaubnis, unser Frühstück im nahegelegenen Familienhaus einnehmen zu dürfen, was uns natürlich gewährt wurde. Während ich aß, beobachteten drei Männer, zwei Frauen und vier Kinder jede Bewegung und ließen mich nicht aus den Augen, bis ich fertig war.

Auf dem Rückweg hatte ich in der Hitze des Tages das Glück, drei Exemplare eines schönen Ornithoptera zu fangen , des größten, vollkommensten und schönsten aller Schmetterlinge. Ich zitterte vor Aufregung, als ich das erste aus meinem Netz nahm und feststellte, dass es in einwandfreiem Zustand war. Die Grundfarbe dieses großartigen Insekts war ein sattes, glänzendes Bronzeschwarz, die unteren Flügel waren zart weiß gemasert und von einer Reihe großer Flecken in strahlendstem Satingelb gesäumt. Der Körper war mit schattierten Flecken in Weiß, Gelb und Feuerorange gezeichnet, während Kopf und Brustbereich tiefschwarz waren. Auf der Unterseite waren die Unterflügel weiß seidig, mit Randflecken, die zur Hälfte schwarz und zur Hälfte gelb waren. Ich betrachtete meine Beute mit äußerstem Interesse, da ich zunächst dachte, es handele sich um eine ganz neue Art. Es stellte sich jedoch heraus, dass es sich um eine Art Ornithoptera handelte remus , eine der seltensten und bemerkenswertesten Arten dieser hochgeschätzten Gruppe. Ich habe auch einige andere neue und hübsche Schmetterlinge bekommen. Als wir in unserer Unterkunft ankamen, war ich besonders besorgt um meine Insektenschätze. Ich hängte die Kiste an einen Bambus, an dem ich keine Anzeichen von Ameisen erkennen konnte, und begann dann, einige meiner Vögel zu häuten. Während meiner Arbeit warf ich oft einen Blick auf meine kostbare Kiste, um zu sehen, dass keine Eindringlinge eingetroffen waren, bis ich nach einer längeren Arbeitsphase als gewöhnlich noch einmal hinschaute und zu meinem Entsetzen sah, dass eine Kolonne kleiner roter Ameisen die Schnur herabstieg und in die Kiste eindrang Kasten. Sie waren bereits mit der Arbeit an den Leichen meiner Schätze beschäftigt, und in einer weiteren halben Stunde wäre meine ganze Tagessammlung zerstört worden. So wie es war, musste ich jedes Insekt herausnehmen, es sowie die Kiste gründlich reinigen und dann einen sicheren Ort für es suchen. Da ich der Einzige war, der wirksam war, bat ich meinen Gastgeber um einen Teller und eine Schüssel, füllte erstere mit Wasser, stellte letztere hinein, stellte meine Kiste darauf und fühlte mich dann für die Nacht sicher; Ein paar Zentimeter sauberes Wasser oder Öl sind die einzige Barriere, die diese schrecklichen Schädlinge nicht überwinden können.

Als ich nach Hause nach Mamajam (wie mein Haus genannt wurde) zurückkehrte, bekam ich wieder leichtes Wechselfieber, das mich einige Tage im Haus hielt. Sobald es mir gut ging, ging ich in Begleitung von Herrn Mesman erneut nach Goa , um den Rajah um Hilfe beim Bau eines kleinen Hauses für mich in der Nähe des Waldes zu bitten. Wir fanden ihn bei einem Hahnenkampf in einem Schuppen in der Nähe seines Palastes, den er jedoch sofort verließ, um uns zu empfangen, und mit uns eine schiefe Bretterebene hinaufstieg, die als Treppe zu seinem Haus dient. Es war groß, gut gebaut und hoch, mit Bambusboden und Glasfenstern. Der größte Teil davon schien eine große Halle zu sein, die durch die Stützpfosten geteilt war. In der Nähe eines Fensters saß die Königin auf einem rauen Holzsessel und kaute ewiges Sirih und Betelnuss, während ein Messingspucknapf an ihrer Seite und eine Sirih -Box davor bereitstanden, um ihre Wünsche zu erfüllen. Der Rajah setzte sich ihr gegenüber auf einen ähnlichen Stuhl, und ein ähnlicher Spucknapf und eine Sirih -Box wurden von einem kleinen Jungen gehalten, der neben ihm hockte. Zwei weitere Stühle wurden für uns gebracht. Mehrere junge Frauen, einige Töchter des Rajahs, andere Sklavinnen, standen herum; ein paar arbeiteten an Gerüsten und stellten Sarongs her, aber die meisten waren untätig.

Und hier könnte ich (wenn ich dem Beispiel der meisten Reisenden folgen würde) mit einer leuchtenden Beschreibung des Charmes dieser Mädchen, der eleganten Kostüme, die sie trugen, und der Gold- und Silberornamente, mit denen sie geschmückt waren, beginnen. Die Jacke oder der Körper aus violetter Gaze würde in einer solchen Beschreibung gut passen, sodass der wogende Busen darunter zu sehen wäre, während „funkelnde Augen", „Stegsträhnen" und „winzige Füße" reichlich vorkommen könnten. Aber leider! Der Respekt vor der Wahrheit wird es mir nicht erlauben, mich allzu bewundernd über solche Themen zu äußern , obwohl ich entschlossen bin, so weit wie möglich ein wahrheitsgetreues Bild der Menschen und Orte zu vermitteln, die ich besuche. Die Prinzessinnen sahen zwar recht gut aus, doch weder ihr Körper noch ihre Kleidung hatten den Anschein von Frische und

Sauberkeit, ohne den man keine anderen Reize mit Vergnügen betrachten kann. Alles sah schmuddelig und verblasst aus, für ein europäisches Auge sehr unangenehm und unköniglich. Das Einzige, was ein gewisses Maß an Bewunderung hervorrief, war die ruhige und würdevolle Art des Rajah und der große Respekt, der ihm stets entgegengebracht wurde. Niemand kann in seiner Gegenwart aufrecht stehen, und wenn er auf einem Stuhl sitzt, hocken alle Anwesenden (mit Ausnahme der Europäer natürlich) auf dem Boden. Der höchste Sitz ist bei diesen Menschen im wahrsten Sinne des Wortes der Ehrenplatz und das Zeichen des Ranges. Die diesbezüglichen Regeln sind so streng, dass bei der Ankunft einer englischen Kutsche, die der Rajah von Lombock geschickt hatte, festgestellt wurde, dass sie nicht benutzt werden konnte, weil der Fahrersitz am höchsten war, und sie als Schaufenster in ihrem Sitz aufbewahrt werden musste Kutschenhaus. Als man dem Rajah den Zweck meines Besuchs mitteilte, sagte er sofort, dass er anordnen würde, ein Haus für mich zu räumen, was viel besser wäre, als eines zu bauen, da das viel Zeit in Anspruch nehmen würde. Schlechter Kaffee und Süßigkeiten wurden uns nach wie vor serviert.

Zwei Tage später rief ich den Rajah an und bat ihn, einen Führer mit mir zu schicken, der mir das Haus zeigen sollte, in dem ich wohnen sollte. Er befahl sofort, einen Mann zu rufen, gab ihm Anweisungen und in wenigen Minuten machten wir uns auf den Weg. Mein Schaffner konnte kein Malaiisch, also gingen wir eine Stunde lang schweigend weiter, bis wir in ein ziemlich gutes Haus einbogen und ich gebeten wurde, mich zu setzen. Der Bezirksvorsteher wohnte hier, und nach etwa einer halben Stunde machten wir uns wieder auf den Weg, und ein weiterer einstündiger Spaziergang brachte uns ins Dorf, wo ich untergebracht werden sollte. Wir gingen zum Wohnsitz des Dorfvorstehers, der sich einige Zeit mit meinem Schaffner unterhielt.

Als ich müde wurde, bat ich darum, mir das Haus gezeigt zu bekommen, das für mich hergerichtet war, aber die einzige Antwort, die ich bekam, war: „Warten Sie ein wenig“, und die Parteien unterhielten sich wie zuvor. Also sagte ich ihnen, dass ich es kaum erwarten könne, da ich das Haus sehen und dann im Wald schießen gehen wollte. Das schien ihnen ein Rätsel zu sein, und als sie schließlich auf Fragen antworteten, die von ein oder zwei Umstehenden, die ein wenig Malaiisch beherrschten, nur sehr schlecht erklärt wurden, stellte sich heraus, dass kein Haus fertig war und niemand die geringste Ahnung zu haben schien, wohin es gehen sollte eins. Da ich den Rajah nicht noch mehr belästigen wollte, hielt ich es für das Beste, zu versuchen, ihn ein wenig zu erschrecken; Deshalb sagte ich ihnen, dass ich zurückgehen und mich bei ihm beschweren sollte, wenn sie nicht sofort ein Haus für mich finden würden, wie der Rajah es angeordnet hatte, aber dass ich, wenn ein Haus für mich gefunden würde, für die Nutzung bezahlen würde. Dies hatte den gewünschten Effekt und einer der Dorfvorsteher bat mich, mit ihm ein Haus zu suchen. Er zeigte mir ein oder zwei der erbärmlichsten und ruinössten Beschreibungen, die ich sofort ablehnte und sagte: „Ich muss eine gute haben, und zwar in der Nähe des Waldes." Als nächstes zeigte er mir, dass es sehr gut geeignet sei, also sagte ich ihm, er solle dafür sorgen, dass es am nächsten Tag geleert werde, damit ich am nächsten Tag kommen und es beziehen könne.

Da ich am genannten Tag noch nicht ganz bereit war zu gehen, schickte ich meine beiden Macassar-Jungen mit Besen los, um das Haus gründlich zu fegen. Am Abend kamen sie zurück und erzählten mir, dass das Haus bei ihrer Ankunft bewohnt und nicht ein einziger Gegenstand entfernt worden sei. Als die Bewohner jedoch hörten, dass sie gekommen seien, um zu putzen und Besitz zu ergreifen, machten sie einen Schritt, allerdings unter heftigem Murren, was mir ein ziemliches Unbehagen darüber bereitete, wie die Leute mein Eindringen in ihr Dorf im Allgemeinen aufnehmen würden. Am nächsten Morgen verluden wir unser Gepäck auf drei Packpferde und kamen nach einigen Pannen gegen Mittag an unserem Ziel an.

Nachdem ich alle meine Sachen in Ordnung gebracht und hastig eine Mahlzeit zubereitet hatte, beschloss ich, wenn möglich, Freundschaft mit den Leuten zu schließen. Ich ließ daher den Hausbesitzer und so viele seiner Bekannten kommen, wie sie wollten, um ein „ Bitchara " oder Gespräch zu führen. Als sie alle saßen, gab ich ihnen überall ein wenig Tabak, und da ich meinen Jungen Baderoon als Dolmetscher hatte, versuchte ich ihnen zu erklären, warum ich dorthin gekommen war; dass es mir sehr leid tat, sie aus dem Haus zu verweisen, aber dass der Rajah es angeordnet hatte, anstatt ein neues zu bauen, worum ich gebeten hatte, und dann dem Besitzer fünf Silberrupien als Monatsmiete in die Hand gegeben hatte. Dann versicherte ich ihnen, dass meine Anwesenheit für sie von Vorteil wäre, da ich ihnen Eier, Geflügel und Obst kaufen sollte; und wenn ihre Kinder mir Muscheln und Insekten bringen würden, von denen ich ihnen Exemplare zeigte, könnten sie auch eine Menge Kupfer verdienen. Nachdem ihnen das alles ausführlich erklärt worden war und zwischen jedem Satz ein langes Gespräch und eine Diskussion stattfand, konnte ich sehen, dass ich einen positiven Eindruck hinterlassen hatte ; Und am selben Nachmittag kamen ein Dutzend Kinder, eines nach dem anderen, als ob sie mein Versprechen, auch nur elende kleine Schneckenhäuser zu kaufen, auf die Probe stellen wollten, und brachten mir jeweils ein paar Exemplare einer kleinen Helix, für die sie ordnungsgemäß „Kupfer" erhielten, und gingen weg, erstaunt, aber froh.

Nach ein paar Tagen Erkundung lernte ich das umliegende Land gut kennen. Ich war weit entfernt von der Straße im Wald, die ich zum ersten Mal besucht hatte, und in einiger Entfernung um mein Haus herum befanden sich alte Lichtungen und Hütten. Ich fand ein paar gute Schmetterlinge, aber

Käfer waren sehr selten, und selbst morsches Holz und frisch gefällte Bäume (im Allgemeinen so produktiv) brachten hier kaum etwas hervor. Dies überzeugte mich davon, dass es in der Umgebung nicht genügend Wald gab, um einen längeren Aufenthalt an diesem Ort zu rechtfertigen, aber jetzt war es zu spät, daran zu denken, weiterzugehen, da in etwa einem Monat die Regenzeit beginnen würde; Also beschloss ich, hier zu bleiben und zu bekommen, was zu haben war. Leider erkrankte ich nach ein paar Tagen an niedrigem Fieber, was zu übermäßiger Mattigkeit und Abneigung gegen jede Anstrengung führte. Vergeblich versuchte ich , es abzuschütteln; Alles, was ich tun konnte, war, jeden Tag eine Stunde lang ruhig durch die nahe gelegenen Gärten und zum Brunnen zu schlendern, wo gelegentlich einige gute Insekten zu finden waren; und den Rest des Tages ruhig zu Hause warten und die Käfer und Muscheln erhalten, die mir meine kleine Sammlertruppe täglich brachte. Ich führte meine Krankheit hauptsächlich auf das Wasser zurück, das aus flachen Brunnen gewonnen wurde, um die herum sich fast immer eine stehende Pfütze befand, in der sich die Büffel suhlten. In der Nähe meines Hauses befand sich ein geschlossenes Schlammloch, in dem jede Nacht drei Büffel eingesperrt wurden und dessen Ausdünstungen ungehindert durch den offenen Bambusboden eindrangen. Mein malaiischer Junge Ali war von der gleichen Krankheit betroffen, und da er mein wichtigster Vogelfänger war, kam ich mit meinen Sammlungen nur langsam voran.

Die Berufe und Lebensweise der Dorfbewohner unterschieden sich kaum von denen aller anderen malaiischen Rassen. Die Zeit der Frauen war fast ausschließlich damit verbracht, Reis für den täglichen Gebrauch zu zerstoßen und zu reinigen, Feuerholz und Wasser nach Hause zu bringen und die einheimische Baumwolle zu reinigen, zu färben, zu spinnen und zu Sarongs zu weben. Das Weben erfolgt in der einfachsten Art von Rahmen, der auf den Boden gespannt ist; und ist ein sehr langsamer und langwieriger Prozess. Um das allgemein gebräuchliche Karomuster zu bilden, muss jedes Stück farbiger Fäden einzeln von Hand hochgezogen und das Schiffchen zwischen ihnen hindurchgeführt werden. so dass etwa ein Zoll pro Tag der übliche Fortschritt bei Sachen mit einer Breite von anderthalb Yards ist. Die Männer bauen ein wenig Sirih (das scharfe Pfefferblatt, das zum Kauen mit Betelnüssen verwendet wird) und etwas Gemüse an; und einmal im Jahr pflügen sie grob mit ihren Büffeln ein kleines Stück Land um und pflanzen Reis an, der dann bis zur Erntezeit kaum Aufmerksamkeit erfordert. Hin und wieder müssen sie sich um die Reparatur ihrer Häuser kümmern und Matten, Körbe oder andere Haushaltsgegenstände herstellen, aber einen großen Teil ihrer Zeit verbringen sie im Nichtstun.

Kein einziger Mensch im Dorf konnte mehr als ein paar Worte Malaiisch sprechen, und kaum einer der Menschen schien zuvor einen Europäer gesehen zu haben. Eine höchst unangenehme Folge davon war, dass ich bei Mensch und Tier gleichermaßen Schrecken erregte. Wohin ich auch ging, bellten Hunde, Kinder schrien, Frauen rannten weg und Männer starrten mich an, als wäre ich ein seltsamer und schrecklicher Kannibale oder ein Monster. Sogar die Packpferde auf den Straßen und Wegen machten bei meinem Erscheinen kehrt und rannten in den Dschungel; und was diese schrecklichen, hässlichen Bestien, die Büffel, betrifft, ich konnte ihnen nie nahe kommen; Nicht aus Angst um meine eigene, sondern um die Sicherheit anderer. Zuerst streckten sie den Hals heraus und starrten mich an, dann lösten sie sich von ihren Halftern oder Fesseln und rannten wild davon, als ob ein Dämon hinter ihnen her wäre, ohne Rücksicht darauf, was ihnen im Weg stehen könnte . Immer wenn ich Büffeln begegnete, die auf einem Weg Rucksäcke trugen oder nach Hause ins Dorf getrieben wurden, musste ich in den Dschungel abbiegen und mich verstecken, bis sie vorbei waren, um einer Katastrophe zu entgehen, die die Abneigung, mit der man mir ohnehin schon begegnete, noch verstärken würde. Jeden Tag gegen Mittag wurden die Büffel in die Villa gebracht und im Schatten um die Häuser angebunden; und dann musste ich wie ein Dieb durch Nebenwege schleichen, denn niemand konnte sagen, welchen Schaden sie Kindern und Häusern antun würden, wenn ich unter ihnen wandeln würde. Wenn ich plötzlich auf einen Brunnen stieß, an dem Frauen Wasser holten oder Kinder badeten, war eine plötzliche Flucht die sichere Folge; Diese Dinge, die Tag für Tag passieren, waren für einen Menschen, der es nicht mag, unbeliebt zu sein, und der es nie gewohnt war, wie ein Menschenfresser behandelt zu werden, sehr unangenehm.

Ungefähr Mitte November, als ich feststellte, dass sich mein Gesundheitszustand nicht besserte und Insekten, Vögel und Muscheln sehr rar waren, beschloss ich, nach Mamajam zurückzukehren und meine Sammlungen zusammenzupacken, bevor der heftige Regen einsetzte. Der Wind hatte bereits begonnen, aus Westen zu wehen, und viele Anzeichen deuteten darauf hin, dass die Regenzeit früher als gewöhnlich einsetzen könnte; und dann wird alles sehr feucht und es ist fast unmöglich, die Sammlungen richtig zu trocknen. Mein freundlicher Freund Mr. Mesman lieh mir erneut seine Packpferde, und mit der Hilfe einiger Männer, die meine Vögel und Insekten transportierten, denen ich nicht gern auf Pferden vertraute, brachten wir alles sicher nach Hause. Nur wenige können sich vorstellen, wie luxuriös es war, mich auf einem Sofa auszustrecken und mein Abendessen bequem am Tisch in meinem bequemen Bambusstuhl einzunehmen, nachdem ich fünf Wochen lang alle meine Mahlzeiten unbequem auf dem Boden eingenommen hatte. Für die Gesundheit sind solche Dinge Kleinigkeiten, aber wenn der Körper durch Krankheiten geschwächt ist, können die Gewohnheiten eines Lebens nicht so einfach aufgegeben werden.

Mein Haus war, wie alle Bambuskonstruktionen in diesem Land, geneigt, da die starken Westwinde der Regenzeit alle seine Pfosten so weit aus der Senkrechten verschoben hatten, dass ich glaubte, es könnte eines Tages möglicherweise ganz umfallen. Es ist bemerkenswert, dass die Eingeborenen von Celebes die Verwendung von Diagonalstreben zur Verstärkung von Gebäuden nicht entdeckt haben. Ich bezweifle, dass es auf dem Land ein Eingeborenenhaus gibt, das zwei Jahre alt und überhaupt dem Wind ausgesetzt ist und aufrecht steht; Und das ist kein Wunder, denn sie bestehen lediglich aus Pfosten und Balken, die alle aufrecht oder horizontal aufgestellt und grob mit Rattans befestigt sind. Man kann sie in jedem Stadium des Absturzvorgangs beobachten, von der ersten leichten Steigung bis zu einem so gefährlichen Abhang, dass es für die Besatzer zu einer Aufforderung zum Aufgeben wird.

Die mechanischen Genies des Landes haben nur zwei Wege entdeckt, um dem Übel abzuhelfen. Eine Möglichkeit besteht darin, das Haus, nachdem es begonnen hat, mit einem Rattan- oder Bambuskabel an einem Pfosten im Boden auf der Luvseite zu befestigen. Das andere ist eine Präventivmaßnahme, aber wie sie es jemals herausgefunden haben und nicht den wahren Weg entdeckt haben, ist ein Rätsel. Dieser Plan besteht darin, das Haus auf die übliche Weise zu bauen, aber statt alle Hauptstützen aus geraden Pfosten zu machen, zwei oder drei davon so krumm wie möglich zu wählen. Mir waren diese krummen Pfosten in Häusern oft aufgefallen, aber ich führte sie auf den Mangel an gutem, geradem Holz zurück, bis ich eines Tages einige Männer traf, die einen Pfosten nach Hause trugen, der so etwas wie ein Hundehinterbein geformt hatte, und meinen einheimischen Jungen fragten, was das sei Ich werde mit so einem Stück Holz etwas anfangen. „Um einen Pfosten für ein Haus zu machen", sagte er. „Aber warum holen sie sich nicht ein gerades, davon gibt es hier genug?" sagte ich. „Oh", antwortete er, „ so etwas bevorzugen sie in einem Haus, weil es dann nicht einstürzt", womit er die Wirkung offensichtlich auf eine okkulte Eigenschaft von schiefem Holz zurückführte. Eine kleine Überlegung und ein Diagramm werden jedoch zeigen, dass die dem krummen Pfosten zugeschriebene Wirkung tatsächlich dadurch hervorgerufen werden kann. Ein echtes Quadrat ändert seine Form leicht in eine rhomboide oder schräge Form, aber wenn ein oder zwei der Pfosten gebogen oder geneigt und so platziert werden, dass sie einander gegenüberliegen, entsteht die Wirkung einer Strebe, wenn auch auf grobe und ungeschickte Weise Benehmen.

Mamajam verlassen hatte, hatten die Leute eine beträchtliche Menge Mais gesät, der in zwei oder drei Tagen über der Erde erscheint und in günstigen Jahreszeiten in weniger als zwei Monaten reif ist. Aufgrund der vorzeitigen Regenfälle einer Woche war der Boden bei meiner Rückkehr vollständig überschwemmt, und die Pflanzen, die gerade in die Ähren kamen, waren gelb und abgestorben. Nicht ein einziges Korn würde das ganze Dorf beschaffen, aber zum Glück ist es nur ein Luxus und keine Lebensnotwendigkeit. Der Regen war das Signal zum Pflügen, um auf allen Ebenen zwischen uns und der Stadt Reis zu säen. Der verwendete Pflug ist ein grobes Holzinstrument mit einem sehr kurzen Einzelstiel, einem einigermaßen wohlgeformten Schar und einer Spitze aus einem Stück hartem Palmenholz, das mit Keilen befestigt ist. Ein oder zwei Büffel ziehen es in sehr langsamem Tempo. Die Aussaat erfolgt im Streuverfahren, die Oberfläche wird mit einer groben Holzegge geglättet.

Anfang Dezember hatte die reguläre Regenzeit eingesetzt. Westwinde und heftige Regenfälle hielten manchmal tagelang an; Die Felder im Umkreis von Meilen standen unter Wasser und die Enten und Büffel hatten unglaublich viel Spaß. Entlang der Straße nach Macassar wurde täglich im Schlamm und im Wasser gepflügt, wobei sich der Holzpflug problemlos durch die Pflüge bahnt. Der Pflüger hält mit einer Hand den Pflugstiel, während in der anderen ein langer Bambus als Führung für die Büffel dient . Um diese Tiere überhaupt anzufahren, muss man sehr viel fahren; Ein ständiger Schauer von Ausrufen wird ihnen entgegengehalten und „Oh! ah! Mann! Ugh!" sind den ganzen Tag über in verschiedenen Tonarten und in ununterbrochener Folge zu hören. Abends wurden wir mit einem Konzert der anderen Art belohnt . Der trockene Boden rund um mein Haus war zu einem Sumpf geworden, der von Fröschen bewohnt wurde, die von der Abenddämmerung bis zum Morgengrauen einen unglaublichen Lärm machten. Sie waren auch etwas musikalisch und hatten einen tief vibrierenden Ton, der zuweilen stark an die Stimmung von zwei oder drei Bassgamben in einem Orchester erinnert. In Malakka und Borneo hatte ich solche Geräusche nicht gehört, was darauf hindeutet, dass die Frösche, wie die meisten Tiere von Celebes, zu den dortigen Arten gehören.

Mein freundlicher Freund und Vermieter, Herr Mesman , war ein gutes Beispiel für den in Macassar geborenen Niederländer. Er war etwa fünfunddreißig Jahre alt, hatte eine große Familie und lebte in einem geräumigen Haus in der Nähe der Stadt, inmitten eines Obstbaumhains und umgeben von einem perfekten Labyrinth aus Büros, Ställen und Eingeborenenhäusern von seinen zahlreichen Dienern, Sklaven oder Angehörigen besetzt . Normalerweise stand er vor Sonnenaufgang auf und kümmerte sich nach einer Tasse Kaffee um seine Diener, Pferde und Hunde, bis um sieben ein reichhaltiges Frühstück aus Reis und Fleisch auf einer kühlen Veranda zubereitet wurde. Dann zog er einen sauberen weißen Leinenanzug an und fuhr dann in seinem Buggy in die Stadt, wo er ein Büro hatte, mit zwei oder drei chinesischen Angestellten, die sich um seine Angelegenheiten kümmerten. Sein Geschäft war das eines Kaffee- und Opiumhändlers. Er besaß eine Kaffeeplantage in Bontyne und einen kleinen

Prau, der Perlmutt und Schildpatt auf die östlichen Inseln in der Nähe von Neuguinea lieferte. Gegen ein Uhr kehrte er nach Hause zurück, trank Kaffee und Kuchen oder frittierte Kochbananen, tauschte zunächst sein Kleid gegen ein buntes Baumwollhemd, eine Hose und nackte Füße und machte dann eine Siesta mit einem Buch. Gegen vier Uhr spazierte er nach einer Tasse Tee durch sein Anwesen und schlenderte normalerweise nach Mamajam , um mir einen Besuch abzustatten und sich um seine Farm zu kümmern.

Diese bestand aus einer Kaffeeplantage und einem Obstgarten mit Obstbäumen, einem Dutzend Pferden und zwanzig Rindern sowie einem kleinen Dorf mit timoresischen Sklaven und Makassar-Dienern. Eine Familie kümmerte sich um das Vieh, versorgte das Haus mit Milch und brachte mir jeden Morgen ein großes Glas Milch, einer meiner größten Luxusgüter. Andere kümmerten sich um die Pferde, die jeden Nachmittag hereingebracht und mit gemähtem Gras gefüttert wurden. Andere mussten in Macassar Gras für die Pferde ihres Herrn schneiden – keine leichte Aufgabe in der Trockenzeit, wenn das ganze Land wie gebackener Schlamm aussieht; oder in der Regenzeit, wenn kilometerweit in alle Richtungen Überschwemmungen auftreten. Wie sie es geschafft haben, war mir ein Rätsel, aber sie wissen, dass man Gras haben muss, und sie bekommen es. Eine lahme Frau hatte die Aufsicht über eine Entenherde. Zweimal am Tag führte sie sie zum Fressen in die sumpfigen Stellen, ließ sie ein oder zwei Stunden lang watscheln und fressen, trieb sie dann zurück und sperrte sie in einen kleinen dunklen Schuppen ein, um ihre Mahlzeit zu verdauen, von wo aus sie gelegentlich etwas abgaben melancholischer Quacksalber. Jede Nacht wurde eine Wache aufgestellt, hauptsächlich wegen der Pferde – die Menschen in Goa, nur zwei Meilen entfernt, waren berüchtigte Diebe und Pferde, die die einfachste und wertvollste Beute boten. Dies ermöglichte es mir, in Sicherheit zu schlafen, obwohl viele Menschen in Macassar dachten, ich würde ein großes Risiko eingehen, allein an einem so einsamen Ort und mit so schlechten Nachbarn zu leben .

Mein Haus war von einer Art wilder Hecke aus Rosen, Jasminsträuchern und anderen Blumen umgeben, und jeden Morgen sammelte eine der Frauen einen Korb voller Blüten für Mr. Mesmans Familie. Normalerweise nahm ich ein paar davon für meinen eigenen Frühstückstisch mit, und während meines Aufenthalts gab es nie einen Vorrat, und das wird wohl auch nie der Fall sein. Fast jeden Sonntag machte Herr M. mit seinem ältesten Sohn, einem fünfzehnjährigen Jungen, einen Jagdausflug, und ich begleitete ihn meist; Denn obwohl die Niederländer Protestanten sind, begehen sie den Sonntag nicht in der strengen Weise, wie es in England und den englischen Kolonien üblich ist . Der Gouverneur des Ortes veranstaltet jeden Sonntagabend seinen öffentlichen Empfang, bei dem Kartenspielen die regelmäßige Unterhaltung ist.

Am 13. Dezember ging ich an Bord eines Prau zu den Aru-Inseln, eine Reise, die im letzten Teil dieser Arbeit beschrieben wird.

Bei meiner Rückkehr besuchte ich nach siebenmonatiger Abwesenheit einen anderen Bezirk nördlich von Macassar, der Gegenstand des nächsten KAPITELS sein wird.

Kapitel XVI.
Promis.

**(MACASSAR, JULI BIS
NOVEMBER 1857.)**

Am 11. Juli erreichte ich Macassar erneut und richtete mich in meinem alten Quartier in Mamajam ein , um meine Aru-Sammlungen zu sortieren, zu ordnen, aufzuräumen und einzupacken. Das beschäftigte mich einen Monat; und nachdem ich sie nach Singapur verschifft hatte, ließ ich meine Waffen reparieren und erhielt aus England eine neue, zusammen mit einem Vorrat an Nadeln, Arsen und anderen Sammelutensilien. Ich bekam wieder Lust auf Arbeit und musste überlegen, wo ich meine Zeit bis zum Jahresende verbringen sollte; Ich hatte Macassar vor sieben Monaten verlassen, als ein überschwemmtes Sumpfgebiet für die Reisaussaat umgepflügt wurde. Der Regen hatte fünf Monate lang angehalten, doch jetzt war der gesamte Reis geschnitten, und trockene und staubige Stoppeln bedeckten das Land, genau wie bei meiner Ankunft dort.

Maros zu besuchen , etwa dreißig Meilen nördlich von Macassar, wo Herr Jacob Mesman , ein Bruder meines Freundes, wohnte, der mir freundlicherweise angeboten hatte, ein Zimmer für mich zu finden und mir Hilfe zu leisten, falls ich mich unwohl fühlte geneigt, ihn zu besuchen. Ich besorgte mir daher einen Pass vom Bewohner und machte mich eines Abends, nachdem ich ein Boot gemietet hatte, auf den Weg nach Maros . Mein Junge Ali war so fieberkrank, dass ich ihn im Krankenhaus unter der Obhut meines Freundes, des deutschen Arztes, zurücklassen musste, und ich musste mit zwei neuen Bediensteten abwechseln, die überhaupt keine Ahnung von allem hatten. Wir fuhren nachts entlang, fuhren bei Tagesanbruch in den Fluss Maros und erreichten um drei Uhr nachmittags das Dorf. Ich besuchte sofort den Assistenzarzt und beantragte zehn Männer zum Tragen meines Gepäcks und ein Pferd für mich. Es wurde versprochen, dass diese noch in der Nacht fertig sein würden, so dass ich am nächsten Morgen beginnen konnte, wann immer ich wollte. Nachdem ich eine Tasse Tee getrunken hatte, verabschiedete ich mich und schlief im Boot. Einige der Männer kamen wie versprochen nachts, andere trafen jedoch erst am nächsten Morgen ein. Es dauerte einige Zeit, mein Gepäck gerecht unter ihnen aufzuteilen, da sie sich alle vor den schweren Kisten drücken wollten und sich einen leichten Gegenstand schnappten und damit losmarschierten, bis sie zurückkamen und warteten, bis das Ganze gerecht verteilt worden war . Schließlich war gegen acht Uhr alles geregelt und wir machten uns auf den Weg zu Herrn M.s Bauernhof.

Das Land war zunächst eine einheitliche Ebene aus verbrannten Reisfeldern, aber in ein paar Meilen Entfernung tauchten steile Hügel auf, die von der hohen Mittelkette der Halbinsel gestützt wurden. In diese Richtung führte unser Weg, und nachdem wir sechs oder acht Meilen zurückgelegt hatten, begannen die Hügel rechts und links von uns in die Ebene vorzudringen, und der Boden war hier und da mit Blöcken und Säulen aus Kalksteinfelsen durchbohrt, während einige abrupte kegelförmige Hügel auftraten und Gipfel erhoben sich wie Inseln. Als wir über einen erhöhten Abschnitt fuhren, der die Schulter eines der Hügel bildete, bot sich uns eine malerische Szene. Wir blickten hinab in ein kleines Tal, das fast vollständig von Bergen umgeben war, die plötzlich in gewaltigen Abhängen anstiegen und eine Abfolge von Hügeln, Gipfeln und Kuppeln in den verschiedensten und phantastischsten Formen bildeten. In der Mitte des Tals befand sich ein großes Bambushaus, während verstreut ein Dutzend Hütten aus dem gleichen Material standen.

Mesman empfing mich freundlich in einem luftigen, vom Haus getrennten Salon, der ganz aus Bambus gebaut und mit Gras gedeckt war. Nach dem Frühstück brachte er mich zum Haus seines Vorarbeiters, das etwa hundert Meter entfernt lag. Die Hälfte davon wurde mir überlassen, bis ich entscheiden sollte, wo ich ein Häuschen für meinen eigenen Gebrauch bauen sollte. Ich stellte bald fest, dass diese Stelle zu stark dem Wind und Staub ausgesetzt war, was die Arbeit mit Papieren oder Insekten sehr erschwerte. Auch nachmittags war es furchtbar heiß und nach ein paar Tagen bekam ich einen heftigen Fieberanfall, der mich zum Umziehen zwang. Ich suchte mir daher einen etwa eine Meile entfernten Ort am Fuße eines waldbedeckten Hügels aus, wo Herr M. in wenigen Tagen ein schönes kleines Haus für mich baute, bestehend aus einer großen, geschlossenen Veranda oder einem offenen Raum. und ein kleines inneres Schlafzimmer mit einem kleinen Kochhaus draußen. Sobald es fertig war , bezog ich es und fand die Veränderung höchst angenehm.

Der Wald, der mich umgab, war offen und frei von Unterholz, bestehend aus großen Bäumen, weit verstreut mit einer großen Menge Palmen (Arenga saccharifera), aus denen Palmwein und Zucker hergestellt werden. Es gab auch eine große Anzahl wilder Jackfruchtbäume (Artocarpus), die eine Fülle großer, netzförmiger Früchte trugen und als ausgezeichnetes Gemüse dienten. Der Boden war so dicht mit trockenen Blättern bedeckt wie in einem englischen Wald im November; Die kleinen felsigen Bäche waren alle trocken, und kaum ein Tropfen Wasser oder auch nur eine feuchte Stelle war zu sehen. Ungefähr fünfzig Meter unterhalb meines Hauses, am Fuße des Hügels, befand sich ein tiefes Loch in einem Wasserlauf, wo es gutes Wasser gab und wo ich täglich baden ging, indem ich Eimer Wasser herausholte und es über meinen Körper goss.

Mein Gastgeber, Herr M., genoss ein durch und durch ländliches Leben und war fast ausschließlich auf seine Waffe und seine Hunde angewiesen, um seinen Tisch zu versorgen. Wildschweine von großer Größe gab es sehr reichlich, und er hatte im Allgemeinen ein oder zwei pro Woche, außerdem gelegentlich Hirsche und eine Fülle von Dschungelgeflügel, Nashornvögeln und großen Fruchttauben. Seine Büffel lieferten reichlich Milch, aus der er seine eigene Butter herstellte; Er baute seinen eigenen Reis und Kaffee an und hatte Enten, Hühner und ihre Eier in Hülle und Fülle. Seine Palmen versorgten ihn das ganze Jahr über mit „ Sagueir ", das an die Stelle von Bier tritt; und der daraus hergestellte Zucker ist eine ausgezeichnete Süßspeise. Alle erlesenen tropischen Gemüse- und Obstsorten waren zu ihrer Jahreszeit reichlich vorhanden, und seine Zigarren wurden aus Tabak aus eigenem Anbau hergestellt. Er schickte mir freundlicherweise jeden Morgen einen Bambusbüffelmilch; Es war so dick wie Sahne und musste mit Wasser verdünnt werden, um es tagsüber flüssig zu halten. Es lässt sich sehr gut mit Tee und Kaffee mischen, hat jedoch einen leicht eigenartigen Geschmack , der mit der Zeit nicht unangenehm wird. Ich bekam auch so viel süßes „ Sagueir ", wie ich gerne trank, und Herr M. schickte mir immer ein Stück von jedem Schwein, das er tötete, das wir mit Hühnern, Eiern und den Vögeln selbst schossen, und etwa einmal im Jahr Büffelrindfleisch Zwei Wochen lang hielt ich meine Speisekammer ausreichend versorgt.

Jedes Stück Flachland wurde gerodet und als Reisfelder genutzt, und an den unteren Hängen vieler Hügel wurden Tabak und Gemüse angebaut. Die meisten Hänge sind mit riesigen Felsblöcken bedeckt, die das Überklettern sehr ermüdend machen, während einige Hügel so steil sind, dass sie kaum zugänglich sind. Diese Umstände, gepaart mit der übermäßigen Dürre, waren für meine Beschäftigungen sehr ungünstig . Vögel waren rar und ich bekam nur wenige neue Vögel. Insekten gab es einigermaßen zahlreich, aber ungleich. Käfer, die normalerweise so zahlreich und interessant sind, waren äußerst selten, einige Familien waren überhaupt nicht vertreten, andere waren nur durch sehr kleine Arten vertreten. Die Fliegen und Bienen hingegen waren reichlich vorhanden, und von diesen erhielt ich täglich neue und interessante Arten. Die seltenen und schönen Schmetterlinge von Celebes waren das Hauptziel meiner Suche, und ich fand viele für mich völlig neue Arten, aber sie waren im Allgemeinen so aktiv und scheu, dass ihr Fang eine große Schwierigkeit darstellte. Fast der einzige geeignete Ort für sie waren die trockenen Bachbetten im Wald, wo an feuchten Stellen, schlammigen Tümpeln oder sogar auf den trockenen Felsen alle Arten von Insekten zu finden waren. In diesen felsigen Wäldern leben einige der schönsten Schmetterlinge der Welt. Drei Ornithoptera -Arten , deren Flügellänge sieben bis acht Zoll beträgt und die wunderschön mit seidengelben Flecken oder Massen auf schwarzem Grund gezeichnet sind, kreisen mit kräftigem Segelflug durch das Dickicht. An den feuchten Stellen tummeln sich

Schwärme der wunderschönen blaugebänderten Papilios , Miletus und Telephus , des prächtigen goldgrünen P. macedon und des seltenen kleinen Schwalbenschwanzpapilio rhesus, von denen ich alle, obwohl sehr aktiv, gut einfangen konnte Serie von Exemplaren.

Selten habe ich es so genossen wie während meines Aufenthaltes hier. Als ich um sechs Uhr morgens da saß und meinen Kaffee trank, sah ich oft seltene Vögel auf einem nahegelegenen Baum, dann machte ich mich in meinen Pantoffeln hastig auf den Weg und sicherte mir vielleicht eine Beute, nach der ich schon seit Wochen gesucht hatte. Die großen Nashornvögel von Celebes (Buceros Cassidix kam oft mit lautem Flügelschlag und ließ sich direkt vor mir auf einem hohen Baum nieder; und die schwarzen Pavianaffen Cynopithecus nigrescens starrten oft erstaunt auf ein solches Eindringen in ihr Reich, während nachts Herden wilder Schweine im Haus umherstreiften, Abfälle fraßen und uns zwangen, alles Essbare oder Zerbrechliche aus unserem kleinen Kochhaus wegzuräumen. Wenn ich bei Sonnenaufgang und Sonnenuntergang ein paar Minuten lang die umgestürzten Bäume um mein Haus herum suchte, brachte ich oft mehr Käfer hervor, als ich an einem Tag beim Sammeln treffen würde, und seltsame Momente konnten wertvoll gemacht werden, wenn ich in Dörfern oder in einiger Entfernung davon lebte Der Wald wird zwangsläufig verschwendet. Wo die Zuckerpalmen von Saft trieften, versammelten sich Fliegen in großer Zahl, und indem ich eine halbe Stunde damit verbrachte, wann ich Zeit hatte, konnte ich mir die schönste und bemerkenswerteste Sammlung dieser Insektengruppe aneignen, die ich je gesehen habe jemals gemacht haben.

Was für herrliche Stunden verbrachte ich dann damit, die trockenen Flussläufe auf und ab zu wandern, voller Wasserlöcher, Felsen und umgestürzter Bäume und überschattet von prächtiger Vegetation. Bald lernte ich jedes Loch, jeden Stein und jeden Baumstumpf kennen und näherte mich jedem mit vorsichtigem Schritt und angehaltenem Atem, um zu sehen, welche Schätze er hervorbringen würde. An einer Stelle fand ich eine kleine Schar des seltenen Schmetterlings Tachyris Zarinda , die bei meiner Annäherung aufstanden und ihre leuchtend orangefarbenen und zinnoberroten Flügel zur Schau stellten, während zwischen ihnen einige der schönen blaugebänderten Papilios flatterten . Wo belaubte Äste über der Schlucht hingen, könnte ich erwarten, einen großen Ornithoptera zu finden , der ruht und eine leichte Beute ist. An bestimmten morschen Stämmen traf ich mit Sicherheit den neugierigen kleinen Sandlaufkäfer Therates Flavilabris . Im dichteren Dickicht würde ich die kleinen metallblauen Schmetterlinge (Amblypodia) einfangen, die auf den Blättern sitzen, sowie einige seltene und schöne Blattkäfer der Familien Hispidae und Chrysomelidae .

Ich stellte fest, dass die faulen Jackfrüchte für viele Käfer sehr attraktiv waren, und spaltete sie teilweise auf und legte sie zum Verrotten in den Wald in der Nähe meines Hauses. Eine morgendliche Suche nach diesen Arten brachte mir oft Dutzende von Arten zutage, wobei Staphylinidae , Nitidulidae , Onthophagi und winzige Carabidae am häufigsten vorkommen. Hin und wieder brachten mir die „ Sagueir "-Hersteller einen schönen Rosenkäfer (Sternoplus) mit schaumii), die sie dabei fanden, den süßen Saft aufzulecken. Fast die einzigen neuen Vögel, die ich seit einiger Zeit traf , waren eine hübsche Bodendrossel (Pitta celebensis) und eine wunderschöne Veilchenkronentaube (Ptilonopus). celebensis), beide sehr ähnlich den Vögeln, die ich kürzlich in Aru gefangen hatte, aber von unterschiedlichen Arten.

Etwa in der zweiten Septemberhälfte fiel ein heftiger Regenschauer, der uns warnte, dass uns bald nasses Wetter erwarten würde, sehr zum Vorteil des ausgetrockneten Landes. Ich beschloss daher, den Wasserfällen des Maros- Flusses einen Besuch abzustatten, die an der Stelle liegen, wo sie aus den Bergen entspringen – ein Ort, der oft von Reisenden besucht wird und als sehr schön gilt. Herr M. lieh mir ein Pferd, und ich holte mir einen Führer aus einem Nachbardorf ; und mit einem meiner Männer machten wir uns um sechs Uhr morgens auf den Weg, und nach einem zweistündigen Ritt über die flachen Reisfelder entlang der Berge, die sich in großen Abgründen zu unserer Linken erhoben, erreichten wir etwa auf halber Strecke den Fluss Wir wanderten zwischen Maros und den Wasserfällen und hatten von dort einen guten Reitweg zu unserem Ziel, das wir in einer weiteren Stunde erreichten. Die Hügel hatten sich um uns herum geschlossen, als wir vorrückten; und als wir eine verfallene Hütte erreichten, die zur Unterbringung von Besuchern errichtet worden war, befanden wir uns in einem etwa eine Viertelmeile breiten Tal mit flachem Boden, das von steilen und oft überhängenden Kalksteinfelsen begrenzt war. Bisher war der Boden kultiviert worden, aber jetzt war er mit Büschen und großen vereinzelten Bäumen bedeckt .

Sobald mein spärliches Gepäck angekommen war und ordnungsgemäß im Schuppen untergebracht war, machte ich mich alleine auf den Weg zum Wasserfall, der etwa eine Viertelmeile weiter lag. Der Fluss ist hier etwa zwanzig Meter breit und entspringt aus einem Abgrund zwischen zwei vertikalen Kalksteinwänden über einer abgerundeten, etwa vierzig Fuß hohen Basaltfelsenmasse, wobei er zwei durch einen kleinen Vorsprung getrennte Kurven bildet. Das Wasser breitet sich wunderschön über diese Oberfläche in einer dünnen Schaumschicht aus, die sich in einer Reihe konzentrischer Kegel kräuselt und wirbelt, bis sie in ein feines, tiefes Becken darunter fällt. Nahe dem äußersten Rand des Wasserfalls führt ein schmaler und sehr schroffer Pfad zum darüber liegenden Fluss und verläuft von dort einige hundert Meter lang dicht unter dem Abgrund entlang des Wasserrandes oder manchmal im Wasser, wonach die Felsen zurückweichen wenig und lassen auf einer Seite ein bewaldetes Ufer zurück, an dem der Weg weitergeht, bis nach etwa einer halben Meile ein zweiter und kleinerer Abhang erreicht wird. Hier scheint der Fluss aus einer Höhle zu entspringen, da die von oben herabgefallenen Steine den Kanal verstopfen und den weiteren Vormarsch verhindern. Der Wasserfall selbst kann nur über einen Pfad erreicht werden, der hinter einem riesigen Felsstück aufsteigt, das teilweise vom Berg abgefallen ist und einen Raum von zwei bis drei Fuß Breite hinterlässt, aber einen dunklen Abgrund freigibt, der in die Eingeweide des Berges hinabführt Da ich mehrere davon besucht hatte, verspürte ich keine große Neugier, sie zu erkunden.

Der Weg überquert den Bach etwas unterhalb des oberen Falls, steigt einen steilen Abhang etwa 150 Meter hinauf und gelangt durch eine Lücke in ein enges Tal, das von absolut senkrechten und sehr hohen Felswänden umschlossen ist. Eine halbe Meile weiter wendet sich dieses Tal abrupt nach rechts und wird zu einem bloßen Spalt im Berg. Dies erstreckt sich über eine weitere halbe Meile, die Wände nähern sich allmählich an, bis sie nur noch zwei Fuß voneinander entfernt sind, und der Boden steigt steil zu einem Pass an, der wahrscheinlich in ein anderes Tal führt, für dessen Erkundung ich jedoch keine Zeit hatte. Zurück zu der Stelle, an der dieser Riss begonnen hatte, biegt der Hauptweg in einer Art Schlucht nach links ab und erreicht einen Gipfel, über den ein schöner natürlicher Felsbogen in einer Höhe von etwa fünfzig Fuß verläuft. Von dort folgte ein steiler Abstieg durch dichten Dschungel mit Blick auf Abgründe und ferne felsige Berge , der wahrscheinlich wieder in das Hauptflusstal führte. Es war eine äußerst verlockende Gegend zum Erkunden, aber es gab mehrere Gründe, warum ich nicht weitergehen konnte. Ich hatte keinen Führer und keine Erlaubnis, die Bugis-Territorien zu betreten, und da der Regen jederzeit einsetzen konnte, konnte es sein, dass ich durch die Überschwemmung des Flusses an der Rückkehr gehindert wurde. Deshalb widmete ich mich während der kurzen Zeit meines Besuchs der Erlangung so viel Wissen wie möglich über die Naturerscheinungen des Ortes.

Die engen Schluchten brachten mehrere schöne Insekten hervor, die für mich völlig neu waren, und einen neuen Vogel, den neugierigen Phlaegenas Tristigmata , eine große Bodentaube mit gelber Brust und Krone und violettem Hals. Dieser schroffe Weg ist die Autobahn von Maros in das Bugis-Land jenseits der Berge. Während der Regenzeit ist es ziemlich unpassierbar, der Fluss füllt sein Bett und rauscht zwischen senkrechten, viele hundert Fuß hohen Klippen hindurch. Selbst zur Zeit meines Besuchs war es sehr steil und ermüdend, doch Frauen und Kinder überwanden es täglich und Männer trugen schwere Lasten Palmzucker (von sehr geringem Wert). Entlang des Weges zwischen dem unteren und dem oberen Wasserfall und etwa am Rand des oberen Beckens fand ich die meisten Insekten. Der große halbdurchsichtige Schmetterling, Idea tondana , flog träge zu

Dutzenden dahin, und hier fand ich schließlich ein Insekt, von dem ich gehofft, aber kaum erwartet hatte, es zu treffen – den prächtigen Papilio Androcles , einer der größten und seltensten bekannten Schwalbenschwanzschmetterlinge. Während meines viertägigen Aufenthalts an den Wasserfällen hatte ich das Glück, sechs gute Exemplare zu ergattern. Während dieses schöne Geschöpf fliegt, flackern die langen weißen Schwänze wie Luftschlangen, und wenn es sich am Strand niederlässt, trägt es sie hochgehoben, als wolle es sie vor Verletzungen schützen. Selbst hier ist es selten, da ich insgesamt nicht mehr als ein Dutzend Exemplare gesehen habe und vielen von ihnen immer wieder am Flussufer auf und ab folgen musste, bevor es mir gelang, sie zu fangen. Als die Sonne gegen Mittag am heißesten schien, bot der feuchte Strand des Teiches unterhalb des oberen Wasserfalls einen wunderschönen Anblick, übersät mit Gruppen fröhlicher Schmetterlinge – orange, gelb, weiß, blau und grün – die, wenn man sie störte, ins Wasser stiegen Luft zu Hunderten und bildete Wolken in verschiedenen Farben .

Solche Schluchten, Abgründe und Abgründe gibt es hier in Hülle und Fülle, wie ich sie nirgends im Archipel gesehen habe. Eine abfallende Fläche ist kaum zu finden, riesige Mauern und schroffe Felsmassen begrenzen alle Berge und umschließen die Täler. An vielen Stellen gibt es senkrechte oder sogar überhängende Abgründe, die fünf- bis sechshundert Fuß hoch sind und dennoch vollständig mit einem Vegetationsteppich bedeckt sind. Farne, Pandangewächse , Sträucher, Schlingpflanzen und sogar Waldbäume sind in einem immergrünen Netzwerk vermischt, durch dessen Zwischenräume der weiße Kalksteinfelsen oder die dunklen Löcher und Abgründe, an denen er reichlich vorhanden ist, zum Vorschein kommen. Aufgrund ihrer besonderen Struktur können diese Abgründe eine solche Vegetationsmenge aufrechterhalten. Ihre Oberflächen sind sehr unregelmäßig, in Löcher und Spalten zerbrochen, mit Vorsprüngen, die über die Mündungen düsterer Höhlen hinausragen; aber von jedem vorspringenden Teil sind Stalaktiten herabgestiegen, die oft ein wildes gotisches Maßwerk über den Höhlen und zurückweichenden Mulden bilden und den Wurzeln der Sträucher, Bäume und Schlingpflanzen, die in der warmen, reinen Atmosphäre und der sanften Feuchtigkeit schwelgen, eine bewundernswerte Stütze bieten das ständig aus den Felsen strömt. An Stellen, an denen der Abgrund glatte Oberflächen aus festem Gestein bietet, bleibt er ziemlich kahl oder nur mit Flechten befleckt und mit Farnbüscheln übersät, die auf den kleinen Felsvorsprüngen und in den kleinsten Spalten wachsen.

Der Leser, der mit der tropischen Natur nur durch Bücher und botanische Gärten vertraut ist, wird sich an einem solchen Ort viele andere Naturschönheiten vorstellen. Er wird denken, dass ich aus unerklärlichen Gründen vergessen habe, die leuchtenden Blumen zu erwähnen, die in prächtigen Massen von Purpur, Gold oder Azurblau diese grünen Abgründe schmücken, über dem Wasserfall hängen und den Rand des Gebirgsbachs schmücken müssen . Aber was ist die Realität? Vergebens blickte ich über diese gewaltigen Mauern aus Grün, zwischen hängenden Schlingpflanzen und buschigen Sträuchern, rund um den Wasserfall am Flussufer oder in die tiefen Höhlen und düsteren Spalten – nicht ein einziger heller Farbfleck war zu sehen, nicht wahr Ein einzelner Baum, Strauch oder Schlingpflanze trug eine Blüte, die auffällig genug war, um in der Landschaft ein Objekt zu bilden. In alle Richtungen ruhte der Blick auf grünem Laub und gesprenkeltem Fels. Es gab eine unendliche Vielfalt an Farben und Aussehen des Laubs; die Felsmassen und die üppige Üppigkeit der Vegetation strahlten Erhabenheit aus; Aber es gab keine leuchtenden Farben , keine dieser leuchtenden Blumen und prächtigen Blütenmassen, von denen allgemein angenommen wird, dass sie überall in den Tropen vorkommen. Ich habe hier eine genaue Skizze einer üppigen tropischen Szene gegeben, die ich an Ort und Stelle notiert habe, und ihre allgemeinen Merkmale hinsichtlich der Farbe wurden sowohl in Südamerika als auch über viele tausend Meilen in den östlichen Tropen so oft wiederholt, dass ich gefahren bin zu dem Schluss, dass es den allgemeinen Aspekt der Natur in den äquatorialen (d. h. den tropischsten) Teilen der tropischen Regionen darstellt.

Wie kommt es dann, dass die Beschreibungen von Reisenden im Allgemeinen eine ganz andere Vorstellung vermitteln? Und wo, so könnte man fragen, sind die herrlichen Blumen, von denen wir wissen, dass sie in den Tropen existieren? Diese Fragen lassen sich leicht beantworten. Die feinen tropischen Blütenpflanzen, die in unseren Treibhäusern kultiviert werden, stammen aus den verschiedensten Regionen und geben daher eine äußerst falsche Vorstellung von ihrem Vorkommen in einer bestimmten Region. Viele von ihnen sind sehr selten, andere äußerst lokal, während eine beträchtliche Anzahl in den trockeneren Regionen Afrikas und Indiens lebt, in denen sich die tropische Vegetation nicht in ihrer üblichen Üppigkeit zeigt. Feines und mannigfaltiges Blattwerk ist eher für die Gegenden charakteristisch, in denen die tropische Vegetation ihre höchste Entwicklung erreicht, als für bunte Blumen, und in solchen Gegenden überdauert jede Art von Blüte selten länger als ein paar Wochen oder manchmal ein paar Tage in ihrer Vollkommenheit. An jedem Ort wird ein verlängerter Wohnsitz eine Fülle prächtiger und fröhlich blühender Pflanzen hervorbringen, aber sie müssen gesucht werden und sind selten zu einer bestimmten Zeit oder an einem Ort so reichlich vorhanden, dass sie ein wahrnehmbares Merkmal in der Landschaft bilden. Aber es war bei Reisenden üblich, alle schönen Pflanzen, denen sie während einer langen Reise begegneten, zu beschreiben und zusammenzufassen und so den Eindruck einer farbenfrohen, mit Blumen bemalten Landschaft zu erzeugen. Sie haben selten einzelne Szenen untersucht und beschrieben, in denen die Vegetation am üppigsten und schönsten war, und haben nur selten dargelegt, welche Wirkung die Blumen auf sie hatten. Das habe ich schon oft getan, und das Ergebnis dieser Untersuchungen hat mich davon überzeugt, dass die leuchtenden Farben der Blumen in gemäßigten Klimazonen einen viel größeren Einfluss auf das allgemeine Erscheinungsbild der Natur haben als in tropischen Klimazonen. Während der zwölf Jahre, die ich inmitten der großartigsten tropischen Vegetation verbracht habe, habe ich nichts Vergleichbares gesehen, wie Ginster, Ginster, Heidekraut, wilde Hyazinthen, Weißdorn, Purpur-Knabenkraut und Butterblumen auf unsere Landschaften wirken.

Die geologische Struktur dieses Teils von Celebes ist interessant. Obwohl die Kalksteinberge sehr groß sind, scheinen sie völlig oberflächlich zu sein und auf einer Basaltbasis zu ruhen, die an einigen Stellen niedrige , abgerundete Hügel zwischen den steileren Bergen bildet. In den felsigen Böden der Bäche findet man fast immer Basalt, und es ist eine Stufe in diesem Gestein, die den bereits beschriebenen Wasserfall bildet. Von dort steigen die Kalksteinabhänge steil an; und wenn man die kleine Treppe an der Seite des Wasserfalls hinaufsteigt, steigt man zwei- oder dreimal von einem Felsen zum anderen – der Kalkstein ist trocken und rau, vom Wasser und Regen abgenutzt und hat scharfe Grate und wabenförmige Löcher gebildet – der Basalt feucht , gleichmäßig und durch den Durchgang barfüßiger Fußgänger glatt und rutschig. Die Löslichkeit des Kalksteins durch Regenwasser ist deutlich an den kleinen Blöcken und Gipfeln zu erkennen, die sich dicht aus dem Boden der Schwemmlandebenen erheben, wenn man sich den Bergen nähert. Sie sind alle kegelförmig, in der Mitte größer als an der Basis, wobei der größte Durchmesser in der Höhe auftritt, bis zu der das Land in der Regenzeit überschwemmt wird, und von da an regelmäßig bis zum Boden abnimmt. Viele von ihnen ragen erheblich über, und einige der schlankeren Säulen scheinen auf einer Spitze zu stehen. Wenn das Gestein weniger fest ist, wird es durch die Regenfälle aufeinanderfolgender Winter merkwürdig wabenförmig, und ich bemerkte, dass einige Massen zu einem vollständigen Gesteinsnetzwerk zusammengeschrumpft waren, durch das Licht in alle Richtungen gesehen werden konnte.

Von diesen Bergen bis zum Meer erstreckt sich eine vollkommen ebene Schwemmlandebene, ohne Anzeichen dafür, dass sich Wasser in großer Tiefe darunter ansammeln würde. Dennoch haben die Behörden von Macassar viel Geld ausgegeben, um einen Brunnen in einer Tiefe von tausend Fuß zu bohren, in der Hoffnung, an Nachschub zu gelangen von Wasser, wie es aus den artesischen Brunnen in den Becken von London und Paris gewonnen wird. Es ist nicht verwunderlich, dass der Versuch erfolglos blieb.

Als ich zu meiner Waldhütte zurückkehrte, setzte ich meine tägliche Suche nach Vögeln und Insekten fort. Das Wetter wurde jedoch furchtbar heiß und trocken, jeder Tropfen Wasser verschwand aus den Tümpeln und

Felslöchern und mit ihm auch die Insekten, die sich dort aufhielten. Nur eine Gruppe blieb von der starken Dürre verschont; Die Dipteren, die zweiflügligen Fliegen, gab es weiterhin so zahlreich wie eh und je, und auf diese war ich fast gezwungen, meine Aufmerksamkeit ein oder zwei Wochen lang zu konzentrieren, wodurch ich meine Sammlung dieser Ordnung auf etwa zweihundert Arten vergrößerte. Ich besorgte mir auch weiterhin ein paar neue Vögel, darunter zwei oder drei Arten von kleinen Habichten und Falken, einen wunderschönen Paroquet mit Pinselzunge, Trichoglossus ornatus und eine seltene schwarz-weiße Krähe, Corvus advena .

Endlich, etwa Mitte Oktober, kam es nach mehreren düsteren Tagen zu einer Regenflut, die fast jeden Nachmittag weiter fiel und zeigte, dass der frühe Teil der Regenzeit begonnen hatte. Ich hoffte nun auf eine gute Insektenernte und wurde in mancher Hinsicht nicht enttäuscht. Die Zahl der Käfer nahm zu, und unter einem dichten Blätterbett, das sich auf einigen Felsen am Ufer eines Waldbachs angesammelt hatte, fand ich eine Fülle von Carabidae , einer in den Tropen im Allgemeinen seltenen Familie. Die Schmetterlinge jedoch verschwanden. Zwei meiner Diener wurden von Fieber, Ruhr und geschwollenen Füßen befallen, gerade als der dritte mich verlassen hatte, und einige Tage lagen beide stöhnend im Haus. Als es etwas besser wurde, wurde ich selbst angegriffen, und da meine Vorräte fast aufgebraucht waren und alles sehr feucht wurde, musste ich mich auf meine Rückkehr nach Macassar vorbereiten, zumal die starken Westwinde die Passage zu einer kleinen Öffnung machen würden Boot unangenehm, wenn nicht sogar gefährlich.

Seit es zu regnen begann, krochen überall riesige Tausendfüßler umher, fingerdick und 20 bis 25 Zentimeter lang – auf den Wegen, auf Bäumen, um das Haus herum – und eines Morgens, als ich aufstand, fand ich sogar einen in meinem Bett! Sie hatten im Allgemeinen eine matte Bleifarbe oder ein tiefes Ziegelrot und sahen sehr hässlich aus, wenn man einem überall in den Weg kam, obwohl sie ziemlich harmlos waren. Auch Schlangen begannen sich zu zeigen. Ich habe zwei einer sehr häufig vorkommenden Art getötet – großköpfige und hellgrüne Arten , die zusammengerollt auf Blättern und Sträuchern liegen und kaum zu sehen sind, bis man sich ihnen nähert. Braune Schlangen gerieten in mein Netz, während sie zwischen toten Blättern nach Insekten suchten, und ließen mich beim Eingreifen meiner Hand eher vorsichtig sein, bis ich wusste, was für ein Wild ich gefangen hatte. Die Felder und Wiesen, die einst ausgedörrt und unfruchtbar gewesen waren, waren nun plötzlich mit feinem, langen Gras bedeckt; Das Flussbett, in dem ich so oft über brennende Felsen gelaufen war, war jetzt ein tiefer und reißender Bach; und überall schossen zahlreiche krautige Pflanzen und Sträucher aus dem Boden und blühten. Ich habe viele neue Insekten gefunden, und wenn ich ein gutes, geräumiges, wasser- und winddichtes Haus gehabt hätte, hätte ich vielleicht während der Regenzeit bleiben sollen, da ich sicher bin, dass man dann viele Dinge bekommen kann, die man haben möchte zu keinem anderen Zeitpunkt gefunden. Bei meiner Sommerhütte war dies jedoch unmöglich. Während der heftigen Regenfälle drang ein feiner Nieselnebel in alle Teile ein, und es begann für mich größte Schwierigkeiten zu haben, meine Exemplare trocken zu halten.

Anfang November kehrte ich nach Macassar zurück, und nachdem ich meine Sammlungen gepackt hatte, machte ich mich mit dem niederländischen Postdampfer auf den Weg nach Amboyna und Ternate. Ich verlasse diesen Teil meiner Reise vorerst und werde im nächsten KAPITEL meinen Bericht über Celebes abschließen, indem ich den äußersten nördlichen Teil der Insel beschreibe, den ich zwei Jahre später besuchte.

Kapitel XVII.
Promis.

**(MENADO, JUNI BIS
SEPTEMBER 1859.)**

Nach meinem Aufenthalt in Timor-Coupang besuchte ich das nordöstliche Ende von Celebes und berührte dabei Banda, Amboyna und Ternate. Ich erreichte Menado am 10. Juni 1859 und wurde von Mr. Tower, einem Engländer, aber einem sehr alten Bewohner von Menado , wo er ein allgemeines Geschäft betreibt, sehr freundlich empfangen. Er machte mich mit Herrn L. Duivenboden bekannt (dessen Vater mein Freund in Ternate gewesen war), der eine große Vorliebe für Naturgeschichte hatte; und an Herrn Neys , der aus Menado stammte , aber in Kalkutta ausgebildet wurde und dessen Muttersprachen Niederländisch, Englisch und Malaiisch gleichermaßen waren. Alle diese Herren erwiesen mir die größte Freundlichkeit, begleiteten mich bei meinen ersten Spaziergängen durch das Land und unterstützten mich mit allen Mitteln, die in ihrer Macht standen. Ich verbrachte eine sehr angenehme Woche in der Stadt, machte Erkundungen und erkundigte mich nach einer guten Sammelstelle, die ich aufgrund des weit verbreiteten Kaffee- und Kakaoanbaus, der für viele zur Abholzung der Wälder geführt hat, nur sehr schwer finden konnte Meilen rund um die Stadt und über ausgedehnte Stadtteile bis weit ins Landesinnere.

Die kleine Stadt Menado ist eine der schönsten im Osten. Es sieht aus wie ein großer Garten mit Reihen rustikaler Villen mit breiten Wegen dazwischen, die Straßen bilden, die im Allgemeinen im rechten Winkel zueinander stehen. Gute Straßen zweigen in mehrere Richtungen ins Landesinnere ab, mit einer Reihe hübscher Cottages, gepflegter Gärten und blühender Plantagen, durchsetzt mit Wildnis voller Obstbäume. Im Westen und Süden ist das Land gebirgig, mit Gruppen feiner Vulkangipfel von 6.000 bis 7.000 Fuß Höhe, die einen großartigen und malerischen Hintergrund für die Landschaft bilden.

Die Bewohner von Minahasa (wie dieser Teil von Celebes genannt wird) unterscheiden sich stark von denen des gesamten Rests der Insel und tatsächlich von allen anderen Menschen im Archipel. Sie haben einen hellbraunen oder gelben Farbton und kommen oft dem hellen Farbton eines Europäers nahe; eher kleinwüchsig, kräftig und gut gebaut; von einem offenen und angenehmen Gesicht, das mit zunehmendem Alter durch hervorstehende Karoknochen mehr oder weniger entstellt wird; und mit den üblichen langen, glatten, pechschwarzen Haaren der malaysischen Rassen. In einigen Dörfern im Landesinneren, in denen man annimmt, dass sie der reinsten Rasse angehören, sind sowohl Männer als auch Frauen bemerkenswert gutaussehend; Während sie sich näher an den Küsten, wo die Reinheit ihres Blutes durch die Vermischung anderer Rassen zerstört wurde, den gewöhnlichen Typen der wilden Bewohner der umliegenden Länder nähern.

in ihren geistigen und moralischen Eigenschaften sind sie höchst eigenartig. Sie sind bemerkenswert ruhig und sanftmütig, unterwerfen sich der Autorität derjenigen, die sie für ihre Vorgesetzten halten, und lassen sich leicht dazu bringen, die Gewohnheiten zivilisierter Menschen zu erlernen und zu übernehmen. Sie sind kluge Mechaniker und scheinen in der Lage zu sein, sich ein beträchtliches Maß an intellektueller Bildung anzueignen.

Bis in die jüngste Zeit hinein waren diese Menschen durch und durch Wilde, und es gibt heute in Menado lebende Menschen , die sich an einen Zustand erinnern, der mit dem identisch ist, den die Schriftsteller des 16. und 17. Jahrhunderts beschrieben haben. Die Bewohner der verschiedenen Dörfer waren unterschiedliche Stämme, jeder unter seinem eigenen Häuptling, die untereinander unverständliche Sprachen sprachen und sich fast immer im Krieg befanden. Sie bauten ihre Häuser auf hohen Pfosten, um sich gegen die Angriffe ihrer Feinde zu verteidigen. Sie waren Kopfjäger wie die Dyaks von Borneo und sollen manchmal Kannibalen gewesen sein. Wenn ein Häuptling starb, wurde sein Grab mit zwei frischen menschlichen Köpfen geschmückt; und wenn die Waffen der Feinde nicht beschafft werden konnten, wurden aus diesem Anlass Sklaven getötet. Menschliche Schädel waren der große Schmuck der Häuptlingshäuser. Rindenstreifen waren ihr einziges Kleid. Das Land war eine weglose Wildnis mit kleinen kultivierten Reis- und Gemüsefeldern oder Gruppen von Obstbäumen, die den ansonsten ununterbrochenen Wald abwechslungsreich gestalteten. Ihre Religion entstand auf natürliche Weise im unentwickelten menschlichen Geist durch die Betrachtung großartiger Naturphänomene und der Üppigkeit der tropischen Natur. Der brennende Berg, der Wildbach und der See waren der Wohnsitz ihrer Gottheiten; und bestimmte Bäume und Vögel sollten einen besonderen Einfluss auf die Handlungen und das Schicksal der Menschen haben. Sie veranstalteten wilde und aufregende Feste, um diese Gottheiten oder Dämonen zu versöhnen, und glaubten, dass Menschen von ihnen in Tiere verwandelt werden könnten — entweder im Leben oder nach dem Tod.

Hier haben wir ein Bild des wahren wilden Lebens; von kleinen isolierten Gemeinschaften, die sich im Krieg mit allen um sie herum befinden, den Nöten und dem Elend eines solchen Zustands ausgesetzt sind, eine prekäre Existenz aus dem üppigen Boden ziehen und von Generation zu Generation weiterleben, ohne den Wunsch nach körperlicher Besserung und ohne Aussicht des moralischen Fortschritts.

Dies war ihr Zustand bis zum Jahr 1822, als die Kaffeepflanze erstmals eingeführt wurde und Versuche zu ihrem Anbau durchgeführt wurden. Es zeigte sich, dass es aus einer Höhe von 1500 Fuß bis zu 4000 Fuß über dem Meer einen bewundernswerten Erfolg hatte. Die Häuptlinge der Dörfer wurden veranlasst, den Anbau zu übernehmen. Samen und einheimische Lehrer wurden aus Java entsandt; Die Arbeiter , die mit der Rodung und dem Pflanzen beschäftigt waren, wurden mit Nahrungsmitteln versorgt. Es wurde ein Festpreis festgelegt, zu dem der gesamte an die staatlichen Sammler gelieferte Kaffee bezahlt werden sollte, und die Dorfvorsteher, die nun den Titel „Majors" erhielten, sollten fünf Prozent der Produkte erhalten. Nach einiger Zeit wurden Straßen vom Hafen von Menado bis zum Plateau gebaut und kleinere Wege von Dorf zu Dorf freigelegt; Missionare ließen sich in den bevölkerungsreicheren Bezirken nieder und eröffneten Schulen; und chinesische Händler drangen ins Landesinnere vor und lieferten Kleidung und andere Luxusgüter im Austausch für das Geld, das der Verkauf des Kaffees eingebracht hatte.

Gleichzeitig wurde das Land in Distrikte aufgeteilt und das in Java so gut funktionierende System der „ Controlleurs " eingeführt. Der „ Controlleur " war ein Europäer oder ein Eingeborener europäischen Blutes, der der Generalaufseher für die Kultivierung des Bezirks, der Berater der Häuptlinge, der Beschützer des Volkes und das Kommunikationsmittel zwischen beiden und der europäischen Regierung war . Zu seinen Pflichten gehörte es, jedes Dorf nacheinander einmal im Monat zu besuchen und dem Bewohner einen Bericht über seinen Zustand zu übermitteln. Da Streitigkeiten zwischen angrenzenden Dörfern nun durch Berufung an eine höhere Autorität beigelegt wurden, wurden die alten und unbequemen halbbefestigten Häuser nicht mehr genutzt und unter der Leitung der „Controlleurs" wurden die meisten Häuser nach einem sauberen und einheitlichen Plan wieder aufgebaut. Es war dieses interessante Viertel, das ich nun besuchen wollte.

Nachdem ich mich für meine Route entschieden hatte, startete ich am 22. Juni um 8 Uhr morgens. Mr. Tower fuhr mich die ersten drei Meilen in seiner Kutsche, und Mr. Neys begleitete mich zu Pferd drei Meilen weiter bis zum Dorf Lotta. Hier trafen wir den Controlleur des Bezirks Tondano , der von einer seiner monatlichen Touren nach Hause zurückkehrte und sich bereit erklärt hatte, auf der Reise als mein Führer und Begleiter zu fungieren. Von Lotta aus hatten wir sechs Meilen lang einen fast kontinuierlichen Anstieg, der uns auf die Hochebene von Tondano auf einer Höhe von etwa 2.400 Fuß brachte. Wir kamen durch drei Dörfer, deren Ordentlichkeit und Schönheit mich völlig in Erstaunen versetzten. Die Hauptstraße, auf der der gesamte Kaffee in von Büffeln gezogenen Karren aus dem Landesinneren herbeigebracht wird, wird am Eingang eines Dorfes immer abgezweigt, um hinter dem Dorf vorbeizuführen und so die Dorfstraße selbst sauber zu halten und sauber. Dieser wird von gepflegten Hecken begrenzt, die oft ausschließlich aus ständig blühenden Rosenbäumen bestehen. Es gibt einen breiten zentralen Weg und einen Rand aus feinem Rasen, der gut gekehrt und sauber gemäht wird. Die Häuser sind alle aus Holz und stehen auf kräftigen, blau gestrichenen Pfosten, etwa zwei Meter hoch, während die Wände weiß getüncht sind. Sie alle haben eine Veranda mit einer hübschen Balustrade und sind im Allgemeinen von Orangenbäumen und blühenden Sträuchern umgeben. Die umliegende Landschaft ist grün und malerisch. Kaffeeplantagen von extremer Üppigkeit, edle Palmen und Baumfarne, bewaldete Hügel und Vulkangipfel, überall treffen das Auge auf sich. Ich hatte viel von der Schönheit dieses Landes gehört, aber die Realität übertraf meine Erwartungen bei weitem.

Gegen ein Uhr erreichten wir Tomohón , den Hauptort eines Distrikts, wo es einen einheimischen Häuptling gab, der jetzt „Major" hieß und in dessen Haus wir speisen sollten. Hier war eine neue Überraschung für mich. Das Haus war groß, luftig und sehr solide aus hartem einheimischem Holz gebaut, quadratisch und auf äußerst handwerkliche Weise zusammengesetzt. Es war im europäischen Stil eingerichtet, mit hübschen Kronleuchtern und Stühlen und Tischen, die alle von einheimischen Handwerkern gut gefertigt waren. Sobald wir eintraten, wurden uns Madeira und Bitter angeboten. Dann reichten uns zwei hübsche Jungen, ordentlich weiß gekleidet und mit glatt gebürstetem pechschwarzem Haar, jedem ein Becken mit Wasser und eine saubere Serviette auf einem Tablett. Das Abendessen war ausgezeichnet. Auf verschiedene Arten zubereitetes Geflügel; Wildschwein gebraten, gedünstet und gebraten; ein Frikassee aus Fledermäusen, Kartoffeln, Reis und anderem Gemüse; Alles serviert auf gutem Porzellan , mit Fingergläsern und feinen Servietten und reichlich gutem Rotwein und Bier, kam mir am Tisch eines einheimischen Häuptlings in den Bergen von Celebes ziemlich seltsam vor. Unser Gastgeber trug einen schwarzen Anzug und Lackschuhe und sah darin wirklich bequem und fast wie ein Gentleman aus. Er saß am Kopfende des Tisches und machte die Ehre gut, obwohl er nicht viel redete. Unser Gespräch fand ausschließlich auf Malaiisch statt, da dies hier die offizielle Sprache und tatsächlich die Muttersprache und einzige Sprache des Controlleur ist , der ein einheimischer Mischling ist. Der Vater des Majors, der vor ihm Häuptling war, trug, wie ich erfuhr, ein Stück Rinde als einziges Kostüm und lebte in einem einfachen, aber auf hohen Pfählen erbauten Haus, das reichlich mit menschlichen Köpfen geschmückt war. Natürlich wurden wir erwartet, und unser Abendessen war in bester Manier zubereitet, aber man versicherte mir, dass die Häuptlinge alle stolz darauf seien, europäische Bräuche zu übernehmen und ihre Besucher auf hübsche Weise empfangen zu können.

Nach dem Abendessen und Kaffee ging der Controlleur weiter nach Tondano , und ich schlenderte durch das Dorf und wartete auf mein Gepäck, das mit einem Ochsenkarren kam und erst nach Mitternacht ankam. Das Abendessen war dem Abendessen sehr ähnlich, und als ich mich zurückzog, fand ich ein elegantes kleines Zimmer mit einem bequemen Bett, Gazevorhängen mit blauen und roten Vorhängen und allen Annehmlichkeiten vor. Am nächsten Morgen stand bei Sonnenaufgang das Thermometer auf der Veranda bei 69°, was, wie mir gesagt wurde, ungefähr die übliche niedrigste Temperatur an diesem Ort ist, 2.500 Fuß über dem Meer. Ich hatte ein gutes Frühstück mit Kaffee, Eiern und frischem Brot und Butter, das ich auf der geräumigen Veranda einnahm, inmitten des Duftes von Rosen, Jasmin und anderen süß duftenden Blumen, der den Garten davor erfüllte; und gegen acht Uhr verließ ich Tomohón mit einem Dutzend Männern, die mein Gepäck trugen.

Unsere Straße führte über einen Bergrücken etwa 4.000 Fuß über dem Meer und führte dann etwa 500 Fuß bergab zum kleinen Dorf Rurúkan , dem höchstgelegenen im Bezirk Minahasa und wahrscheinlich in ganz Celebes. Ich hatte beschlossen, hier einige Zeit zu bleiben, um zu sehen, ob diese Erhebung irgendeine Veränderung in der Zoologie hervorrufen würde. Das Dorf war erst vor etwa zehn Jahren entstanden und war genauso gepflegt wie die Dörfer, durch die ich gekommen war, und viel malerischer. Es liegt auf einer kleinen, ebenen Stelle, von der aus ein steiler, bewaldeter Abstieg zum wunderschönen Tondano -See mit dahinter liegenden Vulkanbergen führt. Auf der einen Seite befindet sich eine Schlucht und dahinter ein schönes bergiges und bewaldetes Land.

In der Nähe des Dorfes liegen die Kaffeeplantagen. Die Bäume werden in Reihen gepflanzt und haben eine Spitzenhöhe von etwa zwei Metern. Dadurch wachsen die Seitenzweige sehr stark, sodass einige Bäume zu perfekten Halbkugeln werden, die von oben bis unten mit Früchten beladen sind und jedes Jahr zwischen zehn und zwanzig Pfund gereinigten Kaffee produzieren. Diese Plantagen wurden alle von der Regierung angelegt und werden von den Dorfbewohnern unter der Leitung ihres Häuptlings bewirtschaftet. Bestimmte Tage werden zum Jäten oder Sammeln festgelegt, und die gesamte arbeitende Bevölkerung wird durch den Klang eines Gongs zusammengerufen. Über die Anzahl der von jeder Familie geleisteten Arbeitsstunden wird Buch geführt, und am Ende des Jahres wird der Erlös des Verkaufs anteilsmäßig unter ihnen aufgeteilt. Der Kaffee wird zu staatlichen Geschäften an zentralen Orten im ganzen Land geliefert und zu einem niedrigen Festpreis bezahlt. Davon geht ein gewisser Prozentsatz an die Häuptlinge und Majore, der Rest wird unter den Einwohnern aufgeteilt. Dieses System funktioniert sehr gut und ist meiner Meinung nach derzeit weitaus besser für die Menschen, als es der Freihandel wäre. Es gibt auch große Reisfelder, und in diesem kleinen Dorf mit siebzig Häusern wurde mir mitgeteilt, dass jährlich Reis im Wert von hundert Pfund verkauft wurde.

Ich hatte ein kleines Haus ganz am Ende des Dorfes, das fast über dem steilen Hang zum Bach hing und von der Veranda aus eine herrliche Aussicht hatte. Das Thermometer stand morgens oft bei 62° und stieg nie so hoch wie 80°, so dass wir mit der dünnen Kleidung, die in den tropischen Ebenen üblich ist, immer kühl und manchmal sogar regelrecht kalt waren, während ich jeden Tag an der Wasserquelle war, um mein Wasser zu holen Das Bad fühlte sich ziemlich eisig an. Obwohl es mir in diesen schönen Bergen und Wäldern sehr viel Spaß machte, war ich von meinen Sammlungen etwas enttäuscht. Es gab kaum einen wahrnehmbaren Unterschied zwischen dem Tierleben in dieser gemäßigten Region und in den heißen Ebenen darunter, und welcher Unterschied bestand, war für mich in vielerlei Hinsicht nachteilig. An dieser Erhebung schien nichts absolut Besonderes zu sein. Vögel und Vierbeiner waren weniger zahlreich, aber von der gleichen Art. Bei Insekten schien es größere Unterschiede zu geben. Die neugierigen Käfer der Familie Cleridae , die man hauptsächlich auf Rinde und morschem Holz findet, waren feiner, als ich sie anderswo gesehen habe. Die wunderschönen Longicorns waren seltener als sonst und die wenigen Schmetterlinge gehörten allesamt tropischen Arten an. Einer davon, Papilio blumei , von dem ich nur wenige Exemplare erhalten habe, gehört zu den prächtigsten, die ich je gesehen habe. Es ist ein grün-goldener Schwalbenschwanz mit azurblauen und löffelförmigen Schwänzen, der oft bei Sonnenschein durch das Dorf fliegen sah, allerdings in einem sehr zerschmetterten Zustand. Die große Menge an nassem und bewölktem Wetter war während meines Aufenthalts in Rurúkan ein großer Nachteil .

Selbst in der Vegetation gibt es kaum Anzeichen für eine Höhenlage. Die Bäume sind stärker mit Flechten und Moosen bedeckt, und die Farne und Baumfarne sind feiner und üppiger, als ich es von den niedrigen Böden gewohnt war, was wahrscheinlich beides auf die fast ständige Feuchtigkeit zurückzuführen ist, die hier vorherrscht. Eine Fülle geschmackloser Himbeeren mit blauen und gelben Korbblütlern hat ein eher gemäßigtes Aussehen; und winzige Farne und Orchideen sowie Zwergbegonien auf den Felsen nähern sich einer subalpinen Vegetation. Der Wald ist jedoch am üppigsten. Edelpalmen, Pandani und Baumfarne sind darin reichlich vorhanden, während die Waldbäume vollständig mit Orchideen , Bromelien , Araceae , Lycopodiums und Moosen geschmückt sind. Die gewöhnlichen stammlosen Farne sind reichlich vorhanden; einige haben riesige Wedel von zehn bis zwölf Fuß Länge, andere kaum einen Zoll hoch; Einige haben ganze und massive Blätter, andere wedeln elegant mit ihren fein geschnittenen Blättern und verleihen den Waldwegen endlose Abwechslung und Interessantes. Die Kokosnusspalme trägt immer noch reichlich Früchte, soll aber an Ölmangel leiden. Orangen gedeihen besser als unten und produzieren eine Fülle köstlicher Früchte. aber der Shaddock oder Pumplemous (Citrus decumana) erfordert die volle Kraft einer tropischen Sonne, denn er wird nicht einmal tausend Fuß tiefer in Tondano gedeihen. Auf den hügeligen Hängen wird größtenteils Reis angebaut, und er reift gut, obwohl die Temperatur selten oder nie auf 80° steigt, so dass man meinen könnte, dass er auch in England in schönen Sommern angebaut werden könnte, besonders wenn die jungen Pflanzen unter Glas wachsen würden.

den Bergen ist ungewöhnlich viel Erde und Pflanzenschimmel verteilt . Selbst an den steilsten Hängen gibt es überall eine Bedeckung aus Ton und Sand und im Allgemeinen eine gute Dicke pflanzlichen Bodens. Dies trägt möglicherweise zur gleichmäßigen Üppigkeit des Waldes bei und verzögert das Auftreten jener subalpinen Vegetation, die fast ebenso sehr von der Fülle an felsigen und exponierten Oberflächen abhängt wie von Klimaunterschieden. Auf einer viel niedrigeren Höhe auf dem Berg Ophir in Malakka traten plötzlich Dacrydien und Rhododendren mit einer Fülle von Nepenthes, Farnen und Landorchideen an die Stelle des hohen Waldes; Dies war jedoch eindeutig auf das Vorkommen eines ausgedehnten Abhangs aus nacktem Granitgestein in einer Höhe von weniger als 3.000 Fuß zurückzuführen. Die Menge an pflanzlichem Boden sowie an lockerem Sand und Ton, die auf steilen Hängen, Hügelkuppen und an den Seiten von Schluchten ruht, ist ein merkwürdiges und wichtiges Phänomen. Dies kann zum Teil auf ständige, leichte Erdbeben zurückzuführen sein, die den Zerfall des Gesteins begünstigen; Dies scheint aber auch darauf hinzudeuten, dass das Land lange Zeit sanften atmosphärischen Einwirkungen ausgesetzt war und dass seine Erhebung außerordentlich langsam und kontinuierlich erfolgte.

Während meines Aufenthalts in Rurúkan wurde meine Neugier durch das Erleben eines ziemlich heftigen Erdbebens befriedigt. Als ich am Abend des 29. Juni um Viertel nach acht saß und las, begann das Haus mit einer sehr sanften, aber schnell zunehmenden Bewegung zu beben. Ich saß einige Sekunden lang still da und genoss das neuartige Gefühl; aber in weniger als einer halben Minute wurde es so stark, dass es mich auf meinem Stuhl erschütterte und das Haus sichtlich hin und her schwanken ließ und knarrte und knackte, als würde es in Stücke fallen. Dann begann im ganzen Dorf ein Schrei: „Tana Goyang ! Tana Goyang !" (Erdbeben! Erdbeben!) Alle stürzten aus ihren Häusern – Frauen schrien und Kinder weinten – und ich hielt es für klug, auch rauszugehen. Als ich aufstand, merkte ich, dass mein Kopf schwindelig und meine Schritte unsicher waren und ich kaum gehen konnte, ohne zu fallen. Der Schock hielt etwa eine Minute lang an. Während dieser Zeit fühlte es sich an, als ob ich ständig herumgedreht worden wäre, und ich war fast seekrank. Als ich wieder ins Haus ging, fand ich eine Lampe und eine Flasche Arrack. Der Becher, aus dem die Lampe bestand, war aus der Untertasse geworfen worden, in der sie gestanden hatte. Der Schock schien fast vertikal, schnell, vibrierend und ruckartig zu sein. Ich habe keinen Zweifel, dass es genügte, Ziegelsteine, Schornsteine, Mauern und Kirchtürme niederzureißen; aber da die Häuser hier alle niedrig und stark aus Holz gebaut sind, ist es unmöglich, dass sie großen Schaden nehmen, außer durch einen Stoß, der eine europäische Stadt völlig zerstören würde. Die Leute erzählten mir, es sei zehn Jahre her, seit sie einen stärkeren Schock erlitten hätten. Damals seien viele Häuser niedergerissen und einige Menschen getötet worden.

In Abständen von zehn Minuten bis zu einer halben Stunde waren leichte Erschütterungen und Erschütterungen zu spüren, die manchmal so stark waren, dass sie uns alle wieder rausschickten. In unserer Situation herrschte eine seltsame Mischung aus Schrecklichem und Lächerlichem. Wir könnten jeden Moment einen viel stärkeren Stoß bekommen, der das Haus über uns zum Einsturz bringen oder – was ich noch mehr befürchtete – einen Erdrutsch auslösen und uns in die tiefe Schlucht stürzen würde, an deren äußerstem Rand das Dorf liegt; Dennoch konnte ich mir jedes Mal ein Lachen nicht verkneifen, wenn wir bei einem leichten Schrecken hinausliefen und dann nach wenigen Augenblicken wieder hineinliefen. Das Erhabene und das Lächerliche waren hier im wahrsten Sinne des Wortes nur einen Schritt voneinander entfernt. Einerseits waren um uns herum die schrecklichsten und zerstörerischsten Naturphänomene am Werk – die Felsen, die Berge, die feste Erde bebten und zuckten, und wir waren völlig machtlos, uns vor der Gefahr zu schützen, die uns jeden Moment überwältigen könnte . Auf der anderen Seite gab es das Schauspiel einer Reihe von Männern, Frauen und Kindern, die in ihren Häusern ein- und ausliefen, was sich jedes Mal als völlig unnötiger Alarm erwies, da jeder Schock gerade dann aufhörte, als er stark genug wurde, um uns zu erschrecken. Es fühlte sich wirklich sehr an, als würde man „Erdbeben spielen" und brachte viele der Leute dazu, mit mir herzhaft zu lachen, auch wenn sie sich gegenseitig daran erinnerten, dass es vielleicht wirklich kein Grund zum Lachen war.

Schließlich wurde der Abend sehr kalt, und ich wurde sehr schläfrig und beschloss, mich hinzulegen; Ich überließ meinen Jungs, die in der Nähe der Tür schliefen, den Befehl, mich zu wecken, für den Fall, dass das Haus einzustürzen drohte. Aber ich habe meine Apathie falsch eingeschätzt, denn ich konnte nicht viel schlafen. Die Erschütterungen hielten die ganze Nacht über in Abständen von einer halben oder einer Stunde an und waren gerade stark genug, um mich jedes Mal gründlich zu wecken und mich in Alarmbereitschaft zu halten, damit ich im Gefahrenfall aufspringen konnte. Ich war daher sehr froh, als der Morgen kam. Die meisten Bewohner waren überhaupt nicht zu Bett gegangen und einige waren die ganze Nacht draußen geblieben. In den nächsten zwei Tagen und Nächten hielten die Erschütterungen immer noch in kurzen Abständen an, und zwar eine Woche lang mehrmals am Tag, was zeigte, dass es unter unserem Teil der Erdkruste zu sehr ausgedehnten Störungen kam. Wie gewaltig die wirkenden Kräfte wirklich sind, kann man erst dann richtig einschätzen, wenn man, nachdem man ihre Wirkung gespürt hat, über die weite Fläche von Hügeln und Tälern, Ebenen und Bergen blickt und so in geringem Maße die gewaltige Masse der Materie erkennt, die hier und da bewegt wird erschüttert. Das Gefühl, das ein Erdbeben auslöst, wird man nie vergessen. Wir fühlen uns im Griff einer Macht, für die die wildeste Gewalt der Winde und Wellen nichts bedeutet; Dennoch ist die Wirkung eher ein Schauer der Ehrfurcht als der Schrecken, den der heftigere Krieg der Elemente hervorruft. Es gibt ein Geheimnis und eine Ungewissheit darüber, wie groß die Gefahr ist, der wir ausgesetzt sind, was der Vorstellungskraft und den Einflüssen von Hoffnung und Angst mehr Spielraum lässt. Diese Bemerkungen gelten nur für ein mittelschweres Erdbeben. Eine schwere Katastrophe ist die zerstörerischste und schrecklichste Katastrophe, der Menschen ausgesetzt sein können.

Einige Tage nach dem Erdbeben machte ich einen Spaziergang nach Tondano , einem großen Dorf mit etwa 7.000 Einwohnern, das am unteren Ende des gleichnamigen Sees liegt. Ich speiste beim Controlleur , Herrn Bensneider , der mein Führer nach Tomohón gewesen war . Er hatte ein schönes großes Haus, in dem er oft Besucher empfing; und sein Garten war der beste an Blumen, den ich in den Tropen gesehen hatte, obwohl es keine große Vielfalt gab. Er war es, der die Rosenhecken einführte, die den Dörfern ein so bezauberndes Aussehen verleihen; und ihm ist vor allem die allgemeine Sauberkeit und Ordnung zu verdanken, die überall herrscht. Ich fragte ihn nach einem neuen Standort, da Rurúkan meiner Meinung nach zu sehr in den Wolken lag, furchtbar feucht und düster war und die Vogel- und Insektenwelt allgemein stagnierte. Er empfahl mir ein Dorf etwas abseits des Sees, in dessen Nähe sich ein großer Wald befand, in dem ich meiner Meinung nach viele Vögel finden würde. Da er in ein paar Tagen selbst abreiste, beschloss ich, ihn zu begleiten.

Nach dem Abendessen bat ich ihn um einen Führer zum berühmten Wasserfall am Ausfluss des Sees. Es liegt etwa anderthalb Meilen unterhalb des Dorfes, wo ein leicht ansteigendes Gelände das Becken abschließt, das offenbar einst das Ufer des Sees bildete. Hier mündet der Fluss in eine sehr enge und gewundene Schlucht, entlang der er ein kurzes Stück wild rauscht und dann in einen großen Abgrund stürzt, der den Kopf eines großen Tals bildet. Direkt oberhalb des Wasserfalls ist der Kanal nicht breiter als zehn Fuß, und hier sind ein paar Bretter quer geworfen, von wo aus man, halb verdeckt von üppiger Vegetation, die wilden Wasser darunter rauschen sehen kann, die ein paar Fuß weiter in den Abgrund stürzen. Sowohl der Anblick als auch der Ton sind großartig und beeindruckend. Hier beging der Generalgouverneur von Niederländisch-Indien vier Jahre vor meinem Besuch Selbstmord, indem er in den Wildbach sprang. Dies ist zumindest die allgemeine Meinung, da er an einer schmerzhaften Krankheit litt, die ihn lebensmüde gemacht haben soll. Seine Leiche wurde am nächsten Tag im Bach unten gefunden.

Leider konnte man den Wasserfall jetzt nicht mehr gut sehen, da an den Rändern der Abgründe viel Holz und hohes Gras wuchsen. Es gibt zwei Wasserfälle, von denen der untere der höchste ist ; und es ist möglich, über einen langen Umweg ins Tal hinabzusteigen und sie von unten zu betrachten. Wenn die besten Aussichtspunkte gesucht und zugänglich gemacht würden, wären diese Wasserfälle wahrscheinlich die schönsten im Archipel. Der Abgrund scheint sehr tief zu sein, wahrscheinlich 500 oder 600 Fuß. Leider hatte ich keine Zeit, dieses Tal zu erkunden, da ich jeden schönen Tag unbedingt der Vergrößerung meiner bisher dürftigen Sammlungen widmen wollte.

Direkt gegenüber meiner Wohnung in Rurúkan befand sich das Schulhaus. Der Schulmeister war ein Eingeborener und wurde vom Missionar in Tomohón erzogen . Der Unterricht fand jeden Morgen etwa drei Stunden lang statt, zweimal in der Woche gab es abends Katechese und Predigten. Auch am Sonntagmorgen gab es einen Gottesdienst. Die Kinder wurden alle auf Malaiisch unterrichtet, und ich hörte sie oft das Einmaleins wiederholen, bis zu zwanzig mal zwanzig, sehr leichtfertig. Sie endeten immer mit Gesang, und es war sehr angenehm, viele unserer alten Psalmmelodien in diesen abgelegenen Bergen zu hören, gesungen mit malaiischen Worten. Singen ist einer der wahren Segnungen, die Missionare den wilden Völkern bringen, deren einheimische Gesänge fast immer eintönig und melancholisch sind.

Zur Katechese Abends war der Schulmeister ein großartiger Mann, der drei Stunden am Stück predigte und unterrichtete, ganz im Stil eines englischen Geschwätzes . Das war ziemlich kalte Arbeit für seine Prüfer, so erwärmend er auch für ihn selbst war; und ich neige zu der Annahme, dass diese einheimischen Lehrer, die sich die Fähigkeit des Sprechens angeeignet haben und über einen endlosen Vorrat an religiösen Plattitüden verfügen, ihrem Hobby ziemlich hart nachgehen, ohne viel Rücksicht auf ihre Herde zu nehmen. Die Missionare in diesem Land können jedoch auf vieles stolz sein. Sie haben der Regierung dabei geholfen, in wunderbar kurzer Zeit eine wilde Gemeinschaft in eine zivilisierte Gemeinschaft zu verwandeln. Vor vierzig Jahren war das Land eine Wildnis, die Menschen waren nackte Wilde und schmückten ihre rohen Häuser mit menschlichen Köpfen. Jetzt ist es ein Garten, der seinen süßen einheimischen Namen „ Minahasa " verdient. Gute Straßen und Wege durchziehen es in alle Richtungen; Einige der schönsten

Kaffeeplantagen der Welt umgeben die Dörfer, durchsetzt mit ausgedehnten Reisfeldern, die mehr als ausreichen, um die Bevölkerung zu ernähren.

Die Menschen sind jetzt die fleißigsten, friedlichsten und zivilisiertesten im gesamten Archipel. Sie sind am besten gekleidet, am besten untergebracht, am besten ernährt und am besten ausgebildet; und sie haben einige Fortschritte in Richtung eines höheren sozialen Staates gemacht. Ich glaube, dass es anderswo kein Beispiel dafür gibt, dass in so kurzer Zeit so bemerkenswerte Ergebnisse erzielt wurden – Ergebnisse, die ausschließlich auf das Regierungssystem zurückzuführen sind, das die Niederländer jetzt in ihren östlichen Besitzungen anwenden. Das System kann als „väterlicher Despotismus" bezeichnet werden. Nun mögen wir Engländer keinen Despotismus – wir hassen den Namen und die Sache, und wir sehen Menschen lieber unwissend, faul und bösartig, als dass wir andere als moralische Gewalt anwenden, um sie weise, fleißig und gut zu machen. Und wir haben Recht, wenn wir es mit Männern unserer eigenen Rasse zu tun haben, die ähnliche Ideen und die gleichen Fähigkeiten wie wir selbst haben. Beispiel und Gebot, die Kraft der öffentlichen Meinung und die langsame, aber sichere Verbreitung der Bildung werden alles rechtzeitig bewirken, ohne irgendwelche dieser bitteren Gefühle hervorzurufen oder irgendeine dieser Unterwürfigkeit, Heuchelei und Abhängigkeit hervorzurufen, die die Gewissheit sind Ergebnisse einer despotischen Regierung. Aber was sollten wir von einem Mann denken, der diese Prinzipien der vollkommenen Freiheit in einer Familie oder einer Schule vertritt? Wir sollten sagen, dass er ein gutes, allgemeines Prinzip auf einen Fall anwandte, in dem die Umstände es nicht anwendbar machten – den Fall, in dem sich die Regierten in einem eingestandenen Zustand geistiger Minderwertigkeit gegenüber denen befinden, die sie regieren, und nicht in der Lage sind, zu entscheiden, was ist das Beste für ihr dauerhaftes Wohlergehen. Kinder müssen einem gewissen Maß an Autorität und Führung unterworfen werden; und wenn sie richtig gehandhabt werden, werden sie sich ihm freudig unterwerfen, weil sie sich ihrer eigenen Minderwertigkeit bewusst sind und glauben, dass ihre Älteren ausschließlich zu ihrem Besten handeln. Sie lernen viele Dinge, deren Verwendung sie nicht verstehen können und die sie ohne moralischen und sozialen, wenn nicht physischen Druck niemals lernen würden. Gewohnheiten der Ordnung, des Fleißes, der Sauberkeit, des Respekts und des Gehorsams werden auf ähnliche Weise vermittelt. Kinder würden niemals zu wohlerzogenen und gebildeten Männern heranwachsen, wenn ihnen die gleiche absolute Handlungsfreiheit gewährt würde, die Männern zusteht. Unter dem besten Aspekt der Bildung sind Kinder einem leichten Despotismus zum Wohle ihrer selbst und der Gesellschaft unterworfen; und ihr Vertrauen in die Weisheit und Güte derer, die diesen Despotismus anordnen und anwenden, neutralisiert die schlechten Leidenschaften und erniedrigenden Gefühle, die unter ungünstigeren Bedingungen seine allgemeinen Folgen sind.

Nun gibt es nicht nur eine Analogie – es gibt in vielerlei Hinsicht eine Identität in der Beziehung zwischen Meister und Schüler oder Eltern und Kind einerseits und einer unzivilisierten Rasse und ihren zivilisierten Herrschern andererseits. Wir wissen (oder glauben zu wissen), dass die Bildung und der Fleiß sowie die allgemeinen Gebräuche des zivilisierten Menschen denen des wilden Lebens überlegen sind; und als er sie kennenlernt, gibt der Wilde selbst dies zu. Er bewundert die überlegenen Fähigkeiten des zivilisierten Menschen und ist stolz darauf, solche Bräuche anzunehmen, die seine Trägheit, seine Leidenschaften oder seine Vorurteile nicht zu sehr beeinträchtigen. Da aber das eigenwillige Kind oder der faule Schuljunge, dem nie Gehorsam beigebracht wurde und der nie gezwungen wurde, etwas zu tun, wozu er aus freiem Willen nicht geneigt war, in den meisten Fällen weder Bildung noch Manieren erlangen würde; Daher ist es viel unwahrscheinlicher, dass der Wilde mit all den bestätigten Gewohnheiten des Menschen und den traditionellen Vorurteilen der Rasse jemals mehr tun würde, als einige der am wenigsten nützlichen Bräuche der Zivilisation zu kopieren, ohne einen stärkeren Anreiz als ein Gebot, das nur sehr unvollkommen unterstützt wird zum Beispiel.

Wenn wir davon überzeugt sind, dass es richtig ist, die Regierung über eine wilde Rasse zu übernehmen und ihr Land zu besetzen, und wenn wir es weiterhin als unsere Pflicht betrachten, alles zu tun, was wir können, um unsere unhöflichen Untertanen zu verbessern und sie auf unser eigenes Niveau zu bringen, dann werden wir Wir dürfen keine allzu große Angst vor dem Geschrei des „Despotismus" und der „Sklaverei" haben, sondern müssen die Autorität, die wir besitzen, nutzen, um sie zu Arbeiten zu bewegen, die ihnen vielleicht nicht ganz gefallen, von denen wir aber wissen, dass sie einen unverzichtbaren Schritt in ihrer Moral darstellen und körperliche Weiterentwicklung. Die Niederländer haben mit den Mitteln, mit denen sie dies getan haben, eine sehr gute Politik bewiesen. Sie haben in den meisten Fällen die Autorität der einheimischen Häuptlinge aufrechterhalten und gestärkt, denen das Volk freiwillig Gehorsam zu erweisen pflegte; und indem sie auf die Intelligenz und das Eigeninteresse dieser Häuptlinge reagierten, haben sie Veränderungen in den Sitten und Gebräuchen des Volkes herbeigeführt, die Unmut und vielleicht Aufstand hervorgerufen hätten, wenn sie direkt von Ausländern durchgesetzt worden wären.

Bei der Umsetzung eines solchen Systems hängt viel vom Charakter des Volkes ab; und das System, das an einem Ort bewundernswert erfolgreich ist, konnte an einem anderen Ort nur sehr teilweise ausgearbeitet werden. In Minahasa haben die natürliche Fügsamkeit und Intelligenz der Rasse zu raschen Fortschritten geführt; und wie wichtig dies ist, wird deutlich durch die Tatsache, dass es in der unmittelbaren Umgebung der Stadt Menado einen Stamm namens Banteks gibt, der viel weniger fügsam ist und sich bisher allen Bemühungen der niederländischen Regierung, sie dazu zu bewegen, widersetzt hat Nehmen Sie keine systematische Kultivierung an. Diese bleiben in einem roheren Zustand, engagieren sich aber bereitwillig als gelegentliche Träger und Arbeiter , wozu sie aufgrund ihrer größeren Kraft und Aktivität gut geeignet sind.

Zweifellos scheint das hier skizzierte System ernsthaften Einwänden ausgesetzt zu sein. Es ist gewissermaßen despotisch und beeinträchtigt den Freihandel, die freie Arbeit und die freie Kommunikation. Ein Eingeborener kann sein Dorf nicht ohne Pass verlassen und kann sich ohne staatliche Genehmigung keinem Kaufmann oder Kapitän verpflichten. Der gesamte Kaffee muss an die Regierung verkauft werden, zu weniger als der Hälfte des Preises, den der örtliche Händler dafür zahlen würde, und er schreit daher lautstark gegen „Monopol" und „Unterdrückung". Er vergisst jedoch, dass die Regierung die Kaffeeplantagen unter großem Einsatz von Kapital und Geschick angelegt hat; dass es den Menschen kostenlose Bildung ermöglicht und dass das Monopol an die Stelle von Steuern tritt. Er vergisst, dass das Produkt, das er kaufen und mit dem er Profit machen möchte, eine Schöpfung der Regierung ist, ohne die die Menschen immer noch wild wären. Er weiß sehr gut, dass der Freihandel als erstes Ergebnis zur Einfuhr ganzer Ladungen Arrak führen würde, die über das Land transportiert und gegen Kaffee eingetauscht würden. Dass sich Trunkenheit und Armut über das Land ausbreiten würden; dass die öffentlichen Kaffeeplantagen nicht aufrechterhalten würden; dass sich Qualität und Quantität des Kaffees bald verschlechtern würden; dass Händler und Kaufleute reich werden würden, die Menschen aber in Armut und Barbarei zurückfallen würden. Dass dies ausnahmslos das Ergebnis des freien Handels mit wilden Stämmen ist, die ein wertvolles einheimisches oder angebautes Produkt besitzen, ist denen, die solche Menschen besucht haben, wohlbekannt; aber wir könnten sogar von allgemeinen Grundsätzen ausgehen, dass böse Folgen eintreten würden.

Wenn das große Gesetz der Kontinuität oder Entwicklung eher auf eine Sache als auf eine andere Anwendung findet, dann auf den menschlichen Fortschritt. Es gibt bestimmte Phasen, die die Gesellschaft auf ihrem Weg von der Barbarei zur Zivilisation durchlaufen muss. Nun war eine dieser Phasen immer irgendeine Form von Despotismus, wie etwa Feudalismus oder Knechtschaft oder eine despotische väterliche Regierung; und wir haben allen Grund zu der Annahme, dass es der Menschheit nicht möglich ist, diese Übergangsepoche zu überwinden und sofort von der reinen Wildheit zur freien Zivilisation überzugehen. Das niederländische System versucht, dieses fehlende Glied zu ergänzen und die Menschen durch schrittweise Schritte zu jener höheren Zivilisation zu führen, die wir (die

Engländer) ihnen sofort aufzuzwingen versuchen. Unser System hat immer versagt. Wir demoralisieren und ausrotten, aber wir zivilisieren nie wirklich. Ob das niederländische System dauerhaft erfolgreich sein kann, ist nur zweifelhaft, da es möglicherweise nicht möglich ist, die Arbeit von zehn Jahrhunderten in einem zusammenzufassen; Aber auf jeden Fall orientiert es sich an der Natur und ist daher erfolgsversprechender und wahrscheinlicher als das unsere.

Missionare meiner Meinung nach mit großen physischen und moralischen Ergebnissen angehen könnten. In diesem schönen und gesunden Land, in dem es Nahrungsmittel und lebensnotwendige Güter im Überfluss gibt, wächst die Bevölkerung nicht so, wie sie sollte. Ich kann das nur auf eine Ursache zurückführen. Kindersterblichkeit, verursacht durch Vernachlässigung während der Arbeit der Mütter auf den Plantagen und durch allgemeine Unkenntnis über den Gesundheitszustand von Säuglingen. Frauen arbeiten alle so, wie sie es schon immer gewohnt waren. Für sie ist es keine Belastung, aber ich glaube oft eine Freude und Entspannung. Entweder nehmen sie ihre Säuglinge mit und lassen sie in regelmäßigen Abständen an einem schattigen Platz auf dem Boden zurück, um ihnen Nahrung zu geben, oder sie lassen sie zu Hause in der Obhut anderer Kinder, die zu jung zum Arbeiten sind. Unter keinem dieser Umstände kann angemessen auf Säuglinge geachtet werden, und die Folge ist eine hohe Sterblichkeit, die das Bevölkerungswachstum weit unter der Rate hält, die wir aufgrund des allgemeinen Wohlstands des Landes und der Universalität der Ehe erwarten würden. Dies ist eine Angelegenheit, an der die Regierung direkt interessiert ist, da allein durch das Bevölkerungswachstum eine große und dauerhafte Steigerung der Kaffeeproduktion erreicht werden kann. Die Missionare sollten sich mit dieser Frage befassen, denn indem sie verheiratete Frauen dazu bringen, sich auf häusliche Pflichten zu beschränken, werden sie entschieden eine höhere Zivilisation fördern und direkt die Gesundheit und das Glück der gesamten Gemeinschaft steigern. Die Menschen sind so fügsam und so bereit, die Sitten und Bräuche der Europäer zu übernehmen, dass die Änderung leicht herbeigeführt werden könnte, indem man ihnen lediglich zeigt, dass es sich um eine Frage der Moral und Zivilisation handelt und um einen wesentlichen Schritt auf ihrem Weg zur Gleichstellung mit den Europäern weiße Herrscher.

Nach einem zweiwöchigen Aufenthalt in Rurúkan verließ ich dieses hübsche und interessante Dorf auf der Suche nach einem Ort und einem Klima, das für Vögel und Insekten produktiver ist. Ich verbrachte den Abend beim Controlleur von Tondano und brach am nächsten Morgen um neun Uhr in einem kleinen Boot zum Ende des Sees auf, eine Entfernung von etwa zehn Meilen. Das untere Ende des Sees wird von Sümpfen und Sumpfgebieten beträchtlicher Ausdehnung begrenzt, doch etwas weiter unten reichen die Hügel bis an den Rand des Wassers und verleihen ihm mit seiner Breite von etwa drei Kilometern das Aussehen eines kleinen Flusses. Am oberen Ende liegt das Dorf Kakas, wo ich mit dem Häuptling in einem guten Haus, wie ich es bereits beschrieben habe, speiste; und ging dann weiter nach Langówan , vier Meilen entfernt über eine ebene Ebene. Dies war der Ort, an dem ich übernachten sollte, und so packte ich mein Gepäck aus und machte es mir in dem großen, den Besuchern gewidmeten Haus gemütlich. Ich holte mir einen Mann, der für mich schoß, und einen anderen, der mich am nächsten Tag in den Wald begleitete, wo ich hoffte, einen guten Sammelplatz zu finden.

Am Morgen nach dem Frühstück machte ich mich auf den Weg, stellte jedoch fest, dass ich noch vier Meilen über eine ermüdende gerade Straße durch Kaffeeplantagen laufen musste, bevor ich den Wald erreichen konnte, und kaum hatte ich das geschafft, begann es heftig zu regnen, was aber nicht mehr geschah bis zur Nacht aufhören. Diese Strecke, die man jeden Tag zu Fuß zurücklegen musste, war für eine gewinnbringende Arbeit zu weit, besonders wenn das Wetter so unsicher war. Deshalb beschloss ich sofort, dass ich weitergehen musste, bis ich einen Ort in der Nähe oder in einem Waldgebiet fand. Am Nachmittag traf mein Freund Herr Bensneider zusammen mit dem Controlleur des nächsten Bezirks namens Belang ein , von dem ich erfuhr, dass sechs Meilen weiter ein Dorf namens Panghu lag , das erst kürzlich gegründet worden war und viel Wald hatte nah dran; und er versprach mir die Nutzung eines kleinen Hauses, wenn ich dorthin gehen wollte.

Am nächsten Morgen besichtigte ich die heißen Quellen und Schlammvulkane, für die dieser Ort berühmt ist. Ein malerischer Weg zwischen Plantagen und Schluchten führte uns zu einem wunderschönen kreisförmigen Becken mit einem Durchmesser von etwa zwölf Metern, das von einem Kalkvorsprung begrenzt war, der so gleichmäßig und wirklich geschwungen war, dass er wie ein Kunstwerk aussah. Es war fast bis zum Siedepunkt mit klarem Wasser gefüllt und gab Dampfwolken mit einem starken Schwefelgeruch ab . An einer Stelle läuft es über und bildet einen kleinen Strahl heißen Wassers, der aus hundert Metern Entfernung immer noch zu heiß ist, um die Hand darin zu halten. Etwas weiter entfernt, in einem Stück rauem Holz, befanden sich zwei andere Quellen, die nicht so regelmäßig waren in Umrissen, scheinen aber viel heißer zu sein, da sie sich in einem ständigen Zustand aktiver Aufwallung befanden. In Abständen von einigen Minuten kam es zu einem großen Dampf- oder Gasaustritt, der eine drei bis vier Fuß hohe Wassersäule aufwirbelte.

Wir gingen dann zu den Schlammquellen, die etwa eine Meile entfernt liegen und noch neugieriger sind. Auf einem abschüssigen Stück Land in einer leichten Mulde liegt ein kleiner See aus flüssigem Schlamm mit blauen, roten oder weißen Flecken, der an vielen Stellen heftig brodelt und brodelt. Rundherum auf dem verhärteten Lehm befinden sich kleine Brunnen und Krater voller kochendem Schlamm. Diese scheinen sich ständig zu bilden, wobei zuerst ein kleines Loch erscheint, aus dem Dampf und kochender Schlamm ausströmen, der beim Aushärten einen kleinen Kegel mit einem Krater in der Mitte bildet. Der Boden ist in einiger Entfernung sehr unsicher, da er in geringer Tiefe offensichtlich flüssig ist und sich unter Druck wie dünnes Eis biegt. An einer der kleineren Randdüsen, an die ich mich nähern konnte, hielt ich meine Hand, um zu sehen, ob sie wirklich so heiß war, wie sie aussah, als ein kleiner Tropfen Schlamm, der auf meinen Finger spritzte, wie kochendes Wasser verbrühte.

In kurzer Entfernung befand sich eine flache, kahle Felsoberfläche, so glatt und heiß wie ein Ofenboden, bei der es sich offenbar um eine alte, ausgetrocknete und verhärtete Schlammpfütze handelte. Im Umkreis von Hunderten von Metern, wo es Bänke aus rötlichem und weißem Lehm gab, der zum Tünchen verwendet wurde, war es dicht an der Oberfläche immer noch so heiß, dass die Hand es kaum ertragen konnte, in Rissen gehalten zu werden, die nur wenige Zentimeter tief waren, und aus denen starke Schwefelsäure aufstieg Dampf . Mir wurde mitgeteilt, dass sich vor einigen Jahren ein französischer Herr, der diese Quellen besuchte, zu nahe an den flüssigen Schlamm gewagt hatte, als die Kruste nachgab und er von dem schrecklichen Kessel verschlungen wurde.

Dieser Beweis intensiver Hitze so nahe der Oberfläche über einem großen Landstrich war sehr beeindruckend, und ich konnte mich kaum von der Vorstellung lösen, dass jeden Moment eine schreckliche Katastrophe das Land verwüsten könnte. Dennoch ist es wahrscheinlich, dass alle diese Öffnungen in Wirklichkeit Sicherheitsventile sind und dass die Ungleichheit des Widerstands verschiedener Teile der Erdkruste immer eine solche Kraftansammlung verhindern wird, wie sie erforderlich wäre, um ein ausgedehntes Gebiet anzuheben und zu überwältigen. Ungefähr sieben Meilen westlich davon befindet sich ein Vulkan, der etwa dreißig Jahre vor meinem Besuch im Ausbruch war, ein prächtiges Aussehen bot und das umliegende Land mit Ascheschauern bedeckte. Die Ebenen rund um den See, die durch die Vermischung und Zersetzung vulkanischer Produkte entstanden sind, sind von erstaunlicher Fruchtbarkeit, und mit ein wenig Kontrolle bei der Fruchtfolge könnte eine kontinuierliche Bewirtschaftung gewährleistet werden. Auf ihnen wird jetzt drei bis vier Jahre lang Reis angebaut, danach bleiben sie für die gleiche Zeit brach, danach kann wieder Reis oder Mais angebaut werden. Guter Reis produziert das Dreißigfache, und Kaffeebäume tragen zehn oder fünfzehn Jahre lang reichlich Früchte, ohne jeglichen Dünger und mit kaum Anbau.

Ich wurde durch unaufhörlichen Regen um einen Tag verzögert und fuhr dann weiter nach Panghu , das ich erreichte, kurz bevor der tägliche Regen um 11 Uhr einsetzte. Nachdem ich den Gipfel des Seebeckens verlassen hatte, führte die Straße am Hang einer schönen Waldschlucht entlang. Der Abstieg ist lang, so dass ich schätzte, dass das Dorf nicht mehr als 1.500 Fuß über dem Meer liegt, dennoch empfand ich die Morgentemperatur oft als 69°C, genau wie in Tondano , das mindestens 600 oder 700 Fuß höher lag. Ich war mit dem Aussehen des Ortes zufrieden, der von viel Wald und wilder Landschaft umgeben war; und fand für mich ein kleines Haus vorbereitet, das nur aus einer Veranda und einem Hinterzimmer bestand. Dies war nur für Besucher gedacht, die sich darin ausruhen oder eine Nacht verbringen wollten, aber es gefiel mir sehr gut. Ich hatte jedoch das Pech, gerade zu diesem Zeitpunkt meine beiden Jäger zu verlieren. Einer war mit Fieber und Durchfall in Tondano zurückgelassen worden , der andere wurde in Langówan mit einer Brustentzündung angegriffen , und da sein Zustand ziemlich schlimm aussah, ließ ich ihn nach Menado zurückschicken . Die Leute hier waren alle so beschäftigt mit ihrer Reisernte, die wegen des frühen Regens unbedingt beendet werden musste, dass ich niemanden dazu bringen konnte, für mich zu schießen.

Während der drei Wochen, die ich in Panghu blieb , regnete es fast jeden Tag, entweder nur nachmittags oder den ganzen Tag; Aber in der Regel gab es morgens ein paar Stunden Sonnenschein, und ich nutzte diese, um die Straßen und Wege, die Felsen und Schluchten auf der Suche nach Insekten zu erkunden. Diese waren nicht sehr zahlreich, aber ich sah genug, um mich davon zu überzeugen, dass die Gegend gut wäre, wenn ich zu Beginn statt am Ende der Trockenzeit dort gewesen wäre. Die Eingeborenen brachten mir täglich ein paar von den Sagueir- Palmen gefangene Insekten, darunter einige schöne Cetonias und Hirschkäfer. Zwei kleine Jungen waren sehr geschickt im Umgang mit dem Blasrohr und brachten mir viele kleine Vögel mit, die sie mit Tonkügelchen schossen. Darunter war ein hübscher kleiner Blumenspecht einer neuen Art (Prionochilus) . aureolimbatus) und einige der schönsten Honigsauger, die ich je gesehen habe. Meine allgemeine Vogelsammlung war jedoch fast zum Erliegen gekommen; Denn obwohl ich endlich einen Mann fand, der für mich schoss, war er nicht besonders gut und brachte mir selten mehr als einen Vogel pro Tag. Das Beste, was er erschoss, war die große und seltene Fruchttaube, die nur in Nord-Celebes vorkommt (Carpophaga) . forsteni), nach dem ich schon lange gesucht hatte.

Ich selbst hatte großen Erfolg bei einer wunderschönen Insektengruppe, den Sandlaufkäfern, die hier häufiger und mannigfaltiger zu sein scheinen als irgendwo anders im Archipel. Ich traf sie zum ersten Mal auf einem Einschnitt in der Straße, wo eine harte Lehmbank teilweise mit Moosen und kleinen Farnen bewachsen war. Hier fand ich eine kleine olivgrüne Art herumlaufend, die nie flog; und seltener ein schönes violettschwarzes flügelloses Insekt, das immer bewegungslos in Spalten gefunden wurde und daher wahrscheinlich nachtaktiv war. Es schien mir eine neue Gattung zu bilden. Über den Straßen im Wald fand ich die große und hübsche Cicindela Helden , die ich zuvor in Macassar spärlich erhalten hatte; aber im Gebirgsbach der Schlucht selbst bekam ich meine schönsten Sachen. An toten Stämmen, die über das Wasser hinausragten , sowie an den Ufern und im Laubwerk habe ich drei sehr hübsche Cicindela- Arten gefunden , die in Größe, Form und Farbe recht unterschiedlich sind, aber ein fast identisches Muster heller Flecken aufweisen. Ich habe auch ein einzelnes Exemplar einer äußerst merkwürdigen Art mit sehr langen Fühlern gefunden. Aber meine schönste Entdeckung hier war die Cicindela gloriosa, die ich auf moosbewachsenen Steinen fand, die direkt aus dem Wasser ragten. Nachdem ich mein erstes Exemplar dieses eleganten Insekts gefunden hatte, ging ich den Bach hinauf und beobachtete sorgfältig jeden mit Moos bedeckten Felsen und Stein. Es war ziemlich scheu und führte mich oft auf eine lange Jagd von Stein zu Stein, wobei es aufgrund seiner satten samtgrünen Farbe jedes Mal unsichtbar wurde, wenn es sich auf dem feuchten Moos niederließ . An manchen Tagen konnte ich nur einen kurzen Blick darauf erhaschen; bei anderen bekam ich ein einzelnes Exemplar; und ein paar Mal zwei, aber nie ohne eine mehr oder weniger aktive Verfolgung. Diese und mehrere andere Arten habe ich nur in dieser einen Schlucht gesehen.

Unter den Leuten hier sah ich Exemplare verschiedener Arten, was mir zusammen mit den Eigentümlichkeiten der Sprachen eine gewisse Vorstellung von ihrer wahrscheinlichen Herkunft gibt. Ein eindrucksvolles Beispiel für den niedrigen Zivilisationsstand dieser Menschen bis vor Kurzem ist die große Vielfalt ihrer Sprachen. Drei oder vier Meilen voneinander entfernte Dörfer haben eigene Dialekte, und jede Gruppe von drei oder vier solcher Dörfer hat eine eigene Sprache, die für alle anderen völlig unverständlich ist; Daher muss es bis zur jüngsten Einführung der Malaiischen Sprache durch die Missionare ein Hindernis für jede freie Kommunikation gegeben haben. Diese Sprachen bieten viele Besonderheiten. Sie enthalten ein celebes-malaiisches Element und ein papuanisches Element sowie einige radikale Besonderheiten, die auch in den Sprachen der Siau- und Sanguir -Inseln weiter nördlich zu finden sind und daher wahrscheinlich von den Philippinen abgeleitet sind. Physikalische Eigenschaften entsprechen. Es gibt einige der weniger zivilisierten Stämme, die halbpapuanische Gesichtszüge und Haare haben, während in einigen Dörfern die echte Celebes- oder Bugis-Physiognomie vorherrscht. Die Hochebene von Tondano wird hauptsächlich von Menschen bewohnt, die fast so weiß sind wie die Chinesen und sehr angenehme halbeuropäische Merkmale aufweisen. Die Menschen von Siau und Sanguir ähneln diesen sehr, und ich glaube, dass es sich möglicherweise um Einwanderer von einigen Inseln Nordpolynesiens handelt. Der papuanische Typ wird den Rest der Ureinwohner darstellen, während der Bugis-Typ die Ausbreitung der überlegenen malaiischen Rassen nach Norden zeigt.

Panghu aufgrund des schlechten Wetters und der Krankheit meiner Jäger wertvolle Zeit verschwendete , kehrte ich nach einem dreiwöchigen Aufenthalt nach Menado zurück. Hier hatte ich einen leichten Anflug von Fieber, und nach dem Trocknen und Verpacken aller meiner Sammlungen und dem Besorgen neuer Bediensteter dauerte es zwei Wochen, bis ich wieder startbereit war. Ich ging nun ostwärts über ein hügeliges Land, das am großen Vulkan Klabat entlangführt , zu einem Dorf namens Lempias , das in der Nähe des ausgedehnten Waldes liegt, der die unteren Hänge dieses Berges bedeckt. Mein Gepäck wurde von Männerstaffeln von Dorf zu Dorf getragen; und da jeder Wechsel eine gewisse Verzögerung mit sich brachte, erreichte ich mein Ziel (eine Entfernung von achtzehn Meilen) erst bei Sonnenuntergang. Ich war völlig durchnässt und musste eine Stunde in einem unbehaglichen Zustand warten, bis die erste Rate meines Gepäcks eintraf, die glücklicherweise meine Kleidung enthielt, während der Rest erst um Mitternacht eintraf.

Da dies der Bezirk ist, in dem der einzigartige einjährige Babirusa (Schweinehirsch) lebt, erkundigte ich mich nach Schädeln und erhielt bald mehrere in erträglichem Zustand sowie einen schönen Schädel des seltenen und merkwürdigen „Sapi-utan" (Anoa depressicornis) . Von diesem Tier hatte ich in Menado zwei lebende Exemplare gesehen und war überrascht über ihre große Ähnlichkeit mit kleinen Rindern oder noch mehr mit dem Elenantilopen von Südafrika. Ihr malaiischer Name bedeutet „Waldochse" und sie unterscheiden sich von sehr kleinen Hochzuchtochsen hauptsächlich durch die tief hängende Wamme und die geraden, spitzen Hörner, die über den Hals nach hinten abfallen. Ich fand den Wald hier nicht so reich an Insekten, wie ich erwartet hatte, und meine Jäger erlegten mir nur sehr wenige Vögel, aber was sie erbeuteten, war sehr interessant. Darunter befand sich auch der seltene Wald-Eisvogel (Cittura) . cyanotis), eine kleine neue Art von Megapodius, und ein Exemplar des großen und interessanten Maleo (Megacephalon) . rubripes), zu erhalten, was einer meiner Hauptgründe war, diesen Bezirk zu besuchen. Als ich jedoch nach zehntägiger Suche nichts mehr bekam, zog ich nach Licoupang , am äußersten Ende der Halbinsel, einem Ort, der für diese Vögel sowie für die Hirscheber und Sapi-Utans berühmt ist . Ich traf hier Herrn Goldmann , den ältesten Sohn des Gouverneurs der Molukken, der die Errichtung einiger staatlicher Salinen beaufsichtigte. Dies war ein besserer Ort, und ich konnte einige schöne Schmetterlinge und sehr gute Vögel beobachten, darunter ein weiteres Exemplar der seltenen Bodentaube (Phlegaenas) . tristigmata), die ich

erstmals in der Nähe des Maros- Wasserfalls in Süd-Celebes gefunden hatte
.

Goldmann hörte, wonach ich besonders suchte, bot er mir freundlicherweise an, eine Jagdgesellschaft zu dem Ort zu machen, an dem die „ Maleos " am häufigsten vorkommen, einem abgelegenen und unbewohnten Meeresstrand, der etwa zwanzig Meilen entfernt liegt. Das Klima war hier ganz anders als in den Bergen; seit vier Monaten ist kein Tropfen Regen gefallen; Deshalb traf ich Vorkehrungen, eine Woche am Strand zu bleiben, um eine gute Anzahl von Exemplaren zu sichern. Wir fuhren teilweise mit dem Boot und teilweise durch den Wald, begleitet vom Major oder Häuptling von Licoupang , mit einem Dutzend Eingeborenen und etwa zwanzig Hunden. Unterwegs fingen sie einen jungen Sapi-Utan und fünf Wildschweine. Von ersterem habe ich den Kopf erhalten. Dieses Tier ist ausschließlich auf die abgelegenen Bergwälder von Celebes und eine oder zwei angrenzende Inseln beschränkt, die Teil derselben Gruppe sind. Bei Erwachsenen ist der Kopf schwarz, mit einem weißen Fleck über jedem Auge, einem auf jeder Wange und einem weiteren am Hals. Die Hörner sind in jungen Jahren sehr glatt und scharf, werden aber mit zunehmendem Alter dicker und an der Unterseite geriffelt. Die meisten Naturforscher halten dieses seltsame Tier für einen kleinen Ochsen , aber aufgrund der Beschaffenheit der Hörner, des feinen Fells und der herabhängenden Wamme schien es den Antilopen sehr nahe zu kommen.

An unserem Ziel angekommen, bauten wir eine Hütte und bereiteten uns auf einen mehrtägigen Aufenthalt vor – ich, um „ Maleos " zu schießen und zu häuten, und Herr Goldmann und der Major, um Wildschweine, Hirscheber und Sapi-Utan zu jagen . Der Ort liegt in der großen Bucht zwischen den Inseln Limbe und Banca und besteht aus einem steilen Strand von mehr als einer Meile Länge mit tiefem, lockerem und grobem schwarzem Vulkansand (oder besser gesagt Kies), über den man sehr ermüdend laufen kann. Es wird an beiden Enden von einem kleinen Fluss mit hügeligem Gelände dahinter begrenzt, während der Wald hinter dem Strand selbst einigermaßen flach und in seinem Wachstum verkümmert ist. Wahrscheinlich handelt es sich hier um einen uralten Lavastrom des Klabat-Vulkans, der durch ein Tal ins Meer geflossen ist und durch seine Zersetzung den losen schwarzen Sand gebildet hat. Zur Bestätigung dieser Ansicht kann erwähnt werden, dass die Strände jenseits der kleinen Flüsse in beiden Richtungen aus weißem Sand bestehen.

In diesem lockeren, heißen, schwarzen Sand legen diese einzigartigen Vögel, die „ Maleos ", ihre Eier ab. In den Monaten August und September, wenn es kaum oder gar nicht regnet, kommen sie paarweise aus dem Landesinneren an diesen oder an einen oder zwei andere Lieblingsplätze und kratzen drei bis vier Fuß tiefe Löcher knapp über der Hochwassermarke , wo das Weibchen ein einzelnes großes Ei ablegt, das es mit etwa einem Fuß Sand bedeckt – und dann in den Wald zurückkehrt. Nach zehn oder zwölf Tagen kommt sie wieder an die gleiche Stelle, um ein weiteres Ei zu legen, und jedes Weibchen soll während der Saison sechs oder acht Eier legen. Das Männchen hilft dem Weibchen dabei, das Loch zu bohren, indem es herunterkommt und mit ihr zurückkehrt. Das Aussehen des Vogels beim Spaziergang am Strand ist sehr ansehnlich. Das glänzende Schwarz und das rosige Weiß des Gefieders, der behelmte Kopf und der erhobene Schwanz verleihen ihm, wie beim gewöhnlichen Geflügel, einen auffallenden Charakter, den ihr stattlicher und etwas ruhiger Gang noch bemerkenswerter macht. Es gibt kaum einen Unterschied zwischen den Geschlechtern, außer dass der Helm oder die Haube am Hinterkopf und die Höcker an den Nasenlöchern etwas größer sind und die schöne lachsrosa Farbe beim Männchen etwas tiefer ist ; Der Unterschied ist jedoch so gering, dass es ohne Präparation nicht immer möglich ist, ein Männchen von einem Weibchen zu unterscheiden. Sie rennen schnell, aber wenn sie angeschossen werden oder plötzlich gestört werden, fliegen sie lautstark zu einem benachbarten Baum, wo sie sich auf einem niedrigen Ast niederlassen. und wahrscheinlich schlafen sie nachts in einer ähnlichen Situation. Viele Vögel legen im selben Loch, denn oft findet man ein Dutzend Eier zusammen; und diese sind so groß, dass der Körper des Vogels nicht mehr als ein voll entwickeltes Ei gleichzeitig enthalten kann. Von allen weiblichen Vögeln, die ich geschossen habe, war außer dem einen großen keines der Eier größer als eine Erbse, und von diesen waren es nur acht oder neun, was wahrscheinlich die höchste Zahl ist, die ein Vogel in einer Saison legen kann.

Jedes Jahr kommen die Eingeborenen fünfzig Meilen im Umkreis, um diese Eier zu kaufen, die als große Delikatesse gelten und, wenn sie ganz frisch sind, tatsächlich köstlich sind. Sie sind reichhaltiger als Hühnereier und von feinerem Geschmack , und jedes einzelne füllt eine gewöhnliche Teetasse vollständig und ergibt mit Brot oder Reis eine sehr gute Mahlzeit. Die Farbe der Schale ist ein blasses Ziegelrot oder sehr selten reines Weiß. Sie sind länglich und an einem Ende etwas kleiner, 10 bis 10,5 cm lang und 2,5 bis 2,5 cm breit.

Nachdem die Eier im Sand abgelegt wurden, werden sie von der Mutter nicht weiter gepflegt. Nachdem die jungen Vögel den Panzer zerbrochen haben, arbeiten sie sich durch den Sand nach oben und rennen sofort in den Wald. und Herr Duivenboden aus Ternate versicherte mir , dass sie noch am Tag ihres Schlüpfens fliegen können. Er hatte einige Eier an Bord seines Schoners mitgenommen, die in der Nacht geschlüpft waren, und am Morgen flogen die kleinen Vögel bereitwillig durch die Kabine. Angesichts der großen Entfernungen, die die Vögel zurücklegen, um ihre Eier an geeigneter Stelle abzulegen (oft zehn bis fünfzehn Meilen), erscheint es außergewöhnlich, dass sie sich nicht weiter um sie kümmern sollten. Es ist jedoch ziemlich sicher, dass sie sie weder sehen noch sehen können. Da die Eier von mehreren Hühnern nacheinander in demselben Loch abgelegt würden, wäre es für jede von ihnen unmöglich, ihre eigenen zu unterscheiden. und die für so große Vögel notwendige Nahrung (die ausschließlich aus Fallfrüchten besteht) kann nur durch Durchstreifen eines ausgedehnten Gebietes beschafft werden, so dass, wenn die Anzahl der Vögel, die in der Brutzeit an diesem einzigen Strand herabkommen, viele Hundert beträgt, Müssten sie in der Nähe bleiben, würden viele verhungern.

In der Struktur der Füße dieses Vogels können wir einen Grund dafür erkennen, dass er von den Gewohnheiten seiner nächsten Verbündeten, der Megapodii und Talegalli , abweicht, die Erde, Blätter, Steine und Stöcke zu einem riesigen Hügel aufhäufen, in dem sie vergraben ihre Eier. Die Füße des Maleo sind im Verhältnis nicht annähernd so groß oder kräftig wie bei diesen Vögeln, während seine Krallen kurz und gerade sind, anstatt lang und stark gebogen zu sein. Die Zehen sind jedoch an der Basis stark mit Schwimmhäuten versehen und bilden einen breiten, kräftigen Fuß, der mit dem ziemlich langen Bein gut dazu geeignet ist, den losen Sand wegzukratzen (der in einem perfekten Schauer hochfliegt, wenn die Vögel bei der Arbeit sind). , die aber nicht ohne große Mühe die Haufen verschiedener Abfälle ansammeln konnten, die die großen Greiffüße des Megapodius mit Leichtigkeit zusammentragen.

Ich denke, wir können auch in der besonderen Organisation der gesamten Familie der Megapodidae oder Buschtruthühner einen Grund sehen, warum sie so weit von den üblichen Gewohnheiten der Vogelklasse abweichen. Da jedes Ei so groß ist, dass es die Bauchhöhle vollständig ausfüllt und die Wände des Beckens nur schwer passieren kann, ist eine beträchtliche Zeitspanne erforderlich, bevor die aufeinanderfolgenden Eier reifen können (die Eingeborenen sagen etwa dreizehn Tage). Jeder Vogel legt in jeder Saison sechs oder acht Eier oder sogar mehr, so dass zwischen dem ersten und dem letzten Eier zwei bis drei Monate liegen können. Wenn nun diese Eier auf gewöhnliche Weise ausgebrütet würden, müssten die Eltern entweder diese lange Zeit ununterbrochen sitzen bleiben, oder wenn sie erst nach der Ablage des letzten Eies mit dem Sitzen beginnen würden, wäre das erste einer Schädigung durch das Klima ausgesetzt, oder zur Zerstörung durch die großen Eidechsen, Schlangen oder andere Tiere, die im Bezirk reichlich vorhanden sind; denn solch große Vögel müssen auf der Suche nach Nahrung viel umherstreifen. Hier scheinen wir also einen Fall zu haben, in dem die Gewohnheiten eines Vogels direkt auf seine außergewöhnliche Organisation zurückgeführt werden können; denn es lässt sich kaum behaupten, dass diese abnorme Struktur und eigentümliche Nahrung den Megapodidae gegeben wurde, damit sie nicht diese elterliche Zuneigung zeigen oder jene häuslichen Instinkte besitzen, die in der Vogelklasse so allgemein verbreitet sind und unsere Bewunderung so sehr erregen.

Es war im Allgemeinen die Sitte der Autoren der Naturgeschichte, die Gewohnheiten und Instinkte der Tiere als Fixpunkte zu betrachten und ihre Struktur und Organisation als speziell angepasst zu betrachten, um mit diesen in Einklang zu stehen. Diese Annahme ist jedoch willkürlich und hat den schlechten Effekt, dass sie die Untersuchung der Natur und der Ursachen von „Instinkten und Gewohnheiten" erstickt und sie als direkt auf eine „erste Ursache" zurückzuführen und daher für uns unverständlich behandelt. Ich glaube , dass eine sorgfältige Betrachtung der Struktur einer Art und der besonderen physikalischen und organischen Bedingungen, von denen sie umgeben ist oder in vergangenen Zeitaltern umgeben war, oft, wie in diesem Fall, viel Licht auf den Ursprung dieser Art werfen wird seine Gewohnheiten und Instinkte. Diese wiederum reagieren in Kombination mit Veränderungen der äußeren Bedingungen auf die Struktur, und durch „Variation" und „natürliche Selektion" werden beide in Harmonie gehalten.

Meine Freunde blieben drei Tage und bekamen viele Wildschweine und zwei Anóas , aber die letzteren wurden durch die Hunde sehr verletzt, und ich konnte nur die Köpfe retten. Eine große Jagd, die wir am dritten Tag versuchten, scheiterte, weil wir das Spiel schlecht gesteuert hatten, und wir warteten fünf Stunden lang auf Plattformen in Bäumen, ohne einen Schuss zu bekommen, obwohl uns versichert worden war, dass es Schweine, Hirscheber und Anóas waren würden zu Dutzenden an uns vorbeirasen. Ich selbst blieb mit zwei Männern drei Tage länger, um weitere Exemplare der Maleos zu besorgen, und es gelang mir, sechsundzwanzig sehr schöne Exemplare zu konservieren, deren Fleisch und Eier uns mit reichlich guter Nahrung versorgten.

Der Major schickte, wie versprochen, ein Boot, um mein Gepäck nach Hause zu bringen, während ich mit meinen beiden Jungen und einem Führer etwa vierzehn Meilen durch den Wald wanderte. Auf der ersten Hälfte der Strecke gab es keinen Weg und wir mussten uns oft durch verfilztes Rattan- oder Bambusdickicht durchkämpfen. Bei einigen unserer Abzweigungen, um die praktischste Route zu finden, äußerte ich meine Befürchtung, dass wir uns verirren würden, da die Sonne senkrecht stand und ich keinen Hinweis auf die richtige Richtung erkennen konnte. Meine Dirigenten lachten jedoch über die Idee, die sie offenbar für ziemlich lächerlich hielten; Und tatsächlich, etwa auf halber Strecke, stießen wir plötzlich auf eine kleine Hütte, zu der Leute aus Licoupang kamen, um Wildschweine zu jagen und zu räuchern. Mein Führer erzählte mir, dass er noch nie zuvor den Wald zwischen diesen beiden Punkten durchquert hatte; und dies wird von einigen Reisenden als einer der wilden „Instinkte" angesehen, während es lediglich das Ergebnis eines breiten Allgemeinwissens ist. Der Mann kannte die Topographie des gesamten Bezirks; die Neigung des Landes, die Richtung der Bäche, die Bambus- oder Rattangürtel und viele andere Hinweise auf Ort und Richtung; und so war es ihm möglich, direkt auf die Hütte zu treffen, in deren Nähe er oft gejagt hatte. In einem Wald, von dem er nichts wusste, wäre er genauso ratlos wie ein Europäer. So verhält es sich, davon bin ich überzeugt, mit all den wunderbaren Berichten über Indianer, die ihren Weg durch weglose Wälder zu bestimmten Punkten fanden; Sie sind vielleicht noch nie direkt zwischen den beiden Punkten hin- und hergefahren, aber sie sind mit der Umgebung beider gut vertraut und verfügen über ein so allgemeines Wissen über das ganze Land, sein Wassersystem, seinen Boden und seine Vegetation, dass sie, wenn sie sich dem nähern, sich dem Punkt nähern Welchen Punkt sie erreichen sollen, viele leicht erkennbare Hinweise ermöglichen es ihnen, ihn mit Sicherheit zu erreichen.

Das Hauptmerkmal dieses Waldes war die Fülle an Rattanpalmen, die von den Bäumen herabhingen und sich auf dem Boden drehten und drehten, oft in unentwirrbarem Durcheinander. Man fragt sich zunächst, wie sie solch seltsame Formen annehmen können ; aber es wird offensichtlich durch den Verfall und Fall der Bäume verursacht, auf die sie zuerst geklettert sind, woraufhin sie am Boden entlang wachsen, bis sie auf einen anderen Stamm treffen, an dem sie hinaufsteigen können. Eine verworrene Masse aus verdrehtem, lebendem Rattan ist daher ein Zeichen dafür, dass dort früher einmal ein großer Baum umgestürzt ist, obwohl möglicherweise nicht die geringste Spur davon übrig geblieben ist. Das Rattan scheint über eine unbegrenzte Wachstumskraft zu verfügen, und eine einzelne Pflanze kann mehrere Bäume nacheinander emporragen und so die enorme Länge erreichen, die ihnen manchmal nachgesagt wird. Sie verbessern das Erscheinungsbild eines Waldes, von der Küste aus gesehen, erheblich; denn sie variieren die ansonsten eintönigen Baumwipfel mit gefiederten Kronen aus Blättern, die deutlich über ihnen emporragen und jeweils von einem aufrechten Blattdorn abgeschlossen werden, der einem Blitzableiter ähnelt.

Das andere interessanteste Objekt im Wald war eine wunderschöne Palme, deren vollkommen glatter und zylindrischer Stamm mehr als hundert Fuß hoch und nur acht bis zehn Zoll dick ist; während die fächerförmigen Blätter, aus denen die Krone besteht, fast vollständige Kreise von sechs bis acht Fuß Durchmesser sind, die von langen und schlanken Blattstielen getragen werden und durch die Enden der Blättchen, die nur wenige voneinander getrennt sind, am Rand wunderschön gezähnt sind Zoll vom Umfang entfernt. Es ist wahrscheinlich die Livistona rotundifolia der Botaniker und das vollständigste und schönste Fächerblatt, das ich je gesehen habe. Es eignet sich hervorragend zum Falten in Wassereimern und improvisierten Körben sowie zum Dachdecken und für andere Zwecke.

Ein paar Tage später kehrte ich zu Pferd nach Menado zurück und schickte mein Gepäck auf dem Seeweg herum; und hatte gerade noch Zeit, alle meine Sammlungen zusammenzupacken, um mit dem nächsten Postdampfer nach Amboyna zu fahren. Ich werde nun einige Seiten einem Bericht über die wichtigsten Besonderheiten der Zoologie von Celebes und ihrer Beziehung zu der der umliegenden Länder widmen.

Kapitel XVIII.
NATURGESCHICHTE DER CELEBES.

Die Lage von Celebes ist die zentralste im Archipel. Unmittelbar im Norden liegen die philippinischen Inseln; im Westen liegt Borneo; im Osten liegen die Molukken-Inseln; und im Süden liegt die Timor-Gruppe – und sie ist auf allen Seiten durch ihre eigenen Satelliten, durch kleine Inseln und durch Korallenriffe so mit diesen Inseln verbunden, dass dies weder durch Inspektion auf der Karte noch durch tatsächliche Beobachtung rund um ihre Küste möglich ist Es ist möglich, genau zu bestimmen, welche davon und welche mit den umliegenden Bezirken zusammenzufassen sind. Wenn dies der Fall ist, sollten wir natürlich erwarten, dass die Produktionen dieser zentralen Insel in gewissem Maße den Reichtum und die Vielfalt des gesamten Archipels widerspiegeln, während wir von einem Land, das so gelegen ist, wie es scheint, nicht viel Individualität erwarten sollten wenn es hervorragend geeignet wäre, Nachzügler und Einwanderer aus aller Welt aufzunehmen.

Wie so oft in der Natur stellt sich jedoch heraus, dass die Tatsache genau das Gegenteil von dem ist, was wir hätten erwarten sollen; und eine Untersuchung seiner Tierproduktion zeigt, dass Celebes von allen großen Inseln des Archipels gleichzeitig die ärmste in Bezug auf die Zahl ihrer Arten und die isolierteste in der Art ihrer Produktion ist. Mit den dazugehörigen Inseln erstreckt es sich über eine Meeresfläche, die in Länge und Breite kaum geringer ist als die von Borneo, während seine tatsächliche Landfläche fast doppelt so groß ist wie die von Java; Dennoch machen seine Säugetiere und Landvögel kaum mehr als die Hälfte der auf der letztgenannten Insel vorkommenden Arten aus. Seine Lage ist so, dass es Einwanderer von allen Seiten leichter aufnehmen könnte als Java, doch im Verhältnis zu den Arten, die es bewohnen, scheinen weitaus weniger von anderen Inseln zu stammen, während weitaus mehr ganz und gar eigentümlich für die Insel sind; und eine beträchtliche Anzahl seiner Tierformen ist so bemerkenswert, dass sie in keinem anderen Teil der Welt enge Verbündete finden. Ich schlage nun vor, die bekanntesten Gruppen celebesischer Tiere eingehend zu untersuchen, ihre Beziehungen zu denen anderer Inseln zu untersuchen und die Aufmerksamkeit auf die vielen interessanten Punkte zu lenken, die sie aufzeigen.

Wir wissen weit mehr über die Vögel von Celebes als über jede andere Tiergruppe. Nicht weniger als 191 Arten wurden entdeckt, und zweifellos müssen noch viele weitere Wat- und Schwimmvögel hinzugefügt werden; Dennoch muss die Liste der Landvögel, 144 an der Zahl, und die für unseren gegenwärtigen Zweck die bei weitem wichtigsten sind, nahezu vollständig sein. Ich selbst habe fast zehn Monate lang eifrig Vögel in Celebes gesammelt, und mein Assistent, Herr Allen, verbrachte zwei Monate auf den Sula-Inseln. Der niederländische Naturforscher Forsten verbrachte zwei Jahre in Nord-Celebes (zwanzig Jahre vor meinem Besuch), und auch Vogelsammlungen waren von Macassar nach Holland geschickt worden. Auch das französische Entdeckungsschiff L'Astrolabe lief in Menado an und beschaffte Sammlungen. Seit meiner Rückkehr nach Hause haben die niederländischen Naturforscher Rosenberg und Bernstein umfangreiche Sammlungen sowohl in Nord-Celebes als auch auf den Sula-Inseln angelegt; Dennoch haben all ihre Forschungen zusammen nur acht Arten von Landvögeln zu denen hinzugefügt, die Teil meiner eigenen Sammlung sind – eine Tatsache, die es fast sicher macht, dass es nur sehr wenige weitere zu entdecken gibt.

Neben Salayer und Boutong im Süden sowie Peling und Bungay im Osten gehören auch die drei Inseln des Sula- (oder Zula-)Archipels zoologisch zu Celebes, obwohl ihre Lage so ist, dass es natürlicher erscheint, sie den Molukken zuzuordnen . Aus der Sula-Gruppe sind heute etwa 48 Landvögel bekannt, und wenn wir von diesen fünf Arten ausschließen, die ein weites Verbreitungsgebiet im Archipel haben, sind die übrigen für Celebes viel charakteristischer als für die Molukken. Einunddreißig Arten sind mit denen der früheren Insel identisch, und vier sind Vertreter von Celebes-Formen, während nur elf Molukkenarten und zwei weitere Vertreter sind.

Aber obwohl die Sula-Inseln zu Celebes gehören, liegen sie doch so nahe an Bouru und den südlichen Inseln der Gilolo- Gruppe, dass mehrere rein molukkische Formen dorthin eingewandert sind, die auf der Insel Celebes selbst völlig unbekannt sind; Die gesamten dreizehn molukkischen Arten fallen in diese Kategorie und fügen so den Erzeugnissen von Celebes ein fremdes Element hinzu, das eigentlich nicht dazu gehört. Bei der Untersuchung der Besonderheiten der celebesischen Fauna wird es daher gut sein, nur die Erzeugnisse der Hauptinsel zu berücksichtigen.

Die Zahl der Landvögel auf der Insel Celebes beträgt 128, und aus diesen können wir, wie zuvor, eine kleine Anzahl von Arten ausmachen, die den gesamten Archipel (oft von Indien bis zum Stillen Ozean) durchstreifen und daher nur dazu dienen verschleiern die Besonderheiten einzelner Inseln. Ihre Zahl beträgt 20 und es gibt 108 Arten, die wir als besonders charakteristisch für die Insel betrachten können. Wenn wir diese genau mit den Vögeln aller umliegenden Länder vergleichen, stellen wir fest, dass sich nur neun auf die Inseln im Westen und neunzehn auf die Inseln im Osten erstrecken, während nicht weniger als 80 vollständig auf die Celebes- Fauna beschränkt sind – ein Grad an Individualität, der , Angesichts der Lage der Insel ist sie in kaum einem anderen Teil der Welt zu vergleichen . Wenn wir diese 80 Arten noch genauer untersuchen, werden wir von den vielen Besonderheiten ihrer

Struktur und von der merkwürdigen Verwandtschaft mit entfernten Teilen der Welt beeindruckt sein, die viele von ihnen anzudeuten scheinen. Diese Punkte sind von so großem Interesse und Wichtigkeit, dass es notwendig sein wird, alle Arten, die der Insel eigen sind, im Überblick zu betrachten und die Aufmerksamkeit auf das zu lenken, was der Beachtung am meisten wert ist.

Sechs Arten des Falkenstamms sind Celebes eigen; Drei davon unterscheiden sich stark von verwandten Vögeln, die über ganz Indien bis nach Java und Borneo verbreitet sind und daher beim Einzug in Celebes plötzlich verändert zu sein scheinen. Ein anderer (Accipiter trinotatus) ist ein wunderschöner Habicht mit eleganten Reihen großer runder weißer Flecken am Schwanz, was ihn sehr auffällig macht und sich deutlich von allen anderen bekannten Vögeln der Familie unterscheidet. Auch drei Eulen sind eigenartig; und eine, eine Schleiereule (Strix rosenbergii), ist sehr viel größer und stärker als sein Verbündeter Strix javanica , das von Indien über alle Inseln bis nach Lombock reicht .

Von den zehn in Celebes vorkommenden Papageien sind acht eigenartig. Unter ihnen sind zwei Arten der einzigartigen Schlägerschwanzpapageien, die die Gattung Prioniturus bilden und sich dadurch auszeichnen , dass sie zwei lange löffelförmige Federn im Schwanz besitzen. Zwei verwandte Arten kommen auf der benachbarten Insel Mindanao, einer der Philippinen, vor, und diese Schwanzform kommt bei keinem anderen Papageien auf der ganzen Welt vor. Eine kleine Lorikeet-Art (Trichoglossus) . flavoviridis) scheint seinen nächsten Verbündeten in Australien zu haben.

Die drei Spechte, die auf der Insel leben, sind alle eigenartig und mit den auf Java und Borneo vorkommenden Arten verwandt, unterscheiden sich jedoch stark von ihnen allen.

Unter den drei eigenartigen Kuckucken sind zwei sehr bemerkenswert. Phoenicophaus Callirhynchus ist die größte und schönste Art ihrer Gattung und zeichnet sich durch die drei Farben ihres Schnabels aus: leuchtendes Gelb, Rot und Schwarz. Eudynamis melanorynchus unterscheidet sich von allen seinen Verbündeten durch einen pechschwarzen Schnabel, während er bei den anderen Arten der Gattung immer grün, gelb oder rötlich ist.

Der Celebes Roller (Coracias temmincki) ist ein interessantes Beispiel dafür, wie eine Art einer Gattung vom Rest abgeschnitten wurde. Es gibt Arten von Coracias in Europa, Asien und Afrika, aber keine auf der malaiischen Halbinsel, auf Sumatra, Java oder Borneo. Die vorliegende Art scheint daher völlig fehl am Platz zu sein; und was noch merkwürdiger ist, ist die Tatsache, dass sie überhaupt keiner der asiatischen Arten ähnelt, sondern eher denen Afrikas zu ähneln scheint.

In der nächsten Familie, den Bienenfressern, befindet sich ein weiterer ebenso isolierter Vogel, Meropogon forsteni , das die Merkmale afrikanischer und indischer Bienenfresser vereint und dessen einziger enger Verbündeter Meropogon ist breweri , wurde von M. Du Chaillu in Westafrika entdeckt !

Die beiden Celebes-Nashornvögel haben keine engen Verbündeten unter denen, die in den umliegenden Ländern häufig vorkommen. Die einzige Drossel, Geocichla erythronota ist am ehesten mit einer auf Timor heimischen Art verwandt. Zwei der Fliegenschnäpper sind eng mit indischen Arten verwandt, die auf den malaiischen Inseln nicht vorkommen. Zwei Gattungen, die in gewisser Weise mit den Elstern verwandt sind (Streptocitta und Charitornis), deren Verwandtschaft jedoch so zweifelhaft ist, dass Professor Schlegel sie den Staren zuordnet, sind vollständig auf Celebes beschränkt. Es sind wunderschöne Langschwanzvögel mit schwarz-weißem Gefieder und etwas steifen und schuppenartigen Federn am Kopf.

Zweifellos mit den Staren verwandt sind zwei weitere sehr isolierte und wunderschöne Vögel. Erstens, Enodes erythrophrys hat ein aschiges und gelbes Gefieder, ist aber über den Augen mit breiten orangeroten Streifen verziert. Der andere, Basilornis celebensis ist ein blauschwarzer Vogel mit einem weißen Fleck auf jeder Seite der Brust und einem Kopf, der mit einem wunderschönen, zusammengedrückten, schuppigen Federkamm geschmückt ist und in seiner Form dem bekannten Felsenhahn des Südens ähnelt Amerika. Der einzige Verbündete dieses Vogels ist der Ceram, dessen Federn auf dem Kamm nach oben verlängert sind und eine ganz andere Form haben.

Ein noch neugierigerer Vogel ist der Scissirostrum pagei , der, obwohl er derzeit zur Familie der Stare gezählt wird, sich von allen anderen Arten in der Form des Schnabels und der Nasenlöcher unterscheidet und in seiner allgemeinen Struktur am ehesten mit den Ochsenspechten (Buphaga) des tropischen Afrikas verwandt zu sein scheint dem der berühmte Ornithologe Prinz Bonaparte es schließlich zuordnete. Es hat fast ausschließlich eine schieferfarbene Farbe mit gelbem Schnabel und gelben Füßen, aber die Federn des Bürzels und der oberen Schwanzdecken enden jeweils in einem starren, glänzenden Bleistift oder Büschel in leuchtendem Purpur. Diese hübschen kleinen Vögel ersetzen die metallgrünen Stare der Gattung Calornis , die auf den meisten anderen Inseln des Archipels vorkommen, auf Celebes jedoch fehlen. Sie ziehen in Schwärmen umher, ernähren sich von Getreide und Früchten und suchen häufig tote Bäume auf, in deren Löcher sie ihre Nester bauen. und sie klammern sich genauso leicht an die Stämme wie Spechte oder Schlingpflanzen.

Von den achtzehn in Celebes gefundenen Tauben sind elf eigentümlich. Zwei davon, Ptilonopus Gularis und Turacaena menadensis haben ihre nächsten Verbündeten in Timor. Zwei weitere, Carpophaga Forsteni und Phlaegenas tristigmata , die meisten ähneln philippinischen Inselarten; und Carpophaga radiata gehört zu einer Neuguinea-Gruppe. Schließlich gibt es beim Gallinaceen-Stamm den neugierigen behelmten Maleo (Megacephalon). rubripes) ist ziemlich isoliert und hat seine nächsten (aber noch entfernten) Verbündeten in den Buschtruthühnern Australiens und Neuguineas.

Wenn wir daher nach den Meinungen der bedeutenden Naturforscher urteilen, die seine Vögel beschrieben und klassifiziert haben, stellen wir fest, dass viele der Arten in den Ländern, die Celebes umgeben, überhaupt keine nahen Verbündeten haben, sondern entweder ganz isoliert sind oder auf Beziehungen zu so entfernten Gebieten hinweisen Regionen wie Neuguinea, Australien, Indien oder Afrika. Zweifellos gibt es noch andere Fälle ähnlicher entfernter Verwandtschaften zwischen den Erzeugnissen ferner Länder, aber an keinem Ort auf der Erde, den ich bisher kenne, kommen so viele von ihnen zusammen vor oder bilden sie ein so entschiedenes Merkmal in der Naturgeschichte des Landes.

Die Säugetiere von Celebes sind sehr zahlreich und bestehen aus vierzehn Landarten und sieben Fledermäusen. Von den ersteren sind nicht weniger als elf eigenartig, darunter zwei, von denen man annehmen kann, dass sie kürzlich von Menschen auf andere Inseln verschleppt wurden. Drei Arten, die im Archipel ein ziemlich weites Verbreitungsgebiet haben, sind: (1) der merkwürdige Lemur, Tarsius -Spektrum, der auf allen Inseln bis nach Malakka im Westen vorkommt; (2) die Malaiische Zibetkatze, Viverra Tangalunga , das ein noch größeres Verbreitungsgebiet hat; und (3) ein Hirsch, der mit der Rusa identisch zu sein scheint Hippelaphus von Java und wurde wahrscheinlich schon früh vom Menschen eingeführt.

Die charakteristischeren Arten sind wie folgt:

Cynopithecus nigrescens , ein seltsamer Pavian-ähnlicher Affe, wenn nicht sogar ein echter Pavian, der in ganz Celebes reichlich vorhanden ist und nirgendwo sonst zu finden ist als auf der kleinen Insel Batchian, auf die er wahrscheinlich versehentlich eingeführt wurde. Eine verwandte Art kommt auf den Philippinen vor, aber auf keiner anderen Insel des Archipels gibt es etwas, das ihnen ähnelt. Diese Kreaturen sind etwa so groß wie ein Spaniel, von pechschwarzer Farbe und haben die vorspringende hundeartige Schnauze und die überhängenden Brauen der Paviane. Sie haben große rote Schwielen und einen kurzen, fleischigen Schwanz, der kaum einen Zentimeter lang und kaum sichtbar ist. Sie ziehen in großen Gruppen vor und leben hauptsächlich in den Bäumen, kommen aber auch oft auf den Boden und plündern Gärten und Obstgärten.

Anoa depressicornis , der Sapi-utan oder die Wildkuh der Malaysier, ist ein Tier, das viele Kontroversen darüber ausgelöst hat, ob es als Ochse, Büffel oder Antilope klassifiziert werden sollte. Es ist kleiner als alle anderen Wildrinder und scheint in vielerlei Hinsicht einigen der ochsenähnlichen Antilopen Afrikas nahe zu kommen. Es kommt nur in den Bergen vor und soll niemals Orte bewohnen, an denen es Hirsche gibt. Sie ist etwas kleiner als eine kleine Hochlandkuh und hat lange, gerade Hörner, die an der Basis geringt sind und über den Hals nach hinten abfallen.

Das Wildschwein scheint einer eigentümlichen Art der Insel zu sein; aber ein viel merkwürdigeres Tier dieser Familie ist der Hirschhirsch oder Schweinehirsch; Von den Malaysiern so genannt, wegen seiner langen und schlanken Beine und den gebogenen Stoßzähnen, die Hörnern ähneln. Dieses außergewöhnliche Geschöpf ähnelt im allgemeinen Aussehen einem Schwein, gräbt jedoch nicht mit der Schnauze, da es sich von heruntergefallenen Früchten ernährt. Die Stoßzähne des Unterkiefers sind sehr lang und scharf, aber die oberen Stoßzähne wachsen nicht wie üblich nach unten, sondern sind völlig umgekehrt und wachsen aus knöchernen Höhlen durch die Haut auf beiden Seiten der Schnauze nach oben und krümmen sich nach hinten bis in die Nähe der Augen , und erreicht bei alten Tieren oft eine Länge von 20 bis 20 cm. Es ist schwer zu verstehen, welchen Nutzen diese außergewöhnlichen hornähnlichen Zähne haben können. Einige der alten Schriftsteller vermuteten, dass sie als Haken dienten, mit denen das Tier seinen Kopf auf einem Ast abstützen konnte. Aber die Art und Weise, wie sie normalerweise direkt über und vor dem Auge auseinanderlaufen, legt die wahrscheinlichere Idee nahe, dass sie dazu dienen, diese Organe vor Dornen und Stacheln zu schützen, während sie im Dickicht von Rattan und anderen stacheligen Pflanzen nach heruntergefallenen Früchten suchen . Aber selbst das ist nicht zufriedenstellend, denn das Weibchen, das seine Nahrung auf die gleiche Weise suchen muss, besitzt sie nicht. Ich würde eher dazu neigen zu glauben, dass diese Stoßzähne einst nützlich waren und dann mit zunehmendem Wachstum abgenutzt wurden; aber diese veränderten Lebensbedingungen haben sie überflüssig gemacht, und sie entwickeln sich jetzt zu einer monströsen Form, so wie die Schneidezähne des Bibers oder Kaninchens weiter wachsen, wenn die gegenüberliegenden Zähne sie nicht abnutzen. Bei alten Tieren erreichen sie eine enorme Größe und werden meist wie durch Kämpfe abgebrochen.

Auch hier haben wir eine Ähnlichkeit mit den Warzenschweinen Afrikas, deren obere Eckzähne nach außen wachsen und sich nach oben krümmen, um so einen Übergang von der üblichen Wachstumsweise zu der der Hirscheber zu bilden. Ansonsten scheint zwischen diesen Tieren keine Verwandtschaft zu bestehen, und die Hirscheber stehen völlig isoliert da und haben keinerlei Ähnlichkeit mit den Schweinen aus anderen Teilen der Welt

. Man findet ihn überall auf Celebes und auf den Sula-Inseln sowie in Bourn, dem einzigen Ort außerhalb der Celebes-Gruppe, bis zu dem er sich erstreckt; und welche Insel auch bei ihren Vögeln eine gewisse Affinität zu den Sula-Inseln aufweist, was möglicherweise darauf hindeutet, dass zwischen ihnen früher eine engere Verbindung bestand als heute.

Die anderen Landsäugetiere von Celebes sind fünf Eichhörnchenarten, die sich alle von denen auf Java und Borneo unterscheiden und das am weitesten östlich gelegene Verbreitungsgebiet der Gattung in den Tropen markieren; und zwei östliche Opossums (Cuscus), die sich von denen der Molukken unterscheiden und die weiteste westliche Ausdehnung dieser Gattung und der Beuteltierordnung markieren. Wir sehen also , dass die Mammalia von Celebes nicht weniger individuell und bemerkenswert sind als die Vögel, da drei der größten und interessantesten Arten keine nahen Verwandten in den umliegenden Ländern haben, sondern vage auf eine Beziehung zum afrikanischen Kontinent hinzuweisen scheinen.

Viele Insektengruppen scheinen besonders lokalen Einflüssen ausgesetzt zu sein, da sich ihre Formen und Farben mit jeder Änderung der Bedingungen ändern, oder sogar mit einem Ortswechsel, bei dem die Bedingungen nahezu identisch zu sein scheinen. Wir sollten daher davon ausgehen, dass die Individualität, die sich in den höheren Tieren manifestiert, bei diesen Lebewesen mit weniger stabilen Organismen noch stärker ausgeprägt sein wird. Andererseits müssen wir jedoch bedenken, dass die Ausbreitung und Wanderung von Insekten viel leichter vonstatten geht als die von Säugetieren oder sogar von Vögeln. Es ist viel wahrscheinlicher, dass sie von heftigen Winden weggetragen werden; Ihre Eier können entweder von Windstürmen oder von schwimmenden Bäumen auf Blättern getragen werden, und ihre Larven und Puppen, die oft in Baumstämmen vergraben oder in wasserdichten Kokons eingeschlossen sind, können tagelang oder wochenlang unverletzt über dem Meer treiben. Diese Verteilungsmöglichkeiten neigen dazu, die Produktionen benachbarter Ländereien auf zwei Arten zu assimilieren: erstens durch direkten gegenseitigen Artenaustausch; und zweitens durch wiederholte Einwanderung frischer Individuen einer auf anderen Inseln verbreiteten Art, die durch gegenseitige Kreuzung dazu neigen, die Veränderungen von Form und Farbe auszulöschen , die Unterschiede in den Bedingungen sonst hervorrufen könnten. Wenn wir diese Tatsachen berücksichtigen, werden wir feststellen, dass die Individualität der Insekten von Celebes noch größer ist, als wir erwarten können.

Um Genauigkeit bei Vergleichen mit anderen Inseln zu gewährleisten, werde ich mich auf die Gruppen beschränken, die am besten bekannt sind oder die ich selbst sorgfältig studiert habe. Beginnend mit den Papilionidae oder Schwalbenschwanzschmetterlingen gibt es auf Celebes 24 Arten, von denen die große Zahl von 18 auf keiner anderen Insel zu finden ist. Wenn wir dies mit Borneo vergleichen, wo es von 29 Arten nur zwei gibt, die nirgendwo anders vorkommen, ist der Unterschied so auffällig, wie er nur sein kann. In der Familie der Pieridae , den Weißen Schmetterlingen, ist der Unterschied nicht ganz so groß, vielleicht aufgrund der eher wandernden Gewohnheiten der Gruppe; aber es ist trotzdem sehr bemerkenswert. Von den 30 Arten, die Celebes bewohnen, sind 19 eigentümlich, während Java (von dem mehr Arten bekannt sind als aus Sumatra oder Borneo) von 37 Arten nur 13 eigentümliche Arten aufweist . Die Danaidae sind große, aber flugschwache Schmetterlinge, die häufig in Wäldern und Gärten vorkommen und schlicht, aber oft sehr reich gefärbt sind . Davon enthält meine eigene Sammlung 16 Arten aus Celebes und 15 aus Borneo; aber während nicht weniger als 14 auf die erstere Insel beschränkt sind, sind nur zwei der letzteren eigen. Die Nymphalidae sind eine sehr umfangreiche Gruppe von im Allgemeinen starkflügeligen und sehr leuchtend gefärbten Schmetterlingen, die in den Tropen sehr häufig vorkommt und in unserem eigenen Land durch unsere Fritillaries, unsere Vanessa und unseren Purpurkaiser vertreten ist. Vor einigen Monaten habe ich eine Liste der östlichen Arten dieser Gruppe erstellt, einschließlich aller von mir neu entdeckten Arten, und bin zu folgenden vergleichenden Ergebnissen gekommen:

Arten von Arten , die dem Prozentsatz eigen sind

Nymphalidae . jede Insel. von eigentümlichen Arten.

Java ..... 70...... 23.......... 33

Borneo.... 52...... 15.......... 29

Celebes ... 48...... 35.......... 73

Die Coleoptera sind so umfangreich, dass nur wenige Gruppen bisher sorgfältig ausgearbeitet wurden. Ich beziehe mich daher nur auf eine Käferart, die ich kürzlich selbst studiert habe – die Cetoniadae oder Rosenkäfer – eine Gruppe von Käfern, die aufgrund ihrer außerordentlichen Schönheit sehr begehrt sind. Von Java sind 37 Arten dieser Insekten bekannt, von Celebes nur 30; doch nur 13 oder 35 Prozent sind auf die erstgenannte Insel und 19 oder 63 Prozent auf die letztere zurückzuführen.

Das Ergebnis dieser Vergleiche ist, dass Celebes, obwohl es sich um eine einzige große Insel handelt, um die nur wenige kleinere Inseln dicht gruppiert sind, in Wirklichkeit als eine der großen Abteilungen des Archipels betrachtet werden muss, die in Rang und Bedeutung mit der Insel gleichwertig ist gesamte molukkische oder philippinische Gruppe, auf die Papua-Inseln oder auf die indomalaiischen Inseln (Java, Sumatra, Borneo und die malaiische Halbinsel). Die folgende Tabelle zeigt den Vergleich von Celebes mit den anderen Inselgruppen anhand der bekanntesten Insekten- und Vogelfamilien :

PAPILIONIDAE UND FALKEN, PAPAGEIEN UND

PERIDAE-TAUBEN.

Prozent der Besonderheiten Prozent der Besonderheiten

Spezies. Spezies.

Indo-malaiische Region.... 56.......... 54

Philippinische Gruppe .... 66.......... 73

Celebes.......... 69.......... 60

Molukkengruppe ..... 52.......... 62

Timor-Gruppe....... 42.......... 47

Papua-Gruppe ...... 64.......... 74

Diese großen und bekannten Familien repräsentieren gut den allgemeinen Charakter der Zoologie von Celebes; und sie zeigen, dass diese Insel tatsächlich einer der isoliertesten Teile des Archipels ist, obwohl sie in der Mitte liegt .

Aber die Insekten von Celebes präsentieren uns andere Phänomene, die merkwürdiger und schwieriger zu erklären sind als ihre auffällige Individualität. Die Schmetterlinge dieser Insel zeichnen sich in vielen Fällen durch eine Besonderheit der Umrisse aus, die sie auf den ersten Blick von denen jedes anderen Teils der Welt unterscheidet. Am stärksten manifestiert es sich bei den Papilios und den Pieridae und besteht darin, dass die Vorderflügel nahe der Basis entweder stark gebogen oder abrupt gebogen sind oder dass die Extremitäten verlängert und oft etwas hakenförmig sind. Von den 14 Papilio- Arten in Celebes weisen 13 diese Eigentümlichkeit in mehr oder weniger starkem Maße auf, wenn man sie mit den am nächsten verwandten Arten der umliegenden Inseln vergleicht. Zehn Arten von Pieridae haben den gleichen Charakter, und bei vier oder fünf der Nymphalidae ist er auch sehr deutlich ausgeprägt. In fast allen Fällen sind die in Celebes vorkommenden Arten viel größer als die auf den Inseln im Westen und mindestens genauso groß wie die auf den Molukken oder sogar größer. Der Unterschied in der Form ist jedoch das bemerkenswerteste Merkmal, da es völlig neu ist, dass sich eine ganze Artengruppe in einem Land in genau der gleichen Weise von den entsprechenden Gruppen in allen umliegenden Ländern unterscheidet; und es ist so gut ausgeprägt, dass, ohne auf die

Einzelheiten der Färbung zu achten , die meisten Celebes Papilios und viele Pieridae sofort allein durch ihre Form von denen anderer Inseln unterschieden werden können.

Die äußere Abbildung jedes hier angegebenen Paares zeigt die genaue Größe und Form des Vorderflügels eines Celebes-Schmetterlings, während die innere die am nächsten verwandte Art von einer der angrenzenden Inseln darstellt. Abbildung 1 zeigt den stark gebogenen Rand der Celebes-Art Papilio gigon , verglichen mit dem viel geraderen Rand von Papilio Abriss aus Singapur und Java. Abbildung 2 zeigt die abrupte Biegung über der Flügelbasis bei Papilio Miletus von Celebes, verglichen mit der leichten Krümmung beim gewöhnlichen Papilio Sarpedon , der von Indien bis Neuguinea und Australien fast genau die gleiche Form hat. Abbildung 3 zeigt den verlängerten Flügel von Tachyris Zarinda , ein Eingeborener von Celebes, verglichen mit dem viel kürzeren Flügel von Tachyris nero , eine sehr eng verwandte Art, die auf allen westlichen Inseln vorkommt. Der Formunterschied ist in jedem Fall hinreichend deutlich, aber wenn man die Insekten selbst vergleicht, fällt er viel deutlicher auf als in diesen Teilumrissen.

Aus der Analogie der Vögel sollten wir annehmen, dass der spitze Flügel zu einer erhöhten Fluggeschwindigkeit führte, da er ein Merkmal von Seeschwalben, Schwalben, Falken und schnell fliegenden Tauben ist. Ein kurzer und abgerundeter Flügel hingegen begleitet immer einen schwächeren oder mühsameren Flug und einen, der viel weniger unter Kontrolle ist. Wir könnten daher annehmen, dass die Schmetterlinge, die diese besondere Form besitzen, besser in der Lage waren, der Verfolgung zu entkommen. Aber es scheint keine ungewöhnliche Fülle an insektenfressenden Vögeln zu geben, die dies notwendig machen würde; und da wir nicht glauben können, dass eine solche merkwürdige Eigentümlichkeit bedeutungslos ist, scheint es wahrscheinlich, dass sie das Ergebnis eines früheren Zustands der Dinge ist, als die Insel eine viel reichere Fauna besaß, deren Überreste wir in den isolierten Vögeln und Säugetieren sehen jetzt bewohne es; und als die Fülle an insektenfressenden Kreaturen für die großflügeligen und auffälligen Schmetterlinge ungewöhnliche Fluchtmöglichkeiten erforderlich machte. Es ist eine gewisse Bestätigung dieser Ansicht, dass weder die sehr kleinen noch die sehr dunkel gefärbten Schmetterlingsgruppen verlängerte Flügel haben, noch ist bei den starkflügeligen Gruppen, die bereits über große Kraft und Schnelligkeit des Fluges verfügen, eine Veränderung erkennbar. Diese waren bereits ausreichend vor ihren Feinden geschützt und erforderten keine erhöhte Kraft, um ihnen zu entkommen. Es ist überhaupt nicht klar, welche Auswirkung die besondere Krümmung der Flügel auf die Veränderung des Fluges hat.

Ein weiteres merkwürdiges Merkmal in der Zoologie von Celebes verdient ebenfalls Aufmerksamkeit. Ich weise auf das Fehlen mehrerer Gruppen hin, die auf beiden Seiten davon zu finden sind, sowohl auf den indo-malaiischen Inseln als auch auf den Molukken; und die daher aus unbekannten Gründen nicht in der Lage zu sein scheinen, auf der dazwischenliegenden Insel Fuß zu fassen. Bei den Vögeln haben wir die beiden Familien Podargidae und Laniadae , die sich über den gesamten Archipel und bis nach Australien erstrecken und für die es in Celebes noch keinen Vertreter gibt. Die Gattungen Ceyx unter den Eisvögeln, Criniger unter den Drosseln, Rhipidura unter den Fliegenschnäppern, Calornis unter den Staren und Erythrura unter den Finken kommen alle auf den Molukken sowie auf Borneo und Java vor – es wird jedoch keine einzige Art gefunden, die zu einer dieser Gattungen gehört in Celebes. Unter den Insekten kommt die große Gattung der Rosenkäfer, Lomaptera , in allen Ländern und Inseln zwischen Indien und Neuguinea vor, mit Ausnahme von Celebes. Diese unerwartete Abwesenheit vieler Gruppen aus einem begrenzten Bezirk im Zentrum ihres Verbreitungsgebiets ist ein Phänomen, das nicht ganz einzigartig ist, aber meines Erachtens nirgends so deutlich ausgeprägt ist wie in diesem Fall; und es trägt sicherlich erheblich zum seltsamen Charakter dieser bemerkenswerten Insel bei.

Die Anomalien und Exzentrizitäten in der Naturgeschichte von Celebes, die ich in diesem Kapitel zu skizzieren versucht habe, weisen alle auf einen Ursprung in einer fernen Antike hin. Die Geschichte ausgestorbener Tiere lehrt uns, dass ihre zeitliche und räumliche Verbreitung verblüffend ähnlich ist. Es gilt die Regel, dass, ebenso wie die Produktionen benachbarter Gebiete gewöhnlich einander sehr ähneln, auch die Produktionen aufeinanderfolgender Perioden in demselben Gebiet einander sehr ähnlich sind; und da die Produktionen entlegener Gebiete im Allgemeinen sehr unterschiedlich sind, so unterscheiden sich auch die Produktionen desselben Gebiets in entfernten Epochen stark. Wir werden daher unwiderstehlich zu dem Schluss geführt, dass der Wechsel der Arten, insbesondere der Gattungs- und Familienform, eine Frage der Zeit ist. Aber die Zeit kann in einem Land zu einem Artenwechsel geführt haben, während in einem anderen die Formen dauerhafter waren, oder der Wandel könnte in beiden Ländern im gleichen Tempo, aber auf unterschiedliche Weise vor sich gegangen sein. In beiden Fällen wird der Grad der Individualität in den Produktionen eines Bezirks in gewisser Weise ein Maß für die Zeit sein, die ein Bezirk von den ihn umgebenden Gebieten isoliert war. Nach diesem Maßstab muss Celebes einer der ältesten Teile des Archipels sein. Sie stammt wahrscheinlich nicht nur aus einer Zeit vor der Zeit, als Borneo, Java und Sumatra vom Kontinent getrennt wurden, sondern auch aus der noch weiter zurückliegenden Zeit, als das Land, aus dem diese Inseln heute bestehen, noch nicht über den Ozean ragte.

Ein solches Alter ist notwendig, um die Zahl der Tierformen zu erklären, die es besitzt und die keine Beziehung zu denen Indiens oder Australiens, sondern eher zu denen Afrikas aufweisen. und wir spekulieren über die Möglichkeit, dass es einst einen Kontinent im Indischen Ozean gegeben hat, der als Brücke zur Verbindung dieser fernen Länder dienen könnte. Nun ist es eine merkwürdige Tatsache, dass die Existenz eines solchen Landes bereits für notwendig gehalten wurde, um die Verbreitung der seltsamen Quadrumana zu erklären , die die Familie der Lemuren bilden. Diese haben ihre Metropole auf Madagaskar, kommen aber auch in Afrika, auf Ceylon, auf der indischen Halbinsel und im Malaiischen Archipel bis nach Celebes, der äußersten östlichen Grenze, vor. Dr. Sclater hat für den hypothetischen Kontinent, der diese entfernten Punkte verbindet und auf dessen frühere Existenz die Maskarenen-Inseln und die Malediven- Korallengruppe hinweisen, den Namen Lemuria vorgeschlagen . Unabhängig davon, ob wir an seine Existenz in der hier angegebenen genauen Form glauben oder nicht, muss der Student der geographischen Verbreitung in den außergewöhnlichen und isolierten Produktionen von Celebes einen Beweis für die frühere Existenz eines Kontinents sehen, von dem die Vorfahren dieser und vieler anderer Kreaturen stammten andere Zwischenformen hätten abgeleitet werden können.

In dieser kurzen Skizze der auffälligsten Besonderheiten der Naturgeschichte von Celebes musste ich auf viele Details eingehen, von denen ich befürchte, dass sie für den allgemeinen Leser uninteressant gewesen wären, aber wenn ich das nicht getan hätte, hätte meine Darstellung viel verloren seiner Kraft und seines Wertes. Allein anhand dieser Details konnte ich die ungewöhnlichen Eigenschaften beweisen, die Celebes uns präsentiert. Mitten in einem Archipel gelegen und auf allen Seiten von Inseln umgeben, auf denen es von vielfältigen Lebensformen wimmelt, weisen seine Produktionen dennoch ein überraschendes Maß an Individualität auf. Während die tatsächliche Artenzahl gering ist, ist sie dennoch wunderbar reich an eigentümlichen Formen, von denen viele einzigartig oder schön sind und in einigen Fällen auf der Welt absolut einzigartig sind. Wir sehen hier das merkwürdige Phänomen, dass Gruppen von Insekten ihre Umrisse im Vergleich mit denen der umliegenden Inseln in ähnlicher Weise ändern, was auf eine gemeinsame Ursache schließen lässt, die anderswo nie in genau der gleichen Weise gewirkt zu haben scheint. Celebes präsentiert uns daher ein eindrucksvolles Beispiel für das Interesse, das dem Studium der geografischen Verbreitung von Tieren beigemessen wird. Wir können sehen, dass ihre gegenwärtige Verbreitung auf dem Globus das Ergebnis aller neueren Veränderungen ist, die die Erdoberfläche erfahren hat; und durch eine sorgfältige Untersuchung der Phänomene können wir manchmal ungefähr ableiten, wie diese vergangenen Veränderungen gewesen sein müssen, um die von uns gefundene Verteilung hervorzurufen. Im vergleichsweise einfachen Fall der Timor-Gruppe konnten wir diese Veränderungen einigermaßen sicher ableiten. Im viel komplizierteren Fall von Celebes können wir ihre allgemeine Natur nur andeuten, da wir jetzt das Ergebnis nicht nur einer einzelnen oder jüngsten Änderung sehen, sondern einer ganzen Reihe späterer Revolutionen, die zur gegenwärtigen Verteilung von geführt haben Land in der östlichen Hemisphäre.

KAPITEL XIX.
BANDA.

**(DEZEMBER 1857, MAI
1859, APRIL 1861.)**

Der niederländische Postdampfer, mit dem ich von Macassar nach Banda und Amboyna reiste, war ein geräumiges und komfortables Schiff, obwohl es bei schönstem Wetter nur sechs Meilen pro Stunde fuhr. Da außer mir nur drei Passagiere da waren, hatten wir reichlich Platz und ich konnte die Reise mehr genießen als je zuvor. Die Regelungen unterscheiden sich etwas von denen an Bord englischer oder indischer Dampfer. Es gibt kein Kabinenpersonal, da jeder Kabinenpassagier immer sein eigenes mitbringt, und die Schiffsstewards kümmern sich nur um den Salon und die Essensabteilung. Um sechs Uhr morgens gibt es für alle, die es mögen, eine Tasse Tee oder Kaffee. Um sieben bis acht Uhr gibt es ein leichtes Frühstück mit Tee, Eiern, Sardinen usw. Um zehn Uhr werden Madeira, Gin und Bitter an Deck gebracht, als Grundlage für das reichhaltige Elf-Uhr-Frühstück, das sich von einem Abendessen nur dadurch unterscheidet Abwesenheit von Suppe. Um 15 Uhr werden Tassen Tee und Kaffee gebracht; Bitterstoffe usw. wieder um fünf, ein gutes Abendessen mit Bier und Rotwein um halb sieben, zum Abschluss Tee und Kaffee um acht. Zwischendurch werden bei Bedarf Bier und Sodawasser bereitgestellt, sodass es nicht an kleinen gastronomischen Erlebnissen mangelt, um die Langeweile einer Seereise zu vertreiben.

Unser erster Zwischenstopp war Coupang, am Westende der großen Insel Timor. Wir fuhren dann mehrere hundert Meilen lang an dieser Insel entlang und hatten immer einen Blick auf hügelige Gebirgsketten mit spärlicher Vegetation, die sich Bergrücken um Bergrücken bis zu einer Höhe von sechs- bis siebentausend Fuß erhob. Als wir in Richtung Banda abbogen, kamen wir an Pulo-Cambing , Wetter und Roma vorbei, allesamt öde und karge Vulkaninseln, fast so wenig einladend wie Aden und einen seltsamen Kontrast zum üblichen Grün und der Üppigkeit des Archipels bieten. Nach weiteren zwei Tagen erreichten wir die Vulkangruppe Banda, die mit einer ungewöhnlich dichten und leuchtend grünen Vegetation bedeckt war, was darauf hindeutete, dass wir den Wirkungsbereich der heißen, trockenen Winde aus den Ebenen Zentralaustraliens überschritten hatten. Banda ist ein hübscher kleiner Ort, dessen drei Inseln einen sicheren Hafen umschließen, von dem aus kein Auslass sichtbar ist, und dessen Wasser so transparent ist, dass lebende Korallen und sogar die kleinsten Objekte auf dem Vulkansand in einer Tiefe von sieben oder acht Klaftern deutlich zu sehen sind . Der immer rauchende Vulkan erhebt seinen kahlen Kegel auf einer Seite, während die beiden größeren Inseln bis zum Gipfel der Hügel mit Vegetation bedeckt sind.

Als ich an Land ging, ging ich einen hübschen Weg hinauf, der zum höchsten Punkt der Insel führt, auf der sich die Stadt befindet, wo es eine Telegrafenstation und eine herrliche Aussicht gibt. Unten liegt die kleine Stadt mit ihren hübschen weißen Häusern mit roten Ziegeln und den strohgedeckten Hütten der Eingeborenen, die auf einer Seite von der alten portugiesischen Festung begrenzt wird. Dahinter, etwa eine halbe Meile entfernt, liegt die größere Insel in Form eines Hufeisens, die aus einer Reihe schroffer Hügel besteht, die mit schönen Wäldern und Muskatnussgärten bedeckt sind. Gegenüber der Stadt liegt der Vulkan, der einen nahezu perfekten Kegel bildet, dessen unterer Teil nur mit hellgrüner Buschvegetation bedeckt ist. Auf seiner Nordseite ist der Umriss ungleichmäßiger, und etwa ein Fünftel des Weges nach unten gibt es eine leichte Mulde oder einen Abgrund, aus dem ständig zwei Rauchsäulen austreten, sowie ein gutes Stück von der rauen Oberfläche um und von einigen Orte näher am Gipfel. Eine weiße Ausblühung, wahrscheinlich Schwefel , ist dicht über den oberen Teil des Berges verteilt und durch die schmalen schwarzen vertikalen Linien von Wasserrinnen gekennzeichnet. Der aufsteigende Rauch vereint sich und bildet eine dichte Wolke, die sich bei ruhigem, feuchtem Wetter zu einem weiten Blätterdach ausbreitet, das den Gipfel des Berges verdeckt. Nachts und am frühen Morgen erhebt es sich oft gerade und lässt den gesamten Umriss klar erkennen.

Erst wenn man einen aktiven Vulkan betrachtet, kann man seine Schrecklichkeit und Erhabenheit voll und ganz erkennen. Woher kommt dieses unerschöpfliche Feuer, dessen dichter und schwefelhaltiger Rauch für immer aus diesem kahlen und trostlosen Gipfel aufsteigt? Woher kommen die mächtigen Kräfte, die diesen Gipfel hervorbrachten und sich immer noch von Zeit zu Zeit in den Erdbeben zeigen, die immer in der Nähe von Vulkanquellen auftreten? Das Wissen aus der Kindheit, dass es Vulkane und Erdbeben gibt, hat ihnen etwas von dem eigenartigen und außergewöhnlichen Charakter genommen, der ihnen eigentlich eigen ist. Die Bewohner der meisten Teile Nordeuropas sehen in der Erde das Sinnbild von Stabilität und Ruhe. Seine gesamte Lebenserfahrung und die seines gesamten Alters und seiner Generation lehren ihn, dass die Erde fest und fest ist, dass ihre massiven Felsen Wasser im Überfluss, aber niemals Feuer enthalten können; und diese wesentlichen Eigenschaften der Erde manifestieren sich in jedem Berg, den sein Land enthält. Ein Vulkan ist eine Tatsache, die im Gegensatz zu all dieser Fülle von Erfahrungen steht, eine Tatsache von so schrecklichem Charakter, dass sie, wenn sie die Regel statt der Ausnahme wäre, die Erde unbewohnbar machen würde – eine Tatsache, die so seltsam und unerklärlich ist, dass wir davon überzeugt sein können

Man würde kein menschliches Zeugnis glauben, wenn es uns jetzt zum ersten Mal als ein Naturphänomen präsentiert würde, das in einem fernen Land geschieht.

Der Gipfel der kleinen Insel besteht aus hochkristallinem Basalt; Weiter unten fand ich einen harten, geschichteten Schiefersandstein, während am Strand riesige Lavablöcke und vereinzelte Massen weißen Korallenkalks liegen. Auf der größeren Insel gibt es bis zu einer Höhe von 900 bis 120 Meter Korallengestein, während darüber Lava und Basalt liegen. Es scheint daher wahrscheinlich, dass diese kleine Gruppe von vier Inseln das Fragment eines größeren Bezirks ist, der vielleicht einst mit Ceram verbunden war, aber durch dieselben Kräfte, die den Vulkankegel bildeten, getrennt und aufgebrochen wurde. Als ich ein anderes Mal die größere Insel besuchte, sah ich ein beträchtliches Gebiet, das mit großen Waldbäumen bedeckt war – tot, aber noch stehend. Dies war eine Aufzeichnung des letzten großen Erdbebens vor nur zwei Jahren, als das Meer über diesen Teil der Insel hereinbrach und ihn so überschwemmte, dass die Vegetation im gesamten Tiefland zerstört wurde. Fast jedes Jahr gibt es hier ein Erdbeben, und in Abständen von einigen Jahren kommt es zu sehr schweren Erdbeben, die Häuser zum Einsturz bringen und Schiffe gewaltsam aus dem Hafen auf die Straße treiben.

Ungeachtet der durch diese schrecklichen Besuche verursachten Verluste und der geringen Größe und isolierten Lage dieser kleinen Inseln waren und sind sie als wichtigster Muskatnussgarten der Welt von erheblichem Wert für die niederländische Regierung. Fast die gesamte Fläche ist mit Muskatnüssen bepflanzt, die im Schatten hoher Kanarenbäume (Gemeinde Kanarium) wachsen. Der leichte vulkanische Boden, der Schatten und die übermäßige Feuchtigkeit dieser Inseln, auf denen es fast jeden Monat im Jahr regnet, scheinen genau zum Muskatnussbaum zu passen, der keinen Dünger und kaum Pflege benötigt. Das ganze Jahr über gibt es Blumen und reife Früchte, und es treten keine Krankheiten auf, die unter einem erzwungenen und unnatürlichen Anbausystem die Muskatnusspflanzer in Singapur und Penang ruiniert haben.

Es gibt kaum eine Kulturpflanze, die schöner ist als der Muskatnussbaum. Sie haben eine schöne Form und glänzende Blätter, werden 20 bis 30 Fuß hoch und tragen kleine gelbliche Blüten. Die Frucht hat die Größe und Farbe eines Pfirsichs, ist aber eher oval. Es hat eine zähe, fleischige Konsistenz, aber wenn es reif ist, platzt es auf und zeigt die dunkelbraune Nuss im Inneren, bedeckt mit der purpurnen Muskatblüte, und ist dann ein äußerst schöner Gegenstand. In der dünnen, harten Schale der Nuss befindet sich der Samen, die handelsübliche Muskatnuss. Die Nüsse werden von den großen Banda-Tauben gefressen, die die Keule verdauen, die Nuss aber mit ihrem Samen unversehrt auswerfen.

Der Muskatnusshandel war bisher ein striktes Monopol der niederländischen Regierung; aber seit ich das Land verlassen habe, glaube ich, dass dieses Monopol teilweise oder ganz aufgehoben wurde, ein Vorgehen, das äußerst unklug und völlig unnötig erscheint. Es gibt Fälle, in denen Monopole durchaus gerechtfertigt sind, und ich glaube, dass dies einer davon ist. Ein kleines Land wie Holland kann es sich nicht leisten, weit entfernte und teure Kolonien in Verlegenheit zu bringen; Und wenn man eine sehr kleine Insel besitzt, auf der ein wertvolles, nicht lebensnotwendiges Produkt zu geringen Kosten erworben werden kann, ist es fast die Pflicht des Staates, es zu monopolisieren . Dadurch wird niemandem Schaden zugefügt, aber es entsteht ein großer Nutzen für die gesamte niederländische Bevölkerung und ihre abhängigen Gebiete, da die Produkte der Staatsmonopole sie vor der Last einer hohen Besteuerung bewahren. Hätte die Regierung den Muskatnusshandel von Banda nicht in ihren eigenen Händen gehalten, wären die gesamten Inseln wahrscheinlich schon vor langer Zeit in den Besitz eines oder mehrerer großer Kapitalisten übergegangen. Das Monopol wäre fast dasselbe gewesen, da kein bekannter Ort auf der Welt Muskatnüsse so billig produzieren kann wie Banda, aber die Gewinne des Monopols wären einigen wenigen Einzelpersonen zugutegekommen und nicht der Nation.

Um zu veranschaulichen, wie ein staatliches Monopol zu einer staatlichen Pflicht werden kann, nehmen wir an, dass in Australien kein Gold existierte, sondern dass eines unserer Schiffe es in riesigen Mengen auf einer kleinen und kargen Insel gefunden hätte. In diesem Fall wäre es eindeutig die Pflicht des Staates, die Minen zum Wohle der Allgemeinheit zu unterhalten und zu betreiben, da dadurch der Gewinn durch Steuersenkungen gerecht auf die gesamte Bevölkerung verteilt würde; in der Erwägung, dass die Insel für den freien Handel geöffnet bleibt und lediglich die Regierung der Insel erhalten bleibt; Sicherlich würden wir im ersten Kampf um das Edelmetall enorme Übel anrichten und letztendlich in das Monopol einer wohlhabenden Einzelperson oder eines großen Unternehmens verfallen, deren enorme Einnahmen der Gemeinschaft nicht gleichermaßen zugute kommen würden. Die Muskatnüsse von Banda und die Dose von Banca sind gewissermaßen Parallelfälle zu diesem vermeintlichen Fall, und ich glaube, dass die niederländische Regierung äußerst unklug handeln wird, wenn sie ihr Monopol aufgibt.

Sogar die Zerstörung der Muskatnuss- und Nelkenbäume auf vielen Inseln, um deren Anbau auf ein oder zwei zu beschränken, wo das Monopol leicht zu schützen war, was normalerweise zum Gegenstand so großer tugendhafter Empörung gegen die Holländer wurde, kann mit ähnlichen Grundsätzen verteidigt werden , und ist sicherlich bei weitem nicht so schlimm wie viele Monopole, die wir selbst bis vor Kurzem aufrechterhalten haben. Muskatnüsse und Nelken sind nicht lebensnotwendig; Sie werden von den Eingeborenen der Molukken nicht einmal als Gewürze verwendet, und niemand wurde durch die Zerstörung der Bäume materiell oder dauerhaft geschädigt, da auf denselben Inseln hunderte andere Produkte angebaut werden können, die ebenso wertvoll und weitaus wertvoller sind aus gesellschaftlicher Sicht von Vorteil. Es handelt sich um einen Fall, der genau unserem Verbot des Tabakanbaus in England aus steuerlichen Gründen entspricht und moralisch und wirtschaftlich weder besser noch schlechter ist. Das Salzmonopol, das wir in Indien so lange aufrechterhalten hatten, befand sich in einer viel schlimmeren Lage. Solange wir ein System der Verbrauchsteuern und Zölle auf Gebrauchsgegenstände aufrechterhalten, dessen Umsetzung ein ausgeklügeltes Aufgebot von Beamten und Küstenwachen erfordert und das eine Reihe rein legaler Verbrechen nach sich zieht, ist das für uns der Gipfel der Absurdität um Empörung über das Verhalten der Niederländer zu zeigen, die in ihren östlichen Besitzungen ein viel gerechtfertigteres, weniger schädliches und profitableres System anwendeten.

Ich fordere die Verweigerer auf, alle physischen oder moralischen Übel aufzuzeigen, die tatsächlich aus dem Vorgehen der niederländischen Regierung in dieser Angelegenheit resultierten; wohingegen solche Übel die anerkannten Folgen jedes einzelnen unserer Monopole und Beschränkungen sind. Die Bedingungen der beiden Experimente sind völlig unterschiedlich. Die wahre „politische Ökonomie" einer höheren Rasse, wenn sie eine niedrigere Rasse regiert, ist noch nie erarbeitet worden. Die Anwendung unserer „politischen Ökonomie" auf solche Fälle führt unweigerlich zur Auslöschung oder Erniedrigung der unteren Rasse; Daher können wir es für wahrscheinlich halten, dass eine der notwendigen Bedingungen für seine Wahrheit die ungefähre geistige und soziale Einheit der Gesellschaft ist, in der er angewendet wird. Auf dieses Thema werde ich in meinem Kapitel über Ternate, eine der berühmtesten der alten Gewürzinseln, noch einmal zurückkommen.

Die Eingeborenen von Banda sind sehr gemischt, und es ist wahrscheinlich, dass mindestens drei Viertel der Bevölkerung Mischlinge in verschiedenen Abstufungen sind: Malaiisch, Papua, Arabisch, Portugiesisch und Niederländisch. Die ersten beiden bilden die Basis des größeren Teils, und die dunkle Haut, die ausgeprägten Gesichtszüge und das mehr oder weniger krause Haar der Papua überwiegen. Es besteht kaum ein Zweifel daran, dass die Ureinwohner von Banda Papua waren, und ein Teil von ihnen lebt noch immer auf den Ke -Inseln, wohin sie auswanderten, als die Portugiesen ihre Heimatinsel zum ersten Mal in Besitz nahmen. Es sind Menschen wie diese, die oft als Übergangsformen zwischen zwei sehr unterschiedlichen Rassen, wie den Malaysiern und den Papuas, angesehen werden, während sie nur Beispiele für eine Vermischung sind.

Die Tierproduktionen von Banda sind zwar sehr selten, aber interessant. Auf den Inseln gibt es vielleicht keine wirklich einheimischen Säugetiere, sondern Fledermäuse. Wahrscheinlich wurden der Hirsch der Molukken und das Schwein eingeführt. In Banda kommt auch eine Art von Cuscus oder Östlichem Opossum vor, die möglicherweise wirklich einheimisch ist, da sie nicht vom Menschen eingeführt wurde. Von den Vögeln habe ich während meiner drei ein- oder zweitägigen Besuche acht Arten gesammelt, und die niederländischen Sammler haben noch einige weitere hinzugefügt. Am bemerkenswertesten ist eine schöne und sehr schöne Fruchttaube, Carpophaga Concinna , die sich von Muskatnüssen, oder vielmehr von der Muskatblüte, ernährt und deren lauter, dröhnender Ton ständig zu hören ist. Dieser Vogel kommt auf den Ke- und Matabello -Inseln sowie in Banda vor, jedoch nicht auf Ceram oder einer der größeren Inseln, auf denen verwandte, aber sehr unterschiedliche Arten leben. Eine wunderschöne kleine Fruchttaube, Ptilonopus diadematus ist ebenfalls eine Banda-Art.

KAPITEL XX.
AMBOYNA.

(DEZEMBER 1857,
OKTOBER 1859, FEBRUAR
1860.)

ZWANZIG Stunden von Banda brachten uns nach Amboyna, der Hauptstadt der Molukken und einer der ältesten europäischen Siedlungen im Osten. Die Insel besteht aus zwei Halbinseln, die durch Meeresbuchten so weit voneinander getrennt sind, dass an ihrem östlichen Ende nur eine sandige Landenge von etwa einer Meile Breite verbleibt. Die westliche Bucht ist mehrere Meilen lang und bildet einen schönen Hafen , an dessen Südseite die Stadt Amboyna liegt. Ich hatte ein Empfehlungsschreiben an Dr. Mohnike , den Chefarzt der Molukken, einen Deutschen und Naturforscher. Ich stellte fest, dass er Englisch schreiben und lesen konnte, es aber nicht sprechen konnte, da er wie ich ein schlechter Linguist war; Daher mussten wir Französisch als Kommunikationsmedium nutzen. Er bot mir freundlicherweise ein Zimmer während meines Aufenthalts in Amboyna an und stellte mich seinem Junior, Dr. Doleschall , einem Ungarn und ebenfalls Entomologen, vor. Er war ein intelligenter und äußerst liebenswürdiger junger Mann, aber ich war schockiert, als ich feststellte, dass er an Schwindsucht starb, obwohl er immer noch in der Lage war, die Pflichten seines Amtes zu erfüllen. Am Abend brachte mich mein Gastgeber in die Residenz des Gouverneurs, Herrn Goldmann , der mich äußerst freundlich und herzlich empfing und mir jede Hilfe anbot. Die Stadt Amboyna besteht aus einigen Geschäftsstraßen und einer Reihe rechtwinklig zueinander verlaufender Straßen, die von Hecken aus blühenden Sträuchern gesäumt sind und Landhäuser und Hütten mit Palmen und Obstbäumen umgeben. Hügel und Berge bilden in fast jeder Richtung den Hintergrund, und es gibt kaum einen Ort, der für einen Morgen- oder Abendspaziergang schöner ist als diese sandigen Straßen und schattigen Gassen in den Vororten der antiken Stadt Amboyna.

Auf der Insel gibt es keine aktiven Vulkane, und es kommt derzeit auch nicht häufig zu Erdbeben, auch wenn sehr schwere Erdbeben aufgetreten sind und wieder zu erwarten sind. Herr William Funnell sagt auf seiner Reise mit Dampier in die Südsee im Jahr 1705: „Während wir hier (in Amboyna) waren, erlebten wir ein großes Erdbeben, das zwei Tage anhielt und in dieser Zeit viel Unheil anrichtete." , denn an vielen Stellen brach der Boden auf und verschluckte mehrere Häuser und ganze Familien. Mehrere der Menschen wurden wieder ausgegraben, die meisten jedoch tot, und vielen wurden durch den Einsturz der Häuser Beine oder Arme gebrochen. Die Die Burgmauern waren an mehreren Stellen zerrissen, und wir dachten, sie und alle Häuser wären eingestürzt. Der Boden, auf dem wir lagen, schwoll an wie eine Welle im Meer, aber in unserer Nähe wurde uns nichts zugefügt." Es gibt auch zahlreiche Aufzeichnungen über Ausbrüche eines Vulkans auf der Westseite der Insel. Im Jahr 1674 zerstörte ein Ausbruch ein Dorf. Im Jahr 1694 kam es zu einem weiteren Ausbruch. Im Jahr 1797 wurde viel Dampf und Wärme abgegeben. Weitere Ausbrüche ereigneten sich in den Jahren 1816 und 1820, und 1824 soll sich ein neuer Krater gebildet haben. Doch die Wirkung dieser unterirdischen Feuer ist so launenhaft, dass seit der letztgenannten Epoche alle Ausbruchssymptome so vollständig aufgehört haben, dass mir viele der intelligentesten europäischen Bewohner von Amboyna versicherten, dass sie noch nie von so etwas gehört hätten als Vulkan auf der Insel.

Während der wenigen Tage, die vergingen, bevor ich Vorkehrungen für eine Besichtigung des Inneren treffen konnte, hatte ich viel Spaß in der Gesellschaft der beiden Ärzte, die beide liebenswürdige und gebildete Männer und beide begeisterte Entomologen waren, obwohl sie gezwungen waren, ihre Sammlungen fast vollständig zu vergrößern Mittel einheimischer Sammler. Dr. Doleschall untersuchte hauptsächlich Fliegen und Spinnen, sammelte aber auch Schmetterlinge und Motten, und in seinen Kisten sah ich großartige Exemplare der smaragdgrünen Ornithoptera Priamus und der azurblaue Papilio Ulysses , mit vielen weiteren der großartigen Schmetterlinge dieser reichen Insel. Dr. Mohnike beschränkte sich hauptsächlich auf die Käfer und hatte während seines langjährigen Aufenthalts auf Java, Sumatra, Borneo, Japan und Amboyna eine prächtige Sammlung zusammengetragen. Besonders interessant war die japanische Sammlung, die sowohl die schönen Carabi der nördlichen Länder als auch die wunderschönen Buprestidae und Longicorns der Tropen enthielt . Der Arzt unternahm die Reise nach Jeddo auf dem Landweg von Nagasaki aus und ist mit dem Charakter, den Manieren und Bräuchen des japanischen Volkes sowie mit der Geologie, den physikalischen Merkmalen und der Naturgeschichte des Landes bestens vertraut. Er zeigte mir Sammlungen billiger Farbholzschnitte , die für weniger als einen Heller pro Stück verkauft werden und eine endlose Vielfalt an Skizzen japanischer Landschaften und Sitten umfassen. Obwohl sie unhöflich sind, sind sie sehr charakteristisch und zeigen oft einen Hauch von großem Humor . Er besitzt auch eine große Sammlung farbiger Skizzen der Pflanzen Japans, die von einer Japanerin angefertigt wurden und die meisterhaftesten Dinge sind, die ich je gesehen habe. Jeder Stängel, Zweig und jedes Blatt wird durch einzelne Pinselstriche erzeugt, wobei der Charakter und die Perspektive sehr komplizierter Pflanzen bewundernswert wiedergegeben und die Artikulationen von Stängel und Blättern auf äußerst wissenschaftliche Weise dargestellt werden.

Nachdem ich Vorkehrungen getroffen hatte, drei Wochen in einer kleinen Hütte auf einer frisch gerodeten Plantage im Inneren der Nordhälfte der Insel zu bleiben, bekam ich mit einiger Mühe ein Boot und Männer, die mich über das Wasser brachten – denn die Amboynesen sind furchtbar faul . Als ich am Hafen vorbeifuhr , der wie ein schöner Fluss aussah, bot mir die Klarheit des Wassers einen der erstaunlichsten und schönsten Anblicke, die ich je gesehen habe. Der Boden war vollständig von einer fortlaufenden Reihe von Korallen, Schwämmen, Aktinien und anderen Meeresprodukten von prächtigen Ausmaßen, vielfältigen Formen und leuchtenden Farben verdeckt . Die Tiefe schwankte zwischen etwa zwanzig und fünfzig Fuß, und der Boden war sehr uneben, mit Felsen und Abgründen sowie kleinen Hügeln und Tälern, die vielfältige Wachstumsstationen für diese Tierwälder boten. Zwischen ihnen bewegten sich Scharen blauer, roter und gelber Fische, die auf die auffälligste Weise gefleckt, gebändert und gestreift waren, während große orangefarbene oder rosa durchsichtige Medusen nahe der Oberfläche entlangschwammen. Es war ein Anblick, den man stundenlang bestaunen konnte, und keine Beschreibung kann seiner überragenden Schönheit und seinem Interesse gerecht werden. Diesmal übertraf die Realität die schillerndsten Berichte, die ich je über die Wunder eines Korallenmeeres gelesen hatte. Es gibt vielleicht keinen Ort auf der Welt, der reicher an Meeresprodukten, Korallen, Muscheln und Fischen ist als der Hafen von Amboyna.

Von der Nordseite des Hafens führt ein guter breiter Weg durch Sumpf, Lichtungen und Wälder, über Hügel und Täler zur anderen Seite der Insel; Das Korallengestein ragt ständig durch die tiefrote Erde, die alle Mulden ausfüllt, und ist mehr oder weniger über die Ebenen und Berghänge verteilt. Die Waldvegetation ist hier von üppigstem Charakter; Farne und Palmen gibt es in Hülle und Fülle, und die kletternden Rattansträucher waren üppiger, als ich sie jemals gesehen hatte, und bildeten verwickelte Girlanden über fast jedem großen Waldbaum. Das Häuschen, das ich bewohnen sollte, lag auf einer großen Lichtung von etwa hundert Hektar, von der ein Teil bereits mit jungen Kakaobäumen und Kochbananen bepflanzt war, um ihnen Schatten zu spenden, während der Rest mit toten und halb verbrannten Waldbäumen bedeckt war; und auf der einen Seite gab es einen Abschnitt, wo die Bäume erst kürzlich gefällt und noch nicht verbrannt worden waren. Der Weg, auf dem ich angekommen war, führte weiter an einer Seite dieser Lichtung entlang und gelangte dann wieder in den Urwald und über Hügel und Täler zum Nordhang der Insel.

Mein Aufenthaltsort war lediglich eine kleine strohgedeckte Hütte, bestehend aus einer offenen Veranda vorne und einem kleinen dunklen Schlafzimmer dahinter. Es befand sich etwa fünf Fuß über dem Boden und war über grobe Stufen bis zur Mitte der Veranda zu erreichen. Die Wände und der Boden waren aus Bambus und es gab einen Tisch, zwei Bambusstühle und eine Couch. Hier machte ich es mir bald bequem und machte mich an die Jagd nach Insekten in den kürzlich gefällten Hölzern, in denen es von schönen Curculionidae, Longicorns und Buprestidae wimmelte , von denen sich die meisten durch ihre eleganten Formen oder leuchtenden Farben auszeichneten und fast alle völlig neu waren Mich. Nur der Entomologe kann die Freude nachvollziehen, mit der ich stundenlang im heißen Sonnenschein zwischen den Ästen, Zweigen und der Rinde der umgestürzten Bäume herumjagte und alle paar Minuten Insekten sicherte, die zu dieser Zeit fast alle selten oder neu in europäischen Sammlungen waren.

Auf den schattigen Waldwegen gab es viele schöne Schmetterlinge, von denen der leuchtend blaue Papilio am auffälligsten war Odysseus , einer der Fürsten des Stammes, obwohl zu dieser Zeit in Europa so selten, fand ich ihn in Amboyna absolut häufig, wenn auch nicht leicht in gutem Zustand zu bekommen, da bei einer großen Anzahl von Exemplaren beim Fang festgestellt wurde, dass sie Flügel hatten zerrissen oder gebrochen. Es fliegt mit eher schwachen Wellenbewegungen und ist aufgrund seiner Größe, seiner Schwanzflügel und seiner leuchtenden Farbe eines der tropischsten Insekten, die der Naturforscher sehen kann.

Es besteht ein bemerkenswerter Kontrast zwischen den Käfern von Amboyna und denen von Macassar, wobei die letzteren im Allgemeinen klein und dunkel, die ersteren groß und leuchtend sind. Im Großen und Ganzen ähneln die Insekten hier denen der Aru-Inseln am meisten, aber sie gehören fast immer zu verschiedenen Arten, und wenn sie am ehesten miteinander verwandt sind, sind die Arten von Amboyna von größerer Größe und leuchtenderen Farben, so dass Man könnte zu dem Schluss kommen, dass sie auf ihrem Weg nach Osten und Westen in einen weniger günstigen Boden und ein weniger günstiges Klima zu weniger auffälligen Formen degeneriert waren.

Abends saß ich meist lesend auf der Veranda und war bereit, alle Insekten einzufangen, die vom Licht angezogen wurden. Eines Nachts gegen neun Uhr hörte ich über mir ein merkwürdiges Geräusch und Rascheln, als ob ein schweres Tier langsam über das Strohdach kroch. Der Lärm hörte bald auf, und ich dachte nicht mehr darüber nach und ging bald darauf zu Bett. Am nächsten Nachmittag, kurz vor dem Abendessen, lag ich, ziemlich müde von der Arbeit des Tages, mit einem Buch in der Hand auf der Couch, und als ich nach oben blickte, sah ich über mir eine große Masse von etwas, das ich vorher nicht bemerkt hatte. Als ich genauer hinsah, konnte ich gelbe und schwarze Flecken erkennen und dachte, dass es sich um einen Schildpatt handeln musste, der dort außerhalb des Weges zwischen der Firststange und dem Dach angebracht war. Als es weiter blickte, löste es sich plötzlich in eine große Schlange auf, die kompakt zu einer Art Knoten zusammengerollt war;

und ich konnte seinen Kopf und seine leuchtenden Augen genau in der Mitte der Falten erkennen . Der Lärm vom Vorabend war nun erklärt. Eine Pythonschlange war auf einen der Pfosten des Hauses geklettert, hatte sich einen Meter von meinem Kopf entfernt einen Weg unter das Strohdach gebahnt und eine bequeme Position auf dem Dach eingenommen – und ich hatte die ganze Nacht direkt unter ihm tief und fest geschlafen.

Ich rief meinen beiden Jungen zu, die unten Vögel häuteten, und sagte: „Hier ist eine große Schlange im Dach." aber sobald ich es ihnen gezeigt hatte, stürmten sie aus dem Haus und flehten mich an, sofort herauszukommen. Als wir feststellten, dass sie zu große Angst hatten, irgendetwas zu unternehmen, riefen wir einige der Arbeiter auf der Plantage an und hatten bald ein halbes Dutzend Männer draußen, um sich zu beraten. Einer von ihnen, ein Einheimischer aus Bouru , wo es sehr viele Schlangen gibt, sagte, er würde ihn rausholen und machte sich geschäftsmäßig an die Arbeit. Er machte eine starke Schlinge aus Rattan und stocherte mit einer langen Stange in der anderen Hand nach der Schlange, die dann begann, sich langsam zu entrollen. Dann gelang es ihm, ihm die Schlinge über den Kopf zu ziehen, sie gut am Körper zu befestigen und das Tier nach unten zu ziehen. Es kam zu einem heftigen Handgemenge, als die Schlange sich um die Stühle und Pfosten wand, um ihrem Feind zu widerstehen, aber schließlich packte der Mann ihren Schwanz, stürmte aus dem Haus (so schnell, dass die Kreatur ziemlich verwirrt wirkte) und versuchte es seinen Kopf gegen einen Baum schlagen. Er verfehlte jedoch sein Ziel und ließ los, und die Schlange gelangte unter einen toten Baumstamm in der Nähe. Es wurde wieder herausgestochen, und wieder packte der Bouru- Mann seinen Schwanz, und als er weglief, schleuderte er schnell seinen Kopf mit einem Schwung gegen einen Baum, und dann konnte er leicht mit einem Beil getötet werden. Es war etwa zwölf Fuß lang und sehr dick und konnte viel Unheil anrichten und einen Hund oder ein Kind verschlingen.

Ich habe hier nicht viele Vögel gesehen. Am bemerkenswertesten war der schöne purpurrote Lory, Eos rubra – ein pinselzüngiger Parroquet von leuchtend purpurroter Farbe , der sehr häufig vorkam. Große Schwärme von ihnen zogen um die Plantage herum und bildeten einen prächtigen Anblick, als sie sich auf einem blühenden Baum niederließen, von dessen Nektar sich Loris ernähren. Ich habe auch ein oder zwei Exemplare des schönen Eisvogels mit Schlägerschwanz von Amboyna, Tanysiptera , erhalten nais , einer der einzigartigsten und schönsten dieser wunderbaren Familie. Diese Vögel unterscheiden sich von allen anderen Eisvögeln (die normalerweise kurze Schwänze haben) dadurch, dass die beiden mittleren Schwanzfedern enorm verlängert und sehr schmal vernetzt sind, aber wie bei den Motmots und einigen Kolibris mit einer löffelförmigen Erweiterung enden. Sie gehören zu der Abteilung der Familie, die Königsjäger genannt wird, und ernähren sich hauptsächlich von Insekten und kleinen Landmollusken , auf die sie herabschießen und die sie vom Boden aufsammeln, so wie ein Eisvogel einen Fisch aus dem Wasser fischt. Sie sind auf ein sehr begrenztes Gebiet beschränkt, das die Molukken, Neuguinea und Nordaustralien umfasst. Mittlerweile sind etwa zehn Arten dieser Vögel bekannt, die sich alle sehr ähneln, aber dennoch an jedem Ort ausreichend unterscheidbar sind. Die amboynesische Art, von der hier eine sehr genaue Darstellung gegeben wird, ist eine der größten und schönsten. Bis zu den Spitzen der Schwanzfedern ist es ganze 17 Zoll lang; Der Schnabel ist korallenrot, die Unterseite reinweiß, der Rücken und die Flügel tiefviolett, während Schultern, Kopf und Nacken sowie einige Flecken auf dem oberen Teil des Rückens und der Flügel rein azurblau sind; Der Schwanz ist weiß, die Federn sind schmal blau umrandet, aber der schmale Teil der langen Federn ist satt blau. Dies war eine völlig neue Art und wurde von Herrn RG Gray treffend nach einer Meeresgöttin benannt.

Am Heiligabend kehrte ich nach Amboyna zurück, wo ich etwa zehn Tage bei meinem freundlichen Freund Dr. Mohnike blieb . Wenn man bedenkt, dass ich nur zwanzig Tage weg war und fünf oder sechs davon wegen nassem Wetter und leichten Fieberanfällen nichts tun konnte, hatte ich eine sehr schöne Insektensammlung zusammengestellt, die einen viel größeren Anteil an großen und großen Insekten umfasste brillantere Arten, als ich jemals zuvor in so kurzer Zeit erhalten hatte. Von den schönen metallischen Buprestidae hatte ich etwa ein Dutzend hübsche Arten, doch in der Sammlung des Arztes habe ich vier oder fünf weitere sehr schöne Arten beobachtet, so dass Amboyna in dieser eleganten Gruppe ungewöhnlich reich ist.

Während meines Aufenthaltes hier hatte ich gute Gelegenheit, zu sehen, wie die Europäer in den niederländischen Kolonien leben und wo sie Bräuche weitaus mehr an das Klima angepasst haben, als wir es in unseren tropischen Besitztümern getan haben. Fast alle Geschäfte werden morgens zwischen sieben und zwölf Uhr erledigt, der Nachmittag dient der Ruhe und der Abend dem Besuch. Wenn sie tagsüber in der Hitze zu Hause sind und sogar beim Abendessen, tragen sie ein lockeres Baumwollkleid und ziehen nur einen Anzug aus dünner, in Europa hergestellter Kleidung für den Außenbereich und die Abendgarderobe an. Nach Sonnenuntergang laufen sie oft barhäuptig umher und behalten den schwarzen Hut für zeremonielle Besuche auf. Dadurch wird das Leben viel angenehmer und die klimabedingte Müdigkeit und Unannehmlichkeit wird deutlich gemindert. Auf den Weihnachtstag wird nicht viel Wert gelegt, aber am Neujahrstag werden offizielle und kostenlose Besuche abgestattet, und gegen Sonnenuntergang gingen wir zum Gouverneursgebäude, wo sich eine große Gruppe von Damen und Herren versammelte. Wie bei einem Besuch fast überall üblich, wurden Tee und Kaffee sowie Zigarren herumgereicht, denn in den niederländischen Kolonien ist das Rauchen zu keiner Gelegenheit verboten. Zigarren werden in der Regel angezündet, bevor das Tuch beim Abendessen abgezogen wird, auch wenn die Hälfte der Gesellschaft aus Damen besteht . Hier sah ich zum ersten Mal den seltenen schwarzen Lory aus Neuguinea, Chalcopsitta atra . Das Gefieder ist eher glänzend und leicht gelblich und violett gefärbt, Schnabel und Füße sind vollständig schwarz.

Die einheimischen Amboynesen , die in der Stadt leben, sind ein seltsames, halb zivilisiertes, halb wildes, faules Volk, das eine Mischung aus mindestens drei Rassen zu sein scheint – Portugiesen, Malaien und Papua oder Ceramesen, mit gelegentlichen Kreuzungen aus Chinesen oder Holländern . Das portugiesische Element überwiegt eindeutig in der alten christlichen Bevölkerung, was sich an Merkmalen, Gewohnheiten und der Beibehaltung vieler portugiesischer Wörter im Malaiischen, das heute ihre Sprache ist, zeigt. Sie haben einen besonderen Kleidungsstil, den sie untereinander tragen: ein eng anliegendes weißes Hemd mit schwarzen Hosen und ein schwarzes Kleid oder Oberhemd. Die Frauen scheinen ein komplett schwarzes Kleid zu bevorzugen. Auf Festen und Staatsanlässen tragen sie den Schwalbenschwanzmantel, den Kaminhut und die dazugehörigen Accessoires und zeigen damit die ganze Absurdität unserer europäischen Modekleidung. Obwohl sie heute Protestanten sind, bewahren sie bei Festen und Hochzeiten die Prozessionen und die Musik der katholischen Kirche, seltsamerweise vermischt mit den Gongs und Tänzen der Ureinwohner des Landes. Ihre Sprache enthält immer noch viel mehr Portugiesisch als Niederländisch, obwohl sie seit mehr als zweihundertfünfzig Jahren in enger Verbindung mit der letztgenannten Nation stehen; Sogar viele Namen von Vögeln, Bäumen und anderen Naturobjekten sowie viele einheimische Begriffe sind eindeutig portugiesisch. [Im Folgenden sind einige der portugiesischen Wörter aufgeführt, die von den malaiischsprachigen Ureinwohnern von Amboyna und den anderen Molukkeninseln gebräuchlich sind: Pombo (Taube); Milo (Mais); testa (Stirn); horas (Stunden); alfinete (Stift); Cadeira (Stuhl); Lenco (Taschentuch); Fresko (cool); Trigo (Mehl); Sono (Schaluppe); familia (Familie); histori (rede); vosse (du); mesmo (gerade); cunhado (Schwager); Senhor (Herr); Nyora für Signora (Frau). Keiner von ihnen hat jedoch die geringste Ahnung, dass diese Wörter zu einer europäischen Sprache gehören.] Dieses Volk scheint eine wunderbare Kolonisierungskraft gehabt zu haben und die Fähigkeit, jedem Land, das es eroberte oder in dem es lebte, seine nationalen Merkmale aufzuprägen eine lediglich vorübergehende Regelung vorgenommen. In einem Vorort von Amboyna gibt es ein Dorf mit malaiischen Ureinwohnern, die Mohammedaner sind und eine besondere Sprache sprechen, die mit denen von Ceram sowie Malaiisch verwandt ist.

Sie sind hauptsächlich Fischer und gelten als fleißiger und ehrlicher als die
einheimischen Christen.

Am Sonntag besuchte ich auf Einladung eine Sammlung von Muscheln
und Fischen, die ein Herr aus Amboyna angefertigt hatte. Die Vielfalt und
Schönheit der Fische ist an keinem anderen Ort der Erde vergleichbar. Der
berühmte niederländische Ichthyologe Dr. Blecker hat einen Katalog von
siebenhundertachtzig in Amboyna vorkommenden Arten erstellt, eine Zahl,
die fast der aller Meere und Flüsse Europas entspricht. Ein großer Teil von
ihnen weist die leuchtendsten Farben auf und ist mit Streifen und Flecken in
den reinsten Gelb-, Rot- und Blautönen gekennzeichnet. während ihre
Formen all die seltsame und endlose Vielfalt aufweisen, die für die Bewohner
des Ozeans so charakteristisch ist. Auch die Muscheln sind sehr zahlreich
und umfassen einige der schönsten Arten der Welt. Besonders die Mactras
und Ostreas beeindruckten mich durch die Vielfalt und Schönheit ihrer
Farben . Muscheln sind in Amboyna seit langem Gegenstand des Verkehrs;
Viele der Einheimischen bestreiten ihren Lebensunterhalt mit dem Sammeln
und Reinigen der Früchte, und fast jeder Besucher nimmt eine kleine
Sammlung mit. Das Ergebnis ist, dass viele der gewöhnlichen Sorten in den
Augen des Amateurs jeglichen Wert verloren haben, da viele der hübschen,
aber sehr verbreiteten Zapfen, Kaurischnecken und Oliven, die in den
Straßen Londons für jeweils einen Penny verkauft werden, aus der Ferne
stammen Insel Amboyna, wo sie nicht so günstig zu kaufen sind. Die Fische
der Sammlung waren alle gut in klarem Spiritus in Hunderten von Gläsern
konserviert, und die Muscheln waren in großen, flachen, mit Papier
ausgekleideten Markboxen angeordnet, wobei jedes Exemplar mit einem
Faden befestigt war. Ich schätzte grob, dass es fast tausend verschiedene
Arten von Muscheln und vielleicht zehntausend Exemplare gab, während die
Sammlung der Amboyna-Fische nahezu perfekt war.

Am 4. Januar verließ ich Amboyna nach Ternate; aber zwei Jahre später,
im Oktober 1859, besuchte ich es nach meinem Aufenthalt in Menado erneut
und blieb einen Monat in der Stadt in einem kleinen Haus, das ich mietete,
um eine große und vielfältige Sammlung, die ich mitgebracht hatte, zu
sortieren und zu packen mit mir aus North Celebes, Ternate und Gilolo . Ich
war dazu gezwungen, weil der Postdampfer im darauffolgenden Monat über
Amboina nach Ternate gekommen wäre und ich zwei Monate verspätet
gewesen wäre, bevor ich den früheren Ort hätte erreichen können. Dann
stattete ich Ceram meinen ersten Besuch ab, und als ich zurückkam, um mich
auf meine zweite, umfassendere Erkundung dieser Insel vorzubereiten, blieb
ich (sehr gegen meinen Willen) zwei Monate in Paso, auf der Landenge, die
die beiden Teile der Insel Amboyna verbindet . Dieses Dorf liegt auf der
Ostseite der Landenge auf sandigem Boden und bietet einen sehr schönen
Blick über das Meer bis zur Insel Harúka . Auf der Amboyna-Seite der

Landenge gibt es einen kleinen Fluss, der durch einen flachen Kanal bis auf dreißig Meter an die Hochwassermarke auf der anderen Seite weitergeführt wurde. Über diesen kleinen sandigen und nur leicht erhöhten Raum können alle kleinen Boote und Praus problemlos gezogen werden, ebenso wie der gesamte kleinere Verkehr von Ceram und den Inseln Saparúa und Harúka führt durch Paso. Der Kanal wird nicht ganz durchgezogen, nur weil jede Springflut eine solche Sandbank aufwerfen würde, wie sie jetzt existiert.

Mir wurde mitgeteilt, dass es sich um den schönen Schmetterling Ornithoptera handelt Priamus war hier reichlich vorhanden, ebenso der Eisvogel mit dem Schlägerschwanz und der Halslori. Ich stellte jedoch fest, dass ich die Zeit für Ersteres verpasst hatte, und Vögel aller Art waren sehr rar, obwohl ich ein paar gute Exemplare erstand, darunter ein oder zwei der oben genannten Raritäten. Ich habe mich sehr gefreut, den schönen langarmigen Käfer Euchirus hier zu haben Longimanus . Dieses außergewöhnliche Insekt wird selten oder nie gefangen, außer wenn es darum geht, den Saft der Zuckerpalmen zu trinken, wo es von den Eingeborenen gefunden wird, wenn sie frühmorgens aufbrechen, um die über Nacht gefüllten Bambusbäume abzuholen. Eine Zeit lang wurden mir jeden Tag ein oder zwei gebracht, meist lebend. Sie sind träge Insekten und ziehen sich mithilfe ihrer riesigen Vorderbeine träge fort. Eine Abbildung dieses und anderer Molukkenkäfer findet sich im 27. KAPITEL dieser Arbeit.

Ich wurde in Paso durch einen entzündlichen Ausbruch festgehalten, der durch die ständigen Angriffe kleiner Acari-ähnlicher Erntekäfer verursacht wurde, für die die Wälder von Ceram berühmt sind, und auch durch den Mangel an nahrhafter Nahrung während meines Aufenthalts auf dieser Insel. Einmal hatte ich starke Furunkel. Ich hatte sie an Augen, Wangen, Achselhöhlen, Ellbogen, Rücken, Oberschenkeln, Knien und Knöcheln, so dass ich weder sitzen noch gehen konnte und große Schwierigkeiten hatte, eine Seite zu finden, auf der ich schmerzfrei liegen konnte. Dies dauerte einige Wochen, wobei frische Exemplare genauso schnell herauskamen, wie andere gesund wurden; aber ein gutes Leben und Meeresbäder haben sie letztendlich geheilt.

Gegen Ende Januar schloss sich mir Charles Allen, der in Malakka und Borneo mein Assistent gewesen war, auf Vereinbarung erneut für drei Jahre an; und sobald es mir einigermaßen gut ging, hatten wir viel zu tun, indem wir Lager aufsuchten und Vorkehrungen für unseren nächsten Feldzug trafen. Unsere größte Schwierigkeit bestand darin, Männer zu finden, aber schließlich gelang es uns, jeweils zwei zu bekommen. Ein Amboina-Christ namens Theodorus Matakena , der seit einiger Zeit bei mir war und sehr gut gelernt hatte, Vögel zu häuten, stimmte zu, mit Allen und einem sehr ruhigen und fleißigen Jungen namens Cornelius zu gehen, den ich aus Menado mitgebracht hatte . Ich hatte zwei Amboynese namens Petrus Rehatta und

Mesach Matakena ; Letzterer hatte zwei Brüder namens Schadrach und Abed-Nego, entsprechend dem unter diesen Leuten üblichen Brauch, ihren Kindern nur Namen aus der Heiligen Schrift zu geben.

Während meiner Zeit an diesem Ort genoss ich einen Luxus, den ich weder vorher noch danach erlebt hatte – die wahre Brotfrucht. Ein großer Teil davon wurde hier und in den umliegenden Dörfern gepflanzt, und wir hatten fast jeden Tag Gelegenheit, etwas davon zu kaufen, da alle Boote, die nach Amboyna fuhren, direkt vor meiner Tür entladen wurden, um über die Landenge geschleppt zu werden. Obwohl es in mehreren anderen Teilen des Archipels wächst, ist es nirgends reichlich vorhanden und die Saison dauert nur kurze Zeit. Es wird im Ganzen in der heißen Glut gebacken und das Innere mit einem Löffel herausgelöffelt. Ich habe es mit Yorkshire-Pudding verglichen; Charles Allen sagte, es sei wie Kartoffelpüree und Milch. Es ist im Allgemeinen etwa so groß wie eine Melone, zur Mitte hin etwas faserig , ansonsten aber ziemlich glatt und puddingartig , in der Konsistenz etwas zwischen Germknödel und Teigpudding. Manchmal haben wir daraus Curry oder Eintopf gemacht oder es in Scheiben gebraten; Aber so gut wie einfach gebacken ist es bei weitem nicht. Es kann süß oder herzhaft gegessen werden. Mit Fleisch und Soße ist es ein Gemüse, das allen mir bekannten Gemüsesorten überlegen ist, egal ob in gemäßigten oder tropischen Ländern. Mit Zucker, Milch, Butter oder Melassesirup ist es ein köstlicher Pudding mit einem sehr leichten und zarten, aber charakteristischen Geschmack , von dem man, wie von gutem Brot und Kartoffeln, nie genug bekommt. Der Grund dafür, dass er vergleichsweise selten vorkommt, liegt darin, dass es sich um eine Frucht handelt, deren Samen beim Anbau vollständig vernichtet werden und der Baum daher nur durch Stecklinge vermehrt werden kann. Die samenhaltige Sorte ist in allen Tropen verbreitet, und obwohl die Samen sehr gut zum Verzehr geeignet sind und Kastanien ähneln, sind die Früchte als Gemüse völlig wertlos. Da nun Dampf- und Ward-Kisten den Transport junger Pflanzen so einfach machen, ist es sehr zu wünschen, dass die besten Sorten dieses unvergleichlichen Gemüses auf unseren Inseln in Westindien eingeführt und dort weitgehend vermehrt werden. Da die Früchte nach der Ernte einige Zeit haltbar sind, können wir diesen tropischen Luxus dann möglicherweise auf dem Covent Garden Market erwerben.

Obwohl die wenigen Monate, die ich zu verschiedenen Zeiten in Amboyna verbrachte, für mich insgesamt nicht sehr sammelbringend waren, wird es immer ein Lichtblick im Rückblick auf meine Reisen in den Osten bleiben, da ich dort die erste Bekanntschaft gemacht habe jener herrlichen Vögel und Insekten, die die Molukken in den Augen des Naturforschers zu einem klassischen Boden machen und ihre Fauna als eine der bemerkenswertesten und schönsten der Welt charakterisieren . Am 20. Februar verließ ich Amboyna schließlich, um nach Ceram und Waigiou zu

fahren, und ließ Charles Allen zurück, um mit einem Regierungsboot nach
Wahai an der Nordküste von Ceram und von dort zur unerforschten Insel
Mysol zu fahren .